F. de FOSSA

LE
CHATEAU HISTORIQUE
DE
VINCENNES

TOME SECOND

MONOGRAPHIE des DIVERS BATIMENTS du CHATEAU

Donjon, Pavillons du Roi et de la Reine, Enceinte, Tours, Sainte Chapelle

H. DARAGON
Éditeur, 96-98, Rue Blanche, Paris
1909

LE

Château Historique de Vincennes

TOME II

Cet ouvrage ne sera jamais réimprimé

Droits de traduction et de reproduction réservés pour tous pays y compris la Suède, la Norvège et le Danemark.

S'adresser pour traiter à la librairie H. DARAGON.

LE

Château Historique de Vincennes

A TRAVERS LES AGES

PAR

F. de FOSSA

Capitaine d'Artillerie

TOME SECOND

Monographie des Divers Bâtiments du Château

DONJON, PAVILLONS du ROI et de la REINE, ENCEINTE, TOURS, SAINTE CHAPELLE

Ouvrage illustré de 120 reproductions de gravures anciennes de plans originaux ou de dessins de l'auteur

PARIS (IXe)

H. DARAGON — LIBRAIRE-ÉDITEUR

M D CCCC VIII

Le Donjon. — Sa construction. — Son rôle dans la défense du château. — Son état primitif. — Reconstitution de son aménagement et de son ameublement à l'époque de Charles V.

Le donjon de Vincennes aurait été commencé par Philippe VI de Valois, continué par Jean II et achevé par Charles V. Cette succession de travaux était relatée dans une vieille inscription, qui était gravée sur une plaque de cuivre encastrée jadis dans le mur de la Tour Sud du châtelet. Cette inscription a été détruite pendant l'émeute du 28 février 1791 (1), mais son texte nous est connu (2) :

    Qui bien considère cette œuvre,
    Si comme se montre et descœuvre,
    Il peut dire qu'oncques à tour
    Ne vit avoir plus noble atour.
    La tour du Bois de Vincennes
    Sur tours neufves et anciennes
    A le prix. Or sçaurez en ça
    Qui la parfist ou commença :
    Premièrement, Philippes roys (3)
    Fils Charles, comte de Valois,
    Qui de grant prouesse habonda,
    Jusque sur la terre la fonda
    Pour s'en soulacier et esbattre
    L'an mil trois cent trente trois quatre.
    Et qu'il estait ja trépassez,
    Le Roi Jean (4), son fils, cest ouvrage

---

(1) On lit dans DULAURE, *Histoire des environs de Paris*, t. V, p. 10 : « Plusieurs journalistes ont annoncé le rétablissement de cette inscription. Il est vrai que le brave général Daumesnil a fait faire les recherches les plus minutieuses pour la retrouver ; mais elle aura été détruite pendant la Révolution, car il n'a pas été possible d'en découvrir trace. »

(2) Le texte de cette inscription se trouve notamment dans : *La Description des châteaux de France*, — à Paris chez le sieur de Fer, dans l'isle du Palais, sur le quai de l'Horloge, *A la sphère royale*, 1714 ; — *l'Histoire de Vincennes*, de PONCET DE LA GRAVE, t. I, p. 107 ; *l'Histoire des environs de Paris*, de DULAURE, t. V. Il n'y a d'incertitude que sur la nature de la plaque et son emplacement exact. L'auteur anonyme de la *Description des Châteaux de France*, et Dulaure, prétendent que la plaque était en marbre noir, protégée par un treillage de fer dit le premier. Poncet de la Grave écrit qu'elle était en cuivre. Suivant les uns, cette plaque était sur la grosse tour ; suivant les autres, sur le châtelet. Nous avons admis le témoignage de Poncet de la Grave, qui habitait le château, et devait par conséquent être bien informé.

(3) Philippe VI de Valois. L'auteur de la *Description des Châteaux de France* écrit Philippe Loys.

(4) Jean II, dit le Bon.

Fist lever jusqu'au tiers étage :
Dedans trois ans par mort cessa.
Mais Charles Roi, son fils, laissa
Qui parfist en brieves saisons
Tours, pons, braies, fossez, maisons.
Nez fut en ce lieu délitable (1)
Pour ce l'avait pour agréable,
De la fille (2) au Roi de Behaigne (3)
Et ot a espouse et compaigne
Jeanne (4), fille au duc de Bourbon
Pierres en toute valour bon ;
De lui il a noble lignée
Charles le Delphin et Marie.
Mestre Philippe Ogier (5) tesmoigne
Tout le fait de ceste besoigne.
Achesverons : chacun suplie
Qu'en ce mond' leur bien multiplie
Et que les nobles fleurs de liz
Es saints cieux ayent leurs deliz.

Les auteurs du XVIIe siècle, qui ont cité cette inscription, n'ont pas mis en doute les dates qu'elle mentionnait.

Au XIXe siècle, Viollet-le-Duc et Renan (6) ne contestèrent pas le témoignage de Philippe Ogier. Mais récemment certains érudits ont fait remarquer que la poésie appartenait par son style et sa facture au commen-

---

(1) On trouve dans la *Description des Châteaux de France* : de citalle, au lieu de : *délitable*.

(2) Bonne de Luxembourg, fille du roi de Bohême. Elle avait épousé, en 1332, Jean de France, duc de Normandie, fils aîné de Philippe VI de Valois, qui succéda à son père en 1350. Elle était la mère de Charles V.

(3) Bohême.

(4) Jeanne, fille de Pierre I, second duc de Bourbon et d'Isabelle de Valois. Née en 1338, elle épousa Charles V et mourut à quarante ans, le 6 février 1378.

(5) Philippe Ogier, secrétaire de Charles V depuis 1354.

(6) RENAN. *Discours sur l'état des Beaux-Arts au* XIVe *siècle*, t. II, p. 166.

cement de la Renaissance, époque à laquelle les documents relatant des événements de la période gothique sont fort sujets à caution, et par conséquent ont infirmé sa valeur historique. Sans rechercher si le vieux texte est, — ou non, — contemporain de Charles V, nous montrerons qu'on aurait tort de ne pas tenir ses indications pour exactes, et que si l'on ne peut en vérifier absolument tous les points, les renseignements fournis par d'anciens plans, la connaissance de vieux comptes, l'examen actuel du monument justifient la tradition.

Cette démonstration a son utilité, car on conçoit mal comment le donjon aurait été commencé en 1334, alors qu'il n'était pas question de la grande enceinte — œuvre de Charles V — commencée en 1364. L'explication de cette anomalie se trouve dans un plan que Le Vau dessina en 1654, c'est-à-dire avant le commencement des grands travaux qu'il allait entreprendre par ordre de Mazarin (1).

On y voit apparaître très nettement une ligne d'ouvrages fortifiés reliant le manoir de saint Louis au Donjon. Cette sorte de barbacane indique que Philippe VI n'avait songé tout d'abord qu'à accoler une annexe à l'habitation de ses prédécesseurs, devenue insuffisante, trop exiguë.

La grosse Tour (2) devait former le point fort d'un système défensif

---

(1) Voir t. I, p. 32.

(2) PONCET DE LA GRAVE a fort embrouillé les questions de date se rapportant à la construction du château proprement dit et à celle du Donjon. Il dit, t. I, p. 107, que « Philippe de Valois fit détruire cette année-là (1331) le vieux château de Philippe-Auguste (erreur que nous avons déjà relevée t. I, p. 32), — pour jeter les fondements de celui que nous voyons aujourd'hui, composé de neufs tours, et d'une dixième, le Donjon, qui était le manoir royal. » A la page 21 du même tome, il parle de : « Jehan Goupil, trésorier commis en 1361 à la recette et dépense pour la construction du château de Vincennes et tour neuve du Donjon. » Il semblerait d'après ces deux citations, que les remparts s'élevaient en même temps que s'achevait le Donjon ; mais à l'appui de sa seconde affirmation Poncet de la Grave cite (t. I, preuve 8 bis, p. 279) la commission de Jean Goupil qui ne concerne que la construction du Donjon. Il est à remarquer aussi que, t. I, p. 128, le même auteur se contredit lui-même : « Charles V, écrit-il, fait creuser les fossés du château de Vincennes et commencer les remparts. » Comme aucun autre texte n'indique qu'avant 1364 on ait travaillé à l'enceinte, comme, d'autre part, on ne trouve aucun compte de main-d'œuvre antérieur relatif à cette construction, il faut admettre que les remparts ont été commencés en 1364 et achevés vers 1373. L'administration des Beaux-Arts a d'ailleurs fait graver ce millésime sur la courtine Nord du Château, lors des réparations de 1884.

rudimentaire, sorte de citadelle presque indépendante, comme la Tour Constance à Aigues-Mortes. Cette solution d'agrandissement du manoir primitif était d'ailleurs la plus économique, et c'est encore une des raisons qui font croire qu'elle a été choisie par le roi. Car Vincennes n'était alors qu'un rendez-vous de chasse.

Les constructions commencées furent interrompues faute d'argent, la guerre avec l'Angleterre absorbant toutes les ressources du trésor. Jean II fit une tentative pour reprendre l'œuvre de son père. En 1361, il commit Jean Goupil « à la recette et à la dépense » de ces travaux. Ce trésorier recevait dix sols de gages par jour (1). En 1362, suivant les registres de ce même Jean Goupil, et les états de la Chambre des comptes, les maîtres tailleurs de pierre recevaient quatre sols par jour, les maçons trois sols ; les compagnons deux sols ; les varlets ou manœuvres, huit deniers. En 1363, quatre-vingts tailleurs de pierres (2), deux cents maçons, deux cents compagnons et cent varlets travaillaient sur les chantiers. Trois cents voitures étaient employées à charrier, à Vincennes, les pierres des carrières de Charenton et de Gentilly (3).

Dès son avènement au trône (1364), Charles V donna de l'extension aux travaux. Le 26 avril de cette même année, ce roi renouvela la commission de trésorier-receveur et payeur des ouvriers à Jean Goupil. Aux maçons et tailleurs de pierres s'ajoutèrent, à partir de ce moment, un chef charpentier payé neuf sols par jour et des compagnons charpentiers à huit sols la journée. Les gages de Jean Goupil montèrent à deux cent soixante-seize livres par an ; le trésorier devait transcrire ses comptes en double expédition sur parchemin, envoyer une de ces minutes à la

---

(1) Extrait de la commission de Jean Goupil :
Joannes, Dei gratia Francorum rex,..... Joannem Goupil......, ac tenore presentium instituimus et deputamus ad solvendum et distribuendum pecuniam ad eos converti et distribui ordinatum in opere *turris novae* apud nemus Vincennarum fiat incepti operariis et illis quibus distribui pro opere faciendo extitu ordinatus, volentes ut pro prædictis per ipsum faciendis ipse habeat et percipiat pro.....
Datum apud nemus Vincennarum, 22 dies aprili anno Domini 1361.
PONCET DE LA GRAVE, t. I, p. 279.

(2) Le chef des tailleurs de pierres s'appelait Guillaume d'Arondel.

(3) Extrait des registres de la Cour des comptes par PONCET DE LA GRAVE, *Hist. de Vinc.*, t. I, p. 121.

Chambre des comptes, l'autre au roi ; passer les marchés avec les ouvriers et les fournisseurs ; acheter le papier pour enregistrer les journées ; arrêter et faire les paiements. Il lui était alloué, en plus, 76 livres pour « les espices » (1).

En 1365, le nombre des ouvriers fut encore augmenté. Enfin, un compte de 1367 montre que le trésor paya en deux mois, à Jean de Vaubrecay « clerc et payeur des œuvres de la tour du bois de Vincennes », la somme de « 13.000 francs d'or pour tourner et convertir es-œuvres de la dite tour par mandement du roi ». On terminait l'installation du souverain : Charles V vint en effet résider à Vincennes dans les derniers jours de cette année. Mais il ressort d'un compte de 1368-1370 (2) que le donjon ne fut complètement achevé qu'à cette dernière date (3).

Depuis lors, l'aspect général du monument a peu changé. Le donjon est une tour carrée, avec des murs de 3 mètres à la base et de 52 centimètres de hauteur, flanqué de tourelles à chacun de ses angles, ce qui constitue un type assez rare. Son dernier étage est légèrement en retrait sur les autres, de telle sorte qu'un chemin de ronde a pu être ménagé en partie sur l'épaisseur des murs, disposition assez fréquente au XIVe siècle. Ce chemin de ronde offre toutefois une particularité : il s'élargit à l'angle N.-O., constituant une terrasse au-dessus de deux échauguettes jumelées, qui terminent une épine ou grand contrefort. Cette plate-forme a été évidemment destinée à porter des engins balistiques, ayant un champ de tir de 130° vers le Nord, et assurant, nous l'avons dit, le flanquement de la partie Nord de la courtine Ouest du corps de place. Toutefois, la nécessité du flanquement

---

(1) Espices par altération de species : aromates ou tous mets dans lesquels entrent des aromates. Ducange. Par extension on appela espices le don en argent qu'on faisait à un juge ou à un fonctionnaire en remplacement d'un don de ces espices. C'était le condiment d'un procès, d'un acte.

(2) Renan, *Etat des Beaux-Arts au* XIVe *siècle*, t. II, p. 180.

(3) Ce que la grosse tour du Bois cousta :
        Dix et sept cens mille francs
        Quatorze sols, deux deniers tournois.

Alfred Bonnardot, *Les Rues et Eglises de Paris vers 1500*, d'après les éditions princeps. Paris, chez Léon Willem, 1876.

n'explique pas la présence d'un tel contrefort. N'avait-il pour but que de permettre d'avoir des latrines à tous les étages ? Ou bien est-il venu étayer la grosse tour ? De telles questions sont difficiles à trancher.

Sous Charles V, l'entrée principale du Donjon était au niveau du premier étage. La porte a été murée depuis, fort probablement au XVIII° siècle, mais on voit encore son archivolte noyée dans le mur de la façade Est, ainsi que les deux fentes verticales ménagées dans la maçonnerie pour le passage des chaînes de son pont-levis. Il paraît certain que cette disposition n'existait pas dans le plan primitif : car l'absence de toute trace d'ornementation donne à la baie bouchée les caractères d'une ouverture pratiquée après coup, d'un repentir comme on le dit en langage d'architecte. D'ailleurs, en arrière de cette ouverture, existe dans la tour un couloir pris dans l'épaisseur du mur, et coupé en deux dans la hauteur pour former, à la partie supérieure, la chambre de manœuvre du pont-levis. Or, cette disposition ne se comprend que si elle résulte d'un remaniement. En effet, grâce à cet artifice, on a pu obtenir une petite pièce, mais celle-ci est peu spacieuse, fort incommode ; on n'y accède que du grand escalier d'honneur du donjon, par une porte dont le seuil est à 1 m. 50 environ au-dessus des marches. On sent l'arrangement, la disposition de fortune, la reprise.

Nous avons dit que l'entrée par le premier étage n'avait dû être bouchée qu'au XVIII° siècle. C'est que jusqu'à cette époque toutes les gravures, permettant d'apercevoir la cour intérieure du Donjon (1), représentent le pont-levis, suivi du pont-fixe, dont le tablier partait d'une terrasse établie au-dessus de la voûte du Châtelet. On montait du sol de la cour à cette plate-forme par un escalier à vis relativement large, dont la cage ajourée, presque hors d'œuvre, semble une conception de Raymond du Temple (2). On relève, en tous cas, sur cette construction la signature de Charles V : deux dauphins ornant les montants de la porte.

(1) Voir notamment gravure t. I, pp. 133 et 167 et plan, *ibid*, p. 32.

(2) L'architecte du Louvre de Charles V, maître Raymond, « pour rendre son escalier plus visible et plus aisé à trouver, le rejeta entièrement hors d'œuvre en dedans de la cour, contre le corps de logis qui regarde le jardin. Cette vis, à part les détails, devait fort ressembler à ces grands escaliers à cages extérieures, ouvrages à jour, comme il en reste dans les châteaux des bords de la Loire, à Blois par exemple. »
RENAN, *Etat des Beaux-Arts au* XIV° *siècle*, t. II, p. 173. Cette description s'adapte à l'escalier à vis du châtelet de Vincennes, toute proportion gardée.

Si l'escalier, le pont, l'entrée par le premier étage offrent tous les caractères d'une reprise faite sous ce roi, il est incontestable que le donjon avait été commencé avant lui, et qu'il s'élevait au moins au niveau du deuxième étage lors de son avènement. Un nouvel argument vient encore corroborer cette thèse. Lorsqu'on pénétrait dans le donjon par le premier étage, on trouvait un couloir aboutissant à un grand escalier à vis remplissant toute la tourelle S.-E. Cet escalier d'honneur subsiste ; il ne met en communication que le premier étage avec le second, s'arrêtant à cette hauteur, et paraissant inachevé. Ses fenêtres n'ont pas le même caractère que celles du reste de l'édifice : elles semblent avoir été percées dans des murs existants. De plus, le seuil de toutes les portes débouchant dans cet escalier, à l'exception des portes des galeries du 1er et du 2e étage, correspond mal avec les marches. Les architectes du moyen-âge ne prêtaient, il est vrai, que peu d'attention à de tels détails. Il semble cependant que ces défauts sont encore une preuve des modifications apportées par Charles V à la construction commencée par ses prédécesseurs.

Ce sont ces diverses considérations, qui, à défaut de documents positifs, nous ont fait admettre les dates de Philippe Ogier, comme exactes.

Au moment de son achèvement, la tour était divisée, sans compter le rez-de-chaussée et peut-être les sous-sols, en cinq étages. Le rez-de-chaussée était affecté aux cuisines et aux services accessoires. Le premier et le second étages étaient réservés au roi et à la reine ; le troisième étage, aux enfants de France et au trésor ; le quatrième, aux officiers et aux serviteurs. Le cinquième, ou galetas, contenait des corps de garde, des magasins d'habillement, d'armes et de munitions. Chaque pièce avait sa cheminée, chaque étage ses cabinets d'aisance. A hauteur du quatrième étage régnait un chemin de ronde crénelé, muni de mâchicoulis, ourlé de créneaux.

Un puits creusé dans l'angle S.-O. de la grande salle du rez-de-chaussée, et ne tarissant jamais, pouvait fournir de l'eau en abondance à toute l'habitation royale (1). Les défenseurs disposaient d'ailleurs d'un second puits situé à une quinzaine de mètres en avant du portail de la chapelle actuelle, dans l'intérieur de la barbacane dont nous avons parlé. Ce puits n'a été bouché qu'en 1882 (2). Le merlon de terre, qui supporte le donjon (3), formait une braie, dont le mur d'enceinte était surmonté d'un chemin de ronde couvert, percé de créneaux, garni de mâchicoulis, et interrompu à chaque angle par une échauguette (4).

La partie Nord de la cour intérieure, entre le rempart et le pied de la Tour, était presque entièrement occupée par une salle d'assemblée et une grande chapelle (5).

Indépendamment de la porte d'honneur, qui était au premier étage, le Donjon possédait au rez-de-chaussée une porte de service ouvrant pres-

---

(1) Le commandant Chaupe, à l'époque où il était attaché à la Direction d'Artillerie de Vincennes comme capitaine chargé des bâtiments (1882), essaya d'épuiser l'eau de ce puits. Il ne put y parvenir. Au cours de ce travail il découvrit des amorces de galeries : une débouchant au niveau des hautes eaux, et une au niveau des basses eaux. Des témoins oculaires m'ont assuré que ces amorces étaient murées assez près de la paroi, mais qu'elles laissaient voir des marches d'escalier. Ce fait est impossible à vérifier actuellement, l'orifice du puits étant bouché par une grande dalle.

(2) Ce second puits était recouvert par un lavoir dont on voit encore le bâtiment dans des photographies prises en 1882.

(3) On ne connaît pas les fondations du donjon. Il est fort probable qu'une si grosse masse de maçonnerie ne repose pas directement sur le sol qui, au niveau du fond du fossé, est constitué par du gré de Beauchamps, dont la couche, de 16 mètres environ, précède une couche de caillasse et de calcaire grossier d'environ 24 mètres, au-dessous de laquelle on trouve des sables et enfin l'argile plastique Il doit y avoir des salles souterraines comme dans les tours, salles qui ont dû être bouchées à une époque que nous ne connaissons pas. Nous avons eu l'occasion de sonder les planchers du rez-de-chaussée au cours de travaux effectués dans la tourelle S.-O., mais sans pouvoir descendre assez profondément pour être fixé. Un des ouvriers nous a raconté à ce moment, qu'en travaillant quelques années auparavant au mur de cette même pièce (côté Ouest), il avait trouvé un trou, dans lequel il avait jeté une pierre qui avait paru tomber dans de l'eau. Je n'ai pu vérifier ce récit.

(4) Ces échauguettes furent couvertes de toits pointus vers le milieu du XVe siècle. Dans la miniature de Fouquet qui date de 1450, — voir t. I, p. 96, — elles apparaissent terminées par des créneaux. Ce fut probablement lors de leur transformation que leurs voûtes furent peintes. Des traces de cette ornementation subsistent dans l'échauguette S.-O.

(5) Ces constructions apparaissent dans différentes vues. (Voir t. I, pp. 97, 115). L'une d'elles est désignée sous le nom d'Eglise de l'Ordre de Jérusalem — Kierchen von Hierusalem — dans deux gravures allemandes de la collection Hennin, n°s 3574 et 3575. — Bibliothèque Nationale.

que en dessous du pont-levis. Un fossé devait certainement être creusé en avant de cette entrée secondaire (1).

Primitivement la braie aurait possédé deux sorties ménagées, l'une au milieu du front Est, l'autre au milieu du front Ouest, cette dernière n'ayant jamais été d'ailleurs qu'une poterne permettant de gagner la campagne dans la direction de Paris (2). Depuis Charles V, il n'existe que la porte que nous connaissons. Cette porte est couverte par le châtelet constitué par deux grosses tours reliées entre elles par un corps de bâtiment contenant notamment la chambre de manœuvre de la herse. Une petite cour précédait cette forteresse. Cette courette était fermée latéralement par des murs percés de meurtrières, protégée en avant par des échauguettes flanquant le pont-levis de l'issue destinée aux charriots et celui de la poterne réservée aux piétons.

Le fossé, entourant le Donjon sur ses quatre faces, avait une largeur uniforme de 28 mètres. Il était revêtu et plein d'eau. Une risberme, avec un fruit très considérable, étayait l'escarpe, donnant une grande stabilité aux constructions de l'enceinte et à la tour elle-même. Le mur de contrescarpe se terminait par un bourrelet saillant qui avait pour but de rendre difficile la descente dans le fossé, et surtout d'empêcher un ennemi parvenu au fond, de remonter sans le concours d'une échelle. Pour compléter les défenses accessoires, un mur crénelé surmontait la contrescarpe et une barbacane couvrait le pont de châtelet du côté de l'intérieur de la place.

L'enceinte extérieure, dont l'épaisseur anormale de la contrescarpe révèle l'existence, dut être construite par Charles V, au moment où ce roi se décida à enserrer le donjon dans les remparts de la cité qu'il s'était proposé

---

(1) Cette entrée existe encore. Voir plan de la page 159.

(2) Voir t. I, p. 79, ce que nous avons dit sur cette poterne qui a dû être supprimée lors des travaux de Charles V, car on n'en voit plus la trace que dans le parement des murs d'escarpe de l'enceinte du donjon. Elle n'avait d'ailleurs sa raison d'être que dans le plan de Philippe VI.

d'élever. Elle était nécessaire pour masquer les trouées des fossés dans le nouveau corps de place, dont la grosse tour devenait un point d'appui. Dans ce système de fortification constitué par des forts isolés, — tours de défense — l'habitation royale n'était pas le réduit du château, mais le fort principal, indépendant, pouvant soutenir une attaque non seulement de l'ennemi du dehors, mais des amis du dedans, car les garnisons du moyen-âge étaient composées d'hommes d'armes, de mercenaires souvent sujets à caution, dont il fallait toujours se défier. On sent qu'avec son haut commandement qui lui donnait un grand rayon d'action sur la campagne, et sur les cours intérieures, c'était un refuge offrant au roi toute la sécurité désirable.

Mais n'était-ce qu'un asile en cas de danger ? A la fin du xive siècle, la société, la Cour en particulier, étaient arrivées à un besoin de raffinement beaucoup plus grand qu'on ne se l'imagine généralement. Aussi a-t-on dit que Charles V, qui avait aménagé le Louvre, l'hôtel St-Paul, le château du Vivier-en-Brie, celui de Beauté, etc..., devait trouver peu commode de prendre un escalier à vis, pour venir coucher dans des réduits glacés, et l'on en a conclu que la grosse Tour n'avait jamais contenu d'appartements réellement habités par le souverain. Cette opinion ne semble pas soutenable. Car il ne faut pas croire que les chambres du donjon étaient des « réduits glacés », comme on est amené à le penser lorsqu'on voit leur état actuel de nudité et de délabrement. Tout d'abord, des textes historiques prouvent qu'elles ont bien été habitées par le roi, en temps ordinaire.

On lit, en effet, dans les grandes chroniques de France, à propos de la visite de l'empereur Charles IV à Vincennes, que « le roi fit porter et loger l'empereur en sa belle tour où lui-même git » (1), et plus loin que le roi, après avoir conduit son hôte à ses appartements, alla : « ès-braie, coucher dans la chambre aux Daims » (2). Or le mot braie, même si la phrase précédente n'était pas si claire, ne peut s'appliquer qu'à l'enceinte du donjon. D'ailleurs le lendemain de son arrivée (11 janvier 1378), l'em-

---

(1) Extrait des *Grandes Chroniques* par ZELLER. — *Charles V, sa cour et son gouvernement*. Paris, Hachette, 1886, p. 142.

(2) *Ibidem*, p. 142.

pereur qui n'avait pu avoir la veille une idée du château, puisqu'il ne l'avait entrevu qu'à « la lueur des torches », se fit « porter tout autour de sa chambre pour voir par les fenêtres le circuit du château pour ce qu'il n'y pouvait aller ». Il n'y a que des chambres du donjon, notamment de celles du 2e étage, qu'on a cette vue (1).

Je citerai encore un compte de 1368-1370, dans lequel on lit que le roi, faisant son installation dans le donjon terminé, y avait transporté ses studieuses habitudes : « fist mettre le dit seigneur, en la grosse tour du Bois, un petit réduit d'emprès l'estude en la grande chambre » ; puis un inventaire de 1420 de Guillaume Lamy, dans lequel il est parlé de la chambre du Roy en la grosse Tour (2).

Nous avons enfin une indication certaine, plus précieuse, fournie par l'inventaire même du mobilier de Charles V (3). Grâce à ce document, qu'on peut compléter par les comptes des argentiers de France (4),

---

(1) On trouve d'ailleurs sur une très curieuse gravure allemande (anonyme), 1650 en face du 2e étage du donjon, l'indication : « Kœnigliche Zimmer » — chambre royale, — ce qui prouve qu'au milieu du XVIIe siècle on se servait encore de cette appellation pour désigner cette pièce.
Collection Hennin, n° 3.574, Bib. Nat.

(2) Inventaire du mobilier du donjon de Vincennes, dressé par Guillaume Lamy en 1420. — *Archives Nationales.* P. 1189.

(3) Au commencement de 1379 — dit M. Labarte, — Charles V, se trouvant plus souffrant que de coutume, voulut faire rédiger un inventaire de son riche mobilier, afin que, les pièces qui le composaient étant authentiquement constatées, les jeunes enfants, qui devaient lui succéder, ne pussent en être frustrés au moment de sa mort.
Une commission composée de Philippe de Savoisy, premier chambellan et ami particulier du roi, de Gilles Mallet, de Jean de Vautedar, de Gabriel Falmant, ses valets de chambre, et de Jean Creté, son conseiller, fut chargée d'assister à cet inventaire. Charles V ordonna de le faire en triple. La Bibliothèque Nationale ne possède qu'une copie de ces originaux. C'est un volume in-folio sur vélin (classé dans le fonds des manuscrits français, n° 2.705) relié en maroquin citron, doré sur tranche et frappé sur le plat aux armes de France. Il est postérieur à 1391.
Cet inventaire a été publié en 1879 par M. J. Labarte (Paris, Imp. Nat.) Il fait partie de la collection des ouvrages classés sous la rubrique : « Documents inédits sur l'histoire de France. »

(4) *Comptes de l'argenterie du roi* pour le terme de la Saint Jean 1387, 17e compte de Guillaume Brunel, publié par M. L. DOUËT D'ARC sur les manuscrits de la Bibliothèque Nationale. Paris, 1874.

nous pouvons non seulement nous rendre compte que le donjon a bien été habité, mais encore avoir une idée suffisante de tout ce qui existait primitivement dans ses appartements comme meubles, tentures, étoffes, livres, bijoux, orfèvrerie d'art pour reconstituer d'une manière générale leur physionomie en 1379.

Afin de ne pas tomber dans une sèche nomenclature, nous supposons qu'à cette époque nous visitons Vincennes :

Le roi, qui nous a gracieusement octroyé la permission de pénétrer ses appartements, est « au Bois » ; ce qui implique que tout, pour l'instant, est disposé dans les « chambres » en vue de son séjour au château. Ceci est d'une grande importance, car lorsque la Cour se déplace, elle emporte presque tout ce qui constitue le mobilier proprement dit, ne laissant que ce que nous appellerions maintenant les « bibelots » de valeur. C'est l'opposé de ce qui se ferait de nos jours.

Partant de l'hostellerie voisine de Saint-Paul, la résidence des souverains à Paris, nous sortons de la capitale par la poterne de la Bastille, encore inachevée, et nous nous dirigeons vers le logis du « Bois », par le chemin de terre qui traverse Reuilly. Nous arrivons ainsi à la porte de la « basse cour », porte (1) où les archers fournis par les paroisses de Montreuil et Fontenay montent la garde (2) en long manteau de drap et en hoqueton.

Notre troupe, ayant été reconnue, le pont-levis s'abaisse. Nous pénétrons dans la cour intérieure de la forteresse, et, laissant à notre gauche les murs du manoir de saint Louis, nous parvenons à la barbacane, reliant l'ancienne habitation royale qui sert à loger les seigneurs de la suite, au donjon, dont le roi a fait sa nouvelle demeure.

Avant de franchir le fossé, une poterne nous arrête. Nous parlemen-

---

(1) Porte principale à l'heure actuelle.

(2) Sous le règne de Charles VII, les habitants de Montreuil et de Fontenay résistant à la soumission qu'on exigeait d'eux de faire le guet dans le château de Vincennes, portèrent leurs réclamations devant le Parlement. Leur procureur allégua que les ennemis étant éloignés de seize lieues, le guet, qui avait été institué par Jean II et Charles V, devenait inutile. PONCET DE LA GRAVE, t. I, p. 109.

tons avec les hommes d'armes qui en ont la garde, et ce n'est qu'après avoir montré le parchemin d'où pend à un lacet de soie le grand sceau royal, qu'il nous est permis d'accéder au pont fixe conduisant au pont-levis de l'enceinte.

Les arbalétriers de service dans les échauguettes abaissent le lourd tablier qui, en tombant, démasque une herse barrant la voûte. Pendant cette manœuvre (1), qui exige du temps, nous inspectons l'endroit où nous sommes : c'est une petite cour, de quelques pieds carrés, en avant du castel, surveillée de toutes parts par des meurtrières, des mâchicoulis. Au-dessus de l'arceau de la porte principale, deux écussons semés de fleurs de lys, supportés par des dauphins, indiquent une habitation royale. Ces écussons sont sculptés sur les trumeaux de niches contenant des statues de saints. Au-dessus de la seule fenêtre trouant la façade, une console porte un saint Christophe peint (2).

La herse, pendant notre inspection, s'est levée comme un rideau de théâtre. Mais nous n'avançons que de quelques pas. Nous nous heurtons à une porte massive ; le lourd vantail bardé de bandes de fer croisées, réunies par de gros clous à tête saillante, ne s'ouvrira que lorque la herse sera retombée derrière nous. Cette manœuvre terminée, la porte tourne sur ses gonds. Nous parvenons dans la cour de la braie, ayant, au-dessus de notre tête, le pont dont le tablier est de niveau avec le premier étage du Donjon, et sur notre droite, la salle d'assemblée et une chapelle.

Notre guide nous fait prendre à gauche un escalier à vis dont la cage ajourée s'accroche au castel. Deux dauphins forment le seul motif ornemental de la baie par laquelle nous pénétrons. Nous montons jusqu'au premier étage et arrivons sur une terrasse à laquelle aboutit le pont que nous

---

(1) Voir plan p. 19.
(2) « An 1389. Mandat de paiement au peintre Jean d'Orléans (Jean Grangier) pour refaire et mettre à poinct de peinture l'ymage de Monseigneur Saint Christophe qui est à l'entrée de notre petit chastel du boys de Vincennes, avecque plusieurs autres choses qu'il faut ramender de peinture en nostre chambre dudit lieu du bois, par marché fait avec lui, autre cent francs. Et nous voulons que par rupportant ces lettres et quittances du dit Jehan, yceux deux cents francs soient alloez ès-comptes du dit receveur, nonobstant ordonnances ou défense du contraire. Donné à Paris le XVIe jour de mars de l'an de grâce MCCCLXXXIX et de nostre règne le Xe. » Bibl. Nat. Collection Gaignières.

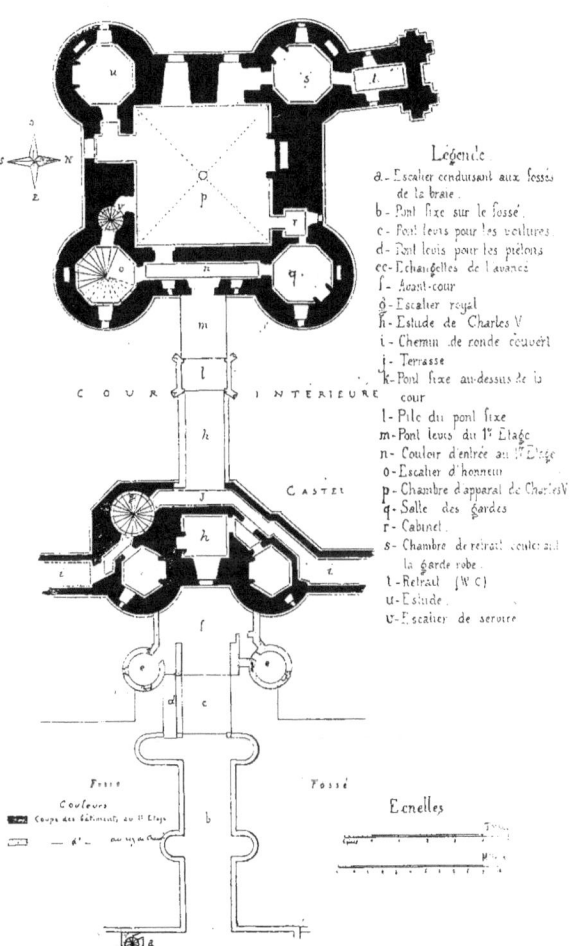

Plan du châtelet et du donjon au niveau du Ier étage
Dessiné par l'auteur d'après un plan de Le Vau (Bib. de la V. de Paris)

Légende

a - Escalier conduisant aux fossés de la braie.
b - Pont fixe sur le fossé.
c - Pont levis pour les voitures.
d - Pont levis pour les piétons.
ee - Echaugettes de l'avancée.
f - Avant-cour.
g - Escalier royal.
h - Estude de Charles V.
i - Chemin de ronde couvert.
j - Terrasse.
k - Pont fixe au-dessus de la cour.
l - Pile du pont fixe.
m - Pont levis du 1er Etage.
n - Couloir d'entrée au 1er Etage.
o - Escalier d'honneur.
p - Chambre d'apparat de Charles V.
q - Salle des gardes.
r - Cabinet.
s - Chambre de retrait conduisant à la garde-robe.
t - Retrait (W.C.).
u - Estude.
v - Escalier de service.

avions vu d'en bas. A l'extrémité de cette terrasse une porte s'ouvre sur un couloir qui donne accès à une élégante pièce voûtée en ogive. C'est l' « Estude de la poterne », le cabinet de travail du roi, dirions-nous aujourd'hui (1).

Cette petite salle, paraît sombre au premier abord, car elle ne prend jour que par l'étroite fenêtre percée dans la façade ; d'ailleurs il ne filtre qu'une faible lumière à travers un vitrail chargé des armes de France, et il faut que les yeux s'habituent à cette demi-obscurité.

Devant la porte retombe une riche portière. Un tapis velu d'outre-mer (2) couvre le carrelage. Contre les murs, tendus d'une étoffe pareille à celle de la portière, sont appuyés des coffres de bois sculptés, destinés, en l'absence du roi, à recevoir les joyaux de l'appartement. En ce moment, ils servent de sièges. A cet effet, de moelleux « carreaux (3) » remplis de duvet les couvrent.

Au centre de la pièce, une table en chêne sculpté a devant elle une chayère à grand dossier ; ça et là sont des bancs ou bancelles. Appendus au mur, on voit quelques tableaux de petites dimensions. Des étagères surchargées d'objets d'art complètent l'ameublement tandis qu'un pilier dans un coin, porte une horloge d'argent (4) « orlogium athas ».

Les menus objets renfermés dans ce cabinet sont dignes d'attention : sur la table, voici un encrier (5) d'argent doré « hachié » de fleurs de lys. L' « escriptoire (6) » avec son cornet et sa billette émaillée aux armes de la reine mère est auprès, munie de la chaînette servant à le transporter en voyage. Puis, à côté, deux boussoles, ou, selon l'appellation du temps, « deux astralabes (7) », dont une petite en cuivre avec son étui, et une grande en argent.

---

(1) En 1420, cette chambre située au-dessus de la porte principale, portait le nom de chambre blanche.
(2) Les tapis velus d'outre-mer étaient des tapis d'Orient à longue laine.
(3) Coussins.
(4) Une reloge d'argent blanc (ainsi mentionnée dans l'inventaire de Charles V) portant le n° 3067.
(5) N° 3118 (même inventaire), « ung encrier d'argent doré, hachié à fleurs de lys » pesant troys marcs et six onces d'argent.
(6) L'escriptoire avec toute sa « garnison » (garniture) pèse deux marcs deux onces d'argent. Il est porté sous le n° 3124 au même inventaire.
(7) Nos 3119 et 3121 du même inventaire.

Deux chandeliers de cristal (1), montés en argent doré, portent des cierges de cire destinés à éclairer la salle. Un autre cierge de cire garnit un bougeoir en argent (2) dont la broche est supportée par trois aigles et dont les ciselures forment des fleurs de lys alternant avec des « lettres de Damas ».

Pour allumer ces cierges, il suffit d'étendre la main. A un lacet de soie, pend un fusil d'argent (3), émaillé à fleurs de lys, avec son fer pour faire jaillir l'étincelle de la pierre.

A la cheminée est accroché un soufflet d'argent (4),émaillé aux armes de Mgr le Dauphin ; mais, comme, par les froids rigoureux, la flamme du foyer peut ne pas suffire à réchaufffer la pièce, voici un appareil qui supplée au défaut de chaleur ambiante : c'est le « chauffe-mains », boule d'argent doré (5), permettant d'éviter l'onglée.

Rien ne manque dans ce cabinet de travail ; ni le bassin profond (6) pour se laver les mains quand on a touché aux parchemins, ni le plat de terre (7) supportant de petits bacs d'eau de rose pour se parfumer, après s'être essuyé. Nos bureaucrates d'aujourd'hui n'ont pas de tels raffinements.

Avant de quitter la pièce où nous sommes, jetons un dernier coup d'œil sur les objets d'art s'offrant encore à notre vue : miroirs d'argent « esmaillés » sur les bords et au dos, reliquaires d'or, gobelets de même métal, coffrets d'ébène, tableaux d'ivoire, coupes précieuses, étuis à reliques.

(1) N° 3111, inventaire de Ch. V.
(2) N° 3113, même inventaire. Ung petit chandelier d'argent doré et troys aigles autour de la broche et hachié par le pied à fleurs de lys en rondeaux et lettres de Damas, pesant ung marc dix estellins.
(3) N° 1320, même inventaire. Ung foisil d'argent, émaillé à fleurs de lys, pendant à un laz de soie, non pesé car il y a trop de fer. — Le fusil était un briquet.
(4) N° 3123, même inventaire.
(5) N° 3108, même inventaire. Une pomme d'argent doré à chauffer mains, pesant ung marc une once.
(6) N° 3112, même inventaire.
(7) N° 3094, même inventaire. Ung plat de terre où il y a 6 petits barils à eau roze esmaillez par les fons des douze mois de l'an, pesant les 6 barils environ 6 marcs ½.

En sortant de l'Estude du Roi, nous gagnons par le pont fixe jeté sur la cour de la braie, et par le pont-levis qui lui fait suite, la porte donnant accès au Donjon lui-même. Les verroux grincent dans leurs pennes : nous franchissons le seuil, et passant devant la sentinelle d'honneur qui garde l'entrée, nous nous trouvons dans un étroit couloir aux murs couverts de tentures. Ce passage aboutit, à droite, à la pièce de la tourelle Nord-Est réservée aux officiers de service ; à gauche, au palier du grand escalier ; presque en face, à la grande chambre. C'est dans cette salle que le roi donne ses audiences intimes et prend ordinairement ses repas (1), car, selon un ancien usage, le souverain mange habituellement seul : ainsi le veut l'étiquette.

Trois fenêtres éclairent cette vaste pièce. Elles sont garnies de vitraux aux armes de France (2). Leur élévation au-dessus du sol nécessite l'emploi d'un escabeau pour parvenir à leur appui. Leurs embrasures forment, en raison de l'énorme épaisseur des murs, des sortes de cabinets qui sont garnis de bancs et de gradins. Plusieurs personnes peuvent s'y tenir à l'aise. Comme il règne dans l'appartement une sorte de crépuscule, c'est l'endroit qu'on choisit de préférence pour causer ou pour lire.

Cette salle d'apparat possède cinq portes (3). La première est celle par laquelle nous sommes entrés. Deux, sur le côté Nord, ouvrent, l'une sur un petit cabinet communiquant avec la chambre des gardes, l'autre sur la garde-robe ; deux autres enfin, situées sur le côté sud, donnent accès, la première à une estude ou cabinet de travail installé dans la tour Sud-Ouest, la seconde à un petit escalier ou escalier de service.

(1) La table de Charles V était très frugale : « Son manger n'était mie long, écrit Christine de Pisan, et moult ne se chargeait de diverses viandes, car il disait que les qualités de viandes diverses troublent l'estomac et empêchent la mémoire ; vin clair et sain, sans grand fumet, buvait bien trempé et non foison, ni de divers, mais à l'exemple de David, instrument bas pour réjouir les esprits, si doucement joués comme la musique peut mesurer son, oyait volontiers à la fin de ses mangers.

« Lui levé de table, à la collation, vers lui pouvaient aller toutes manières d'étrangers ou autres venus pour besoigner. »

(2) Ces fenêtres pouvaient être protégées par des treillis en fil d'archal et en fil de fer, comme il en existait au Louvre. — *Etude sur le Louvre de Charles V*, par Alf. Michiels, Revue universelle des Arts, t. XV, 1862.

(3) Voir plan p. 19 pour tout ce qui concerne le 1er étage.

Une cheminée de hauteur monumentale est adossée au mur Nord. Des chenêts en fer ouvré supportent d'énormes bûches dont les flammes dardent une vive chaleur sur ceux qui s'abritent sous le large manteau ménagé en avant du foyer (1).

Au centre de la salle s'élève un gros pilier sculpté d'où rayonnent huit nervures d'arcs qui retombent à leur extrémité sur des consoles représantant les évangélistes ou leurs attributs. Les compartiments des voûtes sont garnis de planches assemblées ; tout le plafond est peint tant sur la partie bois que sur la partie pierre et rehaussé de dorures.

Aux murs et devant les portes sont appendues de riches tentures ; à terre, un épais tapis protège les pieds contre le contact froid du dallage. Notre guide nous explique, à ce propos, que cette partie de l'ameublement change suivant les saisons ou au gré des circonstances. Il y a des « chambres d'été », des « chambres d'hiver », des « chambres de Pâques » et des « chambres de la Toussaint », en étoffes légères pendant la belle saison, en tapisseries et velours pendant les mois de froidure (2). Les courtines, c'est-à-dire les rideaux des fenêtres ou des lits, les custodes dissimulant les vantaux des portes, les couvertures des carreaux servant de sièges, tout est assorti aux tentures et changé avec elles. Au temps des chaleurs, les tapis sont remplacés par des nattes de jonc ou des tresses de cuir.

Au moment de notre visite, la chambre royale est tendue en étoffe d'or rehaussée de fleurs de lys, de palmettes et de feuillages. La richesse de cette ornementation est remarquable. Elle va d'ailleurs de pair avec les objets d'art en matière précieuse qui s'offrent à nos regards. Sur des dressoirs (3)

---

(1) Ne trouvez-vous pas, dit M. Bonnaffé, le savant auteur des *Causeries sur l'art et la curiosité*, qu'elles avaient du bon, ces grandes cheminées qui vous chauffent de la tête aux pieds et ne marchandent pas la place ? Pas un atome de feu n'était perdu et elles ne fumaient pas plus que les nôtres. J'en appelle aux habitués du Musée de Cluny pendant l'hiver ; le tirage de ces vieilles cheminées n'est-il pas irréprochable ?

(2) *Comptes des argentiers de France*, publiés par M. Douet d'Arc. On appelait « chambre » l'ensemble des tentures, rideaux, tapis ou courtines dont on garnissait une pièce, ou dont on recouvrait les meubles en bois.

(3) Les dressoirs avaient plus ou moins d'étages selon le rang des personnes. Quatre degrés représentaient le comble de la magnificence. Les dressoirs du Roi n'en avaient pas plus. (*Etude sur le Louvre de Charles V et de Philippe-Auguste*, par ALFRED MICHIELS, *Revue universelle des arts*, t. XV, 1862).

à quatre degrés munis de « dorserets (1) », sont disposés des coupes en cristal de roche taillé, des hanaps en vermeil ornés de pierreries, des gobelets au pourtour enrichi de diamants, des plats d'or où les perles se marient aux émaux. Sur des étagères, des pots, des flacons, des coquemars contiennent des vins généreux ; des drageoirs, d'exquises écuelles, des plateaux ciselés portent des friandises variées : oublies ou pâtes d'amandes. Il faut que chaque visiteur puisse boire aux « échansonneries » ou manger aux « fruiteries » : c'est l'habitude du temps.

Mais, ici, point de fauteuils : leur usage est encore inconnu. Il n'existe comme siège que des bancs et des coffres massifs en bois, aux faces ornées d'artistiques sculptures. Qu'on ne s'imagine pas qu'on y soit mal assis ! loin de là. Sur tous ces sièges sont placés des sortes de coussins ou, comme on le disait alors, des carreaux recouverts d'étoffe pareille à celle de la tenture ; moelleusement emplis de duvet, ils se moulent aux formes du corps, s'empilent derrière le dos ou se superposent pour étayer le coude. C'est le confort dans ce qu'il y a de plus raffiné.

Poursuivons notre visite et, prenant le grand escalier dont les murs sont tendus de tapisseries, gagnons au deuxième étage « la chambre haute ». Cette pièce servait primitivement de chambre à coucher à la reine, Jeanne de Bohême. Depuis la mort de cette princesse (1378), le roi l'habite. Nous retrouvons ici la même disposition que dans la pièce au-dessous (2).

Dans l'embrasure de la fenêtre, du côté de la cheminée, un coffre (3) à deux compartiments, supporté par deux crampons scellés au mur, remplit l'office de bibliothèque. Il ne contient d'ailleurs, à une exception près, que des œuvres religieuses : neuf bréviaires, trois missels, deux psautiers, un très bel ordinaire en français (4). Ce sont les livres de piété usuels du

---

(1) « Et pour déclarer de quelle façon est un dorseret, pour ce que beaucoup de personnes ne savent pas ; un dorseret est de largeur de trois draps d'or ou de soie et tout ainsi fait que le ciel que l'on tend sur un lict ; mais ce qui est sur le dressoir ne le passe point plus d'un quartier ½ aulne. Il est à gouttières à franges comme le ciel d'un lict et ce qui est derrière le dressoir depuis le haut jusqu'en bas est à deux côtés, bordé autre que le dorseret n'est et doibt être la bordure d'un quartier de large ou environ, aussi bien au ciel que derrière. » (Alf. MICHIELS, Revue universelle des arts, t. XV, p. 233).
(2) Voir plan page 25 pour tout ce qui concerne le 2ᵉ étage.
(3) N° 3278 de l'inventaire de Charles V.
(4) Nᵒˢ de 3279 à 3293, même inventaire. « Lisvres étant en la chambre du dit seigneur. »

roi. Ils sont tous à « l'usage de Paris » et sont écrits à la main sur d'épais parchemins dont la couleur rappelle le ton du vieil ivoire. Tous sont enluminés de naïves miniatures où l'or, déposé en couches épaisses, brille d'un éclat merveilleux. Les perles, les rubis d'Alexandrie, les saphirs, les grenats, les émeraudes ornent les fermoirs d'or ou de vermeil de leurs reliures (1).

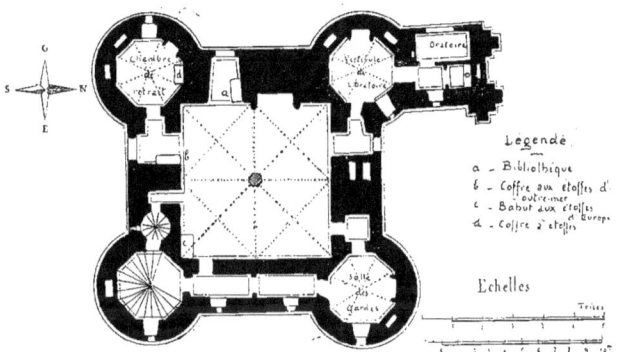

Plan du 2e étage
Dessiné par l'auteur d'après un plan de Le Vau. (C** de la Bib. de la V. de Paris)

Dans le second compartiment de la bibliothèque sont rangés d'autres manuscrits non moins riches (2), mais d'ordres divers : un bréviaire à l'usage des frères prêcheurs, dit « bréviaire de Belleville » ; deux psautiers ayant appartenu à saint Louis, un certain nombre d'heures ou de collec-

---

(1) Avec une telle richesse d'ornementation, les frais de reliure étaient fort considérables. On en a un aperçu dans un mandement du 24 novembre 1377 donné à Vincennes pour le roi par Tabari, Mandement 1519, cité par B. ZELLER, *Charles V, sa cour, son gouvernement* (Hachette, 1886, p. 59). Il y est mentionné une somme de cent quatre-vingt-dix francs d'or pour les « chemises » de quelques ouvrages.

(2) Nos 3296 à 3309 de l'inventaire de Charles V.

taires ; enfin, seize livres, « délicieusement historiés », provenant, la plupart, d'ancêtres ou de parents du roi. Les diamants, les perles et les pierres précieuses sont enchâssés sur les couvertures recouvertes de soie brodée aux armes des anciens possesseurs.

A côté de la bibliothèque, la cheminée étale sa grande hotte, à la base ornée de guirlandes de feuilles de chêne profondément sculptées.

Un grand lit à cadre bas et à haut dossier est placé entre deux portes dont l'une ouvre sur un oratoire et dont l'autre donne accès à un petit cabinet, communiquant avec la pièce de la tourelle nord-est, servant, comme pour l'étage inférieur, de salle de gardes d'honneur.

Ce lit semble être l'objet de soins particuliers. Il est muni d'un baldaquin droit que notre guide appelle un « cheveciel (1) ». Il est entouré de rideaux assortis à la tenture de la chambre et recouvert de riches courtepointes rembourrées, sous lesquelles se dissimulent les draps de fine toile de Hollande reposant sur des matelas de duvet. De son ciel pend une grande bande d'étoffe servant à se soulever pour se mettre sur son séant (2).

En face du lit est une fenêtre (3), dans l'embrasure de laquelle un grand coffre carré à deux couvercles, « ouvré à Osteaults » par dehors, contient les étoffes non utilisées achetées par le roi : pièces de soie, de satin ou de drap d'outre-mer, venant de l'Afrique, de l'Inde et de la Perse semées d'arabesques étranges, de lettres sarrazines, de grands feuillages noirs ressortant sur du blanc, ou blancs ressortant sur du noir, avec des rayures de couleurs variées et de semis de croissants. Là, le « ratabis (4) »

(1) On l'appelait aussi « cheveciez » ou « chevez ».
(2) « Au milieu du ciel il y a une pareille courtine laquelle estait troussée tout hault comme l'on trousse courtine et estait tout renée au bout, et œste la n'estait jamais tendue. » Aliénor de Poitiers, cité dans le *Louvre de Charles V*, par M. Alfred MICHIELS, *Revue universelle des arts*, t. XV. On voit un grand nombre de ces courtines reproduites dans les tableaux du xv° siècle.
(3) Fenêtre de la façade Sud.
(4) Ratabis ou « Tabis ». — C'était une étoffe orientale dont le nom exact serait âtabi. D'après les recherches de M. Francisque Michel (Recherches sur les étoffes de soie), l'atabi se fabriquait à Bagdad dans le quartier appelé Otabriah. D'après l'auteur persan cité par M. Francisque Michel, le tabis était un composé de soie et de coton. Le ratabis serait-il cette étoffe qui figure pour un prix beaucoup plus élevé que le « cendal » dans les comptes fournis par Etienne de la Fontaine, argentier du roi Jean II, publiés par M. Douet d'Arc ? (*Extrait de l'inventaire du mobilier de Charles V*, par M. Douet d'Arc, p. 344).

— 27 —

oriental, fabriqué à Bagdad et d'une valeur inestimable, se trouve mêlé au satin plucheux et azuré ainsi, qu'au « Cendal (1) » connu pour sa rareté.

Entre la porte par laquelle nous sommes entrés et celle de l'escalier de service, un grand bahut renferme une autre collection d'étoffes de grand prix, mais presque toutes de fabrication européenne : « orfroiz (2) de chappe de Rouménie, » bordés de veluiau (3) vert avec broderies d'or et ornés d'images ; orfroiz de chasuble « où il y a un crucifix d'une part et l'image de Notre-Dame et plusieurs autres images » ; devants d'autel parés de « satanin (4) bleu, brodés de fleur de lys » ; soies de Lucques, à « ouvraige bien menu d'oiseaulx et de petites rosectes et molettes » ; draps d'or dont les uns sont « à angelots, qui tiennent espées et à KK couronnez et fleurs de lys entour » et les autres à « semis de lys sur champ bleu, alternant avec des couronnes sous quoi il y a des Karolus » ; pièces de « soudanin » (5) à ramages divers ; veluiau vermeil, et samit d'estive » (6).

Il serait trop long de décrire toutes les merveilles entassées dans cette armoire, réserve inestimable destinée aux usages les plus divers (7). Nous n'en citons que ces quelques exemples.

Un coffre en bois jaune (8), ferré à bandelettes, placé dans le cabinet attenant à la chambre du roi, contient d'autres étoffes précieuses : des « camocas » (9) ornés de fleurs de pêcher, d'oiseaux, de fleurettes, de « bestelettes », et principalement des soies brodées.

(1) Le cendal était une sorte de taffetas principalement employé pour la tenture des chambres et des lits.
Il y en avait de toutes nuances et de toutes teintes.
(2) Le mot *Orfroiz* qu'on trouve encore écrit *Orfrais*, *Orfrès*, s'appliquait ordinairement à toute riche bordure de perles, d'or trait, de soie ou de broderie qui enrichissait une étoffe. (Note de M. Labarte, Inventaire du mobilier de Charles V, p. 33).
(3) Velours.
(4) Riches étoffes soie et or.
(5) Le mot « soudanin » désignait la même étoffe que le « satanin ».
(6) Le « samit » était une étoffe fabriquée en Syrie.
(7) L'inventaire dressé sous Charles V ne mentionne pas moins de cinquante-trois pièces d'étoffes précieuses. (N°ˢ 3340 à 3492).
(8) Voir même inventaire, p. 341 et 342. six articles sous les n°ˢ 3311 à 3316, contenus dans le « coffre carré en bois jaune estant en la petite tournelle d'emprès la chambre du Roy ».
(9) « Camocas », étoffe d'Orient très riche. Il y en avait de diverses couleurs. (Note de M. Labarte, Inventaire du mobilier de Charles V, p. 133).

Dans la pièce à côté de la chambre principale c'est-à-dire dans l'oratoire (1) se trouvant dans la tourelle nord-ouest et précédant la petite chapelle faisant saillie sur l'éperon du donjon, un petit autel surmonté d'un pavillon (2), et paré de drap d'or, avec fleurs de lys brodées, garnit un des pans coupés. La porte du tabernacle (3) est particulièrement remarquable. Elle est ornée de rubis d'Alexandrie, d'émeraudes et de perles. Au centre est sculptée en haut relief une vierge assise qui a le ventre d'un rubis également d'Alexandrie. Deux anges la surmontent et tiennent une banderole au-dessus de sa tête.

Sur le tabernacle est posée une croix d'or massive ornée de saphirs, de « ballesseaulx » (4) et d'émeraudes. Le pied, garni de perles, est constitué par un enlacement de couronnes et de feuillages (5).

L'autel est paré de deux chandeliers d'or (6). Ses marches sont couvertes par un tapis : (7) « à roses où il y a IS couronnéz sur champ vert et escusson aux armes de Monseigneur d'Anjou » (8).

Le sol de la chapelle est également dissimulé sous un tapis (9) « où il y a lyons d'or qui tiennent chacun un rouleau où il y a écrit : Karolus Dei gratia Francorum Rex et KL couronnez ».

Deux carreaux (10) dont l'un est de drap d'or, permettent au roi de s'agenouiller pour faire ses dévotions. En avant, un pupitre supporte des livres usuels de piété : « les heures de Notre-Dame, et un psautier à deux fermoirs d'or, esmaillez de France, qui ont une chemise de drap de soye royé de royes yndes. »

---

(1) L'inventaire des joyaux se trouvant dans l'oratoire du Roy en la grande tour du boys devant la chapelle emprès sa chambre fut fait le viie jour du mois de février MCCCLXXIX. (Inventaire de Charles V, p. 274.)
(2) N° 2600   id.
(3) N° 2597   id.
(4) Sorte de rubis.
(5) N° 2592, inventaire de Charles V.
(6) N° 2596,   id.
(7) N° 2603,   id.
(8) Frère de Charles V.
(9) N° 2602, inventaire de Charles V.
(10) N° 2604,   id.

L'oratoire est rempli de joyaux les plus rares, chefs-d'œuvre d'orfèvrerie : reliquaires de toutes sortes, croix enrichies de diamants, émaux représentant des scènes religieuses, images nombreuses de saints et de saintes. Parmi ces derniers objets, mentionnons, pour donner une idée de ces richesses artistiques : une sainte Marguerite « qui sault d'un dragon, sur lequel dragon il y a ung ballay et est à la tête du dragon d'ung saphir, et sur la queue ung saphir et trois perles, et a ung diadème d'ung saphir » ; une Nostre-Dame « à qui les trois Roys viennent offrir, assise en une chayère à quatre marches et ung demi-ciel à feuillage auquel pend l'estoille ; et est Joseph assiz emprès d'elle » ; une autre Nostre-Dame « qui clost et ouvre, séant et tenant son enfant à senestre, de laquelle est une Trinité et plusieurs saincts et sainctes ».

Signalons encore quelques petits tableaux dont un triptyque à six pignons « esmaillé d'un côté et d'autre de la Passion et sont les pignons bordés de perles, et d'un costé est l'Annonciation et d'austre costé un crucifiement (1) », et pénétrons dans la chapelle proprement dite.

Cette petite pièce est délicieusement voûtée. Une grande baie y laisse pénétrer le jour à flot, et permet à la vue de s'étendre au loin vers Paris que nous signalent dans la brume ses toits pointus et ses hauts clochers. A gauche, en entrant, se trouve dans le mur une piscine avec des étagères sur lesquelles sont rangés les vases (2) sacrés, tous en or : calices, burettes, bassin, boîte à hostie. A droite est un autel en marbre vert. Le tabernacle (3), comme celui de l'oratoire, est orné d'une image de Notre-Dame assise sur un siège et qui « a une couronne d'esmaux de plite ». Il porte une croix au pied de laquelle prient une Sainte Vierge et un saint Jean, et dont les quatre côtés du support sont historiés d'images tirées de la vie de la Mère du Seigneur.

---

(1) N° 2587 de l'inventaire de Charles V. Ce triptyque devait alors être une pièce déjà ancienne, car il manque beaucoup de perles au crucifix.

(2) N°* 2605 à 2608, même inventaire.

(3) N° 2612,   id.

Un missel (1), très bien écrit et noté, est placé sur un lutrin de fer (2). Trois chayères, recouvertes d'un tapis pareil à celui du sol, constituent l'ameublement de la pièce (3). Une lampe d'argent, en forme de couronne à petits « piliers garniz de doublayz d'ivoire », pend de la voûte par trois chaînettes, et, dans son gobelet de cristal, vacille la flamme, qui, nuit et jour, éclaire le sanctuaire.

Sur les tentures des murs, sont accrochés des tableaux de bois et d'ivoire, ou des broderies représentant des sainte Marie, des saint Goerges, sainte Agnès, sainte Catherine avec saint Jean l'Evangéliste (4).

Disons encore que cette pièce a ses voûtes peintes, que d'épaisses courtines (5) sont drapées sur la fenêtre ou tombent devant la porte, et nous aurons ainsi complété la description de cet exquis réduit, où, si souvent, est venu se mettre en prières celui que l'histoire a dénommé Charles le Sage.

Gagnons maintenant le troisième étage (6). L'escalier d'honneur s'arrêtant au second, on n'y accède que par l'escalier de service allant du rez-de-chaussée au faîte de la tour. La cage de ce dernier, accolée à la tourelle sud-est, est ménagée dans l'épaisseur des murs.

C'est la partie de l'habitation réservée aux Enfants de France. Toutefois, outre le logement des jeunes princes, le troisième étage contient encore le « trésor royal », proprement dit, et la réserve de lingerie fine.

Dans la chambre centrale, dite chambre haute, les murs sont tendus d'étoffe, la voûte est ornée de peintures, les fenêtres sont garnies de vitraux de couleurs. L'ameublement général ressemble à celui des pièces des étages inférieurs.

La chambre de la tourelle sud-ouest, contient la garde-robe ; celle de la tourelle nord-ouest, le grand coffre à linge dont le roi conserve d'ordinaire la clé sur lui. Il l'a confiée aujourd'hui à son valet de chambre, Gilles Mallet, qui nous montrera lui-même cette réserve.

(1) N° 2621 de l'inventaire de Charles V.
(2) N° 2633, id.
(3) N° 2620, id.
(4) N°s 2622 à 2627, id.
(5) N° 2634, id.
(6) Voir plan du troisième étage, p. 31.

— 31 —

On y trouve les linges les plus divers : des nappes de soie blanche, semées de fleurs ou d'ornements à raies d'argent ou d'or ; des aumusses de gorgières (1), orfraisées ; un grand nombre de pièces de toile fine de Laon, de Reims ou de Compiègne, celles-ci généralement par rouleaux mesu-

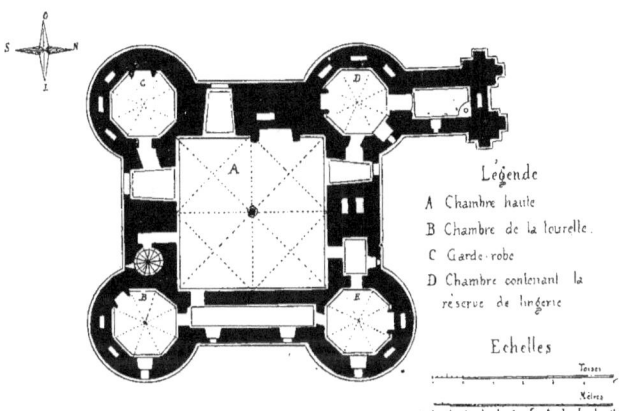

Plan du 3e étage

Dessiné par l'auteur d'après un plan de Le Vau. (Cte de la Bib. de la V. de Paris)

rant chacun de quatre à seize aulnes (2), celles de Reims pourtant mises par paquets de douze aulnes (3). Puis il y a des nappes (4), les unes

---

(1) N° 3161 de l'inventaire de Charles V. Les « aumusses de gorgières » étaient de petites pièces d'étoffe qui se portaient au cou. Les chanoines ont conservé l'aumusse qu'ils portent autour du bras. (Note de M. J. Labarte, p. 328).

(2) N°s 3162 à 3218, même inventaire. Il n'y a pas moins de 56 de ces rouleaux qui y figurent.

(3) N°s 3238 à 3265, même inventaire.

(4) N°s 3219 à 3237, id.

marquées à l'écusson de France et ornées de mouches de soie (1), les autres devant avoir beaucoup d'usage, car elles sont percées (2) ; enfin, des draps de lit à parer dont certains sont même dépareillés.

Près de la fenêtre, un autre coffre, supporté par deux crampons scellés dans le mur, contient des camelots, pièces de draps divers servant à la confection des vêtements.

La chambre de la tourelle sud-ouest contient le trésor proprement dit dont Hennequin du Vivier, orfèvre et valet de chambre de Charles V, a la garde. Joyaux, reliques, objets précieux de toutes sortes sont disposés sur des étagères ou sont dans des coffres qu'on nous ouvre. L'abondance des pièces remarquables est telle que nous ne pouvons avoir la prétention de les énumérer toutes. Nous établirons donc des catégories, en n'attirant l'attention, dans chacune d'elles, que sur les raretés.

D'une façon générale, le trésor peut être divisé en : objets de piété, objets d'art proprement dits, objets usuels de grand luxe ; et enfin, joyaux (3) de toutes formes, dus aux orfèvres les plus réputés de l'époque ou des siècle précédents. Il est de ces derniers qui sont des parures ; d'autres, ornés de grandes figurines, qui ne sont que des pièces curieuses. Tous sont en métaux précieux et du travail le plus soigné. Les pierreries, les perles, les rubis, les diamants en rehaussent la valeur.

Parmi les objets de piété, nous remarquons huit croix de grandeurs diverses. Quelques-unes constituent des reliques insignes et contiennent des fragments de l'instrument de la passion ; d'autres sont des souvenirs historiques comme la croix portée lors de la première croisade par Godefroy de Bouillon (4) ; d'autres enfin n'ont que leur mérite artistique, comme celle que soutient un grand pélican au corps semé de perles.

A côté, sont des patenôtres, des heures et des heurettes, des « pace », des « tabernacles » et enfin des « représentations de saints et de saintes ». Il n'y a pas moins de douze figures de la Vierge ; on remarque aussi de

(1) N° 3219 de l'inventaire de Charles V.
(2) N° 3232, même inventaire. Item, une grant pièce de nappe qui a servy et a plusieurs perthuis, et qui a sept quartiers et demi de lé et de long quinze aulnes.
(3) Tous les objets faisant partie du trésor portent les n°s 2635 à 3031, dans l'inventaire de Charles V.
(4) N° 2925 du même inventaire.

nombreux saint Christophe, plusieurs sainte Agnès, des saint Edmond et autres bienheureux.

Les objets d'art proprement dits comprennent un grand nombre de statuettes. Presque toutes, qu'elles soient groupées ou isolées, représentent des personnages ou des scènes du Nouveau Testament. C'est une Notre-Dame montée sur une mule noire que « saint Joseph marchant de l'avant guide par la bride ». C'est une sortie du tombeau ; c'est enfin une autre Notre-Dame avec les trois Rois mages, saint Joseph et sainte Anasthasie. Les figurines de ce dernier groupe sont en ambre : c'est une exception, car dans les objets précédents ou suivants, elles sont en or massif.

Il y a peu de sujets profanes. Citons, cependant, un saint Louis en or assis sur un « entablement avec deux dames à genoux », avec socle aux armes de France et de Bourgogne (1) ; un enfant tout nu (2) ; un cerf « tout de perles avec des cornes d'émail (3) ; un chamel sur une terrasse garnie de perles, de ballaiz et saphirs (4) », un petit chien (5), un mouton blanc (6).

Parmi les objets usuels de grand luxe figurent des gibecières, des bourses diversement armoriées, des miroirs de toutes sortes et de toutes formes (7) ; des boussoles ; des ciseaux, dont une paire provenant de la forge de Clermont ayant son axe terminé par une couronne (8) ; des tenailles d'argent (9) ; des chandeliers, des bougeoirs ; des paniers tous recouverts de perles et de grenats ; des briquets ; des pincettes, des encriers ou escriptoires ; des ardoises à écrire, ainsi que des tables d'étude. Puis, de la vaisselle d'or : des coupes, des hanaps, des brocs, des gobelets, des fourchettes (10), dont le petit nombre, il est vrai, est compensé par celui des cuillers

---

(1) N° 2660, inventaire de Charles V.
(2) N° 2689, id.
(3) N° 2955, id.
(4) N° 2695, id.
(5) N° 2698, id.
(6) N° 2720, id.
(7) N°s 2703, 2704, 2739, 2790, 2883, inventaire de Charles V.
(8) N°s 2715 et 2737, id.
(9) N° 2726 id.
(10) N°s 2803, 2804, 2805, 2812, id.

— 34 —

dont l'une est à biberon. Enfin, des fontaines d'or ; des lanternes du même métal ; des cages d'or à mettre « oisels de Chypre (1) » ; des chauffe-mains dont l'un ayant appartenu au pape Clément II ; des boîtes à poudre en forme de poires ; des coffres d'ébène, de jaspe, d'argent ou d'or.

Parmi les joyaux sont à signaler : une collection très importante de camées (2) ; des fermaux ; des pectoraux ; quantité de ceintures de femmes ou d'homme, garnies de perles et de saphirs de Perse ; enfin de nombreuses chaînes d'or.

L'évocation de toutes ces richesses aujourd'hui dispersées, disparues ou transformées, nous plonge dans l'étonnement, surtout quand on songe qu'elles ne représentaient qu'une partie infime de celles existant dans les autres parties du château, ou amassées dans les diverses résidences royales de l'époque : Melun, le Louvre et Saint-Germain.

Mais sortons du trésor et montons au quatrième étage du Donjon : « au galetas ». Là couchent les serviteurs, les officiers. L'espace est restreint, exigu. Plus de luxe : c'est le campement dans toute sa simplicité. La chose ne doit point surprendre ceux qui connaissent les dépendances de Versailles et de Fontainebleau : ils savent que les grands seigneurs eux-mêmes, à l'époque de Louis XIV, se contentaient de peu : un modeste cabinet suffisait parfois à un prince ; dans le donjon de Charles V, c'était le simple dortoir. Les progrès réalisés en trois siècles furent donc peu considérables.

Le cinquième étage est uniquement réservé à la défense. Les pièces des quatre tourelles constituent autant de corps de garde. La grande chambre centrale sert de magasin de dépôt d'armes et de projectiles : les bottes de

---

(1) La poudre de Chypre était un parfum fort recherché au moyen-âge et se composait de racines d'iris, de civette et de musc. On l'enfermait dans le corps d'oiseaux simulés en étoffes de soie et on suspendait ces oiseaux dans des cages (*Intermédiaire des Chercheurs et Curieux*, 1902, XVI, p. 263).

(2) Cette collection ne comportait pas moins de soixante pièces environ. Inventaire de Charles V. Voir Camahieux.

flèches, de viretons ou de carreaux, les boulets de pierre et les balles de plomb y sont entassés.

Au-dessus se trouve la plate-forme supérieure avec sa haute guérite de veille et ses machines de guerre. Après l'avoir vue, nous redescendons au rez-de-chaussée, que nous n'avons pas encore inspecté et qui est occupé par les services de la bouche. La cuisine proprement dite en occupe le centre. Avec sa grande cheminée, son puits à haute margelle, son pilier central, elle a vraiment fort grand air. La flamme, qui pétille dans l'âtre, l'éclaire presque seule ; car les fenêtres, avec leur faible ouverture, laissent passer parcimonieusement la lumière.

Ce qui nous frappe ici, c'est encore la variété et l'abondance des objets exposés à notre vue, et dont l'usage s'est continué jusqu'à nous, à peu de différence près. Les grands chaudrons de cuivre rouge à reflets d'or étalent, en nombre, leurs flancs rebondis sur les étagères. Des pincettes « à porter eau » ; des paniers de toutes formes, des haches de fer à « dépecer la viande » ; des grandes cuillers percées pour eschauder la poulaille » ; des « boutiques à poisson », montrent que les maîtres queux d'alors avaient à leur disposition un arsenal aussi complet que les Vatels des temps modernes, je devrais même dire plus complet. Car, pour des gens qui ne connaissaient pas les théories microbiennes, les précautions prises pour éviter la souillure des aliments nous font rêver. C'est d'abord toute une série de petits sacs de toile de l' « œuvre de Paris », ornés de fleurs de lys brodés, pour y mettre le pain à sa sortie du four (1). Les oublies ou gaufrettes sont, comme les pâtisseries et autres friandises, soigneusement renfermées aussitôt faites, dans des coffrets dits « couffins ». Chaque ustensile de cuisine possède sa gaine ou enveloppe à côté de lui. Il y a double raison à cela : d'une part, question de propreté; de l'autre, question de facilité de transport (2). Les « hanaps-cuillers » ont, dans leur étui d'osier, des brosses pour les nettoyer. La farine est enfermée dans des sacs de cuir ; les épices, dans des coffres fermant à clef. Les

---

(1) Comptes des argentiers de France, par M. DOUET D'ARC.
(2) Ce luxe de précaution était dû aussi, il faut l'avouer, à la peur du poison.

gros ustensiles, tels que bassins, « loutre-rostier », « belle-bouche » et autres, ont leur « panier d'éclisse » prêt à les contenir. La Cour se déplaçant sans cesse, il faut que tout ce matériel puisse être déménagé facilement, placé rapidement et sans risques sur les chariots qui doivent l'emporter.

A côté de la cuisine, et formant un office séparé, se trouve la « sausserie », qui tient une grande place dans les préoccupations gastronomiques de l'époque. Cet important service est monté comme la cuisine, mais avec un soin tout particulier. Il possède sa vaisselle propre, composée en partie de plats d'étain pouvant se renfermer dans des « bouges », sorte de valises spéciales en cuir. Des « estamines » servent à filtrer les préparations obtenues et des barils à les emmagasiner et au besoin à les faire voyager.

Vient ensuite l' « Office de la fruiterie » dont dépend tout ce qui a rapport aux fruits et à la cire. Là, se trouvent des « espées de fer » pour « couper chandelles et torches », des « trappes de fer » pour cuire les poires, des grils pour cuire les pommes, des coffres longs pour mettre les torches et chandelles.

Après cette inspection qui eut pleinement satisfait Brillat-Savarin lui-même, nous sortons de la grosse tour par la poterne basse ménagée dans le mur Est et nous nous dirigeons vers la « salle d'assemblée » que nous avons laissée à notre droite en pénétrant dans le Donjon (1). Tout en marchant, nous demandons à notre guide quelques renseignements sur les déplacements de la Cour, nécessitant ce luxe de moyens d'emballage qui nous a tant frappé au cours de notre visite aux cuisines et dépendances. Il nous apprend que tous les services de la maison du roi suivent le souverain et sont constamment prêts pour tout départ, aussi subit qu'il soit. Car, outre les chariots de l'échansonnerie, de la paneterie, de la

---

(1) Cette salle n'existe plus. Il est impossible de savoir à quelle époque elle a pu être démolie. On la voit représentée dans une gravure de Boisseau et dans deux gravures hollandaises de la collection de Hennin. V. t. I, pp. 96 et 314.

cuisine, destinés au transport des nombreux ustensiles que nous venons de voir, il en existe d'autres dits « chariots des joyaux » et « chariots de la fourrière », ces derniers contenant des bourses de cuir remplies d'outils et de crochets « bastards » pour tendre rapidement les appartements. Il y a aussi les nombreuses voitures réservées aux bureaux de la maison du roi, à l'Intendance comme on le dirait aujourd'hui. Ces voitures transportent, dans de grands coffres, les registres, les mains de papier de « petite et grande fourme », la cire « vermeille pour sceller », les « tablettes à trancher parchemin » et enfin l'encre dans des « bouteilles en cuir ». Les gens de la Chambre aux deniers disposent de « sommes » (1) pour le transport de leur matériel et des espèces en or et en argent enfermées dans de grandes bourses en cuir.

Cette intéressante causerie nous a conduits jusque dans la grande salle réservée aux assemblées, aux fêtes et aux banquets. Cette pièce est formée de deux travées et divisée par des piliers dans sa longueur.

Le trône royal, sur une estrade élevée, se trouve à l'une de ses extrémités. Une table est placée devant ce siège : elle sert les jours de grand conseil, ou les jours de festin lorsque le Roi mange en public.

Au moment de notre visite, la « vaiselle du grand ménage » toute en or massif, ornée de pierres précieuses, est sortie. Les coupes, les gobelets, les hanaps, les aiguières, les flacons, les salières, les drageoirs ainsi que les cuillers et les rares fourchettes qui existent, sont du même métal, et c'est par douzaines que nous comptons les plats et les assiettes (2). Pour boire, le roi se sert de la coupe de Charlemagne, « laquelle a des saphirs à jour et pèse cinq marcs cinq onces et demi d'or » (3).

---

(1) On appelait « somme », le bât, le panier ou le coffre pouvant se placer sur le dos d'un animal et destiné à contenir le « sommier » ou la charge. L'homme qui était préposé à la conduite des animaux de charge s'appelait « sommelier ».

(2) Tous ces objets sont décrits dans la première partie de l'inventaire de Charles V, édité sous la direction de M. Labarte. Il ne faut pas moins de 33 pages pour les énumérer (p. 55 à 78).

(3) N° 256 de l'inventaire de Charles V.

Ces merveilles d'orfèvrerie représentent des sommes fabuleuses. Nous ne pouvons qu'en signaler l'importance et la richesse, avant de passer dans la chapelle de la braie (1).

Celle-ci renferme surtout une quantité d'images de saints et de saintes, figurines en métaux précieux, ornées de pierreries, de perles ou de camées. Là aussi sont entassés des reliquaires variés, des tableaux religieux et de grandes croix dont l'ornementation est aussi riche que variée.

Remarquons « les grands chandeliers d'or tous rons, à trois piez », l' « eaubenoistier » d'argent et la lampe de même métal où vacille la flamme du sanctuaire, et nous aurons une idée, sinon complète, du moins suffisante, des trésors contenus dans cette chapelle.

Notre visite est terminée. Nous n'avons pas la prétention d'avoir montré au lecteur tout ce que contenait la fastueuse demeure de Charles V et espérons que notre modeste tentative de reconstitution attirera l'attention sur le Donjon. Puisque l'on parle de le désaffecter, il serait à souhaiter qu'il fut transformé en un musée des XIIIe et XIVe siècles (2). Il y aurait un triple avantage à mettre dans ce cadre ancien, comme à leur place primitive, les objets qu'on pourrait retrouver, de ces époques curieuses. A l'intérêt artistique d'une telle collection, s'ajouterait celui de voir la destination de chaque chose. Les hommes du Moyen-Age nous apparaîtraient dans leurs œuvres, dans leur milieu, avec leurs mœurs, leurs habitudes. L'évocation serait puissante en même temps que facile à réaliser, le décor existant.

Puis nous aurions une division rationnelle, chronologique de nos richesses artistiques. Saint-Germain resterait le musée des origines, Cluny celui de la Renaissance, Vincennes établirait la transition entre les deux.

---

(1) Chapelle ès-braye du Donjon. (J. Labarte, Inventaire de Charles V, p. 263 à 268). Cette chapelle comme la salle d'assemblée, a été démolie à une époque dont il nous a été impossible de retrouver la date. Au milieu du XVIIe siècle on la désignait sous le nom d'Eglise de l'ordre de Jérusalem.

(2) Il faudrait avant tout rétablir les fossés, afin de redonner au monument son aspect primitif.

Et cette transition a une importance considérable. L'art moderne naît à la fin du XIV᷊ siècle. L'esthétique de cette époque révèle un changement radical dans les idées. L'esprit nouveau se manifeste à ce moment dans toutes les branches de l'activité intellectuelle. En politique, il se traduit par les grands mouvements populaires à la tête desquels sont les Lecoq, les Arteveld, les Wicliffe, les Étienne Marcel. En art, il suscite une foule d'artistes qui, s'affranchissant des règles admises, demandent à la nature des modèles, délaissent les canons idéalistes. La forme, arrivée à la perfection conventionnelle, et n'étant plus dès lors susceptible d'amélioration évolue vers le réalisme. Le changement brutal de formule la rend moins séduisante, fait croire à une décadence. L'évolution caractéristique encore si méconnue est pourtant un progrès, un pas fait vers le retour à l'antique. C'est la véritable « renaissance » au sens propre du mot et cette renaissance est particulièrement intéressante pour nous Français parce qu'elle est *Française*, comme l'a si bien exposé M. A. Marignan, dans une remarquable étude sur le Petit Palais à l'Exposition de 1900 :

« C'est de la deuxième moitié du XIV᷊ siècle, dit cet éminent critique, qu'il faut dater l'art moderne (1). J'ai reconnu, aidé des conseils de mon maître et ami Courajod, que certaines conquêtes de l'esprit humain, c'est-à-dire le paysage, le portrait et enfin la gravure appartiennent à cette époque. On peut affirmer aussi que ce n'est pas l'Italie, mais bien la France, qui est en droit de revendiquer l'honneur de les avoir trouvées. Rejetons donc les dates autrefois admises de la prise de Constantinople comme celle du commencement de la période moderne, refusons d'admettre avec les Italiens que c'est à Donatello qu'il faut faire commencer la Renaissance, et reconnaissons au contraire que le mouvement naturaliste qui aboutit aux magnifiques œuvres de Claux Sluter, prouve que déjà cette renaissance était née, si on entend par ce mot le retour à la nature, si on compte parmi ses conquêtes le paysage, le portrait, la gravure. Oui, on peut affirmer qu'à partir de 1370, un art tout nouveau naît en France, qui est la négation de l'esthétique antérieur. »

---

(1) Etude de M. A. Marignan, sur le Petit Palais, *Revue de Belgique*, chez M. P. Weissembuck, à Bruxelles, 49, rue du Poinçon, 1901.

Or, la date de 1370, qui serait suivant M. Marignan la démarcation du Moyen-Age et des temps modernes, est précisément la date d'achèvement du Donjon de Vincennes. Cette coïncidence donne à la vieille tour féodale un intérêt tout particulier, intérêt qui serait considérablement accru, si on utilisait le monument pour l'histoire de l'art, en y créant un musée dans lequel seraient réunis des témoins de cette « Renaissance primitive ».

CHAPITRE II

LE DONJON

(Suite)

Son état en 1420. — Ses transformations. — Son utilisation comme prison d'État. — Régime des prisonniers au XVIII° Siècle. — Désaffectation (1784). — Conséquences de l'émeute du 28 février 1791. — Cession à l'administration de la guerre (1793) ; au Département de la Police (1808-1814). — Le nom de Louis XVII introduit à tort dans l'histoire de Vincennes. — La vieille tour rendue à l'administration de la guerre (1814).

Charles V mort, la dilapidation des richesses artistiques amassées dans le Donjon par ce roi, commença. Puis, la domination anglaise survint, et les « pilleries de l'étranger » (1) complétèrent l'œuvre de dévastation officielle des oncles de Charles VI. Un inventaire dressé par Guillaume Lamy, clerc du roi (2), le dernier jour de Décembre 1420, au moment où le comte d'Enthiton fut investi de la charge de capitaine du château par le roi d'Angleterre en remplacement du capitaine français du Verrat, dépeint énergiquement par sa brièveté même l'état lamentable dans lequel était tombée la fastueuse habitation ainsi que le désordre qui y régnait.

Dans la chambre du roi, en la grosse tour, il ne restait que deux chenets à crosse « tant seulement » et, dans la « chambre de la cage » deux chenets également à crosse, avec deux dressoirs, dont l'un fermé et l'autre

---

(1) Renan, *Etat des Beaux-Arts au XIV° siècle*, t. II, p. 134.
(2) Inventaire du bois de Vincennes de Guillaume Lamy, clerc du roy en la Chambre des comptes, 31 décembre 1420, Arch. Nat., Reg. P. 1189.

sanglé. Le ciel (1) de la « chambre aux fontaines » (2) avait été transporté dans la dernière pièce qui possédait un retrait contenant uniquement « un banc à perche et à marche de six pieds environ. » C'est tout ce qui subsistait du mobilier du Donjon. Quand on pense à ce qu'il était quarante ans auparavant, le laconisme de l'inventaire a son éloquence.

Les bâtiments compris dans l'enceinte de la grosse tour étaient, il est vrai, un peu moins vides, mais ne renfermaient toutefois que des objets sans valeur, dégradés, presque inutilisables. La demeure royale avait été véritablement mise à sac, comme si elle avait subi les horreurs d'un siège.

Dans le corps de logis adossé à la courtine Nord-Est, qui contenait l'appartement du capitaine, se trouvaient deux chambres : l'une sans désignation, l'autre appelée chambre d'Orléans. La première était relativement complète avec « son lit garni de trois lez » et sa « vieille couverture de sandal vert, toute déchirée », qui provenait de la « chambre aux daims » ; ses trois tapis (3), son banc sans perche de cinq pieds, sa table montée sur tréteaux, son dressoir et son coffre de noyer fermant à clé. La chambre d'Orléans était moins bien partagée avec ses trois « fourmes » (4), ses trois tables, ses deux paires de tréteaux, ses deux chenets à crosse, et son tapis pareil à ceux de la chambre précédente. Dans son retrait il n'y avait qu'une vieille courte-pointe de bien peu de valeur, « de vert et de vermeille ».

A la suite de ces diverses mentions, l'inventaire de Lamy parle de la « chambre de la fausse poterne. » Cette appellation semblerait confirmer notre hypothèse d'une sortie primitive sur le front ouest ; le bâtiment qui la couvrait aurait été conservé. En tous cas il était surmonté d'une terrasse, portant un canon « enchassilé en bois » et une « pierrière à main » (5).

(1) Ciel : ce qui couvrait les murs d'une chambre, tapisseries.
(2) Il ne nous a pas été possible de trouver dans quelle partie de la tour étaient la chambre « de la cage » et la chambre « aux fontaines », ces désignations répondant à la décoration intérieure, qui a disparu ou n'est plus connue.
(3) Trois tapis dont le champ est vert, esquels a des fontaines ; en chacun desquels tapis a deux reynes en une fontaine qui assient une couronne sur la teste d'un lyon.
(4) Bancs.
(5) Le texte porte : une perronié à main.

La « chambre de la fausse poterne » contenait divers objets provenant de la « chambre aux daims » : un ciel, un tapis ordinaire. On y trouvait encore un tapis sur lequel était représenté un homme sauvage au milieu d'arbres ; deux oreillers couverts de « viel drap de soye » ; une courte-pointe doublée de toile perse, à laquelle il manquait un morceau ; un carreau de cuir vermeil, avec un levrier peint au milieu, et enfin une « chaise royale » garnie de cuir. Dans l'estude de cette chambre, il ne restait qu'un grand tapis velu sarrazin et un chenet.

Dans la chapelle, il n'y avait plus rien, si ce n'est une vieille chaise de laiton à « quatre testes de lieppars » (1). La chasuble de drap d'or bleu à serpents, doublée de sandal vermeil, qui était en la dite chapelle, et deux autels portatifs avaient été transportés au retrait de la chambre au-dessus de la porte du donjon.

Cette dernière pièce, que nous avons désignée sous le nom d'étude de Charles V (2), et qui porte, dans l'inventaire de 1420, le nom de « chambre blanche » contenait avec quelques objets provenant de la chapelle dont il a été parlé ci-dessus : un pavillon de toile blanche, une vieille courte-pointe, un oreiller de velours à trois fleurs de lys, deux carreaux de cuir vermeil, sur chacun desquels était « entaillé » un levrier ; enfin une vieille « chayère de bois. »

Il semble qu'on avait mis dans le retrait de cette chambre (3) le mobilier provenant des anciens offices. Ce n'était d'ailleurs que des débris, ne rappelant guère le luxueux service de Charles V. A la place de la vaisselle d'or enrichie de perles fines, il n'y avait plus que des « plats et des escuelles de bois » (4) ; un vase d'albâtre (5) sans fond ; quelques chaudrons ; divers bassins grands et petits ; un garde manger ; deux grands flambeaux et trois petits « de l'œuvre de Damas » (6). Et à côté de ces ustensiles révélant la misère de la résidence royale, gisaient : « un enfant de cuivre de la fontaine de Beauté » et une couverture « à eschiquier » doublée de sandal vermeil.

(1) Léopards.
(2) Voir p. 20.
(3) Chambre de la tourelle nord du châtelet, très probablement.
(4) II plats et IX escuelles de boys d'estrange pays.
(5) Un jovel d'alebastre blanc, cassé par le cul. On appelait « Jovel » — juellus, en latin — un vase précieux. DUCANGE.
(6) V chandeliers de l'œuvre de Damas à mettre flambeaux dont il y en a II grands et III autres moyens.

Dans la chambre du garde de l'horloge (1), ainsi que dans son retrait, même amas d'objets sans valeur, hors d'usage, mais provenant des grands appartements : courtes-pointes aux armes de France ; tapis représentant des hommes sauvages avec un lion ; carreaux de cuir vermeil ou blanc ; oreillers de velours tanné ; coussins de duvet « tous pourris » et dont on avait même ôté les couvertures.

« Que l'on compare à ce délabrement l'inventaire des joyaux de Charles V, fait le VI° jour d'août 1380, dit Renan, on sentira quel déluge de maux avait passé sur la France. » (2).

Il est probable que le roi d'Angleterre fit remeubler le château, car on sait que sous la domination anglaise, la Cour fit de nombreux séjours à Vincennes. Henri V, Charles VI et Isabeau de Bavière y donnèrent des fêtes brillantes, malgré les troubles incessants qui agitaient la capitale, la guerre qui désolait le pays.

En 1432 le donjon fut attaqué pour la première fois ; il fut emporté de vive force. La résistance peu sérieuse qu'il opposa aux assaillants ne doit pas infirmer sa valeur militaire. La garnison anglaise, qui l'occupait, se gardait mal, et était réduite d'ailleurs au minimum. Le sire de Chabannes, qui tenait la campagne pour le compte du roi de France, risqua une attaque de nuit. Il « eschiella » les courtines, et l'ennemi surpris, démoralisé, capitula. Les Anglais reprirent le château en 1441, mais ne purent s'y maintenir que quelques semaines (3).

Après cette période troublée, le donjon redevint résidence de plaisance ; Charles VII vint l'habiter à diverses reprises. Agnès Sorel y accoucha d'une fille en 1448 (4).

Louis XI, trouvant que les grandes salles superposées dans la grosse tour constituaient des appartements peu confortables, fit élever un corps

---

(1) Chambre de la tourelle sud du châtelet. L'horloge se trouvait au-dessus de cette tourelle.
(2) Renan, *Etat des Beaux-Arts au XIV° siècle*, t. I, p. 134.
(3) Voir t. I, pp. 108 et 109.
(4) Millin, *Antiquités Nationales, Vincennes*, t. I, p. 13.

de logis (1) sur l'emplacement occupé plus tard par le Pavillon du Roi. Les logements vacants dans le donjon, notamment ceux des étages supérieurs, furent dès lors utilisés comme prison. Olivier le Daim devint « concierge du Boys », titre qui se perpétua quelque temps et fut ensuite changé en celui de gouverneur du château (2).

Dans le remaniement ordonné par Louis XI, les chambres d'apparat avaient été conservées au-dessous des cachots, ce voisinage ne choquant pas les idées du temps. C'est dans une de ces chambres — celle du premier étage si l'on en croit Poncet de la Grave, — que mourut Charles IX.

Henri III fit de la grosse tour son lieu de retraite favori. Il venait s'y enfermer lorsque, fatigué de ses excès, il tombait dans ses accès de religiosité. Ses contemporains, s'étonnant de ses réclusions étranges, crurent qu'il s'adonnait à Vincennes aux pratiques de la sorcellerie, alors qu'il ne cherchait, comme certaines dévotes espagnoles, qu'à s'absoudre de ses faiblesses par une dévotion superstitieuse. Cette légende s'accrédita après la mort des Guises (1588) ; les Parisiens révoltés s'emparèrent alors de Vincennes et pillèrent le donjon. Ils trouvèrent dans l'appartement royal deux satyres d'argent doré soutenant des cassolettes remplies de parfum qu'ils se montrèrent comme des figures magiques « dont le roi se servait pour ses sortilèges » (3).

A partir de Henri IV le donjon cesse d'être une habitation royale. La grande salle d'assemblée, et la chapelle de la braie — église de l'Ordre de Jérusalem — disparaissent vers le milieu du XVII° siècle. On peut fixer approximativement la date de leur démolition. On voit, en effet, figurer ces deux bâtiments sur deux gravures de 1650 (4), mais ils ne sont plus indiqués sur un plan de Le Vau de 1654 (5), sur lequel apparaît seul

---

(1) ABBÉ LEBEUF, t. II, p. 149.
(2) Voir t. I, p. 307, la liste des concierges et des lieutenants gouverneurs du donjon. Le titre de gouverneur du donjon ne fut porté que par M. de Rougemont (1782-1784). Le commandement du donjon était dinstinct de celui du château. Les concierges ou lieutenants gouverneurs relevaient directement du roi.
(3) *Les sorcelleries de Henri de Valois*, imprimées chez Didier Millet en 1589. Bibliothèque Nationale.
(4) Gravures Hollandaises montrant l'arrestation de Condé, collection HENNIN. Voir t. I, p. 314.
(5) Voir t. I, p. 32.

dans la cour du donjon un grand jeu de paume situé dans la partie ouest. Leur suppression semble donc devoir être placée entre ces deux années.

Depuis Louis XIII et jusqu'en 1784 la vieille tour sert uniquement de prison. Son histoire devient celle des prisonniers. Nous parlerons de ceux-ci dans le chapitre suivant, mais avant de mentionner les épisodes qui leur sont relatifs, nous étudierons le régime de la geôle.

Jusqu'à Richelieu les grands seigneurs ont presque seuls la triste prérogative d'être « logés au donjon de par le roi ». Puis le niveau social des détenus baisse sensiblement. Les gens de qualité continuent cependant à être la majorité des hôtes de la vieille tour. Ils y sont traités avec certains égards : quelquefois tout un étage leur est réservé ; on les autorise à faire poser des tentures et meubler leur chambre par leur tapissier (1), on leur laisse des domestiques ; on attache à leur personne un médecin, un aumônier, le roi poussant la sollicitude jusqu'à mettre à leur service ses propres officiers de bouche (2). Certains, comme le prince Henri II de Condé peuvent sortir accompagnés, même chasser. On aurait tort toutefois de croire que la prison était douce pour les grands ; ils y étaient sans cesse en butte aux tracasseries d'un personnel subalterne, appliquant inintelligemment les consignes. Des exempts étaient mis auprès de ceux qui étaient réputés dangereux pour la sûreté de l'Etat, ne les perdaient de vue ni de jour, ni de nuit, étant consignés eux-mêmes au donjon afin de rendre impossible les communications de l'intérieur avec le dehors. Il faut reconnaître que ces précautions furent vaines dans la plupart des cas. Les gardiens, placés entre leur devoir peu rémunérateur et la perspective de gros bénéfices, s'ils composaient avec leurs prisonniers, se laissaient corrompre ; ce n'était que question de prix. Le cardinal de Retz acheta le dévouement d'un certain Carpentier, qui vendit plus tard ses services au duc de Beaufort. D'ailleurs l'ingéniosité des détenus déjouait souvent la surveillance la plus rigoureuse. Le grand Condé s'était fabriqué de l'encre et des plumes ; puis, écrivant sur les marges des livres qu'on lui prêtait, faisait passer ses correspondances à ses amis. On

(1) *Mémoires du Cardinal de Retz*, Ed. Frédéric Bernard, Amsterdam, 1723, t. III, p. 285.
(2) Pour J.-B. d'Ornano, né en 1581, maréchal de France en 1626, par exemple.

raconte, à ce propos, que, venant dîner après sa libération, chez le marquis de Chavigny, gouverneur du château, il se fit conduire dans son ancienne prison, et que, sortant de leur cachette les instruments primitifs dont il s'était servi, il les montra à son hôte ébahi pour lui prouver combien son zèle avait été inutile.

Cependant les prisonniers ordinaires n'étaient pas si bien partagés, car les faveurs des geôliers coûtaient fort cher. Le traitement de chacun variait suivant son rang, ses ressources pécuniaires, le bon plaisir du roi ou de ses ministres. Au milieu du XVIIIe siècle, il y eut une réglementation encore parfois arbitraire, constituant néanmoins un progrès. Cette réglementation subsista sans grandes modifications jusqu'à la suppression de la prison d'Etat.

Dans la plupart des cas le roi pourvoyait à l'entretien de ses hôtes. Toutefois, les prisonniers politiques étaient tenus à payer une pension (1). L'argent provenant soit du trésor, soit des particuliers, était versé au gouverneur, qui l'employait généralement au mieux... de ses propres intérêts. Il y avait des tarifs établis suivant le rang ou la qualité des personnes. Bien que ces tarifs aient varié suivant les époques, ils ne se sont guère écartés pendant tout le XVIIIe siècle de ceux que nous reproduisons ci-dessous :

Tarif journalier d'entretien des Prisonniers du Donjon,
selon leur rang et qualité vers 1750

Un Prince du sang. — Un Cardinal	50 livres
Un Maréchal de France. — Un Duc. — Un Pair de France. — Un Évêque. — Un Président à Mortier	36 livres
Un Ministre d'État. — Un Lieutenant-Général. — Un Marquis. — Un Abbé commendataire	24 livres
Un Conseiller au Parlement. — Un Maréchal de Camp	15 à 10 livres
Un Juge. — Un Prêtre. — Un Financier	10 à 5 livres
Un bon Bourgeois. — Un Avocat	5 à 3 livres
Un petit Bourgeois	3 l à 2 l 10 sols
Gens de petite condition	2 l 10 sols

Le chauffage des chambres était payé à part à raison de trois cor-

---

(1) « Les prisonniers d'Etat à leurs frais donnent au moins la même pension que les autres détenus. » MIRABEAU, *Lettres de cachet*, L. II, p. 11.

des de bois par an et par chambre ; le chauffage du corps de garde était prélevé sur l'ensemble de ces allocations.

Chaque prisonnier avait droit à ½ livre de tabac à priser par mois.

Les gages du personnel intérieur et fixe de la prison faisaient l'objet d'un budget spécial (1). Ce personnel comprenait un lieutenant-gouverneur dont les appointements étaient de trois mille livres, en réalité, de dix-huit mille (2) ; un major, pris généralement parmi les anciens officiers invalides ; un chirurgien, un dentiste, un oculiste, un aumônier et un certain nombre de gardiens porte-clés.

« Il y avait en outre : un cuisinier-chef, deux aides de cuisine, quatre servants et deux servantes. Enfin quatre valets portaient à manger, à boire et ce qui était nécessaire aux détenus » (3).

En dehors de ce cadre fixe, des compagnies militaires assuraient la garde du château et du donjon. Le service était réglé par des consignes très sévères, appliquées rigoureusement. Une ronde passait toutes les demi-heures sous les fenêtres des prisonniers, une patrouille faisait, le matin et le soir, avant l'ouverture et après la fermeture des portes, le tour des fossés dans lesquels les porte-clés ne pouvaient jamais descendre, sauf ordre précis.

Deux sentinelles surveillaient extérieurement les abords de l'enceinte particulière du donjon. Elles ne laissaient personne approcher du rempart.

A cinq heures du soir, la garde rentrait ; les ponts-levis levés, les portes des tours étaient fermées et verrouillées, leurs clés déposées avec toutes les autres dans les mains de l'officier de service.

---

(1) Les gages n'étaient pas régulièrement payés, puisque nous voyons M. de Rougemont redevoir jusqu'à 8.000 livres à un porte-clé et 4.000 à un autre, alors que les gages de ces derniers ne s'élevaient qu'à 600 livres par an. MIRABEAU, *Lettres de cachet*, T. II, note p. 19.

(2) Les appointements du gouverneur se décomposaient ainsi :

Traitement fixe	3.000
Affermement du grand jardin	6.000
Places mortes à 18 livres par jour	6.750
TOTAL	15.570 livres.

A quoi il fallait ajouter la jouissance de trois jardins, d'un vaste logement, et l'exemption des tailles, par suite de résidence en maison royale, ce que Mirabeau évaluait à 24.000 livres par an.

(3) M. E. LEMARCHAND, *Etude sur Vincennes*.

May 1724

Vincennes

Il est deub, pour la Nourriture des prisonniers renfermés au donjon de Vincennes pendant le mois de May 1724.

Pour Deux Cent quatre vingt unze jours a raison de quinze livres	4365"
Pour trois Cent dix jours a raison de Dix livres	3100"
Pour Cinquante Neuf jours a raison de Six livres	354"
Pour trente un jours a raison de Cent Sols	155"
Pour Cinquante deux jours a raison de quatre livres	208"
Pour trois Cent Cinquante huit jours a raison de Cinquante Sols	895"
Total	9077"

Neuf mil soixante dix sept livres

fait et arresté a Versailles ce 28 Juin 1724

M. deBourbon

Fac-simile d'un état de dépense des prisonniers
(Autographe de la Coll^{on} de l'auteur)

Un tel luxe de précautions semblait rendre les évasions impossibles (1). Il n'y en eut effectivement que fort peu.

Le lieutenant-gouverneur ne relevait que du lieutenant général de la police par délégation du roi. Sa charge était une sinécure dans laquelle il s'enrichissait généralement. On ne cite que le marquis du Châtelet (2) « qui s'y soit dérangé ». Les autres lieutenants-gouverneurs gérèrent admirablement leurs affaires, et firent leur fortune, tout en restant honnêtes comme Guillonet, ou en réalisant d'illicites bénéfices sur la nourriture, l'entretien, le chauffage, et le mobilier de leurs administrés, comme M. de Rougemont (3).

Au XVIIIe siècle, le menu des repas ne subissait d'un bout à l'autre de l'année aucune variation. Le nombre des plats était toujours le même. A l'époque de la détention de Mirabeau (1777) les prisonniers de son rang avaient droit à :

Dîner : un bouilli et une entrée, laquelle était de pâtisserie tous les jeudis ; souper, une entrée et un rôti ;

Une livre de pain et une bouteille de vin par jour ;

Le jeudi et le dimanche, des fruits à l'un des repas « dessert que l'on pouvait échanger contre un biscuit de deux sols. »

La viande, à de rares exceptions près, était de boucherie ; la portion journalière était théoriquement de trois livres par tête.

Les jours maigres, les repas consistaient en légumes et poissons, ces derniers n'étant guère que hareng ou raie.

Les trois quarts de la semaine le bouilli était fait avec du collier de bœuf ; l'entrée d'un certain jour était de foie de bœuf noyé dans des oignons ; celle d'un autre, des tripes.

(1) On ne peut citer que deux évasions restées célèbres, celle du duc de Beaufort à l'époque de la Fronde et celle de Latude sous Louis XV.
(2) M. le marquis du Châtelet, gouverneur du château, s'était chargé de la direction du donjon. Un homme de sa sorte ne pouvait se mêler d'un détail pareil sans qu'il lui devint ruineux et il s'y est dérangé. (MIRABEAU, Les lettres de cachet, livre II, note du chapitre 2º, page 35). Édition de Hambourg, 1782.
(3) Mirabeau estime que M. de Rougemont se faisait avec sa charge plus de 30.000 livres de revenu. Ce chiffre est exagéré. L'auteur des lettres de cachet compte que le roi donnait six livres par jour pour l'entretien de chaque prisonnier. Cette somme était allouée à Mirabeau, mais ses co-détenus n'en recevaient pas une pareille.

Mirabeau s'est plaint amèrement de ce régime, surtout du « défaut d'accommodage » : La cuisine possédait pourtant comme on l'a vu un personnel assez important.

Les détenus avaient droit chacun à quatre serviettes et deux torchons par semaine. Ils recevaient par semaine six chandelles en été et huit en hiver. Le bois, qui devait leur être fourni, leur était monté par les porte-clés seuls chargés de faire les feux dans les poëles ou cheminées. La consommation du combustible étant par ce moyen réduite au strict nécessaire, restait toujours au-dessous des allocations prévues.

Pour empêcher les abus et les excès de pouvoir des lieutenants-gouverneurs, le roi avait prescrit au lieutenant-général de la police de faire, deux fois l'an, la visite de toutes les prisons ; de voir, par lui-même, tous les détenus ; de prendre note de leurs réclamations et de lui faire connaître le résultat de cette inspection. Cette sage précaution ne donna pas ce qu'on devait en attendre. Les anciens lieutenants-généraux de police, dont la probité ne fut jamais mise en doute, se trouvaient surchargés de besogne au point de n'avoir réellement pas le temps d'examiner à fond toutes les plaintes qui leur étaient adressées. Si, en bien des circonstances, ils apportèrent des adoucissements au sort des malheureux qui recoururent à eux — Mirabeau lui-même fut obligé de convenir qu'on ne faisait pas appel en vain à leur sollicitude (1) —, on doit reconnaître qu'ils ne purent remédier à toutes les injustices.

On entrait au Donjon comme prisonnier, soit à la suite d'une condamnation régulière, soit, ce qui était le cas le plus fréquent, en vertu d'une

---

(1) Monsieur Lenoir (c'était alors le Commissaire royal pour l'administration des prisons d'Etat), est mon bienfaiteur, écrit Mirabeau dans la préface de son 2ᵉ livre sur les prisons d'Etat. C'est sur les preuves les moins équivoques que je crois pouvoir vanter la bonté naturelle et l'équité de ce magistrat sensible qui, pour faire du bien, se met au-dessus des préjugés et des clameurs mêmes. Qu'on ne lui impute donc pas les iniquités que je vais dévoiler.

MIRABEAU. — *Les lettres de cachet et des prisons d'Etat*. Ouvrage, dit posthume, publié à Hambourg sans nom d'auteur, 1782, tome II, page 14.

Les critiques de Mirabeau sont toutes sujettes à caution. Il en a formulé notamment contre M. de Rougemont que celui-ci a spirituellement relevées ; le Gouverneur s'est contenté en réponse aux diatribes de son pensionnaire de publier sept lettres dans lesquelles le fils de « l'ami des hommes » lui témoignait toute sa reconnaissance pour les attentions dont il avait été l'objet de sa part.

lettre de cachet. Ces lettres émanant directement du roi, haut justicier, délivrées en salle du conseil, paraphées par les ministres, étaient décernées généralement avec beaucoup plus d'équité et de circonspection qu'on ne le croit habituellement ; mais dans tout arbitraire il se glisse fatalement des abus. Mirabeau qui avait été à plusieurs reprises sous le coup de tels mandats de prise de corps, signala, disons le mot, exagéra ces abus (1). L'opinion publique s'émut. Pour lui donner satisfaction, Louis XVI supprima la prison qui avait donné lieu à la virulente diatribe du grand orateur. Le donjon fut désaffecté (1784) en même temps que le château était rayé du nombre des résidences royales. Le roi avait pris cette double décision avec d'autant plus d'empressement qu'il trouvait de la sorte l'occasion de se débarrasser d'un entretien onéreux et de réaliser des économies fort bien venues (2), tout en ayant l'air de faire œuvre de justice. L'édit royal qui prescrivait l'évacuation du donjon, ordonnait le transfert des prisonniers à la Bastille. Le gouverneur était supprimé, ainsi que la garde ; un simple concierge laissé pour ouvrir et fermer les portes du vieux château (3).

(1) Mirabeau à la suite d'un duel avait été condamné à mort par le Parlement de Grasse. Il fut soustrait à cette juridiction par une lettre de cachet et évita ainsi de subir la peine qui l'avait frappé. C'était donc à l'un des abus qu'il signalait qu'il devait la vie.

(2) L'on croit assez généralement que l'évacuation du Donjon de Vincennes fut occasionnée par l'ouvrage du comte de Mirabeau, intitulé : « Des Lettres de cachet. » Il est certain que cet écrit y contribua beaucoup en éclairant le baron de Breteuil sur un grand nombre d'abus, mais la question d'économie fut surtout considérée.

(3) Désaffectation du Donjon de Vincennes. — Lettre du duc de Breteuil à M. Lenoir (26 mai 1784) :

Les papiers, Monsieur, conservés au Donjon de Vincennes depuis l'époque de 1734 n'étant relatifs qu'aux prisonniers détenus dans cette prison d'Etat, je ne puis qu'approuver que vous vous les soyés fait remettre pour les réunir aux archives de la Bastille.

J'avais d'abord eu l'intention de charger M. Deservart, concierge du château de Vincennes, de la garde des clefs du Donjon, et je l'avais prévenu. Mais comme il est important de maintenir le donjon *hors de toute dépendance* du château, j'ai décidé d'établir un concierge seul chargé de la garde des clefs tant des portes intérieures qu'extérieures du donjon, d'entretenir propres toutes les parties et de les visiter afin de requérir les réparations nécessaires pour en prévenir la dégradation. S. M. a bien voulu pourvoir de cette place le sieur Fourangeau et sa femme en survivance l'un de l'autre et leur affecter avec 400 livres de traitement le logement qui est au rez-de-chaussée de la cour du Donjon et les deux petits jardins y attenant, ainsi que les fossés.

Je vois avec plaisir que ce donjon présentera désormais des moyens faciles et

— 53 —

Le donjon devint un objet de curiosité, un but d'excursion pour les Parisiens qui s'y portèrent en foule, « désireux de contempler en liberté ce lieu où tant de personnes avaient été incarcérées » (1) Ce fut une mode d'aller visiter la vieille tour. Il n'y restait d'ailleurs que les quatre murs, les archives même ayant été transportées à la Bastille (2).

Cependant les bâtiments ne restèrent pas longtemps inutilisés, Louis XVI les concéda à deux services publics : une boulangerie et une fabrique d'outils de précision.

avantageux pour former, lorsque les circonstances l'exigeront, des magasins de bleds ou autres dépôts de cette nature.   J'ai l'honneur de..... etc.

(Archives de la Préfecture de Police).   Duc de Breteuil.

(1) Au mois de septembre 1786, lors de la fête du lieu, un spéculateur offrit au concierge du donjon 200 écus des petits bénéfices que lui vaudrait la curiosité du public ce jour là seul : celui-ci refusa et il n'eut pas à s'en repentir.
L. B. (*Histoire du Donjon de Vincennes*. Paris 1807, t. III, p. 271).

(2) Lors de la prise de la Bastille, ces papiers furent jetés avec beaucoup d'autres, mais quelques-uns furent retrouvés après la Révolution.
Les dossiers remis le 9 avril 1784 par M. de Rougemont à Lenoir pour être portés à la Bastille, comprenaient :
1° Une liasse de 74 lettres de cachet du 22 octobre 1739 au 18 juillet 1787 et 54 ordres de liberté ou de transfert.
2° Une liasse de 36 lettres de cachet avec leurs ordres de liberté, transfèrement, etc. à commencer du 30 novembre 1767 au 8 avril 1784.
3° 9 ordres du roi pour le « Te Deum ».
4° 5 lettres de M. de Pontchartrain.
5° 6 lettres dont 1 de M. d'Argenson et 5 de M. de Paulmy.
6° 5 lettres de M. le maréchal de Belle-Isle.
7° 4 lettres de M. de Crémille (?).
8° 4 lettres du duc de Choiseul.
9° 1 lettre de M. le prince de Montbarey.
10° 21 lettres du comte de St-Florentin.
11° 44 lettres du duc de la Vrillière.
12° 17 lettres du marquis de Malesherbes.
13° 16 lettres de M. Amelot.
14° 2 lettres dont 1 de M. Berryer et 1 de M. de Sartines
15° 16 ordres particuliers relatifs aux opérations du Château.
16° Instruction en cas de maladie ou de mort des prisonniers.
Il y avait en plus des documents ci-dessus, un certain nombre de notes ou lettres concernant des prisonniers transférés.
Les dossiers concernant les prisonniers antérieurs à 1734 devaient faire partie des pièces inventoriées chez le marquis de Châtelet, le 1er mars 1782.
Une lettre de M. Chevalier à M. Lenoir qui existe aux archives de la préfecture de police nous apprend que tous les papiers qui regardaient les prisonniers d'Etat, le Gouverneur, le Capitaine des chasses, les prérogatives du Gouverneur, avaient été reliés, inventoriés et classés par ordre de date avant d'être portés à la Bastille,

La boulangerie était en principe une œuvre philanthropique. Le pain destiné à la partie la plus indigente du peuple y était vendu à un sol meilleur marché les quatre livres, que le cours ordinaire. Il y avait « deux fours dans le donjon et quatre autres dans une partie du jardin qui l'entoure et se trouve enfermé par les fortifications et les fossés de la tour » (1). On y cuisait aussi « du pain de luxe qui était de toutes formes et des plus agréables .» Cette entreprise subsista jusqu'en 1790.

La fabrique « d'outils de précision » fut installée dans le donjon en même temps que la boulangerie. Placée, par le marquis de Gribeauval, premier inspecteur du corps royal de l'artillerie, sous la surveillance du contrôleur Blanc, inventeur de machines-outils et de matrices, elle était destinée à livrer à l'armée des platines et des garnitures de fusil interchangeables. C'est à la suite d'essais très satisfaisants effectués sur des fusils d'officiers du régiment du roi (infanterie) que le baron de Breteuil avait autorisé la création de ces ateliers (2) qui donnèrent d'excellents produits et ne furent supprimés qu'à la Révolution.

A cette époque, le donjon fut abandonné, il tombait d'ailleurs en ruine. La municipalité de Paris trouvant que les prisons de la capitale ne suffisaient plus à contenir les « ennemis de la liberté naissante » (3) demanda qu'il lui fut cédé. Des commissaires furent chargés de visiter le monument et d'indiquer si son appropriation était possible. Ils adressèrent à la commune un rapport dans lequel on lit ces conclusions :

« Il ne peut être indifférent pour l'humanité de remarquer qu'une maison de plaisance d'un roi de France du XIVe siècle (Charles V) renferme précisément tous les caractères demandés pour une prison conforme à l'esprit de législation du XVIIIe siècle ».

Cette manière de voir fut partagée le 20 novembre 1790 par l'assemblée nationale. Les travaux de réparation et d'aménagement du donjon en vue de sa nouvelle destination, furent adjugés le 14 janvier 1791 et me-

(1) Archives nationales O. 1899 liasse 3. Les plans de cette boulangerie existent encore dans ce dossier.
(2) Chronique du temps citée par l'abbé DE LAVAL. (*Esquisse historique du Château de Vincennes*). Les ateliers étaient situés dans les galeries.
(3) Rapport de l'architecte Jallier au Conseil municipal de Paris, 15 novembre 1790. Document reproduit en entier par L. B. dans *l'histoire du Donjon de Vincennes*. Paris 1807, t. III, p. 275.

Affaire du 28 Février 1791
(Col¹⁰ part¹⁰ de l'auteur)

nés avec une telle rapidité que dès la fin du mois suivant, les dépenses montaient déjà à 30.562 livres 6 sous et 3 deniers (1).

Mais le peuple de Paris s'émut de cette restauration, et le 28 février 1791, des bandes d'habitants du faubourg Saint-Antoine, réunis aux gardes nationaux de Santerre, firent irruption dans le château, pénétrèrent dans le donjon et commencèrent à le démolir. Les boiseries furent brûlées, les lits jetés par les fenêtres, l'horloge brisée, les parapets écrêtés, la tourelle vigie de la plateforme abattue, les carreaux mis en pièces. Nous avons dit comment le général Lafayette accourant avec la garde nationale restée fidèle menaça de faire tirer sur les émeutiers et empêcha la destruction totale de l'édifice (2). Il nous suffira d'ajouter qu'après cette échauffourée, les travaux de réparation furent suspendus. Le donjon resta jusqu'en 1793 dans l'état de délabrement où l'avaient laissé les émeutiers, puis fut mis par le comité du salut public à la disposition de la commission des poudres pour y établir *au besoin* un atelier de fabrication de cartouches et de gargousses. Il ne put toutefois être utilisé que comme poudrière. Il conserva cette affectation jusqu'en 1796, contenant pendant cette période une moyenne d'un million de kilogrammes de poudre. Sur la réclamation des habitants de Vincennes, qui trouvaient ce voisinage dangereux, il fut transformé en magasin d'armes. En 1808, il fut cédé par le département de la Guerre au ministère de la Police pour remplacer comme prison d'Etat le Temple désaffecté. La vieille tour subit alors de très importantes réparations : la plateforme supérieure fut entourée d'une grille ; les brèches des murs furent bouchées, les portes qui manquaient ou ne tenaient plus, remplacées. On utilisa pour ces travaux des matériaux provenant du Temple qu'on démolissait (3).

L'Empereur nomma, comme directeur de la nouvelle prison, le sieur Gillet, lieutenant de gendarmerie à Sceaux (4). Cet officier avait sous ses ordres un concierge, un greffier, des guichetiers et tout un personnel de gardiens. Il communiquait directement avec le ministre de la Police, auquel il fournissait d'ailleurs chaque jour un rapport sur « l'état du don-

(1) Abbé DE LAVAL. *Esquisse historique du Château de Vincennes.* p. 184.
(2) Voir les détails sur cette journée, t I, p. 191.
(3) Archives du Génie de la Place de Vincennes, art. 3, n° 6.
(4) Décret du 3 août 1808, signé au palais impérial, à Bordeaux, par Napoléon Ier, empereur des Français, roi d'Italie et protecteur de la confédération du Rhin. (Archives de la Police).

jon », les événements qui s'y étaient passés, les mouvements des prisonniers (1).

Ceux-ci, logés autant que possible aux étages supérieurs, ne pouvaient être changés de chambre sans autorisation spéciale ; astreints à sortir quatre heures dans la cour intérieure qui formait préau, ils devaient toujours être rentrés à 7 heures du soir depuis le 1er avril jusqu'au 1er octobre et à 5 heures du soir du 1er octobre au 1er avril. A moins d'exceptions, d'ailleurs très rares, ils ne pouvaient communiquer avec l'extérieur. Ils étaient autorisés dans certains cas spéciaux à recevoir des visites de parents ou d'amis, mais celles-ci faisaient alors l'objet de prescriptions particulières. Aucune lettre ne leur était remise directement. Les personnes qui avaient la permission de les voir ne pouvaient leur apporter aucun objet prohibé (2).

L'inspecteur général de la police, Pacques, était chargé de veiller à la stricte application du règlement. Il devait visiter les détenus au moins deux fois par semaine et recevoir leurs réclamations.

La prison d'Etat fut supprimée en 1814 et la police rétrocéda ses locaux au département de la guerre. Pendant six années l'institution la plus arbitraire s'était drapée du manteau de la légalité. En fait, la plupart des détenus politiques étaient hors la loi : la porte du Donjon se refermait sur eux comme la pierre d'un sépulcre, et, pour mieux affirmer le retranchement du monde de ces morts-vivants, la police avait été jusqu'à cacher l'identité de certains d'entr'eux sous un faux nom, précaution plus naïve qu'efficace, puisqu'elle n'a trompé personne, et que l'histoire a soulevé tous les masques. Cependant on a prétendu qu'un mystère planait sur la vieille tour, et qu'un prince aurait été séquestré dans ses cachots de 1804 à 1809. Ce prince aurait été Louis XVII. Cette opinion, qui n'a trouvé que trop de créance parmi les partisans d'un prétendu dauphin, Naündorff, mérite d'être réfutée, ne serait-ce que pour empêcher le roman de se confondre avec l'histoire, comme le cas s'est produit au château d'If, où le

(1) Instruction pour le commandant du donjon du château de Vincennes.
Signé : Fouché.
Paris, le 26 octobre 1808. (Archives de la Police).
(2) Règlement pour le donjon de Vincennes. Extrait des Registres d'écrou du Temple et du Donjon de Vincennes, n° 4. (Préfecture de police).

cicérone montre aux visiteurs les cachots d'Edmond Dantès et de l'abbé Faria.

On sait que de nombreux auteurs contestent aujourd'hui la version officielle de la mort du Dauphin au Temple (1).

Ils comptent dans leurs rangs un académicien, M. Sardou « qui ne peut toucher aux questions historiques, non plus qu'aux autres, sans y laisser la marque de son ingénieuse érudition et de son charmant esprit. » (2).

Mais la plupart de ceux qui ont cette conviction avouent que dans cette prodigieuse énigme, la survivance est encore plus douteuse que l'évasion elle-même. Car leur raison ne peut-être satisfaite par le langage ou l'attitude de tous les aventuriers qui ont essayé, au cours du XIXᵉ siècle, de revendiquer le titre de duc de Normandie.

Certains, cependant, croient de très bonne foi que Naündorff est bien le fils de l'infortuné Louis XVI. Leurs adversaires leur répondent que Naündorff — Charles-Guillaume, — est né à Postdam, d'une famille juive (3). En toute impartialité, il semble que cette origine est fort contestable. On ne suit réellement le prétendant qu'à partir de 1810. A cette époque il était à Berlin. En 1812, il s'établit horloger à Spandau, y obtient des lettres de bourgeoisie, le 8 décembre, en qualité de sujet prussien, et s'y marie en 1818, déclarant, dans son acte de mariage, qu'il était protestant de la confession d'Augsbourg et âgé de 43 ans, ce qui le ferait naître dix ans avant le Dauphin.

Ayant plus tard remonté son commerce à Brandebourg, il y fit de mauvaises affaires. En 1824, il fut accusé d'incendie et acquitté, mais il resta à la disposition de la justice comme faux-monnayeur. Au cours de ce procès il se donna comme né en 1775, puis il changea de système, se

---

(1) La mort elle-même de Louis XVI, décapité sous les yeux d'un peuple entier, a trouvé des incrédules et, faut-il le dire ! parmi les gens d'esprit : « Louis XVI, disaient-ils, ne peut et ne doit être mort ; il y a eu un enlèvement, une fuite, que sais-je ? Rien encore sur les moyens, mais j'ai la certitude, partagée par les gens sensés d'ici, que nous le verrons bientôt à la tête des armées de la coalition. »
COSTA DE BEAUREGARD, *Un homme d'autrefois*, 1877, p. 152, et L. DE LA SICOTIÈRE, *Les faux Louis XVII*, 1882, p. 9.
(2) M. DE LA SICOTIÈRE, *Les faux Louis XVII*, p. 12.
(3) *Ibidem*, pages 96 et 97.

disant né à Paris, de parents inconnus, enlevé par des inconnus. Toutes ces imaginations ne purent l'empêcher d'être condamné à trois ans de prison. Grâcié au bout de deux ans, et interné d'abord à Gossen, ensuite à Crossen, il se mit à parler plus ouvertement de ses prétentions. En 1832 il fit paraître à Leipzig ses *Mémoires*.

Inquiété au sujet de cette publication dans laquelle il prenait les noms de Charles-Louis de France, il se sauva à Dresde, laissant sa famille dans l'indigence, passa peu après en Suisse, puis arriva à Paris sans un sou, il parlait à peine Français. Sur les recommandations d'un M. Albouis, ancien magistrat, il se lia avec diverses personnes qui avaient été attachées à la domesticité de l'ancienne Cour, notamment avec un M. Marco de Saint-Hilaire, un M. Morel de Saint-Didier, et madame de Rambaud « qui crut le reconnaître parce qu'il reconnut lui-même un veston ayant appartenu au Dauphin, qu'elle avait conservé comme une relique » (1). Il se lia aussi avec un nommé Geoffroy, ancien notaire, qui, entre deux condamnations pour escroquerie, l'une à Poitiers, l'autre à Caen, ne dédaigna pas d'être un ministre de ce souverain en expectative et, plus tard, avec Gruau, ancien magistrat (2), qui devait être le plus loquace, le plus téméraire, et même le plus fidèle de ses séïdes, car sa fidélité le suivit au delà du tombeau ». Fort de ces appuis il lança le 13 juin 1836 une assignation au vieux roi Charles X, au duc et à la duchesse d'Angoulême, à l'effet de faire reconnaître judiciairement sa qualité. Le gouvernement de Louis-Philippe se contenta de le faire arrêter et de l'expulser (16 juin 1836). Naündorff se fixa alors à Camberwell, en Angleterre, et c'est là qu'il se remaria et compléta ses premiers mémoires. Cette édition est la seule qui fasse foi, au dire de ses partisans.

Le « dernier roi légitime » comme l'appelle M. Henri Provins, est mort à Delft, en Hollande le 18 avril 1845. Ses héritiers firent inscrire dans son acte mortuaire les titres et qualités dont il s'était paré de son vivant, sans que le gouvernement hollandais protestât, et à deux reprises,

---

(1) M. DE LA SICOTIÈRE, *Les faux Louis XVII*, p. 96.
(2) Ce GRUAU, qui ajouta à son nom celui de la Barre, dit M. de la Sicotière, et même le titre de comte, délivré par Naündorff, avait été procureur du roi à Mayenne. C'était un homme d'esprit tracassier, quinteux et exalté. Il finit non seulement par renier son ancien maître mais, vers 1872, voulut se faire passer lui-même pour Louis XVII. *Ibidem*, p. 99.

en 1851 et 1874 engagèrent des procès plus retentissants que sérieux devant la Cour de Paris pour revendiquer leurs droits en France. Ils perdirent, car la preuve d'une identité, à défaut de témoignages irrécusables, s'établit par la continuité d'une vie. Or, Naündorff n'a pu établir cette continuité qu'à l'aide d'un récit tellement étrange de son existence de 1795 à 1809, qu'on n'y sent pas cet accent de vérité que Balzac a si bien su mettre dans la bouche de son colonel Chabert, quand celui-ci raconte qu'il est ce grand officier de l'empire tombé à la bataille de la Moskowa sous les yeux de Napoléon, « enterré d'abord, sous des morts, ensuite, sous des vivants, sous des actes, sous des faits, sous la société tout entière voulant le faire rentrer sous terre. » (1)

L'internement à Vincennes de 1804 à 1809 était nécessaire pour expliquer cinq années de l'existence mystérieuse de Naündorff. Un écrivain de beaucoup de talent et d'esprit, M. Henri Provins, dont l'autorité et la compétence dans la question de Louis XVII sont bien connues, raconte ainsi les diverses aventures qui auraient conduit « le prince » du Temple au Donjon du vieux château.

« Le dauphin est hors du Temple (2). M. de Montmorin, passé lui-même pour mort à la suite des massacres de septembre, et qui a pu ainsi cacher plus facilement son identité et contribuer au salut du fils de son roi, lui a préparé pour quelques jours un asile rue de Seine ; il l'a fait ensuite passer en Vendée. Découvert dans le château où il vivait, une nuit, on l'a fait enlever et emprisonner de nouveau. Barras, fort heureusement est plus puissant que jamais dans ce Directoire dont il deviendra bientôt le président..... ».

« Avec l'aide de Joséphine, il fait évader une seconde fois le dauphin ».

« Libre de nouveau, Louis XVII reste aux mains du comte de Montmorin, et l'un de ses amis qui donna toujours pour son nom celui de Marquis de Briges. En Vendée, lors de son évasion, les généraux ne s'étaient pas entendus entre eux sur le parti à tirer de sa présence dans leur camp ; les hostilités, reprises, leur avaient montré, qu'ils ne pou-

---

(1) BALZAC, *Le Colonel Chabert*, Ed.-Al. Houssiaux, Paris 1858, t. X, p. 18.
(2) M. HENRI PROVINS, *Le dernier Roi légitime*. Paris, Ollendorff, 1889, t. II, pp. 276 et suivantes.

vaient pas sérieusement espérer le ramener sur le trône. Or, l'état de choses n'avait pas changé. Cette fois encore ils craignaient, en proclamant Louis XVII, de donner aux recherches du gouvernement républicain une direction précieuse, et de perdre ainsi, sans retour, le dernier rejeton de leur roi ».

M. H. Provins place l'évasion entre le 4 et le 8 juin 1795, contrairement à M. Lenôtre, qui, adoptant la théorie de Richemont, la fixe au 19 janvier 1794, jour où le ménage Simon quitte son logement de la vieille tour.

« L'enfant royal quitte alors la Vendée. Ses protecteurs le conduisent à la Cour impériale de Vienne. Mais, subitement, ils se ravisent, s'embarquent à Trieste, et gagnent l'Italie..... Il y a lieu de croire que Pie VI a été avisé de la présence du duc de Normandie dans ses états. On se rappelle que Lafont d'Aussonne parle d'une communication qu'il fit à ce sujet à ses cardinaux, et de la secrète protection qu'il accorda aux fugitifs. Or, de Briges et Montmorin sont toujours à ses côtés, prêts à organiser à nouveau la fuite en cas de danger. Une femme, se disant d'origine allemande, donne ses soins à l'enfant. Elle habitait autrefois Paris, où elle avait connu Joséphine et depuis l'évasion elle n'a cessé de suivre l'orphelin royal. En Italie, elle s'est mariée avec un horloger parlant l'allemand. C'est dans ce foyer que vit Louis XVII. Il devait être bientôt privé de ce concours dévoué. En 1796, l'armée française envahit les états pontificaux. Il faut fuir. Et vers quel pays, où il y ait des chances de retrouver la tranquillité et l'oubli si ce n'est vers l'Angleterre ? De Briges et Montmorin prennent passage avec leur jeune compagnon sur un bâtiment anglais. Une nouvelle infortune les y attend. Pendant la route, le navire est poursuivi par un bâtiment français ; il est captif et le malheureux prince, peu initié encore aux secrets des interrogatoires, trahit son identité. »

Il est remis en prison. On veut l'y défigurer ; des hommes masqués lui criblent la figure de trous. Pourquoi ce crime ? C'est que le dauphin ressemblait étonnamment à ses infortunés parents.....

« En 1803, quelques mois après cette sinistre opération, le duc de Normandie sort de prison. Il est défiguré ; on peut lui laisser courir le monde. Le marquis de Briges a disparu. Montmorin seul a pu retrouver son roi. On passe en Allemagne, décidé à invoquer la protection du duc d'Enghien. Malheureuse manœuvre, qui peut-être n'est pas complètement étrangère à la mort de ce dernier, et en même temps à celle de Pichegru avec lequel il entretenait des rapports secrets. Arrêté presqu'en même temps que son cousin Condé, le duc de Normandie fut mis au cachot à Vincennes, pour y rester enseveli jusqu'en 1809. Peut-être y fut-il mort si Joséphine n'avait fini par arracher à Fouché le secret de sa séquestration. »

L'impératrice le fait évader une troisième fois et Charles-Louis erre encore pendant plusieurs mois en Allemagne avant de rencontrer le compagnon de route, qui lui procure un passe-port au nom de Naündorff.

Il faut avouer que ce récit semble bien invraisemblable. M. Henri Provins a la bonne grâce de le reconnaître, mais avec une grande habileté il tire de cette invraisemblance même un argument en faveur de sa thèse.

« A ceux dit-il, qui seraient tentés de crier à l'invraisemblance, je répondrai que cette étrangeté est un premier indice de vérité, car un imposteur intelligent, — Naündorff était, a-t-on prétendu, un aventurier d'une habileté peu commune, — n'aurait pas manqué de prévoir l'objection et de se composer un passé plus conforme aux idées courantes. »

Peu nous importe que Naündorff ait eu ou se soit composé un passé conforme aux idées reçues ; il ne s'agit pour nous que de savoir s'il a été réellement interné à Vincennes. Or, ce témoin, si directement intéressé à à nous révéler les moindres particularités de son existence ne cite aucun nom et se contente d'indications si vagues, si imprécises, que l'esprit le moins prévenu ne peut être que mal impressionné par tant de réticences. Quand on consulte ses mémoires : *l'abrégé de l'histoire des infortunes du dauphin, fils de Louis XVI*, volume imprimé à Londres en 1836 *et écrit de la main même du « prince »*, on lit dans « cet évangile » (1) qui seul a « pour ses partisans une valeur complète », le passage suivant : « Nous arrivâmes je crois, à minuit ; on me fit descendre de ma voiture et mar-

(1) *Revue de la légitimité*, 1er décembre 1904, p. 125.

cher à pied assez loin. Nous nous arrêtâmes devant une porte qui donnait dans un haut édifice ; nos conducteurs ouvrirent cette porte, au-delà de laquelle nous passâmes un long corridor, qui se dirigeait à droite et à gauche, tellement que je ne savais plus où j'étais. On me déposa dans une oubliette d'une obscurité noire, qui n'avait d'autre ouverture que la porte. J'y fus enfermé !... (1) Puis viennent quatre pages dans lesquelles il est parlé de rats, du mutisme du geôlier, du bruit de tambours, qui semblait au prisonnier le bourdonnement d'un tonnerre fort éloigné, et de l'arrivée au milieu de la nuit de deux libérateurs, qui reconnurent l'infortuné séquestré à une cicatrice, qu'il portait au doigt. C'est tout, pour cinq années de captivité. Le nom de la prison n'est pas prononcé.

Si Naündorff n'a pas prononcé le nom de Vincennes, pourquoi M. Henri Provins a-t-il précisé ? C'est qu'il n'a fait que suivre Gruau de la Barre, l'ami le plus dévoué, le compagnon le plus fidèle du prétendant. Cet auteur, qui, par sa situation, devait être bien informé, avait écrit : « Il nous faut actuellement... rentrer à Vincennes où, près de la fosse sanglante du duc d'Enghien, dans un véritable caveau, gémit, enseveli, l'héritier du trône de France, auquel par une sorte d'amère dérision, on a fait grâce de la vie. » (2)

Voilà qui est catégorique. Mais dans cette étrange question, le sol se refuse sous les pas, quand on essaye de poursuivre une piste. Gruau de la Barre, nous dit-on, écrivit ces lignes après la mort du prince ; il n'avait recueilli que des demi-confidences ; les conversations de son maître étaient aussi confuses avec ses intimes qu'elles le sont pour l'histoire, étant souvent interrompues, remplies d'altérations volontaires » ainsi que font

(1) *Abrégé de l'histoire du Dauphin*, éd. de 1836, p. 46.
(2) A la suite d'une discussion des plus courtoises, que j'ai eue avec M. Henri Provins, cet auteur, avec son amabilité habituelle, et l'impartialité qui le caractérise, a bien voulu se rallier à ma conclusion, à savoir que ce ne pouvait être dans un souterrain de Vincennes que Naündorff avait passé les années comprises entre 1804 et 1808 : « Que si nos confrères ne veulent pas repousser désormais, d'une manière absolue, les indications données par M. Gruau de la Barre, écrivait-il, le 1er décembre 1904, il apparaît tout au moins nécessaire de formuler des réserves et d'attendre pour les modifier, les éclaircissements ultérieurs que le temps apportera sur l'existence si mystérieuse de Louis XVII de 1795 à 1810 ».
La Légitimité, n° 12, 1er décembre 1904.
Malheureusement, M. Henri Provins ne paraît pas avoir été écouté. Ses confrères continuent à adopter sa première version, et c'est pour les mettre en garde contre des faits si manifestement erronés, que je reprends ma démonstration.

les persécutés en face de leurs persécuteurs, et les persécuteurs en face des persécutés (1).

En cherchant à suppléer à l'incertitude de celui dont il voulait établir le droit, le confident du prince a pu commettre une erreur de lieu. Une seule chose serait à retenir : l'emprisonnement de 1804 à 1809.

Je ferai remarquer qu'en accusant Gruau de la Barre d'erreur, on atteint d'autres écrivains, qui, s'appuyant sur des témoignages différents arrivent à la même conclusion. M. Osmond, auteur d'une étude très documentée sur la question Louis XVII, « Fleur de Lys » admet l'internement au donjon de Vincennes. « Après quelques années de vicissitudes, le dauphin fut repris et enfermé très secrètement à Vincennes », nous dit-il, et plus loin il ajoute : « Le dauphin, évadé de Vincennes, se cacha en Allemagne sous le masque de Naündorff pendant que Fouché faisait semblant de le chercher et de le retrouver à Rome ». L'auteur s'appuie sur une lettre du comte de Beaurepaire Louvagny, contenant comme témoignage décisif (ce sont les propres expressions de M. Osmond), le compte rendu d'un colloque entre Alexandre et Joséphine à la Malmaison ; j'en extrais ce passage caractéristique : « C'est moi, dit l'impératrice Joséphine, qui, de concert avec Barras, ai fait sortir le dauphin du Temple... Barras substitua au dauphin un enfant muet, malingre, scrofuleux, afin d'éviter toute difficulté avec les comités révolutionnaires. Le dauphin partit pour la Vendée...... ».

« Il fut ensuite enfermé pendant quatre ans dans le donjon de Vincennes. C'est moi, encore cette fois, qui fis évader le dauphin pour me venger du mariage de Napoléon avec l'archiduchesse Marie-Louise » (2).

Si le témoignage de Beaurepaire Louvagny est probant, comme le dit M. Osmond, Gruau de la Barre a donc bien reçu les confidences de son maître. C'est d'ailleurs l'avis de M. René le Gentil (3), qui mêle à cette

(1) *Revue de la légitimité*, 1er décembre 1904, p. 186.
(2) M. OSMOND, *Fleur de Lys*, p. 45.
(3) M. Le Gentil essaie d'établir une connexité entre l'arrestation du duc d'Enghien et celle de Naündorff. C'eût été pour éviter les persécutions de Louis XVIII, auquel Pichegru aurait révélé la retraite du Dauphin, que celui-ci, alors en Allemagne, aurait cherché à gagner Ettenheim, où se trouvait le duc, « qu'il savait être

question le nom du duc d'Enghien et celui du général comte de Lucinière qui écrit : « Il est certain qu'on conduisait habituellement les prisonniers politiques directement au Temple Ainsi fut-il fait pour Charles de Frotté en 1800, pour Cormier en 1801, pour Boucard en juin 1807, etc... Mais ces infortunés n'étaient que du menu fretin pour la police de l'empereur, et pour l'empereur lui-même. Quant aux personnages de qualité, on pouvait facilement trouver le moyen de les mettre ailleurs. C'est ainsi que le duc d'Enghien a été conduit au donjon de Vincennes en 1804. N'aurait-on pas agi de même pour Louis XVII ? pourquoi pas ? (1).

Pourquoi pas ? mais parce qu'aucune déduction ne peut être tirée de faits ne présentant aucune analogie. D'abord le duc d'Enghien n'a jamais été conduit au donjon. Le premier consul s'était peu préoccupé de chercher pour le malheureux prince une prison au sens propre du mot. Son choix s'était porté sur Vincennes, parce que le vieux château isolé au milieu des bois pouvait être cerné facilement par la troupe (2). On sait d'ailleurs qu'une chambre quelconque a suffi pour abriter momentanément le prévenu avant et après sa comparution devant ses juges (3).

Ensuite si Frotté, Cormier et Boucard, étaient du menu fretin, il est certain que la police ne s'est occupée de ce menu fretin que sur l'ordre ou à la connaissance du maître qui voulait être tenu au courant de tout ce qui se passait dans les limites de ses états. Dans ces conditions, il serait illogique d'admettre que pour un personnage de plus haute importance,

---

un de ses défenseurs. » Mais arrêté près de Strasbourg, il fut conduit « dans un souterrain du donjon de Vincennes presqu'au même moment où l'on y amenait son protecteur. » Si l'exécution de ce dernier a été si rapide, c'est que « Fouché et Talleyrand firent commettre cet épouvantable assassinat pour empêcher que le duc ne parlât (même à un prêtre). »
  Conférence de M. RENÉ LE GENTIL, faite en 1907, dans une des salles de la mairie du Perreux, et reproduite dans la Légitimité, n°s 6, 7, 8 et 9, p. 144, sous le titre : « A bas la légende. — La question Louis XVII traitée au point de vue historique. »
  Je n'ai trouvé aucun document permettant d'affirmer que le duc d'Enghien connaissait l'existence du Dauphin. Au sujet des motifs de son arrestation, de la rapidité de son exécution, voir t. I, ps 196 à 216.
  (1) Légitimité, 1er juin 1905, p. 288.
  (2) Savary fut chargé d'assurer le service d'ordre. Il prit le commandement d'une légion de gendarmerie et d'une brigade d'infanterie. Ces troupes entrèrent au château un peu avant les juges, vers 8 heures ½ du soir. L'infanterie fût placée du côté du parc et la gendarmerie dans la cour, ainsi qu'aux diverses portes du château. M. H. WELSCHINGER, Le duc d'Enghien, p. 316.
  (3) Voir tome I, p. 208.

elle eut agi sans instructions, du moins sans en rendre compte. D'ailleurs elle aurait voulu cacher son intervention, qu'elle n'aurait certes pas mis son prisonnier dans des bâtiments dépendant de l'autorité militaire, dont les rapports parvenant directement au Souverain, l'eussent immédiatement renseigné.

L'hypothèse d'une police opérant à l'insu du Premier consul ou de l'empereur doit être écartée, il n'y a pour s'en convaincre qu'à examiner l'organisation de cette administration à cette époque. « Le ministre de la police, qui espionnait tout le monde, dit un pamphlet de la Restauration (1), qui faisait ouvrir les lettres adressées aux princes et aux maréchaux de l'Empire pour y trouver quelque chose de suspect, était espionné à son tour... et un agent secret, que l'on soupçonne être un sieur Desmarest était chargé de surveiller ses actions et de contrôler ses rapport ».

L'exactitude de ce récit ne semble pas pouvoir être mise en doute, car Desmarest jouissait de la plus étonnante faveur. Chef de division au ministère de la police, chargé de suivre toutes les affaires secrètes depuis 1789 jusqu'à la fin de l'Empire, il rédigeait les bulletins qui étaient mis quotidiennement sous les yeux du premier consul ou de l'Empereur qui voulait, dans sa capitale ou en campagne, être tenu constamment au courant de la situation de Paris en général, des événements intéressant la sécurité publique, des noms des individus arrêtés soit par mesure de sécurité, soit par suite de l'instruction des affaires de haute police, soit comme prévenus de délits politiques. Il rendait compte des mises en liberté et remettait chaque jour un tableau résumant d'après la correspondance des conseillers d'Etat, la situation des départements (2). Un secret comme celui de l'internement du dauphin n'aurait pu lui échapper. Car il espionnait son chef direct Fouché — la facilité avec laquelle il l'a lâché pour s'arranger avec le duc de Rovigo, le prouve (3) — et il surveillait le baron Pasquier, le préfet de police (4). Or il n'a fait aucune allusion à un événe-

(1) *L'Echo des Salons de Paris depuis la Restauration*, t. II, p. 186 et 200.
(2) Rapport relatif à l'organisation du ministère de la police générale, Arch. nation. A F IV 1302 et DESMAREST, *Quinze ans de haute police sous le Consulat et l'Empire*, édition annotée par Grasilier, Paris, Garnier frères, p. XLII.
(3) Fouché ne lui pardonna pas dans ses mémoires. *Ibidem*, p. LXVI.
(4) Pasquier ne pouvait supporter ses visites matinales qu'il considérait, dit-il, comme un moyen d'espionnage employé contre lui et contre ceux qui fréquentaient sa maison. CHANCELIER PASQUIER, *Mémoires*, t. I, p. 496.

ment d'une telle importance. Il faut remarquer, d'autre part, que le chef de l'Etat ne se contentait pas des renseignements de sa haute police. Tout était police dans son gouvernement autoritaire, absolu. Le chancelier Pasquier s'en est plaint amèrement : « Une des plus grandes difficultés, que j'avais à surmonter, ressortait du contrôle perpétuel de cinq ou six polices dont plusieurs marchaient et agissaient en rivalité les unes des autres. Ainsi il y avait la police de la préfecture, celle du ministre, celle du commandant militaire de la division et de la place, celle du grand maréchal du palais Duroc, celle du commandant de service de la garde impériale. Quand ce commandement tombait au maréchal Davout, on ne savait plus auquel entendre, c'étaient des plaintes et des dénonciations continuelles. Venait enfin la police du commandant général de la gendarmerie. Avec l'aide de celle-là, l'esprit court et minutieux du maréchal Moncey enfantait continuellement de nouvelles tracasseries. Puis on avait à se défendre des avis donnés par les correspondances secrètes dont le nombre n'a jamais été bien connu et par les bulletins particuliers (1).

Que le chancelier Pasquier se soit exagéré l'importance de ces polices secondaires qui n'ont jamais tenu le fil que de quelques intrigues, c'est possible. Cependant on aurait tort de prétendre qu'elles ne servaient à rien. Elles fournissaient par leurs rivalités mêmes des moyens de contrôle à un chef d'Etat dont l'attention était toujours en éveil. Or aucune ne lui a révélé l'internement d'un prétendu dauphin à Vincennes, et dans ces conditions cet internement paraît impossible.

Je n'ignore pas qu'on a cherché à démontrer que Napoléon avait eu quelques soupçons de cette étrange histoire. Si l'on fait état, comme M. H. Provins, des mémoires du baron de La Mothe Langon, et qu'on les considère comme le résumé fidèle de la pensée impériale, on trouve un passage troublant (2).

« Ce n'est pas qu'au moment de la mort de Louis XVII, un autre bruit ne se soit propagé. On prétendit que le dauphin avait été enlevé de sa prison du consentement des Comités ; qu'un autre enfant, mis à à sa place, avait été promptement sacrifié, victime d'une politique odieu-

---

(1) CHANCELIER PASQUIER, *Mémoires*, t. I, p. 130.
(2) *Légitimité*, juin-juillet 1905, n° spécial, p. 352 et 353,

se... Joséphine se croyait très avant dans cette intrigue et m'en parla avec bonne foi, en désignant à qui le prince avait été remis, en quel lieu on le cachait, en quel temps on le ferait reparaître. Je levai les épaules et, dans ce récit, je ne pouvais voir que la simplicité d'une femme crédule. Plus tard, je voulus savoir ce qui en était réellement. Je me fis d'abord présenter le procès-verbal des hommes de l'art. Je fus surpris de cette phrase : « On nous a présenté un corps qu'on nous a dit être celui du fils Capet », ce qui ne voulait pas dire précisément que c'était celui du Dauphin. D'ailleurs aucune autre pièce ne constatait l'identité. Je fis faire des fouilles au cimetière de Sainte-Elisabeth, au lieu indiqué de la sépulture du cadavre... La bière encore assez bien conservée, ayant été ouverte, en présence de Fouché et de Savary, se trouva vide. »

Mais ce texte a-t-il une valeur historique (1), je ne le pense pas ? Et s'il l'a que prouve-t-il ? Que l'empereur était convaincu de la mort du Dauphin au Temple jusqu'à l'époque de sa conversation avec Joséphine. Ces révélations ont-elles été prises au sérieux par le Souverain dont on connaît l'esprit positif ? Tout d'abord, certainement non, puisqu'il ne vit dans le récit de l'impératrice que « la simplicité d'une femme crédule » et qu'il leva les épaules. Plus tard, seulement, il aurait eu des doutes. Il se serait fait présenter les pièces officielles constatant le décès du duc de Normandie ; il aurait été frappé de leur manque de précision. Sur son ordre, Fouché et Savary auraient effectué des fouilles au cimetière Sainte-Elisabeth. Il faut lire au cimetière Sainte-Marguerite, c'est déjà une erreur matérielle de Lamothe-Langon. Mais ces fouilles, dont, entre parenthèse, on ne trouve aucune mention dans le rapport si remarquable de M. L. Lambeau à la Commission du Vieux Paris publié après les dernières fouilles de 1904, auraient amené un résultat négatif. A qui fera-t-on croire que Napoléon Ier n'ait pas cherché à éclaircir ce mystère, qu'il n'ait jamais parlé de cette question avec ses intimes, qu'il n'ait pas mis

---

(1) LA MOTHE LANGON n'a fait que des mémoires apocryphes composés de compilations romanesques : *Mémoires de Louis XVIII* (1832-33, 12 vol. in-8°) ; *Mémoires et Souvenirs d'une Femme de qualité* (1830-31, 12 vol., in-8°) ; *Mémoires de Napoléon Bonaparte* (1834, 4 vol. in-8°) ; *Souvenirs de Marie-Antoinette*, par la comtesse d'Adhémar (1836, 4 vol. in-8°) ; *L'Empire ou dix ans sous Napoléon* (1836, 4 vol. in-8°) ; *Mémoires et Souvenirs d'un Pair de France* (1829-30, 4 vol. in-8°).

Louis XVIII et les alliés en une situation très embarrassée, en dévoilant la vérité ou en jetant des doutes sur la mort du Dauphin. Or ni dans le Mémorial, ni dans le journal du général Gourgaud, ni dans aucun autre écrit, émanant d'une source autorisée, il n'est fait allusion à un événement aussi gros de conséquences. On lit toutefois dans les mémoires de Las-Cases (1), que Joséphine, prévoyant l'avenir et s'effrayant de sa stérilité, mit souvent son mari sur la voie d'une grande supercherie politique et finit même par oser la lui proposer directement. La grande « supercherie politique », disent les Naundorffistes, c'est la déclaration mensongère de la mort de Louis XVII, et la rédaction de faux actes destinés à l'accréditer. La proposition est d'adopter le jeune prince qui incarne la légitimité, ce qui portera la déroute dans le camp des trafiquants de la royauté, et constituera en même temps un acte de justice. Mais le texte de Las-Cases devient autrement clair, quand on lit les mémoires de Madame de Rémusat (2). A la suite d'une scène de jalousie survenue à Saint-Cloud, Napoléon aurait proposé à Joséphine de feindre une grossesse, et d'accepter comme prince impérial un enfant qu'il pourrait avoir d'une autre femme. Voilà la grande supercherie politique. Il n'y a donc pas à chercher à établir de corrélation entre les paroles dictées par Napoléon à M. de Las-Cases et les affirmations du baron de La Mothe Langon.

D'ailleurs si Joséphine avait révélé au général Bonaparte, à l'époque de son mariage avec lui — janvier 1796 — sa croyance à l'existence du dauphin, — je dirai plus — sa participation à l'évasion, comment n'a-t-elle pas insisté sur ce fait lorsque le premier consul, après avoir reçu une première lettre de Louis XVIII lui demandant de lui rendre le trône de ses aïeux — 20 février 1800 — suivie d'une seconde, se décida enfin à envoyer cette réponse hautaine : « Vous ne devez pas souhaiter votre retour en France ; il vous faudrait marcher sur cinq cent mille cadavres. Sacrifiez votre intérêt au repos et au bonheur de la France ; l'histoire vous en tiendra compte ». Sa femme s'était jetée à ses pieds pour le supplier de laisser

(1) *Légitimité*, juillet-août 1905, p. 352.
(2) Madame DE RÉMUSAT, *Mémoires*, t. II, p. 59. Bourienne, dit à ce propos : « Je crois que Bonaparte a dit cela, mais je ne crois pas que cela soit vrai. Joséphine m'a confié tant de choses qu'elle m'aurait parlé de cette communication extraordinaire. Non, Joséphine n'a pas fait une pareille proposition. BOURIENNE, *Mémoires*, t. III, p. 98.

au moins quelques espérances aux Bourbons. Il l'avait repoussée avec humeur, il n'aurait eu cependant à ce moment qu'à laisser entendre qu'il savait que Louis XVIII n'était pas l'héritier du trône, pour ruiner toutes les espérances du parti monarchique, et le diviser à tout jamais. Son attitude et celle de Joséphine prouvent que ni l'un ni l'autre ne croyaient à l'évasion de l'infortuné fils de Louis XVI (1).

Il semble donc tout à fait improbable que la police, Napoléon et Joséphine aient été mêlés à l'internement d'un prétendu dauphin à Vincennes ou en aient eu connaissance. La démonstration de cette erreur historique pourrait s'arrêter ici, mais il semble utile de montrer que le récit de Naündorff ne se rapporte même pas au château.

Reprenons en effet, le texte original : « Nous nous arrêtames, dit le prétendu dauphin devant une porte qui donnait dans un haut édifice ; mes conducteurs ouvrirent cette porte au delà de laquelle nous passâmes un long corridor, qui se dirigeait à droite et à gauche, tellement, que je ne savais plus où j'étais. On me déposa dans une oubliette... ». Or, il n'existe pas et il n'existait pas dans le château de Vincennes de corridor se dirigeant à droite et à gauche pour aboutir à une oubliette, surtout un corridor assez long pour qu'un prisonnier, après l'avoir suivi, fut incapable de savoir où il était. L'examen des plans connus (2) le mode de construction de l'ancienne forteresse, démontrent ce que j'avance.

Dans l'enceinte, seuls, les pavillons dits du Roi et de la Reine datant du XVIIe siècle, ont de la longueur. Mais ils n'ont jamais eu ni caves ni sous-sols. Les rez-de-chaussées et les étages, au commencement du XIXe siècle étaient coupés par des cloisons. Ce n'est donc pas là, qu'il faut chercher la cellule carrée, située au bout d'un assez long passage tortueux.

Ce n'est pas, non plus, dans l'ancien cloître des chanoines, dernier

---

(1) Pourtant Naündorff affirme bien que Joséphine était au courant de sa situation. Il aurait été en prison jusqu'en 1803. « A cette époque Montmorin brisa mes chaînes et je recouvrai encore la liberté par la volonté de la bonne Joséphine, qui avait su tromper son mari, à l'aide du ministre Fouché. Pendant l'hiver et jusqu'au commencement de 1804 mes amis s'occupèrent de mes intérêts ». *Abrégé des infortunes* p. 45. On se demande quel intérêt Joséphine avait à tromper son mari, et il y a lieu de remarquer que Fouché n'était précisément pas ministre de 1802 à 1804.

(2) Collection des plans de Colbert à la Bibliothèque Municipale de Paris, et collection des plans des Archives Nationales, des Archives du Génie de Vincennes, et des Archives de la Direction d'artillerie de Vincennes.

vestige du château de saint Louis, dans le logis en ruines du Gouverneur abandonné dès 1754 comme nous l'avons dit, ni dans les grands communs. Toutes ces constructions qui disparurent de 1808 à 1812 formaient dès 1804 un amas de masures laissées à la disposition de vieux retraités, de vétérans, d'invalides. Les procès-verbaux d'expropriation, les Mémoires du génie, nous apprennent ce qu'étaient ces misérables loge-

Etat du Donjon au commencement du 1er Empire
Gravure ancienne. — Col^{on} de l'auteur

ments. Les indications laissées par Naündorff ne peuvent s'appliquer à eux ; Il nous reste à chercher si elles peuvent concerner le château féodal.

Les bâtiments du XIVe siècle sont tous en hauteur, sorte de forts isolés reliés par des courtines sans épaisseur. Là encore, aucun de ces longs passages dont l'emploi était nécessité au moyen âge par l'usage de la guerre de chicane. Raymond du Temple, le célèbre maître des œuvres de Charles V, avait conçu son système de fortification dans un tout autre ordre d'idées. Dans aucun château de cette époque, il n'y a moins de passages couverts (1), de corridors qu'à Vincennes, moins de locaux auxquels on puisse donner le nom d'oubliettes.

Il est vrai que toutes les tours possédaient des salles basses, obscures, mais on arrivait à celles-ci par des escaliers débouchant directement dans la cour ; ces pièces n'étaient précédées d'aucun couloir. On n'aurait trouvé de corridor — encore étaient-il très courts — que dans le Donjon, qui n'avait plus d'étages inférieurs, — ma conviction est qu'il en existait primitivement, mais on ne voit plus figurer dans les plans de 1654 les escaliers ou les descentes qui y auraient conduit. — Au commencement du XIXe siècle, le donjon se trouvait dans son état actuel à ce point de vue. Cependant M. Osmond, connaissant ma théorie sur ce détail de construction, se demande si en 1804 on n'aurait pas débouché et restauré un de ces locaux souterrains, et il ajoute (2) : « Le personnel civil et militaire, qui habitait à cette époque le château, était fort nombreux. A qui fera-t-on croire que tout ce monde-là, même le gouverneur ne buvait que de l'eau ? Et alors, il devait bien y avoir quelques caves. Du reste on y a bien trouvé une cellule pour le duc d'Enghien en 1804 ? Etait-il plus difficile d'y séquestrer Louis XVII » ?

J'ai déjà répondu à l'objection du duc d'Enghien. Quant à l'ouverture d'une salle, M. Osmond semble ignorer les difficultés d'une telle entreprise. Les mémoires du génie que nous connaissons, les devis de réparation, les plans, constituent, bien qu'ils ne soient pas absolument complets de 1800 à 1808, un ensemble de documents tels qu'il faut écarter cette hypothèse. Car on n'y relève aucune mention d'un pareil travail.

J'ajouterai encore, que j'ai eu l'occasion de sonder le sol de la tour et que j'ai reconnu qu'il se composait d'un blocage en gros matériaux. Si les salles inférieures existaient à l'origine de la construction, elles avaient été comblées depuis. A quelle époque avait été fait ce remplissage ? Il est impossible de le préciser. Mais c'est antérieurement au XVIIe siècle,

---

(1) Il peut exister des communications entre les étages du Donjon dans l'épaisseur des murs (Voir p. 151) mais les entrées de ces communications ont été bouchées antérieurement au XVIIe siècle. Elles ne consistaient d'ailleurs qu'en galeries d'écoute.
(2) *Fleur de Lys*, p. 52.

puisque, comme nous l'avons dit, les plans de cette époque ne nous révèlent rien : donc pas de caves dans le donjon en 1804.

Pas de caves ! mais alors que devient l'objection très sérieuse de M. Osmond. « Le gouverneur devait boire du vin et par conséquent avoir des caves pour le mettre ? » D'abord il n'y avait plus de gouverneur du donjon depuis 1784. Harel, commandant d'armes à l'époque du Consulat, habitait la tour du Bois, dans un logement fort modeste. Il ne devait guère avoir besoin de caves pour mettre son vin (1). Son ménage n'était pas de ceux qui font des provisions, puisque quand les juges s'assemblèrent chez l'ancien Jacobin, pour le procès du duc d'Enghien, sa femme s'inquiéta de savoir ce qu'elle pourrait offrir aux membres de la commission. Elle envoya Godard à Vincennes acheter deux bouteilles d'eau-de-vie. C'est là un détail insignifiant, mais puisque l'on tire argument de tout, il a, ce me semble, une importance égale à l'objection.

M. le général comte de Cornulier Lucinière, essaye de démontrer d'une manière plus sérieuse l'existence des caves dans le donjon à l'époque qui nous occupe. « Lorsqu'en 1808 le Temple fut désaffecté, dit-il, les prisonniers qui s'y trouvaient furent transférés à Vincennes. Parmi eux, il y avait le baron d'Auerweck de Steilenfels, celui que M. Barbey appelle le petit baron. Or, en 1812, ce malheureux diplomate était encore détenu dans la vieille tour sous l'inculpation aussi terrible que vague de : « manœuvres contre la sûreté de l'Etat ». Or d'Auerweck écrit : « L'on m'a fait hier l'annonce annuelle de ma maintenue au donjon de Vincennes ; daignez ordonner au moins que ce ne soit pas dans la cave, où je suis depuis trois mois et demi ».

A ce moment, la tour avait des hôtes nombreux répartis du haut en bas. J'ai retrouvé les cellules occupées par certains prisonniers, mais rien ne m'a désigné plus particulièrement celle dans laquelle se trouvait d'Auerweck. Il est très probable qu'elle était au rez-de-chaussée. Les pièces à ce niveau ressemblent fort à des caves : elles en ont la fraîcheur, l'humidité, l'obscurité. Elles sont aujourd'hui dans l'état où elles étaient

---

(1) Il en avait une cependant. Car il pouvait utiliser comme telle l'ancienne salle basse de la tour qu'il habitait.

en 1812. Il n'y a qu'à y entrer ; on sera convaincu qu'un prisonnier pouvait les appeler des caves. Il n'est pas douteux que si j'avais lu le livre de M. Barbey avant d'avoir eu connaissance de la remarque de M. le général de Cornulier Lucinière, j'aurais mis dans mes notes en regard du nom d'Auerweck : occupait une cellule au rez-de-chaussée.

S'il n'y avait pas de caves dans le donjon et les bâtiments annexes, s'il n'y avait pas de salles basses dans les tours qui fussent précédées de corridors, n'y avait-il pas de souterrains ? On verra plus loin que Vincennes ne possédait en fait de souterrains que des égouts. Cette connaissance des lieux a fait dire que Naündorff arrivé la nuit avait pu prendre la cour intérieure du donjon, resserrée entre le rempart et la tour pour un corridor. « L'obscurité était profonde, il n'y avait pas d'étoiles ; la température était plutôt chaude. L'air extérieur n'était pas plus frais que l'air respiré dans un vestibule ou un préau fermé. L'erreur était possible (1) ».

Je répondrai qu'elle ne l'était pas. D'abord parce que si l'obscurité avait été si profonde, le prisonnier n'aurait pu voir « le haut édifice » dont il parle. Ensuite pour parvenir au rez-de-chaussée du donjon, il fallait en 1804 traverser le fossé sur un pont fixe, suivi d'un pont-levis, passer sous la voûte du châtelet, arriver dans la cour de la braie. On ne peut confondre ce chemin avec un long corridor tournant à droite et à gauche, même par la nuit « la plus noire et sans étoiles », même quand l'air extérieur « n'est pas plus frais que dans un vestibule ». Dans une cour quelque étroite qu'elle soit, mais en plein air, des hommes accompagnant un prisonnier ne marchent pas, surtout sans lumière, comme dans un passage voûté. Ils n'ont pas les mêmes tâtonnements ; enfin la sonorité est différente.

D'ailleurs ne pas s'apercevoir qu'on est en plein air, et croire qu'on est dans un corridor, cela rappelle une naïveté échappée à la plume de Victor Hugo dans le « Roi s'amuse ». Sur la place publique on mettait un bandeau sur les yeux de Triboulet en même temps qu'un masque sans qu'il s'aperçut de rien « tellement la nuit était noire ». A la première représentation, Scribe déclara ce postulat « un peu trop dur à avaler. » Ne peut-on en dire autant de l'hypothèse d'un souterrain fictif ?

(1) Lettres de M. B. *Légitimité*, 1er Février 1905, p. 221.

Mais il n'y a pas que l'état des lieux qui oppose à la théorie de l'internement de Naündorff à Vincennes un ensemble d'arguments très sérieux ; il y a d'autres preuves matérielles, preuves négatives si l'on veut, mais preuves ayant néanmoins une grande force, qu'on peut mettre en avant pour montrer l'impossibilité d'une détention n'ayant laissé aucune trace.

Si le prétendu Louis XVII se trouvait au donjon en 1808, c'est-à-dire au moment où ce bâtiment a été cédé à la police, il a dû être pris en compte par le nouveau directeur de la prison et inscrit à son livre d'écrou, au même titre que les prisonniers venus du Temple. Ce registre existe à la préfecture de police. Il peut être consulté. Autrefois, il était absolument secret, les inscriptions qui y étaient portées n'étaient connues que du ministre de la police et de l'empereur. Notre séquestré devrait y figurer ; numériquement tout au moins. Or l'on connaît tous les prisonniers même ceux que la police impériale a cru devoir cacher sous un faux nom, et aucune incertitude ne subsiste sur l'identité d'un détenu. C'est qu'une séquestration si complète qu'elle soit, laisse toujours des traces (1). La suppression d'un individu exige en effet le concours d'agents subalternes ; ceux-ci, tout en se prêtant aux ordres arbitraires du pouvoir absolu, cherchent à mettre leur responsabilité à couvert dans une certaine mesure, et les quelques précautions, dont ils entourent leur zèle, suffisent pour éclairer l'histoire, percer un mystère. Fauconnier, le concierge du donjon de Vincennes à l'époque qui nous occupe, appartenait à ce genre de fonctionnaires, prêts à toutes les besognes, à condition d'être couverts. Il n'était certes pas difficile en ce qui concernait les formalités

(1) On peut en dire autant d'une évasion. En faisant la liste des personnages au courant de celle de Louis XVII, d'après les dires des principaux évasionnistes, on trouve :
Barras, ou le général*** correspondant de Laurent puisque ce serait le même personnage. Joséphine (empoisonnée pour cela) ! Laurent, la veuve Simon, Madame X des *mémoires de Naündorff*, Charette et les trente-cinq signataires de sa protestation, Hoche (empoisonné aussi pour cela), le marquis de Puisaye, commandant à Quiberon, Fouché, Robespierre et d'autres membres du gouvernement de son temps, Napoléon, la reine de Prusse, l'auteur de la médaille, le docteur ayant procédé à l'autopsie, la cour d'Autriche, le pape, Cambacérès, certains confidents intimes de tous les personnages cités...
C'eut été le véritable secret de Polichinelle que toute l'Europe aurait promptement partagé. Cependant les Naündorffistes prétendent qu'on a empoisonné Hoche, la bonne Joséphine, les quatre porteurs de la bière pour empêcher toute indiscrétion ! Que de crimes inutiles !!

d'écrou. On lui envoyait des prisonniers sous des noms d'emprunt, avec des indications de professions quelconques. Il inscrivait les renseignements qu'on lui donnait, sans s'occuper de les vérifier. Le baron d'Auerweck, diplomate, est pour lui Auerweck, tout court, cultivateur, puis Auerweck de Flessentelos, enfin à sa libération Auaerwek de Staffentefd, au lieu de Steilenfels (*Mme Atkyns* p. M. Barbey, p. 37). Il appelait Palafox, caché sous le nom de Mendola, tantôt Piétro, tantôt Pedro (1) Ces détails lui importaient peu. Il tenait seulement à avoir son nombre exact d'administrés et pour la régularité de ses comptes, il exigeait un ordre écrit pour admettre dans le donjon un nouveau détenu. Il prévoyait en effet qu'il pourrait être embarrassé, si un décès se produisait dans les prisonniers confiés à sa garde, sans qu'il eût aucune pièce, non d'identité, mais de présence.

Prétendre que Naündorff ait été dans le donjon en 1808, sans que Fauconnier l'eût constaté, et se soit fait délivrer un ordre d'incarcération, est impossible. Le silence de son livre d'écrou est probant, étant donné que nous pouvons identifier tous les prisonniers.

Ajoutons encore qu'aucune pièce d'archives ne mentionne un prisonnier détenu à un titre spécial, dans les autres bâtiments du château de Vincennes de 1804 à 1809. Ce prisonnier aurait eu cependant un gardien. Or, le seul renseignement que nous ayons sur un prétendu geôlier de Louis XVII pendant cette époque nous est fourni par M. Osmond (2) ; « j'ai retrouvé dit-il, les traces du geôlier qui dans cette prison fut chargé d'enlever au dauphin un signe naturel, qu'il avait sur la cuisse, afin de le démasquer. Il est mort à Thimory (Loiret) et s'appelait Cousin Rossignol. Ne voulant pas commettre cette cruauté, il se sauva et se cacha sur un bateau du canal du Loing. Ce canal était donc à proximité » (3). Il me semble que ce témoignage, s'il est digne de foi, repousse l'hypothèse d'un internement à Vincennes. Je ne sache pas que le canal du Loing soit considéré comme à proximité de Vincennes...

Et pourtant la confiance de M. Osmond n'est pas affaiblie, car il ajoute :

(1) Voir l'histoire de l'internement de Palafox, ch. III, p. 140.
(2) *Fleur de Lys*, p. 52.
(3) *Légitimité*, 7 décembre 1884, pp. 893, 894. Citation de M. Osmond. *Ibidem*.

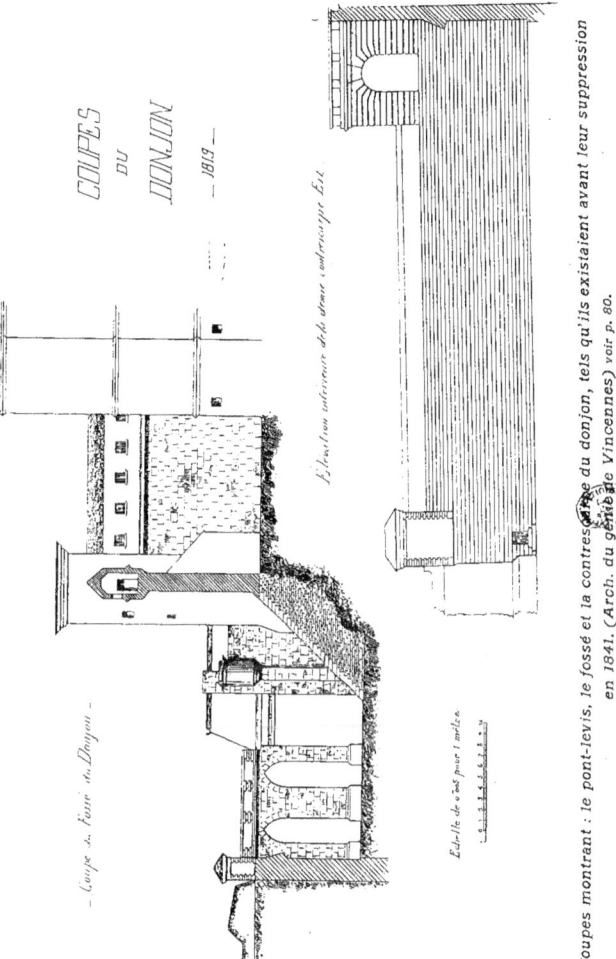

Coupes montrant : le pont-levis, le fossé et la contrescarpe du donjon, tels qu'ils existaient avant leur suppression en 1841. (Arch. du génie de Vincennes) voir p. 80.

« Cousin Rossignol (1) ou d'autres — remarquez comme les affirmations sont toujours vagues — avaient parlé sans doute car la population de Vincennes savait que Louis XVII était prisonnier au donjon et l'y croyait encore lors de l'invasion des alliés en 1814 ». C'est le récit d'Ange Pitou dont je parlerai plus loin (2) et qui ne fait qu'ajouter aux légendes des souterrains de la vieille forteresse un paragraphe de plus.

Pour conclure, je suis absolument convaincu que l'internement à Vincennes d'un Louis XVII évadé du Temple est matériellement insoutenable. Naündorff « se préoccupait, dit-on, beaucoup plus de la réunion des témoignages en faveur de l'identité que des témoignages afférents à l'évasion, l'identité pour lui, pour tout le parti de la survivance, emportant l'évasion. Pourquoi, s'il était véritablement le dauphin, a-t-il rendu si obscur le récit des quinze années qui auraient suivi sa sortie du Temple ?
Cette obscurité même, qui semble voulue, est un des arguments les plus sérieux qu'on puisse invoquer contre lui. Mais je laisse au lecteur le soin de tirer une conclusion de cette remarque.

En 1814, les portes du donjon s'ouvrirent d'elles-mêmes à l'approche des alliés. La vieille tour fut fermée, puis, sous la première Restauration, rendue à la guerre sans que Daumesnil put en obtenir les clés (3). Ce ne fut, en réalité, qu'en 1815, sous le marquis de Puivert, que les bâtiments repassèrent effectivement sous l'autorité militaire. Ils furent à nouveau utilisés comme magasins.

En 1841, le vieux château de Vincennes fut compris dans la liste des ouvrages qui devaient concourir à la défense de la capitale. Le donjon lui-même fut appelé à faire partie de cette vaste organisation. Des casemates à la Haxo élevées sur caves, furent construites dans sa cour intérieure sur les trois fronts nord, ouest et sud de ses courtines. Puis, on

(1) *Fleur de Lys*, p. 52
(2) Voir chapitre 7, p. 261.
(3) Voir t. I, p. 241.

combla ses fossés du côté de la cour intérieure du château et pour boucher la trouée qu'ils formaient dans le corps de place, on éleva deux bâtiments voûtés à l'épreuve de la bombe qui rendirent continue l'enceinte générale.

Les casemates servent actuellement de cuisines au 26ᵉ bataillon de chasseurs à pied et à une compagnie d'ouvriers d'artillerie.

C'est à l'époque de ces transformations que disparut le pont-levis du petit châtelet.

De 1850 à 1880, d'importantes réparations furent faites au donjon. On repiqua les murs, on restaura quelques-unes des sculptures et on refit sa plateforme. Ce remarquable spécimen de notre architecture militaire du XIVᵉ siècle se trouve donc aujourd'hui en tant que gros œuvre, dans un parfait état de conservation. On constate toutefois avec peine qu'il subit intérieurement et de jour en jour de constantes dégradations par suite de l'encombrement des objets de toute sorte qui y sont entassés. Il faut espérer que les démarches commencées pour le rendre au ministère des Beaux-Arts aboutiront bientôt, et que les visiteurs pourront pénétrer dans tous les locaux débarrassés d'un vieux matériel qui serait beaucoup mieux à sa place dans des magasins ordinaires.

CHAPITRE II

LE DONJON
(Suite)

LES PRISONNIERS

Depuis Louis XI, qui transforma en geôle la résidence luxueuse des premiers Valois (1), jusqu'à une époque très récente, le donjon a servi, presque sans interruption, à loger des prisonniers. Ceux-ci ont été en nombre si considérable que je ne puis consacrer une étude particulière à chacun d'eux. Je ne relaterai que les épisodes concernant les plus illustres, en observant autant que possible l'ordre chronologique des événements. Quand je me départirai de cette règle, c'est que des arrestations multiples, successives auront eu une même cause ; dans ce cas, je grouperai les faits autour du motif principal d'inculpation : quiétisme, jansénisme, etc... sans avoir égard au temps. Pour les détenus ordinaires, le lecteur trouvera leurs noms à la fin de ce volume, dans les livres d'écrou publiés en annexes.

On a peu de renseignements sur les premiers prisonniers de la vieille tour. On peut cependant citer parmi les plus célèbres : le duc René d'Alençon (2), plus connu sous le nom de comte du Perche, qui fut détenu

---

(1) C'est en 1462 qu'on trouve pour la première fois des prisonniers mis dans le donjon. Le fait est mentionné par Sauval, Ed. de 1724. t. III, pp. 414 et 437. Voir aussi, l'abbé Lebeuf. *Antiquités de la Ville de Paris*, t. II, p. 408.

(2) René était fils de Jean II d'Alençon, qui est condamné deux fois à mort sous Louis XI avait été gracié, mais avait été emprisonné à Loches la première fois en 1472 et la deuxième fois de 1474 à 1476.

Art de vérifier les dates. Ed. 1770, p. 691.

de 1482 à 1483. Il eut comme gardien Mahiet Thoreau qui reçut de Charles VIII une gratification « tant pour la manière dont il avait rempli ses fonctions, que pour les dangers qu'il avait courus à cette occasion », disent les anciens comptes (1).

Sous François Ier, le donjon reçoit l'amiral Chabot (2), et le chancelier Poyet. Sous Henri II les Espagnols, tombés en notre pouvoir pendant les guerres contre Charles-Quint, y sont internés. A partir du milieu du XVIe siècle, des protestants y sont conduits (3). Puis, de Charles IX à Henri IV, la prison semble réservée aux plus grands seigneurs : Robert Stuart, le duc d'Alençon, le roi de Navarre, le maréchal de Cossé-Brissac.

Sous Louis XIII il conserve cette triste prérogative. En 1617, sur l'ordre de Marie de Médicis, ratifié par le roi, le prince Henri II de Condé y est amené. Il avait été arrêté au Louvre par le capitaine des gardes, Thémines, le 1er septembre 1616, au moment où il cherchait à soulever le peuple de Paris contre la Cour, et surtout contre le maréchal d'Ancre. « Enfermé d'abord dans ce château, on ne laissa auprès de lui que son apothicaire Luisible, dont les soins lui étaient nécessaires après deux mois d'une vie assez dissolue. » (4) Dans la nuit du 24 au 25, il fut conduit à la Bastille. La mort du maréchal d'Ancre, le procès de sa femme Léonore Galigaï, l'arrivée au pouvoir du duc de Luynes, n'amenèrent pas sa délivrance. Maintenu en prison par raison d'Etat, « il supplia Sa Majesté d'adoucir sa captivité et de lui bailler la princesse sa femme. » (5). Cette faveur lui fut accordée, et le 26 mai 1617, Marguerite Charlotte de Montmorency vint partager sa captivité.

« Les deux époux jouissaient en paix d'un bonheur relatif, lorsque « le 15 septembre, M. de Modène se présenta de la part du roi à la Bas-

---

(1) Comptes relevés par SAUVAL, *Preuves des antiquités de Paris*, t. I, p. 431.
(2) L'amiral Chabot fut enfermé au donjon en 1526. La commission qui le jugea, s'assembla dans le château. MILLIN, *Antiquités nationales, Vincennes*, t. X, p. 23.
(3) Gaspard de Her (ou de Heu) sieur de Bui, gentilhomme de Metz, fut arrêté en 1560 et conduit à Vincennes. Après avoir été soumis à la question, il fut pendu en présence de Michel Vialard, lieutenant civil, par ordre du duc de Guise.
MILLIN, ibid, p. 23.
(4) « *Les princes de Condé* » par le DUC D'AUMALE. (*Paris, Calmann Lévy* 1886), t. III, p. 94.
(5) *Ibidem*, p. 98.

ANNE GENEVIEF   VE DE BOVR=
BON Duchesse de Longue=   uille et d'Estouteuille Prin=
cesse & Souueraine de Neufchas   tel et Wallinguen en Suisse &c.
fille vnique de Henry 2.e Prince de Con   de premier Prince du sang 1.er Pair
et grand Maistre de France, Duc   d'Anguien &c. Et de Charlotte Mar=
guerite de Montmorancy, nasquit   le 28 Aoust 1619 Espousa le 2.e Iuin
1642 Henry d'Orleans 2.e du   nom Duc de Longueuille Prince
et Gouuerneur p.r le Roy en Nor   mandie duquel mariage sont issus
Iean Louys Charles d'Orleans, Comte   de Dunois Gouuerneur en suruiuance
de Normandie. Et Charles Paris d'Orleans Comte de S.t Paul aussi Gouuerneur dudit
pays en suruiuance

chez Louis Boisseuin.

« tille et annonça au prince son transfert à Vincennes ». Le maréchal de Guitry fut chargé d'assurer l'exécution de cet ordre.

Henri de Vaudeterre, baron de Persan, beau-frère du maréchal, investi du commandement du château, reçut le prince et la princesse à leur arrivée. Il leur témoigna les plus grands égards et s'établit au donjon avec eux. Il avait conquis leur amitié par ses prévenances, quand il fut subitement changé. Enveloppé dans la disgrâce de son frère, le baron de Bournonville, gouverneur de la Bastille, qui avait laissé échapper le contrôleur général Barbu confié à sa garde, il fut destitué et remplacé dans le commandement de Vincennes par Cadenet, frère du duc de Luynes (1). Cadenet eut comme adjoint son beau-frère Vernet, jadis *violon* chez les Montmorency.

Le prince de Condé fut très affecté de ce changement, qui coïncida d'ailleurs avec des épreuves plus douloureuses, car, le 20 décembre 1617, la princesse Marguerite mit au monde dans sa prison un fils qui mourut en naissant. « L'année suivante, le 5 septembre 1618, un accident semblable lui enleva deux jumeaux, » (2), et si, une troisième couche, le 29 août 1619 fut plus heureuse, » la joie des deux époux, qui désiraient un fils, fut atténuée par l'arrivée d'une fille (3).

L'insuccès des démarches, que tenta le Prince à ce moment pour recouvrer la liberté, ajouta une nouvelle amertume à ses chagrins. Il tomba dans une mélancolie noire, qui réagit sur sa santé. Son état inspira de vives inquiétudes. Les Montmorency s'alarmèrent : ils supplièrent le roi de faire cesser une détention que la situation politique ne justifiait plus. Marie de Médicis ne s'opposant pas à un acte de clémence, M. de Brantès vint enfin apporter aux prisonniers leur pardon (17 octobre 1619).

« Trois jours après (20 octobre), Vincennes était tout en fête. Une animation extraordinaire régnait dans les cours remplies de carrosses et de cavaliers en riche équipage. Le duc de Luynes en personne arrivait avec le comte de Modène, le chevalier d'Aumont et une suite nombreuse : il remit à Condé une lettre autographe du roi Louis XIII qui invitait son

(1) *Histoire des princes de Condé*, t. III, p. 101.
(2) Les corps des deux jumeaux restèrent quelque temps dans la Sainte Chapelle de Vincennes et furent par la suite transportés à Valéry.
(3) Anne-Geneviève de Bourbon-Condé, qui épousa le duc H. de Longueville.

cousin à venir, le même jour, le rejoindre à Chantilly » (1). Un *Te Deum* fut chanté dans la Sainte-Chapelle. Le prince et la princesse y assistèrent avant de monter en voiture.

En 1626, le maréchal d'Ornano, favori de Gaston d'Orléans, arrêté à Fontainebleau, fut incarcéré au donjon, en compagnie du sieur de Chaudebonne, 1er maréchal-des-logis de la maison de Monsieur, avec lequel il était soupçonné de conspirer. Le sieur d'Hécourt, assisté de 60 soldats du régiment des gardes, fut chargé d'exercer la surveillance la plus étroite sur les prisonniers, qui ne devaient être perdus de vue ni de jour, ni de nuit. Le maréchal fut traité d'abord avec les égards dus à son rang. Un des chanoines de la Sainte-Chapelle venait chaque jour dire la messe dans une des pièces de l'étage laissé à sa disposition. Les officiers de bouche du roi lui servaient ses repas. Mais, peu à peu, le régime changea. Les serviteurs furent remplacés par des gardes, et le maréchal craignit que d'Hécourt, qui le traitait avec beaucoup de dureté, ne le fît empoisonner. Il refusa les plats qu'on lui présentait. Son geôlier, sans s'émouvoir de son attitude, lui dit avec brusquerie : « Vous avez « peur qu'on ne vous empoisonne : guérissez vous de cette crainte, car, si « le roi le voulait, je vous poignarderais de ma propre main, sans m'a- « muser à vous donner du poison. » Ce langage fut loin de calmer le maréchal. Sur ces entrefaites, il apprit que Gaston d'Orléans, en épousant mademoiselle de Montpensier, s'était réconcilié avec la Cour, sans stipuler sa mise en liberté ; il se crut dès lors abandonné, et tomba dans le plus profond abattement. Une fièvre violente, compliquée d'une rétention d'urine l'emporta le 2 septembre 1626. Pendant sa courte maladie, il avait été soigné par trois des plus fameux médecins de Paris, qui firent l'autopsie de son cadavre. Le procès-verbal, établi à la suite de cette opération, concluait à la mort naturelle, et mit fin aux bruits d'empoisonnement que faisaient courir les ennemis du cardinal de Richelieu.

(1) Extrait de la « Réception faicte par le Roy à M. le prince de Condé au château de Chantilly. »
Duc d'Aumale *Histoire des Princes de Condé*, Tome III, page 104, Paris, chez Calmann-Lévy, 1886.

Le donjon avait reçu comme prisonniers, en même temps que le maréchal d'Ornano, deux de ses prétendus complices : le duc de Vendôme et son frère, le Grand Prieur de France. Ce dernier y mourut en 1629. Le duc de Vendôme fut plus heureux : après quatre années de détention, il put recouvrer sa liberté au prix de la rétractation de ses actes et de l'abandon momentané de ses charges et honneurs.

Le 28 mai 1629, la « belle » princesse Marie-Louise de Gonzague qui avait commis le crime de se faire remarquer par Gaston d'Orléans, devenu veuf, fut incarcérée à Vincennes sur l'ordre de Marie de Médicis, dont cette inclination inquiétait la politique. Sa détention ne dura que quelques jours, mais suffit à changer toute sa destinée. Abandonnée de Monsieur, auquel elle voua une haine implacable, comme sait en nourrir l'âme d'une femme blessée dans son amour, elle prit part à toutes les intrigues de Cour de l'époque. Elle devint la maîtresse de Cinq Mars, fut l'âme de son complot. Cruellement affectée par le supplice de son amant, elle finit par épouser le vieux roi de Pologne, Jean-Casimir II (1645). Ce dernier, avant de porter la couronne, avait été, lui aussi, enfermé au Donjon (1639) mais comme prisonnier de guerre. Il avait été arrêté aux frontières du Royaume parce qu'il cachait sa qualité sous un faux nom et qu'il allait passer en Espagne pour y commander les armées contre la France alors en guerre avec cette puissance (1).

En 1635 le duc de Puylaurens, ainsi que Dufargis, confidents du duc d'Orléans, furent amenés à Vincennes. Puylaurens, quelques jours après son entrée au Donjon, fut emporté par la fièvre. « L'air du Bois » semblait peu favorable aux ennemis du premier ministre. L'opinion publique ne voulut pas croire que le hasard faisait si bien les affaires du cardinal, et accusa celui-ci d'avoir le poison facile, mais l'histoire, tout en notant de singulières coïncidences, n'a pu recueillir la moindre preuve de nature à incriminer Richelieu.

De 1635 à 1642, des prisonniers de guerre occupent le Donjon. Les plus célèbres sont, d'abord le jeune Colorédo, pris en Lorraine par le

(1) L. B. *Histoire du château et du donjon de Vincennes*, Paris 1807, t. II, p. 53.

marquis de la Force et relâché en 1636 par échange contre le marquis de Longueval ; puis successivement, Jean de Wert (1), don Pédro de Léon, les princes Palatins et le baron d'Eghendorf (2) en 1640, le comte de Lamboy, Merci et Landron, généraux espagnols, en 1641.

Pendant la même période, quelques Français furent mis au Donjon, entr'autres le marquis de Leuville ; le charlatan Dubois, qui avait trompé une foule de naïfs (3) en leur persuadant qu'il avait trouvé la pierre philosophale, une aventurière, la baronne de Beausoleil, avec sa fille ; enfin l'abbé de St-Cyran (14 mai 1638 — 6 février 1643), le célèbre directeur et réformateur de Port-Royal. Ce dernier avait été accusé « de troubler les consciences, d'innover dans l'Eglise, de répandre en secret des maximes pernicieuses et enfin de vouloir la pratique de la pénitence publique ».

Telle avait été la raison officielle de son arrestation.

Le motif véritable était qu'il n'avait jamais voulu plier devant le cardinal de Richelieu. Il avait critiqué ouvertement sa politique à l'occasion du mariage de Monsieur. Plus tard, il avait refusé ses avances dans la question du patriarcat, se montrant insensible aussi bien aux caresses qu'aux menaces. Une telle fermeté de caractère avait déplu au premier ministre habitué à voir sa volonté obéie (4). L'abbé fut jeté au Donjon ; il y resta sept mois en cellule, presqu'au secret, sans livres, privé de papier pour écrire. Durant cette rigoureuse captivité, son austérité, sa sérénité, ses vertus vraiment apostoliques, remplirent d'admiration ses co-détenus. On cite à ce sujet un mot de Jean de Wert, que le cardinal avait extrait de prison pour l'éblouir d'un ballet, à la cour. Comme on lui demandait pendant ce divertissement ce qui l'avait le plus étonné en France : « C'est de voir répondit-il, en un royaume très chrétien, les évêques à la comédie et les saints en prison ».

Le pieux ami d'Arnauld d'Andilly, après la période qu'il appela son purgatoire, vit les rigueurs de sa détention s'adoucir. Il put d'abord avoir

---

(1) Pris en 1638 par le duc de Saxe Weimar, échangé en 1642 contre le maréchal d'Houdy.
(2) Ou Ekenfort.
(3) *Mémoires de* LANCELOT, page 188.
(4) *Mémoires pour servir à l'Histoire de Port-Royal* par FONTAINE, à Cologne, aux dépens de la Compagnie MDCCLIII, t. II, p. 248.

des livres, puis il obtint la permission d'écrire. Enfin il quitta sa cellule pour une maison située dans le cloître du Chapitre (1). C'est là, qu'il composa des ouvrages d'une portée considérable, sur les « Dimanches et Fêtes » ; « la Pauvreté » ; « Pensées sur le Sacerdoce » ; « la Mort », etc...

Ce saint homme fut mis en liberté le 6 février 1643, deux mois après la mort de Richelieu qu'il suivait donc de près dans la tombe (11 octobre 1643). Pendant toute la durée de son internement à Vincennes, il avait pu dire assez régulièrement sa messe dans la chapelle du château et avait été autorisé à recevoir les visites de ses amis, dont les plus fidèles étaient Mademoiselle de Rambouillet, connue plus tard sous le nom de Madame de Montausier, Lemaître, Lancelot et le duc de Liancourt.

Le comte de Montrésor fut la dernière victime du gouvernement de Richelieu, auquel succéda la Régence d'Anne d'Autriche. Il y eut alors une réaction violente : « Tous les exilés furent rappelés, tous les prisonniers rendus à la liberté ; tous les criminels furent justifiés ; tous ceux qui avaient perdu des charges les recouvrèrent. On demandait tout, on ne refusait rien » (2).

Les portes du Donjon s'ouvrirent toutes, mais elles ne devaient pas tarder à se refermer sur un des plus grands seigneurs de l'époque. « Tous ceux qui avaient souffert avec la reine et qui, depuis la mort de Richelieu, s'étaient empressés auprès d'elle, se crurent les maîtres du gouvernement. Ils prirent des airs de supériorité et de protection qui leur firent donner le surnom d'*Importants* (3). » A la tête de ce parti se trouvait le duc de Beaufort, le roi des Halles comme on l'appelait, homme turbulent, présomptueux, et d'esprit médiocre qui s'appuyait sur le peuple dont il flattait les goûts, sur les mécontents comme les ducs de Vendôme, de Mercœur, et de Guise, enfin sur les femmes, comme la duchesse de Chevreuse. Cependant Mazarin avait pris un grand ascendant

---

(1) Cette maison renfermait une ancienne tour du château de Saint Louis, dans laquelle se trouvait une pièce qui portait le nom de « Galetas de Saint Louis » *Mémoires de Fontaine*, t. II, p. 131.
(2) *Cardinal de* Retz, *Mémoires*. Edition Frédéric Bernart et M. du Sauzet, Amsterdam, 1723. T. I, p. 68.
(3) T. Lavallée, *Histoire des Français*, Tome III, page 127.

sur l'esprit de la reine ; les Importants comprirent qu'ils ne pourraient être maîtres de la situation tant que le favori conserverait le pouvoir. On n'aimait pas les demi-mesures à cette époque ; le duc de Beaufort proposa simplement de faire assassiner le cardinal un jour que cette Eminence irait à Maisons, près Paris. Instruit du projet, le cardinal en prévint l'exécution par l'arrestation du duc, qui fut conduit à Vincennes.

Cet événement remplit les contemporains d'admiration. « On était obligé au ministre, dit le cardinal de Retz, de ce que toutes les semaines il ne faisait pas mettre quelqu'un en prison et, l'on attribuait à la douceur de son caractère l'occasion qu'il avait de ne pas plus mal faire (1). »

En fait, la Régente obtint ainsi quatre années de tranquillité.

Le duc de Beaufort resta enfermé dans le Donjon jusqu'en 1648. Il y avait été amené le 2 septembre 1645. Un valet de chambre et un cuisinier du roi avaient été mis à son service. Il se plaignit de ce « qu'on ne lui avait pas donné ses domestiques, à quoi la Régente répondit que « ce n'était pas l'usage ». Ses partisans, voyant que la Cour était bien décidée à ne pas le relâcher, préparèrent alors son évasion avec une habileté consommée.

Le duc était surveillé par un officier appelé La Ramée. Un certain Vaugrimaud, se prétendant poursuivi au sujet d'un duel, vint demander asile à ce dernier, en sollicitant une place de garde. Agréé, il devint pour le prisonnier un auxiliaire précieux, se chargeant de sa correspondance, apportant les cordes et les outils qui devaient servir à son évasion. Celle-ci fut fixée au 31 mai 1648, jour de la Pentecôte, « parce que la solennité de cette fête occupait tout le personnel de la prison au service divin » (2). L'heure de midi fut choisie comme la plus favorable : c'était le moment du repas des surveillants.

Au jour venu, le duc, qui avait la liberté de se promener dans la « galerie » située au-dessus du mur de l'enceinte extérieure du donjon, descendit pour faire sa promenade habituelle, accompagné par La Ramée. A ce moment, Vaugrimaud, qui mangeait avec les autres gardes, feignit une indisposition, et, sortant de la pièce dans laquelle se trouvaient ses camarades, il en ferma la porte. Puis, rejoignant le prisonnier et l'officier,

(1) Cardinal de RETZ, *Mémoires*. T. I, p. 70.
(2) Madame de MOTTEVILLE, *Mémoires*. Edit. Charpentier, Paris, 1869, t. II, p. 58.

FRANCOIS DE VENDOSME, DVC DE BEAVFORT, ET PAIR DE FRANCE.

Avec priuilege du T.   I. Mancornet excu. Sc.

il verrouilla derrière eux la porte de la galerie. A un signal convenu « le duc de Beaufort, qui était d'une taille avantageuse, et l'homme, qui était de son secret, se jetèrent sur La Ramée. Celui-ci fut bâillonné et ligoté avant d'avoir pu pousser le moindre cri.

Les deux complices, sans perdre un moment, attachèrent une corde à un montant de fenêtre et descendirent l'un après l'autre, le valet le premier, alléguant qu'en cas d'insuccès de l'entreprise il y allait pour lui de la tête, tandis que le prince risquait simplement d'être réintégré dans sa prison.

Vaugrimaud parvint sans encombre au fond du fossé ; la corde étant trop courte d'environ quatre mètres, il avait dû, en arrivant au bout, se laisser glisser sur la risberme. Le duc de Beaufort agit de même, mais, plus corpulent, surtout moins ingambe que son compagnon, il ne put sauter, tomba lourdement, se fit de graves contusions, resta sans connaissance sur l'herbe du fossé. Revenu à lui au bout d'un instant, il parvint à se lier à une corde que lui avaient jetée cinq de ses gentilshommes postés au sommet de la contrescarpe, et fut tiré à bras jusqu'à eux. « Quand il fut en haut, il se trouva en mauvais état, car, outre sa blessure, la corde, qu'il avait liée autour de son corps pour monter, lui avait pressé l'estomac par les secousses qu'il avait endurées dans cette occasion ; mais ayant repris quelque force par la vigueur de son courage et par la pensée de perdre le fruit de ses peines, il se leva et s'en alla hors de ce lieu se joindre à cinquante hommes de cheval qui l'attendaient au bois prochain (1) ». Il courut d'une traite jusqu'en Anjou, et resta caché dans un presbytère jusqu'au moment où il put enfin regagner Paris.

Une femme et un enfant, occupés à cueillir des herbes dans un jardin, avaient été les seuls témoins de l'évasion. Intimidés par les menaces des cavaliers, ils n'osèrent bouger. Lorsqu'ils donnèrent l'alarme au château, le duc de Beaufort et son escorte étaient déjà loin.

Le gouverneur, — le comte de Chavigny — fut seul blâmé. On lui reprocha de n'avoir pas pris les précautions nécessaires pour la sûreté de son prisonnier, notamment de n'avoir pas mis de sentinelles à l'extérieur

---

(1) Madame de MOTTEVILLE, *Mémoires*. T. II, p. 59.

du donjon. La Ramée fut soupçonné de complicité, les mœurs du temps faisant trouver étrange que le prince et son compagnon ne l'eussent pas tué. Mais, faute de preuves, il ne fut pas poursuivi.

Ainsi se termina cette aventure romanesque qui eut à son époque un grand retentissement et qui a conservé de nos jours, peut-être parce qu'elle a été retracée par la plume d'Alexandre Dumas, le don d'émouvoir les visiteurs de la vieille Forteresse. En son temps, elle causa d'autant plus d'impression qu'elle arrivait dans un moment d'effervescence générale : il n'y avait plus d' « Importants », mais un mouvement de révolte des peuples contre les monarchies, la tourmente s'étendait sur toute l'Europe occidentale, gagnant successivement l'Angleterre, l'Espagne, l'Allemagne et la France. A Paris, le Parlement faisait acte d'assemblée législative, déclarait ses arrêts valables sans la sanction Royale. C'était la Révolution. Mais, heureusement pour la Cour, le parti populaire n'était pas constitué. Il avait à sa tête des ambitieux comme Gondi, coadjuteur et neveu de l'archevêque de Paris, des princes mécontents, des parlementaires désireux de conspirer, mais prudemment. Pour sortir d'embarras, la Régente tenta un coup de force analogue à celui qui lui avait si bien réussi avec le duc de Beaufort. Pendant le « Te Deum », chanté à Notre-Dame, en l'honneur de la victoire de Lens (26 août 1648), les conseillers Broussel, Charton et Blancménil furent arrêtés.

L'effet produit fut diamétralement opposé à celui qu'attendait la Cour. L'émeute populaire gronda, Paris se couvrit de barricades. Le chancelier Séguier et le coadjuteur réclamèrent la mise en liberté du vieux Broussel, devenu tout à coup l'idole de la populace, et celles des deux autres conseillers.

La Cour céda, mais, ne pouvant rester dans une ville en plein soulèvement, s'enfuit à Rueil, d'où Mazarin prit des mesures énergiques de répression. Le 18 septembre, il exilait le vieux garde des sceaux Châteauneuf dans sa maison de Berry et faisait arrêter Chavigny, gouverneur de Vincennes, qui fut conduit au donjon. Chavigny, « confident de la pensée de Richelieu, auteur de la fortune du cardinal et ami des Condé (1) »,

(1) Duc d'AUMALE, *Les Princes de Condé*, t. V, p. 285.

homme d'un esprit tout à fait supérieur, passait, sinon pour avoir ourdi un complot, du moins pour être entré dans un vaste système d'intrigues avec la maison de Condé. En le jetant en prison, on voulait surtout avoir un prétexte pour fouiller dans ses papiers ; mais on n'y trouva rien.

Ces exemples tardifs furent inutiles ; la situation ne fit qu'empirer. Les bourgeois jouèrent, de plus belle, aux soldats. Les princes et les seigneurs ne s'occupant que de frivolités et de plaisirs, les femmes se mirent à la tête des armées. L'amour dirigeait tout : c'était « la guerre en dentelles », l'époque où le grand Condé, entraîné par la duchesse de Longueville, refusait d'aller se mettre à la tête des armées, se réjouissait des insuccès du maréchal d'Harcourt devant Cambrai, groupait autour de lui tous les petits maîtres.

Mazarin comprit qu'il y avait une position à prendre entre le Parlement et le parti des princes. Il traita avec le Parlement, se mit d'accord avec le coadjuteur, ainsi qu'avec le duc d'Orléans et fit arrêter, dans les appartements même du Louvre, Condé, Conti et Longueville. Les prisonniers furent dirigés sur Vincennes le 18 janvier 1650. Ce coup de filet qui, au dire du duc d'Orléans, prenait « un lion, un singe et un renard » donna moins de peine à exécuter qu'on ne l'aurait cru. En présence du fait accompli, les partisans des princes furent atterrés : la Cour triomphait ; le public éprouvait « ce sentiment d'admiration malsaine, un peu niaise, que provoque en général l'événement qui a réussi » (1). Jamais des personnes d'une telle importance, écrivait le duc de La Rochefoucaud, « n'ont été conduites en prison par un si petit nombre de gens. Il n'y avait que seize hommes à cheval. » Un accident de voiture faillit, dans ces conditions, amener la délivrance des prisonniers. Le carrosse, qui les emmenait, engagé dans de mauvais chemins de traverse, versa à la descente de Belleville. Leste et alerte, Condé s'élança dans la campagne. Miossens, qui commandait la faible escorte, « était de la maison d'Albret, allié de la famille royale, ami de M. le Prince, qu'il avait suivi dans plusieurs campagnes » (2). Mettant son devoir au-dessus de la question de sentiment, il courut après le fugitif, l'arrêta. « Cependant Miossens, si tu voulais ? »

(1) Duc d'AUMALE, Les Princes de Condé, t. VI, p. 2.
(2) Ibidem. t. V, p. 376.

lui dit son ancien général. — « Monseigneur, partout ailleurs je suis votre serviteur ; ici je ne suis que le serviteur du roi », répondit l'officier, en mettant la main sur la crosse de son pistolet. Condé voyant que toute résistance était impossible, revint sur ses pas. Cinq chevaux, pris à des charrettes qui passaient, furent attelés à la voiture embourbée. A neuf heures du soir les prisonniers arrivèrent au château et furent remis au baron de Drouet. Comminges (1) était laissé comme surveillant.

Mais rien n'était préparé dans la vieille tour en vue de la réception de ces hôtes illustres « par la raison qu'on ne s'était pas trop flatté de pouvoir les y conduire ». Il n'y avait pas de chambre meublée, pas de souper prêt. Les prisonniers furent enfermés au rez-de-chaussée dans des salles « humides, obscures, sans air », sortes de cachots, le prince de Longueville à part. Un garde, envoyé au bourg de la Pissotte pour chercher des provisions, rapporta des œufs et du pain ; il ne put trouver du vin. Condé prit gaîment l'aventure : « Mais Rantzau est ici, s'écria-t-il ; il doit avoir du vin. » Le maréchal était en effet enfermé au 4ᵉ étage du donjon. Il s'empressa de donner les bouteilles qu'on lui demanda. Les princes purent se mettre à table. Condé mangea seul, de bon appétit, le frugal repas. Puis il fit chercher des cartes, et, tandis que les soldats apportaient les bottes de paille qui devaient lui servir de lit, il se mit à jouer avec Comminges (2).

Après une partie assez longue, il se leva, s'enveloppa dans son manteau, et se jeta sur la paille à côté de Conti qui gémissait. Le vainqueur de Rocroi s'endormit alors et reposa aussi tranquillement que s'il se fût trouvé au milieu de son armée.

Pendant tout le temps de sa captivité, Condé conserva le même calme apparent. Conti et Longueville n'avaient pas la même résignation. Conti, d'ailleurs, était délicat, maladif ; il obtint, après de véritables négociations, appuyées, comme argument décisif, d'une promesse de dix pistoles, de

---

(1) François de Comminges, plus connu sous le nom de Guitaud, cornette des chevau-légers de Condé, avait arrêté les Princes au Louvre.

(2) Duc d'AUMALE, Les Princes de Condé, t. V, p. 377. « Souvent il posait son jeu, méditant, parlant seul, ou s'adressant à son partenaire : « Comprenez-vous rien à mon arrestation ? Eh ! Monsieur, rappelez-vous pourquoi Tibère ne pouvait souffrir Germanicus ».

LOVIS DE BOVRBON PRINCE DE CONDÉ
Prince du Sang Premier Pair, et Grand Maistre de France Duc d'Anguien
Chasteauroû Montmorency Fronsac Bellegarde Et Bourbonnois, Gouuerr.
et Lieutenant General pour le Roy, en la Bourgogne, Et Berry, &c., Nacq.
le Septieme Septembre 1623, Et a Espousé en 1641, Claire Clemence de Maille
Breze Fille du Marechal de Breze Et Niepce du Cardinal duc de Richelieu.

Paris Chez la Veuue Bertrand Rue S.t Jacques, a la Pôme d'Or, Pres S.t Seuerin , Auec Priu. du R.

monter au 3ᵉ étage avec son beau-frère Longueville, qui, morne et abattu, passait ses journées au lit. Il eut même la permission de prendre l'air une fois par jour sur la plateforme du donjon, « la disposition de son corps ne faisant redouter aucun inconvénient ». Condé, réuni quelques jours après aux deux autres princes, dut attendre jusqu'au 27 avril pour jouir de la liberté de la promenade de la plateforme, tant on redoutait son agilité.

Malgré ces adoucissements, la captivité des princes restait fort dure. Ils étaient au secret, sous la garde d'un officier général, esprit étroit, brutal, de Bar. Cet officier, attaché depuis quelque temps à la personne de Mazarin, avait reçu des instructions directes du cardinal et les appliquait avec une rigueur inflexible. « Le pain du roi fut refusé aux prisonniers. Un arrêt du conseil ayant prescrit aux intendants des Princes de pourvoir à leurs dépenses, le président Ferrand, que Condé avait commis à l'administration de ses biens, refusa de se prêter à l'exécution de cet arrêt ; ses meubles furent saisis. D'autre part, l'entrée du château restait interdite aux serviteurs des Princes et ceux-ci ne voulant pas toucher aux viandes préparées dans la cuisine de leurs geôliers, il fallut leur envoyer des officiers du roi qui, souvent, refusaient leur service, faute d'argent ; de là, quiproquos, colère du gouverneur, coups de bâton. Les prisonniers n'en étaient pas moins fort irrégulièrement servis et nourris (1) ».

En dépit des précautions prises, les Princes entretenaient des relations avec l'extérieur, notamment avec un de leurs partisans, Gourville, qui prépara leur évasion. Mais le coup manqua, un des agents du complot ayant révélé le projet dans un billet remis à son confesseur (2). L'émotion de la Cour fut cependant très considérable. La garnison fut changée, le ministre d'Etat Servien vint interroger les prisonniers. Malgré toute son habileté, il ne put rien tirer d'eux. En revanche, il leur apprit les

---

(1) Duc d'AUMALE. *Les Princes de Condé*, t. VI, p. 30.
(2) Cette alerte eut lieu dans les premiers jours de février. Letellier écrivait le 13 de ce mois au cardinal pour lui proposer diverses mesures propres à assurer la garde des prisonniers. Il demandait « qu'on fit boucher de moëllons les fenêtres qui sont si basses qu'un homme peut y toucher de la main », ce qui prouve, qu'à ce moment, les princes étaient encore au rez-de-chaussée.
Duc d'AUMALE, *Les Princes de Condé*. Preuves, t. VI, p. 462. Lettre de Letellier à Mazarin, du 13 février 1650.

voyages de la princesse de Condé, sa levée de troupes, le soulèvement de Bordeaux.

Longueville fut accablé par la non réussite des projets de Gourville. L'ennui et la tristesse ayant ranimé sa piété, il demanda une Imitation de Jésus-Christ au gouverneur. « Moi, monsieur, lui dit Condé, je vous demande une imitation de M. de Beaufort (1) ». Et il riait, jurait, chantait, se promenant dans sa prison comme un lion dans sa cage.

Un jour, son chirurgien le trouva soignant quelques pots de fleurs : « Regardez Dalenci (2), qui aurait cru que j'arroserais ces œillets (3) pendant que ma femme fait la guerre. » Son activité et son ingéniosité se dépensaient cependant en occupations plus sérieuses. Il avait soudoyé ses nouveaux gardes, repris ses communications avec ses amis. S'étant fait donner des ouvrages in-folios, il en déchirait les marges pour avoir du papier. Puis il s'était procuré un bâton d'encre de Chine, et avait fabriqué des plumes qu'il cachait habituellement dans le col de sa chemise. Il mouillait le bâton avec sa salive, et parvenait à écrire des billets.

Ce commerce ne fut pas surpris. Mais les partisans des princes s'agitant dans Paris, la régente eut peur de ne pouvoir conserver ses prisonniers si près de la capitale. Elle ordonna leur transfert, d'abord au château de Marcoussis (4) (29 août 1650), puis au Havre. Le comte d'Harcourt, chargé de les escorter, fut tout le long de la route en butte aux sarcasmes du prince de Condé. Celui-ci improvisa entr'autres choses le couplet suivant qu'il chantait constamment à son gardien :

> Cet homme gros et court,
> Si connu dans l'histoire ;
> Ce grand comte d'Harcourt
> Tout couronné de gloire
> Qui secourut Casal et qui reprit Turin
> Est maintenant recors de Jules Mazarin.

(1) Allusion de Condé à l'évasion du duc de Beaufort.
(2) Duc d'AUMALE, Les Princes de Condé, t. VI, p. 35.
(3) Madame de Scudéry écrivit ce quatrain en souvenir de cet épisode :
> En voyant ces œillets, qu'un illustre guerrier
> Arrosa d'une main qui gagna les batailles,
> Souviens-toi qu'Apollon bâtissait des murailles,
> Et ne t'étonne pas que Mars soit jardinier.
(4) Marcoussis, entre Rambouillet et Limours, dans l'apanage d'Orléans.

Le cardinal fut d'ailleurs obligé d'aller, peu après, ouvrir lui-même les portes de la prison à ses ennemis. (13 février 1651).

Dans cette étrange époque de la Fronde où les opinions changeaient si souvent, les événements se succédaient, rapides, déconcertants. C'est ainsi que le cardinal de Retz qui avait applaudi à l'arrestation des Princes fut, moins de deux ans après leur libération, enfermé à son tour au Donjon.

C'est une bizarre figure que celle de ce prélat, moitié prêtre, moitié soldat qui, comme le dit Joly « précipita le Parlement dans les cabales et le peuple dans les séditions ». Ayant la présomption du duc de Guise, il se croyait au-dessus des lois. Sa popularité à Paris, son titre de cardinal obtenu en récompense des négociations de la paix de Rueil, sa proche parenté avec l'archevêque de Paris dont il était le coadjuteur, tout semblait lui permettre de braver impunément « le Mazarin », comme il l'appelait dédaigneusement, et la Régente dont il méprisait l'autorité. Lorsque la Cour rentra dans Paris las des troubles incessants (21 octobre 1653), il aurait pu comprendre que l'amnistie, proclamée à cette occasion, avait ses restrictions, que peu de gens pouvaient y trouver leur sûreté. Gaston d'Orléans, Mademoiselle, les principaux seigneurs de la Fronde, le duc de Beaufort, Madame de Longueville, douze conseillers avaient été exilés ; Condé avait été condamné à mort. Le coadjuteur crut pourtant que sa popularité le rendait intangible. Il continua ses menées sans se douter que, le besoin d'apaisement s'étant fait sentir dans toutes les classes de la société, il se trouverait abandonné par ses amis et ses partisans, si on prenait une mesure de rigueur à son égard. Rien ne put prévaloir contre son aveuglement. Appelé au Louvre le 19 décembre 1652 et, croyant sur les avis de Madame de Lesdiguières que la Régente ne demandait qu'à composer avec lui, il se rendit seul à la Cour malgré les conseils de ses amis Joly, d'Hagueville et la Princesse Palatine. A onze heures du matin il était arrêté par M. de Villequier, capitaine des Gardes.

Cet événement n'émut pas autrement l'opinion. La seule précaution prise fut de ne transférer le prisonnier à Vincennes qu'à la nuit. Il était huit heures du soir quand il arriva au Donjon. Il fut enfermé dans la grande salle du deuxième étage de la tour, pièce qu'il trouva « grande comme une église ». Ainsi que deux ans auparavant pour les princes, rien n'était préparé. « Il n'y avait ni tapisserie, ni lit », écrit le cardinal. Il ne coucha cependant pas sur la paille comme Condé. Vers onze heures, on lui apporta un lit avec des couvertures en taffetas de Chine, « peu propres, nous dit-il, pour ameublement d'hiver. » Les premiers temps, la détention du prélat fut très dure. L'exempt Croizat commis à sa garde le laissa sans feu et lui vola son linge et ses souliers, ce qui l'obligea, faute d'avoir de quoi s'habiller, à rester couché pendant huit à dix jours.

La garde du château, augmentée, fut commandée par le duc de Noailles, en remplacement du marquis de Chaudenier, qui avait décliné les fonctions de geôlier.

Le commandement du Donjon fut donné à Claude Duflos, seigneur d'Avanton en Poitou, l'un des grands exempts des gardes du corps, qui reçut des instructions les plus sévères pour assurer la sécurité de la forteresse. Il était consigné au Donjon avec tout le personnel mis sous ses ordres. Personne ne pouvait franchir le pont-levis, même pour aller à la messe ; toutes les cérémonies religieuses devaient être célébrées dans la chapelle intérieure aménagée pour le cardinal.

Toutes ces précautions n'empêchèrent point le prisonnier d'être exactement renseigné sur ce qui se passait au dehors. D'ailleurs les rigueurs des premiers jours furent tempérées bientôt par quelques adoucissements. Le coadjuteur eut l'autorisation d'améliorer son installation ; il put faire meubler sa prison composée, comme nous l'avons dit, du second étage de la tour. A son arrivée il s'était plaint de l'absence de tentures ; un tapissier du dehors fut chargé de la décoration des pièces ; un orfèvre lui confectionna des ornements d'église, un calice, des burettes, des chandeliers d'autel, objets qu'en sortant de prison, le cardinal laissa à la Sainte-Chapelle du château. Un médecin, le docteur Vacherot, fut attaché à sa personne et résida dans la chambre attenante à la sienne. Un chanoine de la Sainte-Chapelle fut désigné pour venir, chaque jour, célébrer la messe dans son oratoire.

Puis, le cardinal obtint la permission de recevoir et d'avoir des livres. Enfin, ce qui lui causa un plus grand plaisir, il eut du papier et de l'encre. Il se mit à l'étude avec l'activité dévorante qu'il apportait en tout. « Les jours ne suffisaient plus », écrit-il dans ses Mémoires. Il employa ses loisirs forcés à se perfectionner dans l'étude du latin. Il composa, dans cette langue, une « Consolation de théologie » dont le but était de démontrer que tout prisonnier doit essayer d'être le « Vinctus in Christo », dont parle saint Paul et un livre de mélanges, appelé « Silva », ou « Partus Vincennarum ».

Le prisonnier était souvent interrompu dans son travail par les taquineries de l'exempt Croizat. Il s'en est plaint avec esprit dans ses Mémoires. « Croizat me dit un jour que le roi lui avait commandé de me faire prendre l'air et de me mener sur le haut du Donjon. Comme il crut que j'y avais du divertissement, il m'annonça, avec une joie qui paraissait dans ses yeux, qu'il avait reçu un contre-ordre. Je lui répondis qu'il était venu tout à propos parce que l'air, qui était trop vif au-dessus du Donjon, m'avait fait mal à la tête. Quatre jours après, il me proposa de descendre au jeu de paume pour y voir jouer mes gardes (1). Je le priai de m'en dispenser parce qu'il me semblait que l'air devait y être trop subtil. »

Le cardinal supportait toutes ces tracasseries avec une résignation plutôt apparente que réelle, car au fond, comme il l'avoue, il se répétait vingt fois par jour que la prison d'état était la plus sensible de toutes. Il chercha de plusieurs manières un remède contre l'ennui. Il éleva des lapins sur le haut du Donjon, des tourterelles dans une chambre, des pigeons dans une autre. Mais, comme tous les prisonniers, il revenait constamment à l'idée de recouvrer sa liberté. Il combina deux plans d'évasion. En premier lieu, il pensa « pouvoir limer la barre de la grille d'une petite fenêtre éclairant la chapelle où il entendait la messe, et y attacher une espèce de machine avec laquelle il eut pu, à la vérité, descendre du 3ᵉ étage du Donjon » (2). Mais il renonça de lui-même à ce projet en remarquant que ce n'était pas tout que de descendre, et qu'il fallait encore franchir la deuxième enceinte du château.

Il se rejeta alors sur la combinaison suivante : la terrasse du donjon

(1) Le jeu de paume se trouvait dans la cour du donjon contre la façade ouest. Voir gravure, t. I, p. 133.
(2) Cette phrase a souvent fait croire que le cardinal avait été enfermé au 3ᵉ étage du donjon. Il avait été mis au 2ᵉ étage, comme le prouvent certains détails de ses mémoires. C'est à cet étage, en effet, que se trouve l'oratoire dont il parle, et la porte, communiquant du petit escalier dans le grand, qui devait être murée à la demande d'un de ses geoliers.

avait été dégradée : quelques-unes des pierres plates, formant la toiture, ayant été enlevées, une excavation assez profonde s'était produite, à moitié remplie de gravas. Il lui était facile d'y descendre et de s'y cacher, à condition toutefois de déjouer la surveillance de deux gardes qui le suivaient constamment. Or il avait un allié en la personne de Carpentier, placé auprès de lui par ses partisans. Il résolut de choisir le moment du dîner, alors que celui-ci serait de jour, « avec un de ses camarades, vieillard appelé Fourville, qui tombait comme mort aussitôt qu'il avait bu deux verres de vin » ; puis de griser ce dernier, de monter sur le sommet de la tour et de se cacher dans le trou, dont nous avons parlé, muni de pain et de vin.

Deux cordes devaient être attachées à la fenêtre de la galerie par laquelle le duc de Beaufort s'était sauvé, et une machine de tissu, que le docteur Vacherot avait confectionnée la nuit dans sa chambre, aurait été jetée dans le fossé, pour faire croire que le prisonnier avait pris le même chemin que le Roi des Halles. Carpentier comptait ensuite donner l'alarme comme s'il avait vu passer le coadjuteur et montrer son épée teinte de sang, comme s'il l'avait blessé en le poursuivant. « Toute la garde serait accourue au bruit : on eut trouvé les cordes à la fenêtre et vu la machine et du sang dans le fossé. En même temps, huit ou dix cavaliers se seraient montrés à la lisière du bois, le pistolet en main. Un autre, coiffé d'une calotte rouge, en aurait passé les portes ; puis, se séparant de ses compagnons, aurait tiré du côté de Mézières. Quatre jours plus tard, on eut tiré le canon à Mézières. Qui eut pu s'imaginer que j'étais toujours dans ce trou » ? dit le cardinal dans ses Mémoires.

Malheureusement, ce plan d'évasion si bien combiné échoua. Un garde appelé « l'Escarmouche », homme dur, vieux et cruel, qui remplaça un de ses camarades tombé malade, s'avisa de dire à l'exempt qu'il ne concevait pas comment il ne faisait pas mettre une porte à l'entrée du petit escalier qui monte au sommet de la tour. Cette précaution fut jugée bonne : la clôture placée, l'entreprise devint impossible.

Le cardinal, découragé, composa avec la Cour et renonça à son titre d'archevêque de Paris, que la mort de son oncle venait de lui laisser. Pendant ces pourparlers, Croizat continuait ses vexations. « Il fit travailler, dit le cardinal, à un petit jardinet de deux à trois toises situés dans la cour du donjon, et comme je lui demandais ce qu'il en prétendait faire, il me répondit que son dessein était d'y planter des asperges ». — Elles ne viennent qu'au bout de trois ans.

Paul de Gondi ne les vit pas pousser ; car, après avoir cédé sur tout ce qu'on lui demandait, il fut transféré, le 30 mars 1654, au château d'Angers, dont il s'échappa peu après (8 août 1654).

En même temps que le cardinal de Retz, se trouvait au Donjon le vicomte de Croissy-Fouquet, conseiller au Parlement de Paris, qui n'avait d'ailleurs, aucun lien de parenté avec le célèbre surintendant des finances dont nous parlerons plus loin ; il avait été enfermé à Vincennes comme ami de « Monsieur le Prince » (12 mars 1653). Logé dans une chambre au-dessus de celle occupée par le coadjuteur, il entretint avec ce dernier un commerce épistolaire suivi. Il descendait ses lettres, la nuit, par un filet qu'il laissait couler vis-à-vis des fenêtres de son compagnon de captivité. « Comme j'étudiais toujours jusqu'à deux heures après minuit, nous raconte le cardinal, mes gardes s'endormaient. Je recevais ses lettres et j'attachais les miennes au même filet. Je ne lui fus pas inutile par les avis que je lui donnai (1). » Croissy-Fouquet sortit de prison sur la parole qu'il donna de se défaire de sa charge et de quitter Paris ou le Royaume.

Pendant quelques années, il n'y eut point de prisonniers marquants à Vincennes. Mais en 1664, la vieille tour reçut dans ses murs le surintendant des finances, Foucquet, que l'on traînait de prison en prison pendant l'instruction de son procès. Successivement transféré d'Angers à Amboise, puis à Vincennes, à Moret et à la Bastille, il finit ses jours à Pignerol après sa condamnation. Le capitaine des gardes, d'Artagnan, dont Alexandre Dumas devait faire un héros de roman, l'avait accompagné dans ses diverses pérégrinations, et ne l'avait pas perdu de vue jusqu'à son internement définitif (2).

(1) Cardinal DE RETZ, Mémoires. Liv. V, t. IV, p. 56. Croissy-Fouquet, mêlé à toutes les intrigues des deux Frondes, était l'intermédiaire de la « Palatine » au moment où il fut arrêté. Quatre commissaires furent chargés de l'instruction de son procès. La procédure, ne révélant rien, fut volontairement prolongée pour permettre de maintenir l'accusé en prison.

(2) Foucquet mourut à Pignerol, en 1680, après dix-neuf ans de captivité.

A partir de cette époque se succède dans le donjon toute une série de prisonniers de conditions les plus diverses : prisonniers de guerre, condamnés de droit commun, libertins, protestants, quiétistes, jansénistes, écrivains, et même femmes de mauvaise vie.

Avant l'incarcération de Foucquet, deux cents prisonniers Espagnols faits à la bataille des Dunes furent internés dans le château (11 juillet 1658). Ils furent logés un peu partout, dans les tours et dans le donjon.

Vers 1670, à la suite d'une querelle avec la marquise de Montespan, le duc de Lauzun fut enfermé dans la vieille tour féodale. Ce Gascon, devenu l'amant de la Grande Mademoiselle, ne resta que quelques jours dans sa prison.

Quelques années après, on trouve au donjon un certain Jean Crosnier (1). Nous ne savons rien de ce prisonnier, si ce n'est que dans un mouvement de colère, il jeta un tesson de bouteille à la tête du gouverneur, de Bernaville, qui se montrait fort dur dans l'exercice de ses fonctions. Bernaville conserva, jusqu'à la fin de ses jours, la trace de ce coup. Le nom de ce Crosnier est gravé sur le mur, dans le grand escalier de la Tour, avec la date de 1674 ; c'est le motif qui nous le fait citer.

De 1679 à 1681, l'affaire dite des « poisons » (2) amena dans le donjon un grand nombre de prisonniers. Jamais cause ne devait émouvoir autant l'opinion publique, et avec juste raison ; car la révélation des crimes nombreux, abominables commis par les coupables de toutes conditions impliqués dans cette ténébreuse affaire, connue imparfaitement des contemporains, laissa planer le mystère et l'obscurité sur les débats qui s'ou-

---

(1) Jean Crosnier sortit du donjon en 1680, puis y fut réintégré le 16 juin 1695. Il fut mis en liberté définitivement le 21 octobre 1701.

(2) Les sources que j'ai consultées pour l'affaire des poisons sont : la remarquable étude de M. Funck-Brentano, parue en 1899 dans la *Revue de Paris* ; trois articles, livraisons du 1ᵉʳ avril, du 1ᵉʳ mai et du 1ᵉʳ juin 1899 et les notes du lieutenant de police La Reynie, Bibl. Nat. ms. fr., n° 7608.

\rirent devant la chambre ardente de l'Arsenal (1). Quatre cent quarante-deux personnes comprenant toute une association d'alchimistes, de faux-monnayeurs et de magiciens, où l'on voyait des prêtres, des officiers, des banquiers importants tels que Cadelan, mêlés à de vraies « filles du monde », à des laquais ou des gens sans aveu, furent accusés. Deux cent dix-huit arrestations furent maintenues, et les détenus répartis entre la Bastille et le Donjon de Vincennes. Le scandale fut sans pareil : les plus grands seigneurs de l'entourage du roi, les femmes les plus illustres de la Cour, entr'autres Madame de Montespan, la petite noblesse, le Parlement, la haute bourgeoisie, se trouvèrent mêlés aux faits monstrueux que La Reynie, dans son intégrité de magistrat, voulait étaler au grand jour, mais que Louis XIV et ses ministres, d'abord partisans de la lumière, essayèrent ensuite de voiler, dans leur effroi de voir tant de boue remuée jusqu'au pied du trône.

L'histoire a percé l'obscurité de cette retentissante affaire. Les deux tristes héroïnes en sont maintenant connues : l'une, Catherine Deshayes, femme d'Antoine Monvoisin, mercier-joaillier, dite « la Voisin », devait mourir sur un bûcher en place de Grève ; l'autre, la marquise de Montespan, la maîtresse du roi, finir ses jours en 1709, dans un couvent, abandonnée de tous, répudiée par son mari qui ne répondit pas même à l'humble supplique de la pénitente implorant son pardon.

La Voisin était la vraie sorcière du moyen-âge, mêlant les pratiques des sortilèges à celles de la religion. Par suite des mauvaises affaires de son mari, s'étant trouvée de bonne heure obligée de soutenir une nombreuse famille, elle avait vite compris le parti qu'elle pouvait tirer de sa science, dans cette société affinée, mais factice, qu'avait créée Richelieu en asservissant la noblesse.

Elle faisait tous les métiers inavouables : entremetteuse, faiseuse d'anges ; donnant aux femmes qui venaient lui confier leurs chagrins conjugaux des poudres pour se débarrasser d'un mari vieux ou gênant ; enlevant des enfants pour les faire égorger lors de la célébration de la « messe noire », et gagnant à ce métier, annuellement, près de

(1) La chambre ardente pour le procès de la Voisin et de ses complices siégea à l'arsenal sous la présidence du conseiller Porcheret, du 10 avril 1679 au 21 juillet 1682, avec une interruption du 1er octobre 1680 au 19 mai 1682.

cent mille francs de notre monnaie avec lesquels elle faisait vivre les siens, en menant l'existence la plus « crapuleuse ». Elle entretenait richement ses amants (1), mais elle avait « des expressions de poissarde » avec eux, lorsqu'elle s'enivrait, ce qui lui arrivait fréquemment. La célébrité lui vint cependant avec la fortune. Il était de bon ton de la produire dans les salons, de la consulter. Les femmes se précipitaient chez elle pour lui demander conseil, lui avouer leurs faiblesses, réclamer son intervention dans leurs affaires les plus intimes.

Elle avait pour complices, deux prêtres indignes : l'abbé Mariette, l'abbé Guibourg (2) ; comme principaux rabatteurs, Lemaire et Lesage ; comme affiliée, la bande de Louis de Vanens (3). L'arrestation de ce dernier (1677) mit sur la voie des découvertes le lieutenant de police La Reynie.

C'est vers 1666 que Mme de Montespan, pour se débarrasser de Louise de la Vallière et la supplanter, vint grossir la clientèle de la Voisin. La maîtresse royale ne cessa, pendant quatorze années, de consulter la sorcière, se faisant donner des poudres, allant même, dit-on, jusqu'à prêter son corps pour la célébration d'une messe noire, le tout afin de conserver l'amour du roi. Pendant ce laps de temps, l'horrible entremetteuse commettait plus de deux mille cinq cents avortements, brûlant dans un four qu'elle avait établi chez elle les corps des enfants venus avant terme par suite de ses manœuvres criminelles. Il est vrai qu'elle ne manquait jamais de faire baptiser ses victimes, lorsque la chose était possible. Elle avait moins de sollicitude pour les gens âgés : le poison débarrassait les héritiers d'un parent mettant trop longtemps à mourir ; les épouses, d'un mari tyrannique. Ne doutant plus de son pouvoir, la Voisin allait s'attaquer au roi. Tout était prêt pour le forfait : son arrestation seule en empêcha l'exécution.

(1) Elle eut comme principaux amants, d'après M. Funck Brentano : le bourreau de Paris, André Guillaume, qui trancha la tête à Brinvilliers, et qui, par une horrible rencontre, faillit exécuter son ancienne maîtresse ; le vicomte de Cousserans, le comte de Labatie, l'architecte Fauchet, un marchand de vins de son quartier, le magicien Lesage, l'alchimiste Blessis.

(2) L'abbé Guibourg, ancien aumônier du comte de Montgomery, puis sacristain de Saint-Marcel à Saint-Denis.

(3) Louis de Vanens avait eu comme complices un alchimiste célèbre Jean de Chasteuil ; Rabel, médecin jouissant d'une grande réputation ; Pierre Cadelan, secrétaire du roi ; et Jean Terron du Clausel avocat au Parlement.

La Voisin fut appréhendée le dimanche 12 mars 1679. Vincennes vit successivement arriver dans ses murs, une partie de ceux qui, n'étant pas trop haut placés, pouvaient être atteints par la justice. Parmi les prisonniers se trouvaient : les abbés Guibourg et Mariette ; la Dodée, autre sorcière qui se coupa la gorge dans sa cellule après son premier interrogatoire ; madame de Dreux, femme d'un maître des requêtes ; Philibert, joueur de flûte du roi ; madame de Villedieu ; mademoiselle Descœillets, suivante de madame de Montespan ; madame Leféron, femme d'un haut magistrat du Parlement ; Lesage ; Lemaire, et Marguerite Montvoisin, fille de la Voisin.

Alors s'ouvrirent de longs débats qui, à chaque audience, révélaient de nouveaux crimes et atteignaient la réputation de familles insoupçonnées jusque-là. Les sollicitations assaillirent le roi. La faction des gens compromis était trop nombreuse, trop puissante. La Reynie ne pouvait venir à Vincennes qu'avec une forte escorte : il fut incapable d'empêcher les communications de l'extérieur avec les détenus. On dut renoncer à questionner la Voisin par peur de révélations trop compromettantes pour Madame de Montespan, révélations retrouvées dans les dépositions de la fille de l'empoisonneuse, la demoiselle Montvoisin, comme la désigne son interrogatoire. — Après le prononcé du jugement (31 juillet 1682), les nombreux condamnés furent extraits de Vincennes et envoyés dans diverses prisons de province.

A la suite de la révocation de l'édit de Nantes, les emprisonnements de protestants recommencèrent (1685). Jean Cardel ouvre la liste de ceux qui furent conduits à Vincennes (1). On lui offrit la liberté à condition de se

---

(1) A partir de 1685, les archives dites de la Bastille fournissent des renseignements fort précieux.
Lors de la désaffectation, en 1784, du donjon comme prison d'Etat, tous les dossiers concernant les prisonniers furent transportés à la Bastille. A la prise de cette dernière forteresse (14 juillet 1789), ces documents furent éparpillés et égarés. Toutefois, un registre mentionnant les prisonniers de Vincennes de 1685 à 1746, retrouvé, est à la Bibliothèque nationale. Il y est classé sous le n° 14.061 (manuscrits français, 73 feuillets). Il a pour titre : Mémoire des prisonniers détenus au château de Vincennes avec le jour et dattes (sic) qu'ils y sont entrés et les ordres de qui, ainsi que le jour et les dattes de ceux qui en sont sortis.
Il faut distinguer ce registre des tomes portant les ordres du roi (disper-

rétracter. Il refusa et resta enfermé au donjon jusqu'au 24 août 1690. Il fut alors transféré à la Bastille, tandis que de cette prison un certain nombre de ses coreligionnaires comme Glazos, Malet, l'Etang, la Bastide dit Malzar, Elysée Gérant, arrivaient dans la vieille tour. Henri Francion, poursuivi pour exercice de la médecine interdite aux protestants, les rejoignit le 22 mars 1696. Pardieu clôture cette série (1697).

Pendant cette période d'intolérance religieuse, le lieutenant-gouverneur Bernaville reçut divers inculpés dans l'affaire dite « des chanoines de Beauvais ». Un prêtre indigne, le chanoine Raoul Foy, pour se venger des remontrances que sa mauvaise conduite lui avait attirées, avait accusé le chantre du Chapitre de Beauvais et huit de ses collègues du crime de lèse-majesté. Il avait fabriqué cinq lettres chiffrées donnant les preuves d'une conspiration contre Louis XIV. Les chanoines furent arrêtés. Mais la supercherie fut découverte par le lieutenant de police, La Reynie. Raoul Foy fut incarcéré le 22 novembre 1689, à Vincennes, où ses complices Dourlens et Héron vinrent le rejoindre le 1er mars 1690. Les trois dénonciateurs passèrent devant une commission séant à l'arsenal, furent condamnés à être pendus et exécutés (1).

Dans l'intervalle, un gentilhomme nommé de Saint-Vigor, arrêté et poursuivi pour de nombreux abus de confiance, avait été incarcéré à Vincennes, le 16 août 1689.

La prison se trouva vide du 12 août 1690 au 11 mars 1691. Elle s'ouvrit à cette dernière date pour recevoir un anglais, Van Brugh, qui devait être transféré, le 1er février 1692, à la Bastille.

« Le 16 juillet 1691, Louvois mourut ; on le dit empoisonné, on soupçonna de ce crime, un malheureux frotteur chargé de nettoyer son cabinet, » Barbe le noir. Sur ce simple soupçon, ce malheureux fut mis a

sés actuellement), prescrivant l'internement à Vincennes de certains prisonniers.
Ces livres sont :
   Tome I (des origines à 1690) perdu.
   T. II (1691-1724) Bibl. Nat. ms. franc, 7646.
   T. III (1725-1744) Bib. Nat ms., franc, 7647.
   T. IV (1745-1754) et T. V. (1746-1775) perdus.

(1) L. B., *Hist. de Vinc.* Tome III, page 18.

Vincennes, son innocence ne fut reconnue qu'au bout de deux ans. Elargi (20 août 1693), il fut reconduit dans son pays, la Savoie.

Parmi les gens de qualité enfermés à Vincennes vers cette époque, citons des Portes d'Astronac, gentilhomme du duc de la Feuillade, accusé d'escroquerie, et sa mère, la marquise des Portes, tous deux entrés le 9 mai 1692. La marquise fut envoyée, le 15 octobre 1701, dans la communauté des Filles de Saint-Chaumont. Elle était restée plus de neuf ans à Vincennes.

Le 31 octobre 1692, on trouve au Donjon, un certain Frédéric Lang, qualifié : « fils de l'un des principaux canonniers de l'évêque de Munster. » Ce prisonnier, incarcéré sous l'inculpation d'espionnage, fut mis en liberté, le 1er novembre 1697, après avoir pris l'engagement écrit de rentrer dans son pays ; il reçut pour son voyage, un secours de 70 livres payées en or.

En 1694, le 31 mai, un prêtre nommé Bosrus, curé de Monie, fut amené à Vincennes. Il avait faussement accusé un avocat au Parlement, Viguier, d'avoir formé le projet d'assassiner le roi. Le lendemain (1er juin), il était rejoint par son complice, le curé Martinet. Reconnu coupable, Bosrus fut condamné aux galères perpétuelles.

Nous arrivons maintenant à l'affaire du Quiétisme.

Le vieux roi, ayant passé l'âge de la galanterie, était tombé dans la piété ; il s'émut des menées d'une femme qui, vers la fin d'un siècle occupé par les controverses religieuses, se croyait chargée d'une mission divine. Jeanne Bouvier de la Mothe, fille d'un maître des requêtes à Paris, était de bonne heure restée veuve de Jacques Guyon, seigneur du Quesnoy, fils de l'entrepreneur du canal de Briare. A la mort de son mari, en 1681, elle avait abandonné sa famille et ses enfants pour répandre la doctrine que « tout ici-bas se réduisait à l'amour pur de Dieu. » Elle fit bientôt de nombreux prosélytes, en tête desquels il faut placer Fénelon et madame de Maintenon ; mais elle trouva comme adversaire Bossuet. A l'instigation de ce dernier, l'évêque de Châlons, connu plus tard sous le nom de cardinal de Noailles, et l'abbé Tronson, supérieur de Saint-

Sulpice, se réunirent à Issy, près Paris, pour examiner les théories mystiques de madame Guyon, et condamnèrent son système. Celle-ci n'en continua pas moins à dogmatiser dans des assemblées particulières où toutes les dévotes de la Cour, rassasiées de plaisirs, se pressaient, charmées qu'on leur présentât la possibilité d'une béatitude extraordinaire (1).

Pour mettre fin aux scandales causés par ces réunions, Louis XIV, sans écouter les doléances de son entourage, décerna contre la propagandiste du Quiétisme, une lettre de cachet ordonnant son incarcération à Vincennes (30 décembre 1695).

Madame Guyon composa dans sa prison un certain nombre d'ouvrages : « Moyen court et très facile pour l'oraison, » « Le Cantique des Cantiques selon le sens mystique, » « Les Torrents spirituels » et, enfin, un « Recueil de vers mystiques » rempli de sentences dans le genre de celle-ci :

> L'amour pur et parfait va plus loin qu'on ne pense
> On ne sait pas, lorsqu'il commence,
> Tout ce qu'il doit coûter un jour.
> Mon cœur n'aurait connu Vincennes, ni souffrance
> S'il n'eût connu le pur Amour.

Exprimait-elle là un regret ou le bonheur du sacrifice ?

Voltaire apprécie cette littérature à sa juste valeur, « cette femme, » dit l'auteur du siècle de Louis XIV, « a fait des vers comme Cottin et de la prose comme Polichinelle. »

Madame Guyon aurait pu cependant châtier à loisir ses œuvres, car elle demeura cinq années à Vincennes (2). Elle y fut d'ailleurs traitée avec de grands égards. Mise en liberté, le 24 septembre 1700, on la retrouve, peu après, à la Bastille, tandis que deux de ses femmes, gagnées à ses doctrines, Marie de Vaux et sœur Marthe, restaient internées au Donjon (1698-1704).

Après le Quiétisme, la querelle des Jansénistes et des Molinistes troubla tous les esprits et dégénéra dans la première moitié du XVIIIe

---

(1) L. B., *Hist. de Vinc.* Tome III, page 18.
(2) Madame Guyon ne resta au Donjon que jusqu'en 1696. Elle fut alors internée dans le cloître du Chapitre du château.

siècle en discussions violentes, qui eurent souvent pour épilogue les cachots de Vincennes. Cette querelle, d'abord théologique, avait commencé vers 1640 par une controverse à propos d'un ouvrage posthume de Jansénius, appelé l'Augustinus, dans lequel l'auteur s'était proposé d'exposer les vraies idées de saint Augustin sur le libre arbitre et la prédestination et opposait à la doctrine du Jésuite Molina les règles de la grande église du V° siècle. Ce livre avait eu des admirateurs enthousiastes parmi les savants, les philosophes, les prêtres, et des détracteurs non moins passionnés dans ce même milieu d'hommes d'intelligence supérieure. Cependant, il n'avait provoqué qu'une grande joute oratoire ou littéraire, quand, en 1649, Nicolas Cornet, docteur en Sorbonne, s'avisa d'en tirer sept propositions bientôt réduites à cinq, qui firent, tout à coup, sortir la question de son cadre religieux encore étroit. La papauté s'émut : Innocent X, en 1653, et Alexandre VII, en 1656, condamnèrent les propositions, tandis que Arnauld, Nicole, Pascal, et un grand nombre de théologiens continuateurs de l'abbé de St-Cyran se déclaraient ouvertement pour Jansénius, niant que les propositions condamnées se trouvassent réellement dans son œuvre, ou qu'elles eussent été bien comprises. Ces catholiques, qu'on pourrait appeler rétrogrades, et qu'on a souvent comparés aux puritains de la religion protestante à cause de leur extrême sévérité de mœurs, soutinrent leur thèse avec un grand talent mais avec une logique intransigeante qui heurta péniblement les idées d'une société que séduisait la morale plus tolérante des Jésuites ou Molinistes (1), morale d'opportunisme comme nous le dirions aujourd'hui. En 1665, Louis XIV intervint : Alexandre VII avait enjoint aux jansénistes de signer un formulaire qui contenait une adhésion à la condamnation des cinq propositions, et le roi obligea, sous des peines sévères, tous ses sujets à obéir. Les Jansénistes, condamnés par l'orthodoxie, persécutés par le pouvoir civil, devinrent un parti politique, auquel se rallièrent les philosophes et que défendit le Parlement.

(1) Le nom de *Molinistes* avait été donné par les Jansénistes aux amis des Jésuites, parce que le père Molina, né en 1535 à Cuença, et mort à Madrid en 1601, passait pour avoir professé une morale relâchée. Il est à remarquer, d'ailleurs, que les doctrines de Molina, résumées dans l'appellation de « *Science moderne* », ne furent jamais condamnées au point de vue théologique. Les papes Clément VIII et Paul V, auxquels elles furent déférées par les *Thomistes*, ne se prononcèrent pas à leur égard.
LAVALLÉE, *Hist. des Français*, t. III, p. 244.

Après le ministère Pomponne (1), qui leur avait été favorable, ils commencèrent à critiquer dans l'ombre les actes du gouvernement. « Ils firent une opposition sourde, lâche, calomnieuse, mais d'autant plus inquiétante qu'elle était vague, cachée, qu'on la sentait partout, même dans les ministères, même à la cour, et qu'elle gagnait une grande partie du clergé et des ordres religieux, tels que les Bénédictins et les Oratoriens » (2).

Pendant les dernières années de son règne, Louis XIV se préoccupa de ces agissements tout autant que de ses guerres et de ses négociations ; et, sur les conseils des Jésuites, il finit par user de violence contre les chefs qui créaient un courant d'opinion réputée dangereuse. Les emprisonnements se multiplièrent, et les cellules du Donjon de Vincennes furent l'ultime argument des molinistes pour mettre leurs adversaires à la raison. On vit arriver d'abord le père de la Combe ; il fut incarcéré dans la vieille tour à deux reprises différentes, le 16 août puis le 9 décembre 1698. Il y fut suivi, le 6 août 1703, par dom Thierry de Viaixnes, prieur des Bénédictins de la Congrégation de St-Vannes, qui resta prisonnier jusqu'au 20 février 1710. L'appel qu'il interjeta près du futur concile le fit rentrer au Donjon le 11 Janvier 1714. Il fut remis en liberté en 1715, mais pour être banni du royaume.

Un autre Janséniste, dom Gabriel Gerberon, auteur d'un livre sur la prédestination et la grâce intitulé : « Le miroir de la piété chrétienne », arrêté en même temps que le père Quesnel sur le territoire hollandais, puis extradé, et d'abord interné à Amiens, fut transféré à Vincennes le 6 janvier 1707. Il n'en sortit que le 25 avril 1710, après avoir adhéré au formulaire condamnant les propositions.

Durant sa captivité il eut comme compagnon d'infortune, l'abbé Anselme de Brigode, ancien curé de Neuilly, dans le diocèse de Tournay. Cet ecclésiastique, amené au Donjon le 28 septembre 1705, mourut dans sa cellule le 17 février 1708 et fut inhumé dans la Ste-Chapelle.

Un ouvrage du père Quesnel (3), prêtre de l'Oratoire, intitulé : « Ré-

(1) Pomponne était le neveu du grand Arnauld, un des fondateurs de Port-Royal. Il fut deux fois ministre, la première fois de 1671 à 1679 ; la 2ᵉ fois de 1691 à sa mort, survenue en 1699.

(2) LAVALLÉE *Hist. des Français*, t. III p. 244.

(3) Le père Quesnel, né à Paris en 1636, mort en 1719, dirigeait l'institution des Oratoriens à Paris, quand son attachement aux Jansénistes le réduisit à s'expa-

— 115 —

flexions morales sur le Nouveau Testament », avait quelques années auparavant ranimé la querelle. Les 101 propositions, que contenait ce livre, furent condamnées en 1713 par le pape Clément XI dans la fameuse bulle *Unigenitus*. Cette bulle ne fut admise en France qu'après une assez longue opposition, mais elle devint l'occasion de nouvelles poursuites contre ceux des Jansénistes, qui ne reconnurent pas ses principes. Parmi les nombreux récalcitrants qui furent conduits à Vincennes, il faut citer en 1732 les conseillers au Parlement Titon, Davy et Robert. Le 27 octobre 1735 les portes du Donjon s'ouvrirent pour recevoir en une seule fournée : le père Gaspard Terrasson curé de Treigny, Fleur de Rouvroy, curé de Ronchères, l'abbé Tomasseau, l'abbé Ducoudrette, Dangély, Gouvereau de Blande, Drouinot des Champs, Descorsius.

Toutes ces arrestations avaient été faites à la suite de la publication clandestine des « Nouvelles écclésiastiques ». La police avait cherché longtemps à découvrir les presses dont sortait ce journal fort répandu en province et à Paris. Elle avait su enfin qu'il était imprimé dans les bois de la Puisaye, et que les principaux rédacteurs étaient l'abbé Fleur ou Fleurs de Rouvroy, curé de Ronchères, et le père Terrasson, curé de Treigny (1). Elle avait alors envoyé des exempts à St-Sauveur, avec mission de fouiller la forêt voisine, et de perquisitionner chez les particuliers ainsi que chez le curé de Treigny. Cette expédition n'avait donné aucun résultat, et le magistrat qui la dirigeait s'apprêtait à partir, quand, selon une tradition accréditée, il trouva dans sa voiture une collection des feuilles jansénistes, toutes fraîchement tirées. Cette audacieuse plaisanterie causa, si l'histoire est exacte, la perte de ses auteurs (2). Vraie ou non, il est certain que c'est peu après ces recherches infructueuses que d'habiles agents découvrirent d'abord les presses installées dans une cabane de charbonniers, dans le bois de Ronchères, et enfin celles installées dans

---

trier. Il se réfugia à Bruxelles, y reçut les derniers soupirs d'Arnauld, son ami, et fit, entre autres connaissances, celle de dom Gabriel Gerberon, dont il a été parlé plus haut.

(1. Ronchères (canton de St-Fargeau) et Treigny (canton de St Sauveur) sont deux communes sises dans la partie du département de l'Yonne appelée la Puisaye.

(2) M. BOISTACHÉ. — *Intermédiaire des chercheurs et des curieux*, 1er sem. 1906, p. 511

les souterrains du château féodal de Ratilli, qui existe encore, au-dessus de Treigny. Cela suffit pour que le curé de Ronchères fut arrêté : il resta trente-deux ans détenu au Donjon, et, suivant Millin (1), il en aurait peint la plupart des cellules. C'est à lui qu'il faudrait attribuer les fresques grossières qui ornaient un grand nombre de cellules à la fin du XVIIIe siècle, et qui consistaient « en une architecture de treillages décorés de quelques niches au milieu desquelles était une fleur à longue tige ; dans un côté s'élevait toujours un crucifix. Les couleurs avaient été obtenues : le noir avec du charbon, le rouge avec de la brique, le jaune avec du fer trempé longtemps dans l'eau, le vert avec du jus d'épinards ou autres herbes qu'on servait aux repas des prisonniers.

On trouve encore parmi les Jansénistes enfermés à Vincennes l'abbé Pelletier (6 janvier 1736), l'abbé Marc des Essarts (6 janvier 1737), le père Boyer dit Bazile, de l'Oratoire (22 octobre 1739) ; l'abbé Jourdain (19 août 1743), l'abbé Cabrineau, curé de Saint-Etienne (1746). La liste se termine à l'abbé Vaillant, chef de la secte des Eliséens, transféré de la Bastille où il était déjà enfermé depuis trente-deux ans. L'abbé Vaillant dont l'esprit était du reste affaibli par sa longue détention se croyait le prophète Elisée (2). Son grand crime était d'avoir appelé de la Bulle « Unigenitus » (3).

Dans la mention de ces diverses victimes de l'intolérance religieuse, l'ordre chronologique des emprisonnements n'a pu être suivi ; pour le reprendre, il nous faut revenir un peu en arrière.

Vers la fin de l'année 1700, une affaire de fabrication de fausses lettres de noblesse amena le transfert de la Bastille au Donjon de Vincen-

---

(1) MILLIN. — *Antiquités nationales*. Vincennes pp. 38 et 40. M. de Beauvau, neveu du maréchal du même nom, aurait exécuté également diverses peintures. Voir pp. 193.
(2) Elisée, célèbre prophète juif, fut tiré de la charrue par Elie, et reçut de lui, avec son manteau sacré, l'esprit prophétique et le don des miracles.
(3) NOUGARÈDE DU FAYET prétend qu'en 1740, le curé de Vincennes fut enfermé au donjon pour avoir donné des avis outrés contre les Jansénistes. Aucun document ne corrobore cette assertion. Le cahier de la Bib. Nat. mentionnant les prisonniers jusqu'en 1744 ne contient aucune indication relative à cet internement.

nes de huit prisonniers, savoir : Laval (3 septembre), Gaultier (3 septembre), Falourdes (16 octobre), Bourbitou, dit Beldame (26 octobre), Vidal (12 novembre), la demoiselle Filandrie (12 novembre), Bauzy (25 novembre), et Vavin (21 janvier 1701). Tous ces accusés furent jugés en 1702, par la Chambre royale de l'arsenal : Laval, seul, fut reconnu coupable et banni pour neuf années du royaume.

Le 21 mars 1702, le prince de la Riccia, gentilhomme Napolitain (1), arrêté pour menées tendant à enlever le royaume de Naples aux Bourbons, fut incarcéré au Donjon. Il en sortit le 26 septembre suivant. Il y fut remplacé le 31 janvier 1703, par le comte de Kœnigsberg. Celui-ci, plus connu sous le nom de comte de Montroyal, était convaincu d'intelligences avec l'étranger. Il mourut le 2 décembre 1711 et fut enterré dans la nef de la Sainte-Chapelle. On amena ensuite à Vincennes, le 20 juillet 1703, le comte de Walstein, ambassadeur de Portugal, pris en mer par un corsaire Français. Mais il n'y resta que jusqu'au 1er septembre suivant, époque à laquelle il fut transféré à Bourges.

Les autres prisonniers de la fin du règne de Louis XIV, sont sans importance.

Le Régent, en prenant la direction des affaires, donna la liberté à tous les détenus politiques. Le Donjon, comme les autres prisons d'Etat, ouvrit donc ses portes. Les cellules restèrent vides pendant près de trois années. Certains auteurs (2) prétendent pourtant que le comte de Polignac et le comte de Clermont y furent enfermés en 1717. C'est une erreur. Ces deux gentilshommes reçurent une lettre de cachet les invitant à se rendre à Vincennes aux arrêts, pour avoir protesté contre tout jugement pouvant intervenir dans le procès des princes légitimés. Ils subirent leur punition dans les anciens appartements royaux et non au Donjon (3).

(1) Le prince de la Riccia fut interné au Donjon avec deux de ses domestiques Quentin et Nino. Ce dernier, son musicien ordinaire, moins heureux que son maître fut détenu jusqu'en 1713.
(2) MM. ALBOISE et AUGUSTE MAQUET, histoire du Donjon. T. II, p. 6. Voir également *Hist. de Vinc.* de L. B., t III, p. 47.
(3) Lettre de cachet adressée au comte de Polignac en 1717. Bibliothèque nationale. Ms fs. n° 7646.

En 1710, les portes du Donjon se refermèrent sur quatre mystérieux prisonniers qui arrivèrent masqués et dont les noms ne furent pas inscrits. On croit qu'ils avaient trempé dans la conspiration du prince de Cellamare.

Leblanc, secrétaire d'Etat à la guerre, dont nous avons retrouvé la signature sur un grand nombre de lettres de cachet, fut à son tour l'objet d'une de ces lettres. Incarcéré au Donjon le 24 septembre 1724 sous l'inculpation de malversations dans l'exercice de ses fonctions, il y fut détenu jusqu'au 7 mai 1725.

Comme prisonnier de marque, nous voyons arriver en 1734, Crébillon fils (1). Une lettre de cachet avait été décernée contre lui, parce qu'il avait publié contre la cour une satire sous la forme d'un roman ayant pour titre : « L'écumoir ou Tanzaï et Néardané », histoire japonaise. C'était un roman à clef, fort peu moral, contenant sous des noms supposés des portraits allégoriques dont il n'était pas difficile de retrouver les originaux (2).

Le romancier, enfermé au Donjon le 8 décembre 1734, raconte que la première nuit qu'il passa dans sa cellule, il fut réveillé par la visite d'un animal qu'il prit dans l'obscurité, pour un chat. Il le caressa, lui fit une place à ses côtés. Au matin, il fut étonné de ne plus retrouver son compagnon nocturne. Mais, dès que le geôlier lui eut apporté son repas, et se fut retiré, un énorme rat sortit d'un trou, sauta familièrement sur la table. Crébillon poussa un cri de surprise, l'animal s'enfuit. Au bruit, le gardien accourut, et, mis par son prisonnier au courant de l'incident, il lui apprit que le précédent occupant de la cellule avait apprivoisé ce rat qui venait lui tenir compagnie au lit et à table. Crébillon se fit un ami du rongeur. Il regretta dit-il, de ne pas l'avoir emporté lorsqu'il recouvra sa liberté, après une courte détention de six jours (13 décembre 1734).

En 1748, s'opéra le transfert de la Bastille au Donjon, de Louis-Joseph de Vendôme, fils naturel du duc de Vendôme. Il avait été incarcéré pour avoir publié une brochure satirique intitulée « Les trois Maries » qui at-

(1) Claude Jolyot de Crébillon (1707-1777) était fils du poète tragique Crébillon Il est l'auteur de romans légers et même graveleux.
(2) Revue de Paris. L'œil de Crébillon fils par PAUL BONNEFON. (1891. Paris. t. IV p. 850)

taquait violemment les trois demoiselles de Mailly dont Louis XV avait successivement fait ses maîtresses. Il y mourut peu après son arrivée.

Le Donjon vit la même année ses portes se refermer sur le prétendant à la couronne d'Angleterre, Charles-Edouard Stuart. Mais ce prince ne resta que quelques jours dans la vieille forteresse et fut reconduit aux frontières du royaume.

Moins heureux que lui, trois malheureux qui avaient déplu à la marquise de Pompadour devaient subir une longue détention dans la grosse tour. Ce fut d'abord La Roche Guérault (1718), puis Charles de Langoula (1749), enfin Latude.

Jean-Henry, plus connu sous les noms de Danry ou Masers de Latude, a raconté ses infortunes dans des Mémoires qui firent grand bruit à l'époque de la Révolution, et qui contiennent de nombreux faits amplifiés, inventés même, pour les besoins de sa cause. Il faut reconnaître cependant que ce malheureux fut traîné de prison en prison, pendant plus de vingt-cinq ans, pour un motif futile. Il avait écrit à la marquise de Pompadour pour la prévenir de se tenir sur ses gardes parce qu'elle allait être empoisonnée. En même temps, il lui faisait parvenir sous un faux nom un paquet contenant une poudre inoffensive. Il comptait que la favorite lui serait reconnaissante de sa dénonciation ; mais la marquise fit expérimenter le poison supposé. Instruite de son innocuité, et voyant la supercherie, elle obtint une lettre de cachet contre son auteur. Latude, arrêté, fut mis à la Bastille en 1756. Il s'évada en 1764. Repris, il fut mené à Vincennes, d'où il réussit encore à s'échapper dans les conditions suivantes :

Le lieutenant-gouverneur Guillonet, homme d'un naturel fort bienveillant, comme nous l'avons dit, ému des infortunes de son prisonnier, l'avait autorisé à faire, chaque jour, deux heures de promenade dans le parc, sous la surveillance de deux gardiens. Un matin, pendant cette sortie, un brouillard épais s'élève tout à coup. Latude s'adressant alors au sergent qui était à sa droite, lui dit : « Comment trouvez-vous le temps ? » « Fort mauvais », répondit celui-ci. Alors, du ton le plus calme et le plus simple, il réplique : « Et moi, je le trouve excellent pour m'échapper ». Ce disant, des deux coudes, il repousse violemment les gardes qui l'encadrent et prend la fuite. Poursuivi, serré de près, il se met à crier : « Arrête ! au voleur, au voleur ? » Le stratagème réussit. Les poursuivants perdent sa piste. Latude, cependant, rencontre une sentinelle ; il la bouscule, gagne le bois, et à la nuit, rentre dans Paris.

Il pouvait y vivre en sûreté en se cachant jusqu'à ce que son aventure fut oubliée. Mais il se rend à Fontainebleau, pousse la témérité jusqu'à demander une audience au ministre Choiseul. Repris, il est réintégré au Donjon, où il subit un traitement plus sévère que par le passé : car le successeur de Guillonet, M. de Rougemont, appliquait très rigoureusement le règlement à ses prisonniers. Latude occupa la chambre du rez-de-chaussée de la tourelle sud-ouest (1). Il mit, raconte-t-il, vingt-six mois à en percer le mur afin de communiquer avec ses co-détenus, lors de leur promenade quotidienne dans le jardin de la cour intérieure.

Il sortit de Vincennes en 1774 pour être interné à Bicêtre.

Avant Latude, on avait amené au Donjon Diderot (1749), qui s'était rendu coupable d'avoir blessé par sa « Lettre sur les aveugles » Réaumur et Dupré de Saint-Maur. La femme de ce dernier était la maîtresse de M. d'Argenson. Ce fut elle qui vengea son mari dont elle paraissait pourtant peu se soucier, en obtenant du ministre, son amant, une lettre de cachet contre le philosophe dont la détention fut, du reste, fort courte et fort douce. Car, peu après son arrivée au donjon, le fameux encyclopédiste obtint la permission de se promener dans le parc et de recevoir ses amis au nombre desquels figurait alors Jean-Jacques Rousseau. Ce dernier profita souvent de la faveur accordée au détenu. Diderot ne fut donc, en réalité, que prisonnier sur parole. Il eut comme co-détenu

(1) Latude a subi une partie de sa détention dans les cachots de l'A. On désignait ainsi les 3 cellules du châtelet du donjon. Il aurait eu comme codétenus : le baron de Venac, l'abbé Prieur, le chevalier de la Rocheguerault, arrêté à Amsterdam, pour avoir écrit une brochure contre Mme de Pompadour ; le baron de Vissec, gentilhomme de Montpellier, magistrat du Parlement de Rennes, qui avait pris part à l'affaire de M. La Chalotais, Pompignan de Mirabelle, et enfin Tiercelin, comte de la Roche Dumaine, arrêté en vertu d'une lettre de cachet sollicitée par sa fille.
MASERS DE LATUDE. Paris, chez H. Vivien. 3e édition. pp. 139 à 142.
L'original des mémoires de Latude écrits à Vincennes de 1775 à 1778 se trouve à la bibliothèque municipale de Saint-Pétersbourg ; la bibliothèque de l'Arsenal en a acquis une copie aujourd'hui cotée : *Arch. de la Bastille* — 12777.

Le Prévôt de Beaumont
Gravure extraite du " Prisonnier d'Etat ". (Voir page 125)

l'abbé Prieur, inventeur d'une nouvelle méthode de sténographie dont s'était engoué Frédéric-le-Grand. Ce malheureux, accusé d'avoir entretenu des intelligences avec l'ennemi et d'avoir correspondu avec le roi de Prusse, ne put se disculper et resta enfermé au Donjon, jusqu'à sa mort survenue dans la cinquième année de sa captivité.

Vincennes, à cette époque, compta parmi les prisonniers marquants, Madame veuve de Saint-Sauveur (1749) ; l'abbé Charles de Montcriff, le Père de Villeneuve et le Père P.-J. Fours (1752) ; Louis Marschal et Thorin, pauvres fous qui avaient écrit au roi qu'ils imiteraient Damiens (1757) ; Véril et les abbés Rich et Brochette de Flavigny, venus en 1758 de la Bastille, sans qu'on sache le motif de leur détention ; le marquis de Mirabeau, surnommé « l'ami des hommes » qui précéda de quelques années son fils dans le Donjon (1760) ; le comte de Saint-Ange (1764) ; Constant Mercourt qui s'était vanté de vouloir assassiner le roi (1763) ; le colonel Rapin, sujet suisse (1767) qui ne fit que passer ; Le Prévot de Beaumont, secrétaire du clergé de France, venu le 14 septembre de la Bastille, où il était détenu depuis onze mois pour avoir dénoncé « le pacte de famine ». Devenu fou dans sa prison, il fut (1781) conduit à Charenton, puis dans une maison de force à Bercy, d'où il ne sortit que le 15 septembre 1789 (1) ; le chevalier de Porquerie, à la suite d'une aventure galante (1771) ; le duc de Chaulnes (1773) ; et enfin Mirabeau (1777).

(1) Le Prévot de Beaumont écrivit en 1791 un livre intitulé : *Le prisonnier d'Etat ou tableau historique de la captivité de J. C. Le Prévot de Beaumont durant 22 ans 2 mois*. Il touchait à Vincennes une pension de 3600 livres. Lorsqu'on voulut le faire sortir de sa cellule, il s'y barricada et soutint un véritable siège contre les exempts chargés de l'amener du donjon à Charenton.
Cet auteur fort sujet à caution raconte qu'il avait comme codétenus : Mirabeau, Masers de Latude, le baron de Venac, le sieur de Boctey, le marquis de Falaise, M. Induort Rosler, ambassadeur de Russie ; le marquis de Chabrillan ; un valet de chambre du roi ; un prêtre (probablement l'abbé Prieur) ; un principal commis de Versailles ; un comte, un duc, traité par les grands remèdes par ordre de ses parents parce qu'il avait *gâté* sa femme qui était d'aussi grand nom que lui (duc de Chaulnes) ; les deux fils bâtards de Phélipeaux ; deux frères logés ensemble, dont l'un était militaire ; deux magistrats (sans doute Beaudouin de Guémadeuc et Lafage), un munitionnaire d'armée de France ; un imprimeur ; un petit nain qui se vouait bêtement à la prison, par les conseils du docteur Taff, et que le ministre Malesherbes aurait forcé de sortir du donjon en 1776, de préférence à lui de Beaumont qui demandait sa liberté à juste titre ; un sieur Marnourt et un sieur d'Henry (ce der demandait sa liberté à juste titre ; un sieur Marnourt et un sieur d'Henry (ce der-
Le Prévot de Beaumont *Le prisonnier d'Etat*, Paris 1791, p. 60.

La détention de ce dernier prisonnier, ayant eu un grand retentissement, et ayant amené la désaffectation du Donjon comme prison d'Etat, mérite une étude particulière.

Gabriel-Honoré de Riquetty, comte de Mirabeau, après une jeunesse turbulente, avait épousé la fille du marquis de Marignanne.

Un faux calcul avait poussé les deux jeunes gens l'un vers l'autre. Mirabeau, criblé de dettes, avait été séduit par la perspective d'une dot qui passait pour la plus belle de Provence. Mlle de Marignanne (1), qui n'apportait en réalité, que des rentes médiocres dont les arrérages furent bientôt réduits (2), avait escompté la situation que devait lui procurer son entrée dans une famille illustre et réputée. Jamais époux ne furent plus mal assortis. Les dissipations du mari, les légèretés de la jeune femme aggravèrent la situation. La gêne survint, le ménage en arriva aux expédients. En 1774, Mirabeau fut interdit ; exilé à Manosque, il logeait dans la famille de Gassaud avec la comtesse. Celle-ci, mariée depuis deux ans, achevant à peine de nourrir son premier enfant, mais énervée par la vie d'orages, de gêne, de luttes avec les créanciers de son mari, se laissa séduire par le fils de ses hôtes, jeune mousquetaire « de bonne mine ». Cette infidélité découverte, une rupture aurait pu cependant être évitée. Sur les conseils de Madame de Vence, Mirabeau avait pardonné ; mais, à ce moment, un événement inattendu provoqua la séparation définitive des deux époux.

Mirabeau avait une de ses sœurs, Madame de Cabris, qui habitait Grasse. Il la voyait rarement, n'ayant pour elle que des sentiments d'af-

---

(1) Mademoiselle de Marignanne, fille du marquis de Marignanne était une des héritières les plus recherchées de la ville d'Aix en Provence. Le marquis de Grammont, le marquis de Caumont, le vicomte de Chabrillan, M. d'Albertas et le marquis de la Valette se disputaient sa main, quand Mirabeau se mit sur les rangs. Celui-ci, pour l'emporter sur ses rivaux ne se fit aucun scrupule de compromettre l'honneur de la jeune fille qu'il recherchait. « On dit, qu'après avoir payé une femme de chambre dont il obtenait des rendez-vous, il allait de nuit, en voiture, dans une rue voisine, pour donner à ses démarches un air de mystère qui put éveiller la curiosité... » Les parents se trouvèrent trop heureux de prévenir un éclat par un mariage.
Les Mirabeau, par M. de LOMÉNIE, t. III, p. 87.

(2) Mademoiselle de Marignanne n'eut pas la dot qu'on lui croyait. Elle n'eut que 3.000 livres comptant, qui devaient croître de 500 livres par an à partir de 1773 jusqu'à concurrence de 8.500 livres. Sa pension ne fut jamais payée régulièrement.
Les Mirabeau, L. de LOMÉNIE, t. III, p. 86.

fection intermittente, comme en éprouvaient par instant les uns pour les autres les membres de cette famille fantasque (1). Il apprit que Madame de Cabris s'était compromise dans une ridicule affaire : « Dans la nuit du 15 au 16 mars, des placards imprimés contenant des vers injurieux et obscènes contre les dames des meilleures familles de Grasse, avaient été affichés en grand nombre aux coins des rues, aux piliers des halles et de préférence aux portes des dames diffamées (2). »

L'auteur de ces infamies était M. de Cabris. Il fut reconnu, exilé. Un vieillard, le marquis de Villeneuve Mouans, s'était fait remarquer par son acharnement à demander une punition exemplaire contre le coupable. Il avait critiqué en même temps Madame de Cabris, s'était exprimé avec vivacité sur son compte. Mirabeau prit la défense de sa sœur. Rompant ses arrêts, sans prévenir personne de ses intentions, il quitta Manosque, sa résidence imposée et arriva à Grasse, où, après une courte explication, il bâtonna M. de Villeneuve Mouans. L'affaire fit grand bruit. M. de Villeneuve refusa une réparation par les armes à son agresseur et porta plainte. Un décret de prise de corps fut lancé contre le comte de Mirabeau (22 août 1774). Pour soustraire son fils à l'action de la justice régulière, « l'ami des hommes » obtint, le 8 septembre suivant, une lettre de cachet mettant l'accusé sous la juridiction du roi. Mirabeau échappa ainsi à une condamnation infamante, mais fut enfermé au château d'If. Sa vie d'aventures commençait, véritable roman dont nous sommes obligés de suivre les phases, un préambule étant nécessaire pour rendre intelligible la partie qui se déroulera dans le Donjon de Vincennes.

Mirabeau resta peu de temps au château d'If. Ayant trouvé le moyen d'y contracter de nouvelles dettes, s'étant compromis d'ailleurs avec la cantinière, il fut transféré au château de Joux (3). Le commandant de cette

---

(1) Le marquis de Mirabeau « l'ami des hommes » qui se sépara de sa femme, était tantôt au mieux avec ses enfants, le comte de Mirabeau, Madame de Cabris et Madame du Saillant, tantôt au plus mal. En somme, il ne put vivre avec aucun des siens en bonne intelligence. Il est juste de reconnaître que ses enfants avaient aussi des caractères peu commodes.
(2) M. L. DE LOMÉNIE. *Les Mirabeau*, t. III, p. 132.
(3) On montre encore au château de Joux, l'ancien cachot de Mirabeau. Cette pièce, située dans la cinquième enceinte, constituant le donjon, sert actuellement de salle de police pour les soldats de la garnison.

place, M. de Saint-Mauris, « ne se résignant pas à être geôlier », le laissa d'abord libre d'aller et de venir aux alentours de la forteresse, sous la seule condition d'y rentrer le soir. A partir du 9 juillet 1775, il l'autorisa même à prendre un logement à Pontarlier, petite ville voisine (1). Là, Mirabeau fit la connaissance du marquis de Monnier, ancien premier président de la Cour des comptes de Franche-Comté. Déjà vieux, le marquis avait épousé en deuxièmes noces, Sophie de Ruffey, alors âgée de dix-sept ans (2). Mirabeau fut présenté à la jeune femme à un dîner donné par M. de Saint-Mauris à l'occasion du sacre de Louis XVI. Il déploya auprès d'elle toutes les séductions de son éloquence persuasive et conquit le soir même son esprit. Il eut peu de chose à faire pour compléter sa victoire.

Il ne faut pas attribuer la rapidité du dénouement à la névrose : Sophie ne tomba dans cet état maladif qu'après avoir subi tous les égarements de la passion et (3) connu toutes les vicissitudes de la mauvaise fortune. A l'époque du dîner de Pontarlier, c'était une grande et forte Bourguignonne, que la nature avait créée saine et vigoureuse. Brune, avec des yeux noirs « bordés de rouge » parce que délicats, le visage plein, le nez un peu retroussé, le teint très blanc (4), avec de belles couleurs, la bouche petite, les lèvres très vermeilles, les dents fort bien, elle n'était pas jolie au sens propre du mot ; la forme et la blancheur de ses bras et de sa poitrine, qui étaient remarquables, faisaient bien un peu oublier ce que sa taille avait de défectueux, mais elle n'eût laissé qu'une impression très effacée si elle n'avait pas eu un grand charme d'expression.

(1) La maison existe encore. Elle est située à l'angle ouest de la grande rue et de la rue Mirabeau. L'appartement de Mirabeau était au premier étage, au-dessus d'une boutique de coiffeur.

(2) Le mariage avait eu lieu le 1ᵉʳ juillet 1771 au château de Trouhans. Mlle de Ruffey, à l'âge de 15 ans, avait été proposée à Buffon, devenu veuf en 1769. Ce dernier avait soixante ans passés : il se refusa avec un grand bon sens à une union aussi disproportionnée.
PAUL COTTIN. *Sophie de Monnier et Mirabeau.* Paris, chez Plon-Nourri, 1903. Introduction, p. IX.

(3) PAUL COTTIN, *Une névrosée mondaine au XVIIIᵉ siècle.* Paris, Société française d'Imprimerie, 1902.

(4) Ce portrait est en grande partie extrait d'un signalement conservé aux archives municipales de Turin et découvert par MM. Dauphin Meunier et G. Leloir. Ce document curieux a été reproduit dans la *Renaissance Latine*, 15 novembre 1903, p. 253. *Lettres inédites au bon ange,* par DAUPHIN MEUNIER et G. LELOIR.

Sa physionomie était en effet très mobile, reflétant un caractère enjoué, primesautier, animée par beaucoup d'esprit naturel, un grand désir de plaire et d'être aimable. Mariée à un homme jeune, intelligent, elle eut été une femme accomplie, une épouse vertueuse. Unie à un vieillard avare, confit en dévotion, sa vertu devait fatalement succomber. Son besoin d'affection ne trouvant d'aliment ni dans son entourage ni dans la religion, elle était une proie désignée pour celui qui « habitant un nid de hiboux, égayé seulement de quelques invalides » avait avec des sens inflammables dans un corps de satyre, la persuasion de l'orateur, l'esprit d'un roué et l'absence de tout scrupule (1).

La chute fut retentissante. Elle causa un grand scandale dans la petite ville. Pour mettre un terme aux commérages, M. de Monnier renvoya sa femme à Dijon dans la famille de ses parents. Mirabeau la suivit. Découvert, il fut appréhendé et enfermé au château de Dijon. Mais il s'échappa, passa en Suisse et vint se cacher sur la frontière, aux Verrières, où sa maîtresse, rentrée chez son mari, vint le rejoindre. Les deux amants gagnèrent la Hollande.

Pendant plus d'un an ils vécurent à la Haye sous un faux nom. La police française parvint à les dépister, les arrêta (24 mars 1777) et les ramena en France à la suite d'une demande d'extradition accordée complaisamment par les Etats généraux de Hollande.

Sophie de Monnier fut d'abord placée dans une sorte de maison de correction subventionnée par la police et tenue rue de Charonne par une demoiselle Douay. Elle y accoucha d'une fille (2). Elle fut ensuite internée dans un couvent de Gien.

Mirabeau, séparé d'elle, fut conduit à Vincennes, enfermé dans le Donjon (juin 1777). Cette nouvelle infortune n'abattit pas ce caractère doué d'une mobilité étrange, mélange de fougue incoercible, de franchise audacieuse, de hâbleries déroutantes, de désintéressement illimité. « La prison était aux mains d'un geôlier redouté, M. de Rougemont, despote fantasque, irascible, rapace, ivrogne et coureur de jupes ; impitoyable aux faibles, dur aux malheureux, ouvert au solliciteurs et aux flatteurs, et docile aux grands ; glorieux et jaloux de l'exercice d'une autorité presque ab-

(1) Citation de Dupont faite par L. de Loménie.
(2) Née le 7 janvier 1778, morte en octobre 1780.

solue ; bien établi au reste dans sa place par l'ancienne protection du feu duc de la Vrillière, que lui continuait M. de Sartine et par la considération attachée à la charge de son beau-père gouverneur des pages du duc d'Orléans » (1), M. de Rougemont traita d'abord son prisonnier avec une extrême rigueur, lui refusant des livres, du papier, et jusqu'à un miroir ; se retranchant derrière « la règle » à chaque demande qui lui était adressée. Mirabeau corrompit son porte-clé, l'Avisé, se mit bien avec tout le personnel intérieur de la prison, et passant par dessus la tête de son geôlier, correspondit directement avec le lieutenant de police Lenoir, avec Boucher, magistrat chargé de la police de la librairie. Il obtint la permission de se promener dans les jardins intérieurs du Donjon, ainsi que dans « les galeries », d'acheter des volumes sur les 600 livres de pension, que lui donnait son père, et enfin d'écrire (28 décembre 1777). Il usa de cette autorisation avec toute la fougue de son tempérament ardent ; jamais son activité cérébrale ne fut plus en ébullition. Il touchait à tous les sujets, lançait des diatribes violentes contre son père : « l'ami des hommes ». Entreprenant une quantité d'œuvres diverses : Traduction de Tibulle, des *baisers* de Jean Second, des *contes* de Boccace, de la *vie* d'Agricola, trouvant encore le moyen d'écrire des *Contes et nouvelles diverses* ; un *Essai sur les Elégiaques latins* ; un mémoire sur le ministère du duc d'Aguilar, un *Essai sur la tolérance* ; une *Histoire de Philippe II* ; un *Mémoire sur l'inoculation* et un autre sur *l'Usage des troupes réglées*, etc., etc., jusqu'à deux pièces de théâtre, une tragédie *Gaston et Bayard*, et un drame bourgeois dont le sujet était pris dans l'histoire de ses amours avec Madame de Monnier.

Toutes ces œuvres, ébauchées souvent, jamais finies, sont aujourd'hui perdues. Il eut été heureux, comme le dit M. de Loménie, qu'il en fut ainsi de deux véritables livres de mauvais lieux, *Ma Conversion* et *Erotica Biblion*, ces deux produits d'une fièvre surexcitée par la claustration (2), que Boucher, magistrat chargé de la police de la librairie, se chargea de faire publier et vendre !

(1) M. de Rougemont était le bâtard de Mme de Hatte et du marquis d'Oise. La citation ci-dessus est extraite de l'*avant-propos aux lettres de Mirabeau à Julie*, par M. DAUPHIN MEUNIER, en collaboration avec M. GEORGES LELOIR, (*Minerva*, 1 mars 1902, n° 1, p. 81).
(2) L. DE LOMÉNIE. Les *Mirabeau*, t. III, p. 327.

Mirabeau à Vincennes

Le seul ouvrage sérieux de cette série d'écrits est intitulé : « Lettres de cachet et prisons d'Etat ». Cette satire vigoureuse contre les emprisonnements arbitraires, appuyée d'une savante dissertation historique et critique, eut un immense succès. Boucher accepta encore la responsabilité de garder le manuscrit jusqu'à la sortie de Vincennes du prisonnier. Les « Lettres de cachet » publiées à Amsterdam en 1782, contribuèrent comme nous l'avons dit, à la suppression de la prison d'Etat du Donjon (1784).

Au cours de ces travaux divers, Mirabeau n'oubliait pas Sophie de Monnier. Il revivait son roman d'amour pour se donner l'illusion sensuelle de la présence réelle de son amie et lui écrivait ces épîtres souvent licencieuses que nous connaissons sous le titre de : « Lettres à Sophie » et dont certains extraits ont fait le fond du Recueil de Manuel (1).

Puis, ne parvenant pas à tromper ses sens, il essaya, par correspondance, sa puissance de séduction sur Julie Dauvers (2). Cette aventure romanesque avec une inconnue qui accorde à notre héros « toutes les faveurs qu'une femme peut donner sur le papier » (3) permet de voir Mirabeau sous un jour intime, exerçant son horrible talent pour faire des dupes, essayant à distance son génie de fascination.

Cette Julie Dauvers était la fille d'un médecin dentiste de la cour (4), jouissant en haut lieu d'une grande réputation. Placée dès son jeune âge auprès de Madame Louise, elle était restée attachée au service de cette princesse jusqu'au moment où celle-ci avait pris le voile aux Carmélites de Saint-Denis (1770). Elle était alors rentrée chez ses parents qui l'avaient lancée dans la société élégante de Paris. Elle avait rencontré chez les d'Arlincourt, qui avaient un salon à la mode, le beau Lafage, secrétaire particulier de Baudouin de Guémadeuc, gendre et beau-frère des fermiers généraux Prevost d'Arlincourt, maître des requêtes, ami de Miromesnil. Baudouin, baron et seigneur de Guémadeuc, était un homme important,

---

(1) Pierre Manuel investi le 4 juillet 1789 des fonctions d'administrateur de la police et plus tard du titre de « procureur de la commune » publia en 1792 une partie de ces « lettres à Sophie » qui, déclarait-il, étaient écrites à l'amour, et de l'amour devaient passer à la postérité.
(2) *Lettres à Julie.*
(3) M. DAUPHIN MEUNIER, *Avant propos aux lettres à Julie, Minerva*, n° 1, p. 71.
(4) *Ibidem,* même page.

puissant ; Lafage marchait dans son sillon, écrivait des romans, tournait facilement les vers, tirait l'épée en émule du mulâtre de St-Georges, jouait du violon comme Jarnowick, bref, faisait tourner toutes les têtes. Julie qui n'était retenue par aucune crainte religieuse, par aucun sentiment de vertu, estima que la situation de maîtresse du beau secrétaire était plus enviable que celle de jeune fille sans dot. Elle se donna. Elle triomphait d'avoir supplanté ses rivales, quand l'échafaudage de ses calculs s'écroula. Baudouin de Guémadeuc, l'ami de tout ce que Paris contenait de gens à la mode, ne vivait en somme que d'expédients. Poursuivi par ses créanciers, il fut obligé d'avouer une faillite de plus d'un million ; on hésitait cependant à l'arrêter. Lenoir lui tendit un piège. A une soirée chez Miromesnil, le lieutenant de police prétendit avoir vu le maître des requêtes voler de l'argenterie. L'accusation était mesquine ; mais Guémadeuc répondit cyniquement à qui lui demandait compte de ce larcin difficilement croyable : « Miromesnil m'a prévenu que j'avais toujours un couvert à sa table, j'ai cru pouvoir en emporter un sans indiscrétion ». Il fut arrêté, conduit au Donjon de Vincennes avec Lafage, le 1er décembre 1779. Il y trouva Mirabeau. Celui-ci, jouissant d'étonnantes tolérances (1), grâce à son crédit sur Lenoir et son premier commis Boucher, avait fini par mettre à ses pieds tous ceux, grands et petits, que leur état préposait à sa garde et à son service (2). Il s'était lié, par la fenêtre de sa cellule avec Madame du Ruault, belle-sœur de M. de Rougemont ; se servant, pour recevoir des nouvelles de l'extérieur, de tous les hôtes du château, entr'autres de Madame de Sparre qui logeait dans le bâtiment du Roi vis-à-vis du donjon. Il ne lui restait pour faire la loi dans l'intérieur de la prison qu'à mettre sous sa coupe Bertrand, le porte-clef de Baudouin, le seul des geôliers qui eut encore échappé à son influence. Il corrompit ce gardien dans les premiers jours de janvier 1780. Dès lors, il communiqua librement avec le maître des requêtes. Il usa de cette facilité pour lui proposer de remplacer Lafage comme secrétaire, le concours de ce dernier faisant grandement défaut au prisonnier, bref s'immisça si bien dans la confiance du maître des requêtes qu'il devint son confident le plus intime.

(1) *Avant propos aux lettres à Julie. Minerva*, n° 1, p. 82.
(2) *Ibidem*, même page.

Baudouin vanta les charmes et l'esprit de Julie, raconta à son nouvel ami comment il avait favorisé les amours de son secrétaire avec la jeune fille, allant jusqu'à leur prêter sa propre chambre pour leur commerce galant, bref enflamma le trop inflammable Mirabeau pour la maîtresse de Lafage. L'ami de Sophie n'eut plus qu'une idée, vérifier si les peintures si séduisantes qu'on lui avait faites de Julie correspondaient au modèle. L'exécution d'un tel projet semblait délicate, difficile ; il parvint cependant à entrer en relation avec la jeune fille d'une façon très originale, acquérant même d'emblée des titres à son affection, des droits à sa reconnaissance. Baudouin avait reçu la nouvelle de son transfert à Tanlais et s'en lamentait. Mirabeau se fit fort, avec l'aide de ses puissants amis, d'empêcher ce départ. Puis il parla de procurer une situation avantageuse à Lafage. Bref il promit sa protection comme s'il eut été en situation de tout obtenir. Il demanda seulement que Julie fut consultée et indiquât ce qu'elle désirait pour son ami. Et Julie se fit solliciteuse. Inutile de dire que Baudouin fut transféré à Tanlais, que Lafage ne reçut rien, mais la plus étrange correspondance commença entre la maîtresse du secrétaire et Mirabeau, qui s'érigeait en confesseur, en directeur de conscience. Il arriva cependant un moment où ce dernier dut expliquer comment aucune de ses promesses ne se réalisait. Les vantardises les plus extraordinaires ne gênaient pas notre provençal : il eut des explications à tout : laissa entendre qu'il était l'amant d'une amie intime de la reine, qu'il n'osait désigner sous son vrai nom et appelait d'Urgande ; il fit soupçonner qu'il s'agissait de la princesse de Lamballe, fort liée avec Madame de Sparre, sa voisine au château ; il recevait la princesse, allait la voir secrètement à Paris. Celle-ci s'occupait activement des intérêts de ceux qui lui avaient été recommandés. Elle devait toujours agir, mais comme ce concours ne produisait rien, à bout d'invention, poussé dans ses derniers retranchements, Mirabeau dut avouer en fin de compte « qu'il était cet aventurier décapité en effigie pour rapt de la femme et des biens du marquis de Monnier (1). Il porta alors ce terrible personnage avec l'aisance d'un roué, la morgue d'un aristocrate et l'astuce d'un politique. Il pro-

(1) Son procès en crime de rapt et de séduction avait été jugé à Pontarlier. Mirabeau avait été condamné par contumace et exécuté en effigie sur une des places de la ville.

testa avoir conservé à Sophie un amour à quoi rien ne s'égale au monde excepté l'affection qu'il avait conçue pour Julie ; après, il parla amicalement de cette passion et passionnément de cette amitié, enfin il confondit à dessein leurs images et leurs charmes. Il rabaissait Lafage aux yeux de sa maîtresse, il fit si bien qu'à la fin, grisée, éperdue, Mlle Dauvers consentit à n'être plus sous sa plume, en l'attendant, que sa Liriette chérie, sa bonne fanfan, son unique après Sophie » (1). Toutefois, pendant toute la durée de cette intrigue, Mirabeau s'occupait de sa mise en liberté. Par l'intermédiaire de sa sœur, Mme du Saillant, il avait fait des avances à son père, écrit même à sa femme pour solliciter son pardon, car « l'ami des hommes » tenant à l'idée d'avoir un héritier de son nom, exigeait un rapprochement (2). Il s'était incliné devant toutes les conditions qui lui avait été posées, il acceptait tout pour sortir de Vincennes, s'en remettait à l'absolue discrétion du terrible marquis.

Il fallait cependant débrouiller les fils des intrigues nombreuses qu'il avait nouées. Comme dans un vaudeville à tiroir, le dénouement fut piteux, mais la solution, simple, radicale. Il renia l'amitié qu'il avait jurée à Baudouin de Guémadeuc, ne voulant pas avoir de relations compromettantes. Il sacrifia Sophie qui n'avait été qu'une amoureuse (3). Restait Julie. Mis en liberté le 22 octobre 1780, Mirabeau sortit de Vincennes avec l'idée bien arrêtée de ne plus retomber sous la dépendance d'une femme. Mais il lui fallait trouver des moyens d'existence. La lettre de cachet qui le libérait (4) le mettait à la discrétion de « l'ami des hommes » et l'on sait

(1) DAUPHIN MEUNIER, *Avant propos aux lettres de Julie*. Minerva, n° 2 — 15 mars 1902 — p. 235

(2) Mirabeau avait eu de Mlle de Marignanne un fils, Victor, mort en octobre 1778. Il avait eu de Sophie plusieurs enfants morts en bas-âge. Le dernier, une fille, Sophie-Gabrielle, mourut en mai 1780.

(3) La marquise de Monnier, libérée en 1784, après le décès de son mari resta à Gien. Elle s'asphyxia le 9 octobre 1789 par désespoir de la mort de Porterat, capitaine de cavalerie, son nouvel amant

(4) De par le roi, il est ordonné au sieur comte de Mirabeau de se retirer aux lieux que son père lui fixera, Sa Majesté défendant au dit sieur comte de Mirabeau de s'en éloigner sous quelque prétexte que ce soit et ce jusqu'à nouvel ordre de sa part, sous peine de désobéissance.

Versailles, le 13 décembre 1780.
Signé : Louis.

De par le roi, (contresigné) Amelot.

que l'ami des hommes n'était pas tendre quand il s'agissait de ses enfants. Le marquis avait déclaré à son fils « qu'il ne recevrait pas de fou « dans son hôtel ». Mirabeau résolut de marier Julie à Lafage « pour pouvoir vivre en tiers dans leur ménage, avoir une maison honnête où recevoir, et une bourse ronde, à délier » (1). Mais il ne put réaliser ce rêve. Lorsque, sorti de prison, il tenta de faire quelques emprunts à M. Dauvers père, tout se brouilla. Julie, défiante, se hâta de fuir, et les beaux projets de Gabriel-Honoré de Mirabeau échouèrent « contre la prudence d'une petite bourgeoise sèche et intéressée ».

Il dut d'ailleurs s'occuper de sa condamnation de Pontarlier, car il avait sa contumace à purger. Obligé de se défendre de l'accusation de crime de rapt et de séduction, il se borna dans ses interrogatoires et dans sa plaidoirie à attaquer les plaignants et les témoins en termes d'une telle violence, que la famille de Monnier, effrayée des proportions du scandale, se désista de sa plainte, transigea. Avec sa femme, les choses s'arrangèrent encore plus facilement. La comtesse de Mirabeau déclara qu'elle ne voulait sous aucun prétexte reprendre la vie commune, et son mari, qui ne tenait nullement à un rapprochement, n'insista que pour la forme.

En sortant de Vincennes, Mirabeau ne laissa derrière lui que des haines. Un mémoire anonyme, conservé aux archives nationales (2), contient, au milieu d'allégations ne devant être acceptées que sous bénéfice d'inventaire, un ensemble de détails montrant à quels sentiments de rancune en était arrivé le personnel subalterne de la prison, momentanément subjugué par le talent du grand orateur, mais continuellement berné, dupé par lui. Le garde, M. Bertrand, le docteur Fontelliau, Silvestre, la femme Duval, la famille Bordet dite Sainte Sophie, ne craignirent pas d'accuser de vol et d'escroquerie le député de l'Assemblée nationale. Ils lui réclamaient tous de l'argent, lui demandant de tenir d'anciennes promesses, toujours verbales, toujours éludées. Mais leurs plaintes se perdirent dans l'orage de la révolution.

(1) *Introduction aux lettres d'amour de Mirabeau à Julie. Minerva*, n° 2, 15 mars 1902, p. 233.
(2) Archives Nationales, f° 7, 4.343 Ce document a été publié en entier par M. Paul COTTIN, dans la *Nouvelle Revue rétrospective*, n° 88, 10 octobre 1901.

Trois personnes d'une certaine notoriété se trouvaient encore enfermées au Donjon en même temps que Mirabeau : le marquis de Sade (1777) le marquis de Beauvau (1777) et l'inspecteur de police Goupil (1778).

Il faut reconnaître que si les lettres de cachet donnèrent lieu à des abus, leur emploi fut souvent justifié. Celles qui furent décernées contre le marquis de Sade sont du nombre. Le triste personnage qui ne trouva d'excuse qu'aux yeux d'une épouse chrétienne « toujours empressée au pardon, toujours prête au dévouement et au sacrifice » (1), avait été amené au crime par l'effervescence de ses passions. En 1760, il avait attenté aux jours d'une vieille femme qu'il avait fait venir chez lui sous prétexte de la soigner. Enfermé au château de Chauffour, du 13 octobre 1763 au 16 avril 1768, il fut de là transféré à Saumur ; puis à Pierre-en-Cize et finalement le 2 juin à la Conciergerie. Rendu à la liberté, se trouvant à Marseille, il avait enlevé sa belle-sœur en usant pour la séduire de procédés innomables. Exilé à la Coste, il y mena une vie si déréglée que sa famille sollicita contre lui une nouvelle lettre de cachet. Il fut, cette fois, interné à Vincennes où il recevait une pension de deux mille quatre cents livres employée en grande partie à sa toilette. En 1784, il fut transféré à la Bastille, de là conduit à Charenton. La Révolution le délivra (2).

Charles-Louis-Jean-Vincent, marquis de Beauvau (3), seigneur de la Séguinière, de Saint-André de la Marche, de Sainte-Mélanie et de la Treille

---

(1) La *Marquise de Sade*, par M. Paul GINISTY.
(2) Il fut pendant la terreur le secrétaire de la section des Piques, quartier de la place Vendôme. Le roi Louis XVI l'avait puni pour ses actes. Bonaparte, premier consul, ayant pris connaissance de ses livres, jugea que l'auteur devait être retranché de la société et le fit mettre à Bicêtre où il vécut encore dix-sept ans. (*Article du Gaulois à propos du livre de M. Ginisty*).
(3) Millin raconte que ce marquis de Beauvau, le fils du maréchal de même nom, avait employé le temps de sa captivité à peindre à fresque diverses cellules du donjon. Le renseignement relatif aux peintures du prisonnier est exact, mais l'auteur des *Antiquités Nationales* fait erreur en ce qui concerne la parenté du prisonnier avec le maréchal. Charles-Louis était né de Claude-Charles de Beauvau, marquis de Tigné, et de Eugénie Placide Le Sénéchal. Il avait été adopté par son oncle qui voulait le faire épouser à sa fille, et de là provient la confusion.
H. BAGUENIER DÉSORMEAUX. *Intermédiaire des Chercheurs et Curieux*, année 1906, 1. Sem. p. 453.

au pays des Mauges, fut incarcéré à Vincennes pour crime de bigamie, qu'il aurait peut-être commis de bonne foi (3 décembre 1777). Il venait du château d'Angers. Il resta au Donjon jusqu'à la fin de 1780, époque à laquelle il fut enfermé à la Bastille. Il n'obtint sa liberté que le 19 décembre 1786 sur l'intervention du baron de Breteuil. Il avait promis de se conduire mieux et de s'en rapporter à ses curateurs, car il était interdit depuis le 16 mars 1778. A sa libération il fut cependant exilé à sa terre de la Treille près de Cholet.

L'inspecteur de police, Goupil, incarcéré à Vincennes quelques mois après le marquis de Sade, avait écrit d'infâmes libelles contre la reine Marie-Antoinette, et les avait portés à la princesse de Lamballe, se faisant fort, déclarait-il, d'en découvrir les auteurs. Il était parvenu ainsi à capter la confiance de la reine et avait obtenu pour sa femme une place de lectrice à la Cour, pour lui la promesse de la charge importante de visiteur des postes aux lettres. La rapidité d'une telle faveur étonna les contemporains. Le lieutenant de police Lenoir, ayant des doutes sur la moralité de son subordonné, fit une enquête discrète et apprit que Goupil, loin de chercher à découvrir les coupables, répandait lui-même dans Paris les brochures incriminées. Sans s'émouvoir du scandale, il donna l'ordre d'arrêter le calomniateur hypocrite ainsi que sa femme. Goupil fut trouvé mort dans sa cellule le 28 avril 1780. Sa femme recouvra peu après sa liberté, et finit misérablement.

Nous trouvons comme derniers prisonniers dans le Donjon en 1782 : Dubut de la Paquerette et le comte de Solages, celui-ci enfermé pour inconduite. Le premier ne resta que peu de temps au Donjon ; le comte fut du nombre des prisonniers transférés à la Bastille en 1784. Il ne sortit qu'en 1789 de cette dernière prison.

Le Donjon cessa de recevoir des prisonniers à partir de 1784. L'émeute du 28 février 1791 l'empêcha de reprendre son affectation précédente.

Le Donjon ne redevint prison d'Etat qu'en 1808 lors de la démolition du Temple. Le 3 juin, Fauconnier, concierge de cette dernière prison reçut de Fouché, ministre de la police, l'ordre de remettre les dix-huit prisonniers, dont il avait la garde, à M. Paques (1), inspecteur-général du ministère. Ces détenus étaient pour la plupart des inculpés dans l'affaire Georges Cadoudal. Car, parmi les noms des prisonniers remis par Fauconnier, on relève ceux de Jules et d'Armand de Polignac, du marquis de Puivert qui ne sortit qu'en avril 1814, avec une interruption de quatre années passées dans une maison de santé (8 septembre 1808 au 10 novembre 1812), et qui plus tard, pendant la durée des deux Restauration, resta gouverneur de Vincennes ; de l'abbé David ; de Boissonet de la Villate ; de Garrez de Mézières, ancien officier ; de M. de Vaudricourt, etc., etc.

Il n'y eut pendant le restant de l'année 1808 que deux fournées de prisonniers. Dans la première, qui eut lieu entre le 20 et le 27 septembre, les Espagnols étaient en majorité. Tous furent écroués sous l'inculpation de manœuvres frauduleuses contre la sûreté de l'Etat. On relève parmi eux, le surintendant du prince des Asturies, Pierre Macanas ; le secrétaire d'ambassade Fernand Nunez de los Rios ; le général Nunez de los Rios, frère du précédent ; Larea, agent diplomatique de Charles IV, Carmero, officier de l'ambassade d'Espagne à Constantinople ; enfin Mendola.

L'histoire de ce dernier prisonnier est particulièrement intéressante, car elle nous révèle des détails fort piquants sur la police de l'empire, et les emprisonnements arbitraires. Mendola n'est autre que le grand Palafox. Cette façon de déguiser un personnage important sous un nom d'emprunt était une habitude à cette époque. Nous avons vu déjà que le duc d'Enghien avait été amené à Vincennes sous le nom de Plessis ; nous citerons, dans le cours de ce chapitre, un autre exemple de cet errement naïf, qui ne trompa jamais personne.

(1) 3 juin 1808. Ordre signé « Fouché » au concierge de la maison du Temple.
« Le sénateur, ministre de la police générale de l'Empire, ordonne au concierge « de la maison du Temple de remettre les prisonniers confiés à sa garde à M. Pa- « ques, inspecteur général du ministère qui est chargé de les faire transporter à « Vincennes. Après cette remise, il se transportera à Vincennes, pour y recevoir les « dits prisonniers dont il continuera à être chargé dans la même prison ».
(Suivent les noms des 18 prisonniers — Voir annexe B.).

Don José de Palafox, né vers 1780, mort en 1847, fut l'âme de la résistance de Saragosse pendant les deux sièges que cette ville eut à soutenir contre l'armée française du 15 juin au 14 août 1808 et du 20 décembre 1808 au 20 février 1809. L'héroïque défenseur de la vieille cité Aragonaise excita l'admiration du roi Joseph lui-même. Napoléon n'eut pas cette grandeur d'âme : « La Gazette de Madrid, écrivit-il le 11 mars 1809, rend compte de la prise de Saragosse ; on y fait l'éloge des défenseurs de cette ville. Voilà une singulière politique. Certainement il n'y a pas un Français, qui n'ait le plus grand mépris pour ceux qui ont défendu Saragosse. » Et mettant ses actes d'accord avec ses sentiments, il ordonna de faire arrêter Palafox. Il savait cependant que celui-ci était presque mourant, mais pouvait-il s'arrêter à cette considération, quand, non content de violer une capitulation en attentant à la liberté de son ennemi vaincu, il cherchait à le perdre de réputation en faisant contester par le *Moniteur* jusqu'à son courage : « Palafox, dit un article du 2 mars 1809, est l'objet du mépris de toute l'armée espagnole qui l'accuse de présomption et de lâcheté. On ne l'a jamais vu dans les postes où il y avait du danger ».

Le 14 mars, l'empereur ordonnait que le prisonnier serait conduit à Vincennes de façon : « *qu'on ne sut pas qui il était* » (1), et le 14 juin il écrivit à Fouché : J'ai reçu un mauvais galimatias de ce scélérat de Palafox. Je suis mécontent que vous l'ayiez accepté, et par là fait connaître qu'il était à Vincennes, tandis qu'il devait être ignoré, mon intention est qu'il y vive séquestré du monde » (2).

Ayant la certitude de l'internement de l'illustre général au Donjon, ayant même lu son nom gravé sur une pierre d'une des cellules, j'avais été fort surpris de ne pas retrouver trace du prisonnier sur le registre d'écrou conservé à la Préfecture de police ; j'examinai de plus près le document officiel, et je remarquai que Mendola était entré à Vincennes le 1ᵉʳ avril 1809, sous la prévention vague de : « Manœuvres contre la sûreté de l'Etat ». Cette indication ne fournissant aucune indication utile, je cherchai quel pouvait être cet officier espagnol arrivé au château le même

---

(1) *Lettres inédites de Napoléon I*, par M. Léon Lecestre, t. I, p. 292.
(2) *Ibidem*. t. I, p. 315-316.

jour que Palafox. Je trouvai bien parmi les prisonniers de guerre un Mendola, mais il portait le nom de Romao, et il avait été interné au fort de Joux. Celui de Vincennes figurait tantôt sous le nom de Pédro, tantôt sous le nom de Piétro. On n'était pas, semblait-il, très bien fixé sur son identité. Cependant ce Piétro, ou Pédro Mendola était, à n'en pas douter, un personnage important : il était au secret le plus absolu, les prescriptions des décrets du 3 mars 1810, adoucissant le sort des prisonniers d'Etat ne lui avaient pas été appliquées ; les inspecteurs qui venaient à Vincennes, n'avaient pas le droit de l'interroger ; ils ne pouvaient d'après les ordres formels du duc de Rovigo que constater sa présence.

Et ce Mendola, pour qui l'on prend de si grandes précautions, sort du Donjon le 13 décembre 1813. C'est précisément la date à laquelle Palafox est rendu à la liberté pour prendre part aux négociations que M. de Laforest engage avec Ferdinand VII au nom de l'empereur. D'ailleurs, comme Palafox, ce Mendola avait été arrêté à Bayonne. Ces mesures si étranges, cette coïncidence de dates d'entrée et de sortie ne laissent aucun doute : Mendola et Palafox ne font qu'un.

En décembre 1808, deux chefs de bureau du ministère de la guerre, MM. de Villaines et Pons, ainsi qu'un conseiller d'Etat, Gérard de Raineval vinrent s'ajouter aux détenus précédents.

En 1809, il n'y eut que huit entrées : deux Napolitains, deux Espagnols, un major prussien : Verner de Rœder ; puis le général Desnoyers, transféré de la Force ; un capitaine au 18ᵉ de dragons, Constantin Argenton, entré au Donjon sous l'inculpation d'intelligences avec l'ennemi, le 26 juillet, et fusillé le 22 décembre ; enfin un condamné de droit commun.

En 1810, il y eut quatorze entrées. Les premières furent celles du baron de Kolli, ministre diplomate anglais et de Constant de St-Bonnel (25 mars) (1). Le 6 avril, le comte d'Epinay St-Luc, émigré non amnistié, inculpé de voies de fait sur les acquéreurs de ses biens, fut écroué en même temps que Thomas Pinel ; tous deux venaient de la prison de la Force.

(1) Voir au sujet de ces deux prisonniers le livre fort intéressant de M. Léonce GRASILIER : *Aventuriers politiques sous le Consulat et l'Empire. Le baron de Kolli.* Paris, Société d'Editions littéraires et artistiques, 1902.

Arrivent ensuite successivement Van Halphen, vicaire général apostolique de l'évêché de Bois-le-Duc, et Moore, curé de Bois-le-Duc, accusés de menées séditieuses ; Julien Granier, peintre, inculpé de manœuvres contre l'Etat ; un moine espagnol, Concha, accusé de trahison et d'espionnage, et enfin le célèbre munitionnaire général Gabriel Ouvrard (6 juin).

Quelques détails doivent être fournis sur cette dernière affaire, car ils nous renseigneront encore utilement sur les mœurs de la police, et jetteront un jour nouveau sur les habitudes des geôliers d'une prison d'Etat, sous le 1er Empire.

Ouvrard avait trempé à l'instigation de Fouché, dans une intrigue avec l'Angleterre. Il avait cru pouvoir sonder cette puissance sur des propositions de paix. L'empereur était à ce moment à Schœnbrunn, occupé par les négociations de son mariage avec l'archiduchesse Marie-Louise. Il apprit les pourparlers engagés à son insu, ou plutôt contre sa volonté. Il feignit une grande colère et saisit l'occasion qu'il cherchait depuis quelque temps de disgracier Fouché et de faire arrêter Ouvrard. Ce dernier fut d'abord enfermé à l'Abbaye. Il y resta quelques mois, sous l'inculpation de crime de lèse-majesté. Interrogé par Desmaret, il croyait s'être suffisamment disculpé des accusations qui pesaient sur lui, quand, une nuit, on le demanda au greffe. Il y descendit en pantoufles et sans chapeau. Un officier et plusieurs gendarmes d'élite lui apprirent qu'ils étaient venus le chercher. Il demanda un moment pour prendre du linge et s'habiller. Il lui fut répondu qu'il n'avait besoin de rien. Il monta dans une voiture, et après une heure de marche, sans qu'on voulut lui dire où il allait, il se trouva dans le Donjon de Vincennes. » On m'avait déposé, dit-il, chez Fauconnier, concierge ; là, une explication assez vive éveilla mon attention, et me fit prêter l'oreille. On voulait *me faire écrouer sous un autre nom que le mien*. Le concierge exigeait un ordre écrit, sous le motif plein de prévoyance qu'en cas de mort, il ne pourrait constater l'identité de ma personne, et dresser un acte de décès légal » (1).

En entendant une telle conversation, Ouvrard fut touché de ces scrupules, et enchanté, avoua-t-il, de savoir qu'il avait affaire à des gens aussi

(1) OUVRARD, *Mémoires*, Paris, 1827, t. I, p. 163.

rigides sur l'observation des règles. Nous savons ce qu'il faut penser de cette dernière appréciation. Cette fois, cependant, le concierge, fut inflexible sur les formalités. L'officier qui avait amené le prisonnier, dût se rendre au ministère de la police, et rapporter un ordre. Ouvrard nous apprend alors : « qu'il fut mis dans une tour du donjon, au secret absolu, sans livres, sans papiers, *sous un autre nom que le sien* ». Il commet sur ce dernier point une erreur explicable : il avait entendu lors de son entrée au greffe de Vincennes, une conversation qui ne lui laissait aucun doute sur l'intention qu'on avait de cacher son identité. Mais il fut écroué sous son véritable nom, le 6 juin 1810. Le registre de la préfecture de police le prouve. — De tout ce qui précède, il faut retenir que des prisonniers d'Etat ont été séquestrés à Vincennes, sous des noms d'emprunt, mais que tous ces prisonniers ont été pris en charge, sinon régulièrement, du moins avec des rudiments de formalité qui ne laissent planer aucun mystère sur eux.

C'est pendant la détention d'Ouvrard, que les Polignac recouvrèrent leur liberté (23 juin). « Les deux frères laissèrent au Donjon un souvenir de leur passage. Ils habitaient au 4ᵉ étage, Armand, la chambre 43, et Jules celle n° 46. Ils avaient tracé dans l'épaisseur du mur contre la croisée de la salle commune, un méridien qui leur indiquait l'heure » (1).

On écroua à Vincennes, dans cette même année 1810 : le 30 juin, Abad, chef de bande espagnole, fort redouté, — il y resta jusqu'en 1814 ; — puis, le 15 août, M. de Byland, aide de camp du roi de Hollande (mis en liberté le 18 septembre suivant) ; le 19 octobre l'abbé Desjardins, curé des Missions, et le 24 du même mois, Maurice Rivoire. Ces deux derniers prisonniers ne restèrent que peu de temps au Donjon.

A la suite de la mésintelligence entre l'empereur et le pape, en 1810, un grand nombre d'ecclésiastiques qui avaient osé prendre parti pour le chef de l'Eglise, furent jetés en prison. Vincennes, dès le début de l'an-

(1) *Le donjon de Vincennes*, par MM. ALBOIZE et AUGUSTE MAQUET, Paris, 1844, t. II, p. 325.

née 1811, vit arriver dans ses murs, depuis de simples prêtres jusqu'à des cardinaux. La formule générale que l'on relève sur le livre d'écrou pour justifier ces arrestations arbitraires, est . « menées séditieuses » ou « manœuvres frauduleuses contre la sûreté de l'Etat ».

Le vicaire général capitulaire de Paris, l'abbé Dastros, qui devint, par la suite, archevêque de Toulouse, avait fait afficher la bulle d'excommunication lancée par le Saint Père, contre l'Empereur. Cela suffit pour le faire appréhender avec Pierre Lacalprade, chanoine honoraire de Paris, Fontana, prêtre italien, et l'abbé Perreau. Ces quatre ecclésiastiques ne furent pas traduits devant des cours ou tribunaux, mais incarcérés, sans jugement, au Donjon et mis au secret jusqu'en 1814. Le chanoine Lacalprade seul, ne subit pas sa détention complète dans la vieille tour : il en fut extrait deux mois et demi après son entrée, le 27 mars 1811, et transféré dans une autre forteresse.

Le haut clergé romain, qui avait également défendu le Souverain Pontife, fut, à son tour, frappé. Le cardinal Michel di Pietro, préfet de la propagande, et le cardinal Gabrielli, évêque de Sinigaglia, furent d'abord emprisonnés à la Force et, de là, transférés au Donjon, en compagnie de Gregorio, prélat de la cour de Rome et secrétaire de la légation du concile, de l'abbé Joachim Isabelli, et du cardinal Oppizoni, archevêque de Bologne (22 février 1811).

Au mois de juillet suivant, l'Eglise française fournit un second contingent. L'arrestation qui causa le plus de scandale fut, certainement, celle de Mgr de Boulogne, évêque de Troyes, qui occupait une haute situation à la cour impériale. Chapelain de l'empereur, connu par sa franchise et son indépendance, il s'attira, par ses manières, la colère du souverain qui n'admettait pas qu'une personne de son entourage put avoir un autre avis que le sien. Le prélat, appréhendé aux Tuileries, fut incarcéré au 1er étage du Donjon (12 juillet 1811), en même temps que Mgr de Broglie, évêque de Gand, Mgr Hirn, évêque de Tournay, et un chanoine de ce dernier diocèse, l'abbé Duvivier. Mais, tandis que ces autres ecclésiastiques étaient enfermés dans la grande salle, transformée en dortoir, Mgr de Boulogne était mis au secret dans la chambre de la tourelle nord-ouest. Pour se distraire des ennuis de son isolement, il obtint l'autorisation de peindre sa chambre et il inscrivit, dans des cartouches décoratifs, des fragments de litanies qu'on peut lire encore (1). Il fut mis en liberté le 14 décembre 1811, à la condition de se démettre de son siège épiscopal de Troyes. Ni le Pape, ni les chanoines du chapitre de Troyes, ne voulurent reconnaître la validité d'un acte accompli sous une pareille contrainte. Il ne put donc être nommé de successeur au siège vacant jusqu'en 1812, époque à laquelle l'empereur enjoignit de nouveau à l'abbé de Boulogne de se démettre. Celui-ci, s'y étant formellement refusé, fut écroué une seconde fois à Vincennes (28 novembre 1813) ; il n'en sortit qu'à la chute de l'empire en 1814.

La grande chambre du premier étage du Donjon conserva longtemps, le nom de « chambre des Evêques » et celle du 2ᵉ étage de « chambre des Cardinaux », en souvenir des prélats qui y avaient subi leur détention.

Durant l'internement des ces ecclésiastiques à Vincennes, les arrestations arbitraires d'autres personnalités continuaient. On voit arriver dans la vieille tour, d'abord, un Espagnol : Sahla, pour espionnage (27 février) ; un négociant, Fripier, et un Bordelais, Duclos (8 et 9 mars), pour entente avec l'ennemi ; un général de division, Lahorie, pour conspiration, (2 avril) (2), transféré, le 14 juillet 1812, à la Force, par ordre du duc de Rovigo ; un capitaine anglais, Cumliffe Owen, prisonnier de guerre, et enfin un administrateur des vivres, Joseph Lannoy, pour irrégularités.

Trois autres noms terminent la liste des entrées pour l'année 1811. Celles de l'abbé Bertazzoli, aumônier du Pape, d'Aymé, chambellan du roi de Naples, écroués sans indications de motif ; et enfin de Bianchi, chef de division de la préfecture de Montenotte, pour manœuvres séditieuses, ce dernier évacué de la Force. L'abbé Bertazzoli fut relâché au bout de deux jours ; Aymé ne sortit que le 23 novembre 1812. Quant à Bianchi, il a dû rester enfermé jusqu'en 1814, le registre d'écrou étant muet sur la date de sa sortie.

En 1811, presque tous les prisonniers civils sortirent du Donjon. Il

---

(1) Voir page 170. Etat actuel du donjon, chambre n° 11.
(2) C'est ce même général Lahorie qui, évadé de La Force lors de la Conspiration de Mallet, fit arrêter et conduire à cette même prison, le duc de Rovigo. Lahorie se fit prendre avec Mallet et fut fusillé avec lui dans la plaine de Grenelle.

n'en restait que onze le 16 août 1811, car, à cette date, le commandant de la prison reçut l'ordre de mettre en liberté tous ceux, à l'exception des ecclésiastiques, qui ne figuraient pas sur l'état ci-dessous. Cette décision avait été prise par l'Empereur, dans les séances du Conseil privé des 9 et 10 juillet, sur le rapport des conseillers d'Etat chargés de la visite des prisons d'Etat.

Etat des détenus à garder (1)

NOMS	DÉCISION DE SA MAJESTÉ
Abad (Antoine Théodore)...............	Maintenu en détention.
Auerwerk de Flessentelos (Louis).......	id.
Daniaud dit Duperrat (Isaac Daniel Jean).	id.
Garnier (Julien)....................	id.
Garrez de Mézières (Nicolas Gérard).....	Déporté à Batavia.
Kolli (Baron de) Charles Léopold........	Maintenu en détention.
Mendola (Pietro).......................	Maintenu provisoirement.
Mina (Xavier).........................	Maintenu, mais plus au secret.
Pedicini (Cosme).......................	Maintenu.
Pivel dit Boessulan (Thomas Anne)......	id.
Vaudricourt (Charles Armand)..........	id.

En dehors des onze prisonniers portés sur l'état précédent, treize ecclésiastiques restaient maintenus. Ils n'avaient pas été compris dans le travail des rapporteurs, ceux-ci n'ayant pu voir les prisonniers au secret, et n'ayant donc pu inscrire leurs noms sur leurs états. Le 9 novembre 1811, Desmarets, chef de la 1re division du ministère de la Police, transmit au commandant du Donjon des instructions qui apportaient un adoucissement dans le régime des détenus de cette catégorie. En vertu de ces instructions, les cardinaux Oppizoni, Gabrielli di Piétro, et les abbés Isabelli, Fontana et Gregorio devaient être réunis dans la grande salle du 1er étage, avec un feu commun ; les évêques de Troyes, de Gand et de Tournay, avec les abbés Duvivier et Van der Velde placés dans la grande pièce du 4e étage, avec jouissance également d'un feu commun ; enfin, l'abbé Dastros

(1) L'Etat ci-dessus est signé de l'empereur et contresigné par le ministre de la justice, Daru, duc de Massa, et le ministre de la police, général duc de Rovigo.

mis avec l'abbé Perreau. Toutefois, le secret n'était pas levé pour ces prélats, qui ne devaient avoir aucune communication avec les autres co-détenus.

Ces ordres reçurent une exécution immédiate, mais avec certaines modifications de détails. C'est ainsi que les cardinaux furent placés au 2° étage et les évêques au premier. Ils restèrent ainsi jusqu'à leur libération.

En 1812, treize nouveaux prisonniers entrèrent au Donjon. Parmi eux, on remarque : un capitaine d'état-major français, Esmenard, amené le 14 février ; quatre officiers généraux espagnols, écroués en février et mars ; un abbé et un concierge ; un chambellan de l'empereur d'Autriche, tous arrêtés pour manœuvres contre la sûreté de l'Etat et intrigues politiques ; un intendant général de l'armée, le baron Dudon, incarcéré pour désobéissance, du 21 août 1812 au 4 septembre 1813. La liste se termine par un grand écuyer du prince d'Orange, de Heerdt d'Ewesberg, emprisonné pendant 45 jours, et le marquis de Puivert, ramené de nouveau au Donjon.

L'année 1813 comprend quinze nouveaux prisonniers. On y voit, en dehors des officiers des armées ennemies, un littérateur, M. de Sabran ; un peintre, Allais ; deux officiers français et plusieurs ecclésiastiques, dont le dernier clôturant la liste est l'ancien chapelain de l'Empereur, Mgr de Boulogne, évêque de Troyes. Les motifs indiqués pour justifier les arrestations sont généralement : manœuvres séditieuses, intelligence avec l'ennemi, et insoumission aux ordres du souverain.

Les événements de 1814 amenèrent l'élargissement des divers prisonniers du Donjon. Les 7, 8 et 9 février arrivèrent successivement les ordres de leur mise en liberté (1). Après ces dernières dates, le registre d'écrou est interrompu, sans même que le dernier feuillet soit paraphé. On voit que le désordre qui régnait partout avait sa répercussion à Vincennes, quoique Daumesnil y commandât.

(1) Ces ordres sont signés de Lelarge. Le dernier est au crayon (archives de la préfecture de police et *Histoire du donjon* par ALBOIZE et AUGUSTE MAQUET, t. II, p. 337).

Pendant la Restauration, la vieille tour féodale n'est utilisée que comme magasin. Cependant les 4ᵉ et 5ᵉ étages sont laissés à la disposition de la Police. Ils se trouvent donc prêts, après la Révolution de 1830, pour recevoir les ministres de Charles X, arrêtés comme signataires des ordonnances (1).

Au commencement de la seconde République, le Donjon redevient prison d'Etat, ses épaisses murailles, sa situation, offrant de grands avantages pour la sûreté de détenus politiques. C'est l'attentat du 15 mai 1848 qui amène, cette fois, dans la vieille tour, « tout ce que le coup de filet de la police avait pu prendre en fait de républicains (2) ». Barbès, Blanqui, Raspail, Flotte, Martin, Sobrier, Quentin, Large, Borme, Thomas et autres firent partie du convoi amené les 15 et 16 mai à Vincennes, sous l'escorte de dragons, le pistolet au poing. Aucune des cellules n'était préparée. On apporta à la hâte des paillasses et pendant dix jours, l'installation des détenus fut plus que rudimentaire. Raspail resta pendant ce temps, enfermé « dans un cachot long de sept pieds, large de cinq, qui est dans l'épaisseur du mur nord du 3ᵉ étage (3). » Par la suite, le régime des prisonniers fut adouci. Ceux-ci furent mis, chacun isolément, dans une chambre dont l'ameublement se composait d'un lit de fer, d'une table de bois blanc et de quatre chaises (4). Le 20 octobre 1848, il ne restait dans le Donjon qu'Albert, ancien membre du gouvernement provisoire, Barbès, Blanqui, Quentin, Raspail et Sobrier. Ces différents inculpés furent extraits de Vincennes en mars 1849 et passèrent devant la Haute-Cour réunie à Bourges.

La prison ne fut pas utilisée à la suite du coup d'Etat du 2 décembre 1851 (5). Elle ne devait resservir que pour les membres de la Commune.

---

(1) Voir t. I, pp. 266 à 276.
(2) RASPAIL. *La lunette de Vincennes*, p. 19 (Bibl. Nat.).
(3) RASPAIL. *Ibidem*, p. 19.
(4) *Les Prisonniers devant la Haute Cour* (Bibl. Nat.)
(5) Voir t. I., p. 289. Les représentants du peuple arrêtés restèrent au Pavillon de la Reine pendant leur courte détention.

Un certain nombre de fédérés furent à ce moment internés dans la tour, en attendant leur jugement. C'est par eux que se termine la longue liste des captifs de l'ancienne demeure royale, autrefois si luxueuse.

CHAPITRE VI

LE DONJON
(Suite)

SON ÉTAT ACTUEL

Le Donjon de Vincennes est un des monuments du XIV° siècle les mieux conservés. Intérieurement, ses anciens appartements ont perdu leur splendeur au cours de leurs diverses affectations, mais leur inspection permet de retrouver leurs dispositions primitives, bien que certains détails de construction restent à élucider (1). Extérieurement, les créneaux du chemin de ronde supérieur ont disparu ; la guérite de guet a été détruite ; le fossé, comblé en partie, n'existe plus que sur la moitié de l'enceinte ; des constructions modernes ont soudé les murs de la braie, jadis isolée, aux courtines du corps de place ; l'entrée de la grosse tour par le premier étage a été supprimée ; enfin, quelques sculptures ont été mutilées, mais le gros œuvre reste intact. Aucune des transformations ou des modifications de ce remarquable spécimen d'architecture féodale, n'a vraiment altéré son aspect, ni diminué son intérêt. Pour en avoir une idée d'ensemble, il faut l'examiner d'abord de la rue du Polygone. Depuis l'ouverture de cette voie (2) et la suppression du glacis qui masquait le fossé (3), on peut approcher de la contrescarpe et embrasser d'un seul coup

---

(1) L'épaisseur anormale des voûtes entre les étages, les plafonds surbaissés de diverses pièces ou couloirs, semblent indiquer qu'il y a, dans l'intérieur des murs, un réseau de communications secrètes entre les étages, comme celui existant à Coucy. Notre opinion serait à vérifier. En tout cas, les ouvertures des galeries ont été bouchées très anciennement.

(2) Cette rue a été ouverte vers 1898.

(3) Le glacis avait été construit en 1841 quand le vieux château fut compris dans les ouvrages destinés à défendre Paris.

d'œil la masse imposante de l'ancienne habitation royale qu'entoure un mur surmonté d'échauguettes pittoresques et qu'étaye puissamment une risberme dont la pente faillit être fatale au duc de Beaufort (1).

Vue de la cour du vieux Fort, la vieille tour impose moins. C'est que, de ce côté, l'aspect primitif a changé davantage. Plus de fossé : le mur d'enceinte est prolongé par des casemates modernes inesthétiques. En avant du châtelet, deux tourelles, qui montaient jadis de fond, ne semblent aujourd'hui émerger du sol que pour servir de contreforts à un frêle arceau gothique encadrant une grille ; leur raison d'être ne se comprend plus. L'ornementation de la façade du châtelet a fortement souffert : au-dessus de la porte principale, des restes de sculptures, des niches vides, des écussons martelés, évoquent le souvenir des émeutiers de 1791 qui n'ont pu cependant effacer complètement les dauphins accolés aux armes de Charles V. Et, s'il existe encore au-dessus de la fenêtre de l'ancienne « estude » du roi, seule ouverture percée dans le mur entre les deux grosses tours du châtelet, une console finement sculptée, celle-ci ne porte plus depuis longtemps la statue de Saint Christophe à laquelle elle était destinée (2). Un mâchicoulis, des rainures sous la voûte d'entrée, indiquent la place d'une herse remplacée en 1808 par une porte en bois munie d'un guichet ; c'est la prison d'Etat qui apparaît, et non l'habitation royale.

Lorsqu'on pénètre dans les bâtiments, les changements nécessités par leur utilisation moderne ont eu des conséquences plus déplorables encore. Les deux tours qui défendaient la porte du Châtelet, servent de cages à des escaliers de construction récente, conduisant aux bureaux de la Direction d'artillerie. Les murs ont été éventrés pour constituer des pièces inconfortables ; des fenêtres ont été percées pour donner du jour à ces pièces. Dans cette partie du château la disposition ancienne des lieux est difficile à trouver tant les modifications ont été profondes.

Il n'y a guère que l'escalier royal qui ait été à peu près respecté. Il suffirait pour le restaurer de l'ajourer. On remarque sa porte ornée de deux dauphins (3). Il conduit à la terrasse d'où partait autrefois le pont commu-

---

(1) Voir l'évasion du duc de Beaufort, p. 93 et croquis p. 156.
(2) Voir p. 18.
(3) Cette porte se trouve à gauche pour le visiteur qui, après avoir franchi la voûte du châtelet, pénètre dans la cour du donjon.

Le donjon vu de la rue du Polygone

niquant avec le premier étage du Donjon (1). Dans sa cage, à hauteur de la terrasse, une porte basse, étroite, ouvre sur un couloir obscur, également étroit, qui débouche, après deux marches inégales, dans une salle hexagonale de la tourelle sud du Châtelet. Cette cellule, une des trois de l'A, comme on le disait au XVIII° siècle, est voûtée en ogive. Elle a ses murs couverts d'une grande inscription illisible, qui aurait été, dit-on, tracée par Le Prévôt de Beaumont, car ce prisonnier, longtemps détenu en ce lieu, aurait écrit sur la pierre une partie de ses mémoires (2). Ce détail serait à contrôler : il n'a d'ailleurs qu'un intérêt secondaire. Ce qu'il y a lieu de remarquer c'est que cette pièce de 10 pieds carrés a servi de prison à Mirabeau de 1777 à 1780 (3).

La cour intérieure du Donjon est actuellement fort rétrécie, d'abord par des constructions relativement modernes, accolées au Châtelet servant à la Direction d'artillerie ; ensuite par des casemates à la Haxo élevées sur les trois fronts N., O. et S., en 1841. Ces diverses constructions ont remplacé : dans l'angle N.-E., un ancien bâtiment contenant le logement du capitaine de la forteresse, ainsi que diverses chambres d'habitation (4), et une chapelle qui, au commencement du XVII° siècle, était appelée « Chapelle de l'Ordre de Jérusalem (5) » ; dans la partie Nord, la salle d'assem-

---

(1) On voit encore sur le donjon la place de l'ancienne porte à laquelle aboutissait le pont. Les ouvertures pour le passage des chaînes servant à relever la partie mobile du tablier n'ont jamais été bouchées. L'entrée par le 1er étage existait encore au XVII° siècle. Voir vues de Van der Meulen, t. I, p. 133, et de Berey le fils. t. I, p. 167, ainsi que le plan de Le Vau, t. I, p. 33.

(2) Le Prévôt de Beaumont raconte que la copie de sa « dénonciation du pacte de Laverdy », motif de sa détention, occupait toute entière *en grosses lettres d'impression* les murs de sa cellule. Il dit qu'il avait peint cette inscription avec de l'encre magnifique obtenue avec du suif noirci à la chandelle. LE PRÉVÔT DE BEAUMONT. *Mémoires d'un prisonnier d'Etat*, p. 71. L'inscription illisible qu'on voit dans la pièce qu'il aurait habitée, est en creux, mais un autre prisonnier peut avoir approfondi les caractères. En tous cas, dans aucun autre cachot on ne trouve une inscription continue couvrant tout le bas des murs.

(3) IVAN D'ASSOF. *La cellule de Mirabeau à Vincennes*. Correspondance historique et archéologique n° 118, oct. 1903, pp. 293 et suiv.

Mirabeau couchait dans ce cachot, mais passait une partie de sa journée dans une pièce plus éclairée du donjon. C'est là qu'il a écrit les nombreux ouvrages dont il a été parlé, p. 130

(4) Voir croquis, p. 156.

(5) Chapelle représentée avec cette dénomination sur deux gravures hollandaises de 1650. Bibl Nat. Est. Collection Hennin T. XL, n°s 3.574 et 3.575.

blée de Charles V ; dans la partie Ouest, un grand jeu de paume construit au début du XVII⁽ᵉ⁾ siècle, pour Louis XIII enfant (1).

Plan du Donjon, indiquant l'emplacement d'anciennes constructions disparues

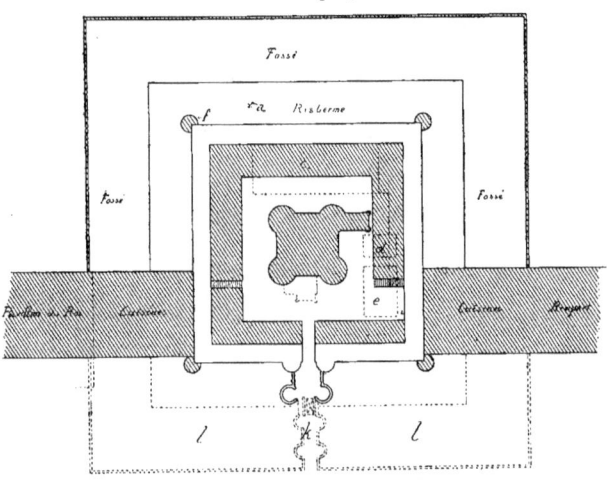

LÉGENDE :

a). — Place approximative de la chute du duc de Beaufort, lors de son évasion.

c). — Jeu de paume de Louis XIII.

d). — Chapelle de Charles V, ou église de l'ordre de Jérusalem.

e). — Salle d'assemblée de Charles V.

f). — Echauguette considérée à tort comme prison de Mirabeau.

k). — Pont-levis du grand fossé.

l). — Fossé comblé.

Sur le mur d'enceinte du donjon, règne un chemin de ronde qui a été

---

(1) Voir : Vue du château sous Louis XIV, gravure de Brissart, t. I, p. 167.
Ce jeu de paume n'existait plus en 1777, mais il nous a été impossible de savoir à quelle date il avait été démoli.

couvert dès le xv⁰ siècle (1), peut-être même dès le xiv⁰, et qui a été désigné, à partir du xvii⁰ siècle, sous le nom de « galeries ». C'est par une des fenêtres de ce couloir que s'évada le duc de Beaufort, et c'est de là que Mirabeau causait avec Mmes de Sparre et du Ruault. Aux quatre angles du chemin de ronde, se trouvent de jolies échauguettes, en forme de tourelles : celles du front Ouest ayant conservé sur les arcs ogives de la voûte des traces d'ornementation curieuses : des fleurs de lys or, sur fond bleu. M. de Loménie a cru que l'une d'elles, l'échauguette S.-O., avait servi de prison à Mirabeau ; l'éminent académicien n'avait pas vérifié sur les lieux que cette désignation était matériellement impossible, car la petite pièce de la tourelle n'est, à proprement parler, que l'élargissement ou la continuation des galeries (2) qui servaient de promenoir aux prisonniers. Elle n'aurait pu contenir un lit, étant trop petite. Elle n'a donc jamais été utilisée comme cachot.

Trois portes donnent maintenant accès de la cour intérieure aux pièces du rez-de-chaussée. La 1ʳᵉ et la 3ᵉ (A et C du plan, p. 159) ont été percées à des époques relativement récentes La porte B est plus ancienne (3).

Toute la partie centrale de la Tour était occupée primitivement par une salle unique (ancienne cuisine de Charles V). Aujourd'hui cette salle, coupée par une cloison (4), forme deux pièces distinctes, isolées, sans communication entre elles.

PARTIE NORD DU REZ-DE-CHAUSSÉE DU DONJON.

PIÈCE N° 1 (5).

La pièce n° 1 n'est qu'un vestibule.

(1) Voir miniature de Clouet datant de 1450, t I, p. 96. Le chemin de ronde y est représenté avec un toit.
(2) Dans une lettre de Mirabeau à Boucher, du 1ᵉʳ avril 1780, citée par L. de Loménie, le célèbre orateur écrit : « Depuis l'époque où j'ai pris les eaux, j'ai la liberté des galeries ». Il ne pouvait donc pas avoir son cachot dans l'échauguette sud-ouest.
(3) Au siècle dernier, l'entrepreneur qui dirigeait la boulangerie du donjon se plaignit de n'avoir que cette porte pour se rendre à ses magasins. Il ne paraît pas qu'il ait été fait droit à sa réclamation. Arch. Nat. O. 1899, Liasse 3.
(4) Cette cloison existait déjà en 1654. Voir plan de Le Vau, t. I, p. 33.
(5) Les numéros indiquant les chambres sont ceux qui sont peints au-dessus de la porte de chacun des locaux, et qui servent à l'autorité militaire pour leur désignation.

Pièce n° 2. — *Rez-de-chaussée de la tourelle nord-est.*

Cette chambre a une forme octogonale ; on retrouve, d'ailleurs, cette disposition dans toutes les pièces analogues des tourelles qui ont leurs voûtes bandées entre huit arcs ogives dont les claveaux sont ornés de boudins, de filets, et de gorges ; ces arcs retombent sur des consoles généralement agrémentées de sculptures et se réunissent à une clé en forme de plateau circulaire saillant, également orné de sculptures. Par exception, dans la pièce n° 2, les consoles consistent en de simples moulures. La rosace est décorée de branches de feuillages enroulées.

Il n'y a rien de particulier à noter dans la chambre n° 2, si ce n'est un médaillon peint à fresque, sur le mur nord ; son caractère religieux semble indiquer qu'il est l'œuvre d'un des nombreux ecclésiastiques incarcérés en 1811 au Donjon, par ordre de l'empereur.

Chambre n° 3.

Cette pièce est la moitié de l'ancienne cuisine royale, qui présentait primitivement, en son centre, un gros pilier aujourd'hui noyé dans la cloison médiane. C'est sur ce pilier que prennent appui les arcs doubleaux et diagonaux des voûtes. Ces arcs retombent dans les angles sur des consoles, ornées l'une de l'Aigle de saint Jean et l'autre du Lion de saint Marc. Les rosaces des clés de voûte, très bien conservées, sont décorées l'une d'un dragon ailé, l'autre d'un cerf. L'ancienne cheminée, qui se trouvait sur le mur nord, a disparu, et l'on ne voit plus que les traces de sa hotte monumentale.

Chambre n° 4. — *Tourelle nord-ouest*.

Cette chambre, ancienne dépendance de la cuisine primitive, présente la même disposition que la pièce n° 2. Sa clé de voûte est ornée de deux poissons. La cheminée n'existe plus, mais une partie de la hotte subsiste. Une ouverture permet d'accéder de ce local dans les fosses d'aisance situées au-dessous de l'éperon de la tour. Celles-ci voûtées, sont munies d'un système de ventilation, qui atteste le soin que le maître des œuvres de Charles V a apporté dans les moindres détails de la construction.

PARTIE SUD DU REZ-DE-CHAUSSÉE.

La porte B (v. plan, p. 159) donne accès de plain-pied dans un couloir (n° 5) précédant les pièces n°s 6 et 7.

CHAMBRE N° 6.

Cette chambre est la seconde moitié de l'ancienne cuisine royale. On l'a désignée souvent sous le nom de chambre des tortures ; c'est une erreur,

Plan du rez-de-chaussée

Face Est

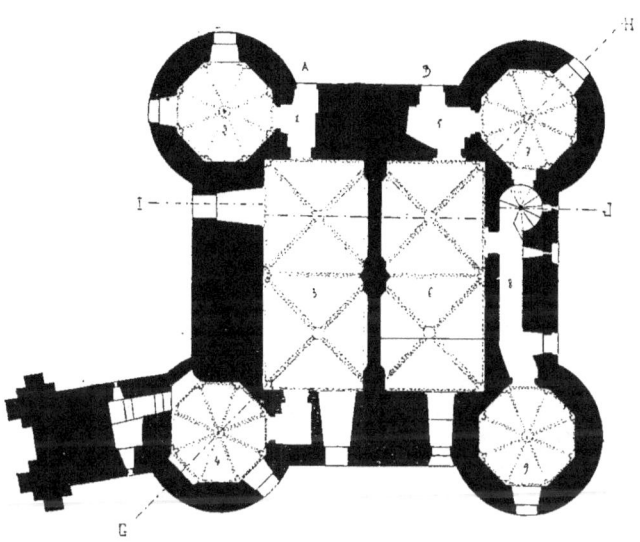

Face Ouest

NOTA : Voir coupe passant par H C, page 107, et coupe par I J, page 161

Plan levé par M. P. Vorin, architecte.
Archives des Monuments historiques (Nouvelle acquisition de l'Etat 1908)

qui ne fait que confirmer une règle, car Viollet-le-Duc, nous apprend (1)

(1) VIOLLET-LE-DUC. Dictionnaire d'architecture. Latrines, t. V, p. 170.

que dix-neuf fois sur vingt, on a pris, autrefois, les cuisines pour des chambres de torture.

D'ailleurs certains auteurs, désireux, sans doute, de frapper l'imagination populaire, se sont complus à rechercher dans les vieilles constructions féodales tous les lieux pouvant prêter aux récits dramatiques. Vincennes n'a pas échappé à ce genre d'étude. L'architecte Jallier disait, dans un rapport qu'il lut le 15 novembre 1790 au Conseil municipal de Paris (1) : « à chaque étage du Donjon, dans la grande salle, ou chauffoir, de trente pieds en carré, voûtée en ogive, dont le centre est soutenu par un pilier, sont encore des sièges de pierre, destinés à placer les malheureuses victimes qu'on torturait de par le roi d'alors. Des anneaux de fer scellés dans les murs, et qui servaient à assujettir leurs membres au moment de leurs supplices, entourent ces sièges de douleur ». Mais, dans toute l'histoire des prisonniers on ne révèle qu'une mention de torture, et c'était au XVIe siècle. Le témoignage de Jallier paraît, dans ces conditions, fort sujet à caution, et empreint d'une exagération déclamatoire, peut-être de commande.

Dans la chambre n° 6, les arcs diagonaux des voûtes retombent dans les angles S.-O et S.-E, sur deux consoles ornées des attributs des évangélistes saint Luc et saint Mathieu : le Bœuf ailé, et l'Ange. Les deux clés de voûte, très bien conservées, sont décorées chacune d'un motif remarquable par sa finesse d'exécution ; l'un représente un personnage bizarrement coiffé et monté sur un sanglier tenu en bride ; l'autre, un chien, paraissant défendre un bélier contre une lionne.

Au-dessous de l'étroite fenêtre, qui est percée dans le mur Ouest et qui éclaire seule maintenant la pièce, s'ouvrait, il y a quelques années encore, le grand puits de la demeure royale. Son orifice est actuellement bouché par de grandes dalles plates surélevant le sol d'environ vingt centimètres.

En 1882, le capitaine Chaupe (2), chargé des bâtiments à la Direction d'artillerie de Vincennes, chercha à en épuiser l'eau. Il n'avait à sa disposition que la pompe à incendie de la compagnie d'ouvriers. Un premier essai, tenté avec d'aussi faibles moyens, fut infructueux.

(1) Ce rapport est reproduit in extenso dans l'Histoire du donjon et du château par L. B., Paris, 1807, t. III, p. 275
(2) Sous-directeur de l'artillerie à Cherbourg en 1907.

Coupe du Donjon par I J
Dessiné par M. P. Vorin, architecte. Archives des Monuments Historiques
(Nouvelle acquisition 1906)

L'opération fut reprise à quelque temps de là, mais en ajoutant à l'action des tuyaux de la pompe celle d'un gros baril mû par un treuil disposé au-dessus de l'orifice. Cette fois, le niveau de l'eau baissa considérablement, tout en restant encore assez élevé. Reconnaissant que l'assèchement était impossible, le capitaine Chaupe se fit alors descendre dans le tonneau ; il reconnut que le puits était en bel appareil de pierres de taille, à assises régulières. Sa largeur était environ de six pieds, sa profondeur de vingt-huit mètres. Il restait, dans le fond, environ deux mètres d'eau, et dans la transparence de cette eau, on voyait déboucher deux galeries avec des marches (1).

Où conduisaient ces galeries actuellement murées ? Peut-être aboutissaient-elles à des étages supérieurs, maintenant comblés ? Cette hypothèse serait à vérifier, l'unique tentative de recherche n'ayant fait que poser un problème (2).

La pièce n° 6 possède une porte massive en chêne provenant de la prison de Louis XVI au Temple. Cette porte curieuse a 17 centimètres d'épaisseur ; elle est bardée de clous dont la tête, forgée en pointe de diamant, se termine par une tige rivée contre les membrures des vantaux (3).

On trouve encore dans cette pièce, servant actuellement de magasin, une sorte de tribune en bois à laquelle on accède par un escalier également en bois. Ce plancher est moderne.

CHAMBRE N° 7.

Cette chambre octogonale, qui a servi longtemps d'atelier de menuiserie pour la Direction d'artillerie, a perdu tout ce qui pouvait lui donner de l'intérêt par la disparition des ornements de ses huit consoles d'arcs de

(1) Je tiens ces renseignements de témoins de la tentative, et du commandant Chaupe, lui-même, qui a bien voulu me confirmer ces détails.
(2) Il existe des puits avec des escaliers accolés, notamment à l'hôpital Saint-Louis et à Bicêtre. (*Intermédiaire des Chercheurs et Curieux*), vol. LVII, n° 1179, pages 479 et 480.
(3) Cette porte est décrite comme suit dans le procès-verbal de remise du donjon, par la police, au service du Génie, 10 janvier 1815, Archives du Génie de la place de Vincennes, art. 3, n° 6 : « Porte à 2 vantaux, provenant du Temple, de 17 c. d'épaisseur, garnie de trois pentures et gonds, de treize plate-bandes en fer battu à chaque vantail, fixées chacune par 4 forts clous à tête à pointe de diamant. » Dans la description minutieuse que M. de Beauchesne a faite du Temple, on trouve qu'il existait à chaque étage de la prison de la famille royale, une porte de bois de chêne fort épais et garni de clous. — *Hist. de Louis XVII*, t. I, p. 324. — Cette description concorde avec celle du procès-verbal de 1815.

la voûte et les sculptures de leur clé. A signaler cependant sur le pan coupé Ouest une niche terminée en ogive. Cette niche n'est que la partie supérieure d'une ancienne porte actuellement murée. Cette porte donnait sur l'escalier de service (1).

On relève sur les murs quelques inscriptions presque illisibles, œuvres de prisonniers détenus dans ce lieu.

1° A droite, en entrant :

JEAN-ROBINEAM	.....
	PIERRE C BRAY
ANCE	.........ANDRÉ
1739 s 1739	.....

2° A gauche :

PARDONNEZ POUR LA PREMIER FOST PRENEZ BIEN GARDE AUSI A LA SECONDE CAR VOUS NE SERES PAS PARDONNEZ NE P...HE...............

3° Au fond entre la cheminée et la porte murée :

1	.... A. B. 10	TU . OU . TU
2	T.........	MAL . TU . MAL
3	......	PAS . NI . PAS
4	HENRI VITTY.......	RE . CI . RE
5	LE PRESIDANT.....	P . DU . ROY
6	....	O . RU . T
7	RACONIEZ..........	

La dernière inscription n'est qu'un rébus facile à lire.

Pour achever la visite du rez-de-chaussée, il faut sortir par la porte B (voir plan, p. 159), longer la façade Sud du Donjon et gagner, près de la tourelle S.-O., la porte D, car la porte intérieure, qui conduit de la pièce n° 6 à l'escalier intérieur, est toujours fermée. Les visiteurs actuels ne

(1) J'ai fait cette constation au cours de travaux exécutés dans le sol de cette pièce en décembre 1898.

connaissent d'ailleurs que cette entrée qui les amène dans un couloir étroit pris dans l'épaisseur du mur de la façade Sud, et aboutissant à droite à

Plan du 1er étage

Côté Est

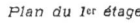

Côté Ouest

Plan levé par M. P. Vorin, architecte
Archives des Monuments historiques. (Nouvelle acquisition 1908)

l'escalier de service du Donjon, à gauche à une porte ouvrant sur la chambre n° 9.

CHAMBRE N° 9.

Cette chambre a sa légende. Elle a servi de prison au célèbre Latude. Le parquet de chêne, très soigné dans ses assemblages, est probablement celui qu'a foulé pendant sa détention à Vincennes, le malheureux halluciné. Une étroite ouverture pratiquée dans un mur de trois mètres d'épaisseur donne seule un peu de jour à cette cellule, dont l'ornementation est inachevée, et qui n'a, comme unique décor, qu'une clé de voûte sur laquelle est sculpté un chien de chasse replié sur lui-même, d'un gracieux effet. On ne trouve aucune trace de cheminée dans cette dépendance de la cuisine de Charles V.

Ce serait dans le pan coupé, près de la porte d'entrée, que Latude aurait percé un trou lui permettant de communiquer avec ses co-détenus, qui se promenaient dans le jardin de la cour intérieure du Donjon (1).

PREMIER ETAGE.

On accède au premier étage par un escalier pris dans l'épaisseur du mur dans l'angle de la tourelle S.-E. La cage de cet escalier, éclairée par d'étroites meurtrières, est assez sombre. Les marches, faisant corps avec le noyau autour duquel elles se développent, montent d'une façon continue jusqu'au faîte de la Tour, sans aucun palier, ce qui rend l'accès des portes difficile.

Au 1er étage, un étroit couloir fermé par deux portes massives, munies de guichets et de lourds verrous, conduit à l'ancienne « Chambre du Roi », aujourd'hui simple dépôt de harnachement, portant le n° 10. (Voir pl. p. 165).

Chambre n° 10.

Il est regrettable de ne pouvoir embrasser d'un seul coup d'œil cette vaste salle aux proportions harmonieuses, car elle est encombrée par de hauts châssis en bois servant de selleries. Ceux-ci masquent au visiteur de charmants détails, et absorbent d'ailleurs toute la lumière qui pénètre par trois grandes baies. Il faut se livrer à un véritable travail d'investigation pour découvrir les motifs curieux d'architecture ou d'ornementation.

Le centre de la salle est occupé par un pilier (2) prolongeant celui de l'ancienne cuisine royale du rez-de-chaussée. Ce pilier reparaît aux étages supérieurs, sorte de pivot de l'édifice. Il est, ici, couvert de fines sculptures, admirablement conservées.

(1) Mémoires de Latude, *Préface et notes par Georges Bertin*. Paris, chez H. Vivien, p. 136.
(2) Les joints de ce pilier, ainsi que ceux du pilier du 2e étage, sont en plomb.

Coupe du Donjon suivant H C
Dessinée par M. P. Vorin, architecte. Archives des Monuments historiques
(Nouvelle acquisition 1908)

Le plafond est divisé par des arcs doubleaux en quatre compartiments principaux. Ceux-ci sont divisés à leur tour en quatre compartiments par des arcs diagonaux. Tous ces arcs retombent contre les murs sur des consoles. Les quatre consoles d'angle portent chacune l'attribut d'un évangéliste. En commençant par l'angle Sud-Est et en tournant de gauche à droite, on trouve successivement : le Bœuf ailé de saint Luc, l'Ange de saint Mathieu, l'Aigle de saint Jean, et le Lion de saint Marc. Ce sont les mêmes sujets que ceux de la grande salle du rez-de-chaussée, et qu'on retrouve dans les salles correspondantes des étages supérieurs ; leur exécution seule diffère. Sur les consoles du milieu des panneaux sont sculptés les Evangélistes dans l'attitude de personnages semblant plier sous le poids des claveaux.

La cheminée monumentale, qui s'appuyait contre le mur nord, a été détruite. L'emplacement de la hotte est encore visible.

Les murs et les voûtes étaient couverts primitivement de boiseries. Celles-ci ont été enlevées sur les murs, mais on voit encore les clous qui les fixaient. Elles subsistent au plafond. Il est fort probable que, sous le badigeon de chaux qui les recouvre, on retrouverait les anciennes peintures qu'avaient admirées les ambassadeurs florentins en 1461 (1).

On relève dans cette pièce un certain nombre d'inscriptions, dont toutes, sauf une : « DUPONT 1848 », sont anciennes. Dans l'embrasure de la fenêtre sud, on voit le cartouche suivant :

```
LE 12eme AVRIL
      1672
FRANCOIS HENRY
  DE PŒFFUELE
   16 . . . .
   ORISONTE
```

Ce François, Henry de Pœffuèle était sans doute un des prisonniers de guerre de l'époque de Louis XIV. Il résulte, en effet, de diverses autres

---

(1) Voir t. I, p. 112. Je n'ai malheureusement jamais disposé des moyens de vérifier cette hypothèse. Les planches paraissent anciennes. Elles n'ont pas été mises pour protéger la voûte, car dans les endroits où elles manquent, cette voûte est en parfait état. Puisque nous sommes certain qu'il y a eu autrefois des peintures, si le lambris primitif existe, ces peintures doivent logiquement être découvertes.

inscriptions existant dans diverses parties du Donjon, que, vers les années 1670 et 1690, de nombreux prisonniers de cette espèce furent amenés à Vincennes et internés dans la grosse Tour.

On lit sur le mur gauche de la fenêtre ouest :

EDUARDUS VAN HO ....
HKNPHUSIUS, 1690, A. 27.

Cet Edouard Van Ho..., pris en 1690, était un Hollandais tombé entre nos mains lors des combats livrés autour de Fleurus. Le roi de France « l'avait mis au bois de Vinzenne », comme nous l'apprend une inscription surmontant la précédente.

CHAMBRE N° 11.

Cette pièce se trouve dans la tourelle nord-ouest. Elle précède les cabinets d'aisance de l'étage. Elle offre une disposition identique à celle des pièces des autres tourelles. Les culs-de-lampe des arcs et la clé de voûte sont ornés de feuillages sculptés. La cheminée ancienne est aujourd'hui remplacée par un coffre en plâtre.

Cette cellule, à laquelle on accède par deux portes dont la première en fer, est très curieuse, est décorée de grossières peintures à fresque dues au pinceau de l'abbé de Boulogne, évêque de Troyes, aumônier de l'empereur Napoléon Ier.

Sur un cartouche, à droite de l'entrée, on lit :

MISERERE MEI DEUS SECUN- DUM MAGNAM MISERICORDIAM TUAM
DOMINE EXAUDI ORATIONEM MEAM ET CLAMOR AD TE VENIAT

Les autres cartouches devaient aussi contenir des versets liturgiques, mais le temps les a effacés, et c'est à peine si l'on distingue, au-dessus de la porte du fond, les caractères en creux d'une autre inscription beaucoup plus ancienne, disparaissant sous une couche moderne de peinture. On ne peut lire que les mots suivants :

```
            UREUX SI MON DIEV      PARDON
    TES     IV DU COMMET CONTRE
            NES A LA CAPTIFFITE SANS ES
    SI      ON OSOIT LUI FAIRE CE
    LES COMMANDEMENTS DE DIEU
    ES      DU PORT DE FAUX TEMOINS
            NES QUI DE  ONT      FAITES
            UN JOUR SANS MISERICORDE
    ET ENTI   LES MAINS DU DIE
              PAS POUR ECTERNELLE      MRN
```

Le sujet des inscriptions, les motifs d'ornementation de la chambre n° 11 semblent indiquer que cette pièce a servi d'oratoire aux prélats enfermés à Vincennes, par ordre de l'empereur, en même temps que l'abbé de Boulogne.

Antérieurement à cette époque, elle aurait, suivant Millin, servi de prison à Mirabeau. L'auteur des « *Antiquités nationales* » n'a pas désigné formellement la chambre n° 11, mais celle-ci peut être identifiée au moyen d'une gravure dont les détails sont caractéristiques. Dans aucune autre tourelle, en effet, la cheminée n'est placée entre la fenêtre et la porte comme le montre cette vue.

M. Peyronnet, dans une étude publiée par l'*Illustration* du 17 juillet 1853, prétend également que la cellule dans laquelle l'amant de Mme de Monnier a écrit les « Lettres à Sophie » et l' « Essai sur les lettres de cachet » était située au 1ᵉʳ étage du Donjon dans la tourelle Nord-Ouest. La gravure, accompagnant l'article, correspond bien à la pièce n° 11. On y voit représentées les peintures dues au pinceau de l'abbé de Boulogne. La cheminée à grande hotte a disparu et la fenêtre a été rapetissée. C'est la pièce telle que nous la voyons encore.

Ces deux auteurs ont raison, s'il faut entendre par prison de Mirabeau, la pièce dans laquelle le célèbre orateur travaillait dans le jour, mais sa cellule se trouvait dans le châtelet, comme je l'ai démontré (1).

(1) Voir *Correspondance historique et archéologique*. Oct. 1903, p. 299.

CHAMBRE N° 12.

Cette pièce, pareille à toutes celles des tourelles, n'offre aucune particularité. La cheminée a disparu. La clé de voûte et les culs-de-lampe sont ornés de feuillage.

Cellule de Mirabeau, d'après Millin

N°ˢ 13 et 14.

Sans importance.

CORRIDOR N° 15 ET CHAMBRE N° 16.

En sortant de la grande chambre par la porte ouvrant dans le mur Est, on trouve un corridor n° 15 ménagé dans l'épaisseur de ce mur, et aboutissant par son extrémité Nord dans la chambre n° 16. Ici encore, plus de traces de cheminée, mais clé de voûte et culs-de-lampe avec ornements de feuillage ; traces de fresques ornementales assez fines, relativement modernes.

Cellule de Mirabeau, d'après Peyronnet

CHAMBRE N° 17.

Par le côté ouest de la pièce n° 16, on pénètre dans un cabinet long, étroit, pris dans l'épaisseur du mur, et portant le n° 17. La voûte de ce réduit, actuellement obscur, est formée par l'entrecroisement de deux arcs ogives. Elle était autrefois lambrissée comme celle de la grande chambre (n° 10). Des fragments de cette ornementation subsistent.

Il est à remarquer que le plafond de ce réduit coupe l'étage en deux. Il pourrait exister une cachette au-dessus. Ce qui semble justifier cette opinion, c'est que, près de la naissance de la voûte dans la chambre n° 16, une ouverture semble avoir été murée.

ESCALIERS MONTANT DU 1ᵉʳ AU 2ᵉ ÉTAGE.

Deux escaliers permettent de monter du premier au deuxième étage : l'escalier de service et l'escalier d'honneur. Ce dernier, à l'époque de Charles V, mettait en communication directe la chambre du roi avec les appartements de la reine. Sa cage, très claire, est contenue dans la tourelle Sud-Est. Celle-ci se trouve ainsi privée au premier et au second étage des pièces octogonales que possèdent les autres tourelles.

A la fin de la première révolution des marches du grand escalier, on trouve une porte percée à un mètre environ au-dessus des pas. C'est l'entrée de la chambre de manœuvre du pont-levis, simple couloir d'ailleurs muré au deux tiers de sa longueur.

DEUXIÈME ÉTAGE. (Voir plan p. 175).

Le grand escalier aboutit au 2ᵉ étage, à un palier sur lequel ouvrent deux portes communiquant : l'une, à l'Ouest, avec l'escalier de service ; l'autre au Nord, avec le couloir n° 19. Ce couloir éclairé par deux fenêtres conduit à la :

SALLE N° 22.

Cette grande salle, ancienne chambre de la Reine sous Charles V, depuis prison du cardinal de Retz, et enfin salle du Conseil, est au point de vue architectural la reproduction de la grande salle n° 11 du premier étage : même disposition des voûtes, mêmes motifs d'ornementation avec des variantes dans l'exécution ; clés de voûte analogues. Les arcs diagonaux et doubleaux retombent aux angles et sur le milieu des panneaux, sur des consoles portant chacun l'attribut des Evangélistes ou les Evangélistes comme à l'étage au-dessous. Ces sujets sont bien conservés du côté Nord et du côté Sud, mais du côté Est et du côté Ouest les têtes des apôtres sont mutilées.

— 175 —

Une cheminée, dans laquelle un bœuf entier pourrait être rôti, est adossée au mur Ouest. Son conduit est actuellement bouché, mais l'âtre a

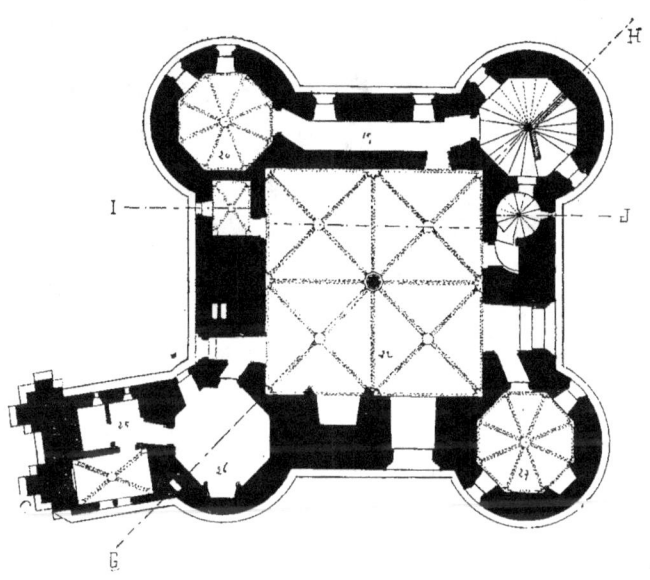

Plan du 2e Etage

Côté Est

Côté Ouest

Plan levé par M. Vorin, architecte
Archives des Monuments historiques (nouvelle acquisition 1908)

conservé sa profondeur primitive. Sa hotte est supportée par des colonnes dont les chapiteaux sont ornés de feuilles de chêne et de bouquets de glands ; au bas de son manteau, court une guirlande de feuilles de vigne profondément fouillées dans la pierre (1).

Cette pièce était lambrissée comme celle de l'étage au-dessous. Mais les boiseries ont disparu, on ne voit plus que les trous des clous qui servaient à fixer les lames de bois.

Salle des Cardinaux, d'après Peyronnet

Sur les quatre clés de voûte, trois sont simplement ornées de feuilles d'acanthe ; seule, la quatrième (N.-O.) porte un écusson supporté par deux dauphins. Le blason en est effacé.

Il n'existe pas sur les murs d'inscriptions anciennes. On ne trouve qu'une tête de Prussien gravée dans la joue gauche de l'embrasure de la

---

(1) Toutes les cheminées du donjon présentent une disposition curieuse, qui dénote la science des architectes du XIVe siècle. Le bandeau inférieur du linteau n'est pas parallèle au bandeau supérieur, et se relève au milieu. Cette disposition est très rationnelle, car le bandeau inférieur forme ainsi une sorte de voûte : la poussée des pierres, qui composent le linteau, agit aux extrémités de celui-ci qui, peut donc avoir une grande portée avec une fatigue moindre. D'ailleurs, les côtés des pierres présentent des crochets ; ces pierres se soutiennent ainsi mutuellement. Pour éviter que les grandes dalles de la hotte subissent les poussées des murs et que celle-ci ne se répercute sur le linteau, un grand arc de décharge est noyé dans la maçonnerie.

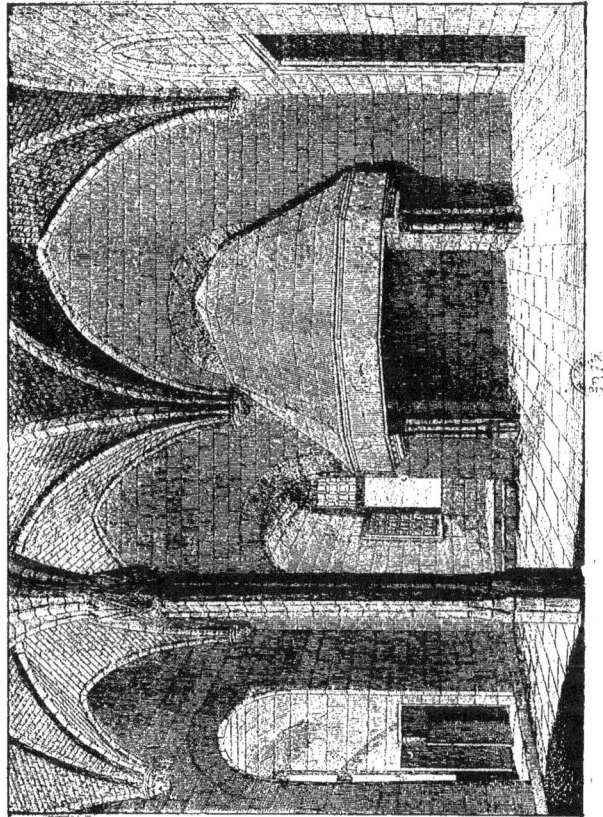

Salle du Conseil, d'après Millin

fenêtre percée dans le mur Ouest. Ce dessin révèle les préoccupations de quelque soldat de 1870, pendant ses heures de faction ou d'insomnie.

La salle 22 était connue à l'époque de Millin sous le nom de « Salle du Conseil. » Elle pourrait s'appeler maintenant « Salle des Cardinaux ». D'ailleurs, M. Peyronnet l'a désignée ainsi en souvenir des prélats qui y furent détenus sous le premier Empire. On avait construit des alcôves pour ces princes de l'Eglise, et l'on voit encore sur les murs les traces laissées par les cloisons de ces séparations.

Cabinet de la Salle 22.

Dans la partie N.-E. de la salle, une porte conduit à un cabinet étroit et obscur, dont la hauteur est moitié de celle de l'étage. Ce cabinet est identique à celui qui se trouve en dessous. Il se pourrait donc qu'au-dessus de son plafond il existât aussi une cachette.

Salle 26.

Cette pièce, précédant le local 25 et l'oratoire royal, se trouve dans la tourelle N.-O. On y accède de la chambre 22 en passant par un couloir pris dans l'épaisseur du mur, et débouchant dans l'embrasure de la fenêtre Nord. Sa hauteur a été diminuée de moitié par un plafond moderne ; on ne peut donc voir sa voûte.

Le pan Ouest de la pièce est occupé par une vaste cheminée, simple de style. Sur la hotte qui la surmonte, on relève l'inscription suivante :

```
IL FAUT ADORER DIEU DU PROFOND DE SON CŒUR
L'AIMER PAR DESSUS TOUT COMME SON CRÉATEUR
PUIS AIMER SON PROCHAIN TOUT AINSI QUE SOI-MÊME
ET APRÈS NE PAS CRAINDRE LES TRAITS DE LA MORT BLESME
```

Sur la porte conduisant au n° 25, on lit :

```
SEIGNEUR NOUS
SOMMES AVEUGLES
ET LA VANITÉ
NOUS SÉDUIT
AISÉMENT
```

Ces pensées chrétiennes n'étaient pas du goût d'un prisonnier moins résigné, qui avait gravé, en gros caractères sur la pierre, cette sentence plus en harmonie avec le cadre :

```
HEVREVX
CEVX QUY
NE SONT
PAS ICY.  AT
1725.
```

Il existe encore d'autres inscriptions dans cette pièce, notamment au-dessus de la porte d'entrée, mais un badigeon de chaux les recouvre et en rend la lecture impossible.

SALLE 25. — VESTIBULE. — LATRINES. — ORATOIRE.

De la salle 26 on pénètre dans le local 25, comprenant un vestibule, des latrines et l'oratoire royal. Ce dernier est accroché au contrefort du Donjon, et forme une petite pièce de style charmant. De tout son luxe d'antan, il ne reste que les sculptures des consoles des arcs ogives, et le motif de la clé de voûte. Sur les consoles, on retrouve les attributs des Evangélistes, mais ceux-ci se distinguent des précédents par un phylactère portant le nom de l'apôtre. Sur la clé de voûte, on voit une délicieuse composition : Dieu le père assis sur un trône, présentant le Christ en croix, tandis que de sa bouche sort le Saint Esprit sous forme d'une colombe.

On remarque, à droite en entrant, une niche ou piscine, qui était destinée à renfermer les vases sacrés.

SALLE 27. — TOURELLE SUD-OUEST.

Comme dans la tourelle Nord-Ouest, la voûte est cachée par un plafond en plâtre établi à mi-hauteur de la pièce.

Une vaste cheminée bien conservée, mais très sobre d'ornement ; deux lourdes portes en bois dont la première est munie d'un guichet en parfait état, sont les seules particularités à noter dans cette salle.

SALLE 20.

Cette salle est située dans la tourelle N.-E. On y accède par le corridor n° 19. Elle est éclairée par deux fenêtres. Elle n'a pas de cheminée. Sur sa clé de voûte, deux anges supportent un écusson mutilé, indéchiffrable.

Les huit culs-de-lampe aux naissances des voûtes sont formés par un entrelacement de feuilles d'acanthe.

— 181 —

Le sol de la chambre est recouvert par des planches grossièrement assemblées. La porte qui donnait accès au cabinet attenant à la grande salle

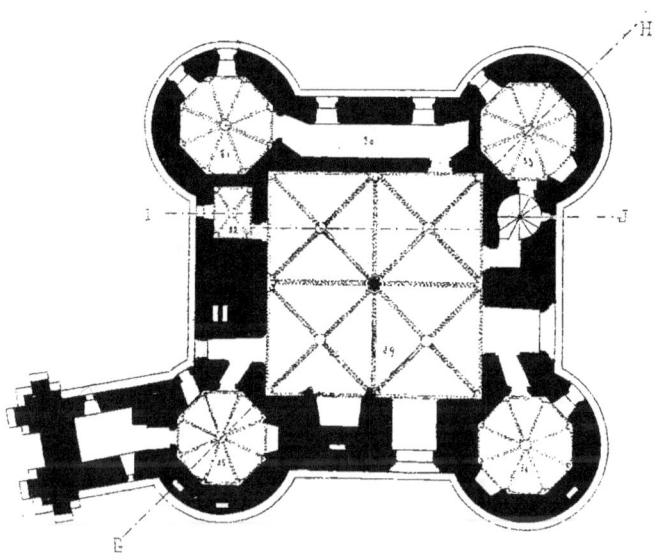

Plan du 3e étage

Côté Est

Côté Ouest

Plan levé par M. P. Verin, architecte
Archives des Monuments historiques (nouvelle acquisition 1908)

est actuellement murée. Des traces d'anciennes inscriptions, aujourd'hui illisibles, apparaissent au-dessus de la porte d'entrée.

C'est dans la salle 20 que fut enfermé Raspail après l'échauffourée de 1849. Ce membre du gouvernement provisoire de 1848, parlant de sa prison, dit qu'elle servait autrefois de chapelle. Cette opinion paraît injustifiée. Mais il donne de sa cellule une description originale, qui mérite d'être mentionnée :

« Imaginez-vous, dit-il, une capsule de coquelicot vue de l'intérieur, avec ses huit stigmates en arêtes ; mon cachot à la forme de ce fruit, et je suis de ce fruit une imperceptible graine (1). »

Cheminée de la Chambre n° 28

TROISIÈME ÉTAGE. (Voir pl. p. 181).

A partir du 2ᵉ étage, il n'y a plus pour monter aux étages supérieurs qu'un seul escalier. A mi-hauteur, entre le 2ᵉ et le 3ᵉ étages, on trouve une porte conduisant dans une chambre de la tourelle S.-E., chambre située au-dessus de la cage du grand escalier.

---

(1) RASPAIL, *Revue élémentaire de Pharmacie*. B. N., 3 v. in-8. Citation extraite du T. II, p. 389.

CHAMBRE 28.

Cette chambre octogonale, qui a servi de cellule comme le montrent ses deux portes munies de solides verrous et leurs guichets, possède une clé de voûte et des culs-de-lampe ornés de feuillage. Les murs sont recouverts d'une grossière peinture à fresque.

Dans des cartouches on lit les initiales

D de R.

qui sont probablement celles du prisonnier qui a décoré son logis. Une cheminée, actuellement bouchée, occupe le pan coupé Est. Sur les montants sont peints des faisceaux de licteurs surmontés d'une lyre, et le chambranle porte cette sentence latine :

MISERERE MEI DOMINE

De chaque côté de ce verset on voit dans un cartouche rond le chiffre 77'. J'avais pensé d'abord que ce chiffre pouvait être la fin du millésime 1777, année de l'incarcération de Mirabeau à Vincennes. Car, d'après d'Alboize et Maquet, nous serions encore dans la prison de Mirabeau (1). Mais il est prouvé maintenant que cette dernière assertion est inexacte (2).

On relève dans l'embrasure de la fenêtre de cette pièce l'inscription ci-dessous :

A. R.
dit
LA TETE
de la
MAUBERT
71.72
10 ans P. L. Com^{ne}

SALLE 29.

Cette grande salle est identique à la pièce de l'étage inférieur n° 22 : mêmes motifs de décoration, disposés de la même manière ; cheminée pareille, avec, cependant, des sculptures plus grossières.

A signaler aussi des différences dans les clés de voûte : celles Sud-Est et Nord-Ouest sont ornées de feuilles de chêne et d'acanthe. Au Sud-Ouest

---

(1) « Mirabeau fut mis dans une chambre formée d'une petite tourelle entre le 2e et 3e étage. C'est là qu'aboutissait autrefois le grand escalier des appartements royaux. Cette chambre existe encore. Elle porte le n° 28 ». — ALBOIZE ET MAQUET.

(2) *La prison de Mirabeau à Vincennes*. Correspondance historique. — N° 118, octob. 1903, p. 293 et suiv.

on voit l'écusson royal supporté par deux cigognes, et au Nord-Ouest l'écusson des Valois semé de fleurs de lys d'or, supporté par un ange aux ailes éployées.

Cette salle 29 a servi de prison au grand Condé et aux princes de Conty et de Longueville en 1650. Mais elle reçut par la suite des hôtes de

Clés de voûte de la salle 29

plus humbles conditions, comme en témoignent diverses inscriptions. En effet, on relève contre la porte d'entrée le nom de LA ROCHELLE, suivi de 165., — le dernier chiffre de l'année est illisible. — Dans l'embrasure de la fenêtre Ouest, on lit :

ISNBABEL. 1674
in prœlio captus
CAPI AUT MORI
AUFUGERE TURPE

Et au-dessous, un peu à gauche, un autre prisonnier de guerre a écrit :

PRIUGNES (?) CAPT.... PRIS ..
DANS LA BATAILLE DE FLEURUS 1690

Cette salle possède un cabinet (n° 32) par lequel on pouvait communiquer avec la pièce de la tourelle Nord-Est (chambre 31).

LE DONJON
VU DE LA COUR DU CHÂTEAU

CORRIDOR 30.

Contre le montant de la porte de la chambre 29 on relève l'inscription peut-être la plus ancienne du Donjon :

LA TOUR
GAGISE. I
SOLDAT
DE MAN
SU SAN
1582.

Cette inscription est antérieure de près d'un siècle à celle qu'on lit au bout du corridor :

JACOB
ECKERL
ADT. 1675.

et de 108 ans à cette autre, en partie effacée, dans l'embrasure de la fenêtre :

.... CAPI
DANS LA BATAILLE DE
FLEURUS LE 1 JUILLET 1690.

Toutes ces inscriptions montrent que le Donjon a servi à différentes époques à recevoir des prisonniers de guerre.

SALLE 31.

A signaler seulement dans cette pièce une jolie clé de voûte, ornée de deux dauphins.

SALLE 34, *ou pièce de la tourelle S.-O.*

Cette pièce est souvent indiquée comme prison de M. Thiers en 1851. C'est une légende qu'il faut faire disparaître. Thiers a été enfermé à Mazas et n'a jamais été prisonnier à Vincennes. Un visiteur, peut-être en souvenir de cet internement auquel il croyait, a écrit au-dessus des doubles portes munies de guichets qui ferment cette cellule, cette sentence d'un auteur contemporain :

PARVA DOMUS - MAGNA QUIES

Cette phrase pourrait être inscrite sur tous les autres cachots de la vieille tour.

A signaler dans la pièce 34 des culs-de-lampe et la clé de voûte ornés de feuilles d'acanthe. La hotte de la cheminée a disparu.

SALLE 35.

Cette salle n'offre aucune particularité. Les culs-de-lampe et les clés de voûte, très simples, sont ornées de feuilles de chêne. Des latrines sont adjointes à cette pièce.

Plan du 4e étage

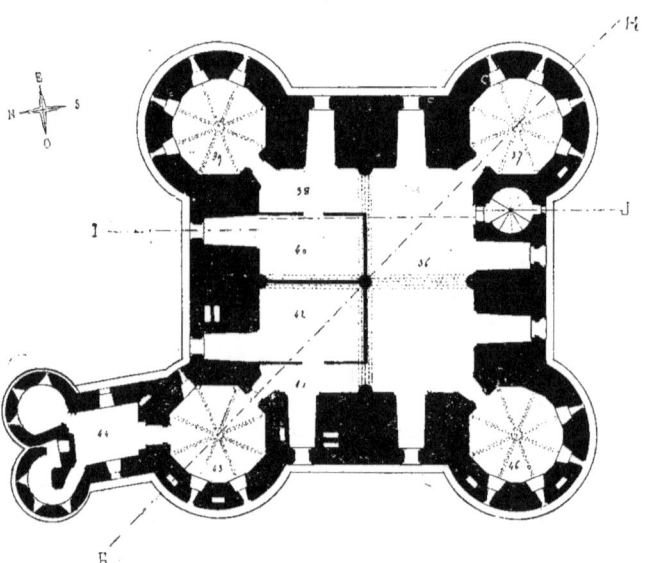

Plan levé par M. P. Vorin, architecte
Archives des Monuments historiques (Nouvelle acquisition 1908)

QUATRIÈME ÉTAGE.

Considérations générales.

A cet étage, la grande salle centrale ne se présente plus sous la forme d'une pièce unique. Elle a d'abord été séparée en deux par une cloison montant jusqu'à la voûte ; puis, dans la partie Nord, en quatre compartiments par trois cloisons ne s'élevant qu'à 2^{m}50 de hauteur et formant deux cachots noirs, clos à la partie supérieure par un plafond

Cellule du prince de Polignac, d'après M. Peyronnet

particulier. Tout le système compliqué des voûtes caractérisant les étages inférieurs a été ici très simplifié. L'ossature principale du plafond n'est constituée que par quatre arceaux partant du milieu de chaque pan de mur de la grande salle, et s'appuyant au centre sur le pilier central qui forme clé de voûte. Pas d'ornementation. Plus de culs-de-lampe. C'est la pièce qui servait de galetas au temps de Charles V (1).

CHAMBRE 36.

La moitié Sud de l'étage forme actuellement la salle 36. C'était la pièce commune réservée, en 1830, aux ministres de Charles X détenus au Donjon. Elle était déjà connue d'Armand de Polignac, l'ex-président du Conseil ; car elle lui avait servi de promenoir, lors de sa première captivité, de 1808 à 1810. A cette époque, le prince avait marqué sur la pierre du sol, dans l'embrasure de la fenêtre s'ouvrant dans la façade Sud, à côté de la tourelle Sud-Est, la ligne d'ombre formée par un des barreaux de la fenêtre à deux heures de l'après-midi. C'est à cet instant qu'il devait réintégrer sa cellule, prescription qu'il désirait accomplir de lui-même, pour se soustraire à l'avertissement du geôlier (2). Cette ligne est encore visible.

Dans les joues de l'embrasure de la fenêtre de cette pièce, on relève divers anagrammes dont nous donnons, ci-contre, la reproduction.

A côté de ces anagrammes sont gravés ces deux noms anglais :

F M. PERKINS
M. GILSON

C'est dans la salle n° 36 que fut apporté, après la démolition du Temple, un poêle qui avait servi à Louis XVI pendant son séjour dans cette prison. On le trouve ainsi décrit dans l'inventaire dressé lors de la remise du Donjon au service du Génie par la Police, en 1815. Nous donnons ce document avec son orthographe, ou plutôt, son manque d'orthographe :

« Poêle ayant servi à Louis XVI lorsqu'il était au Temple.

« Un poêle en faïence en carreaux à la mosaïque à l'Ausange (*sic*),
« orné de rosaces, forme demi-circulaire avec tablettes en marbre d'Italie
« rougeatre et vené (*sic*) de blanc, mutilé, de 1^m 60 de diamètre et de 0^m 75
« de rayon ou demi-diamètre, garni de trois cercles de fer et d'une porte
« dont le loquet est à réparer (3). »

(1) Voir Inventaire de Charles V publié par Ch. Labarte, Paris, Imprimerie Nationale, 1879, p. 350.
(2) PEYRONNET. — *Illustration du 16 juillet 1855*.
(3) Archives du génie de la place de Vincennes, article 3, n° 6, 10 janvier 1815, page 28.

Anagrammes relevés sur les murs de la chambre n° 36

Ce poêle n'est plus aujourd'hui à l'endroit où le signale l'inventaire. Il se trouve dans la chambre 52 au 5ᵉ étage (1).

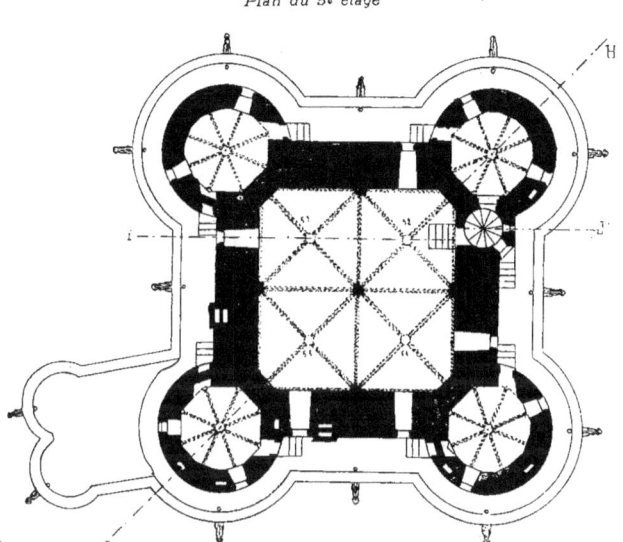

Plan du 5ᵉ étage

Plan levé par M. P. Vorin, architecte
Archives des Monuments Historiques (Nouvelle acquisition 1908)

CHAMBRE N° 37.

Cette pièce, comme d'ailleurs toutes celles de cet étage, n'a sa voûte formée que par la réunion de quatre arcs ogives. Il n'y a plus de culs-de-

---

(1) Ce poêle se trouvait dans l'angle de l'antichambre qui attenait à la chambre du roi, au 2ᵉ étage de la tour du Temple. Voir la description de cette prison, donnée par M. de Beauchesne, dans son « Louis XVII » et le plan annexé, t. I, p. 326.

lampe. La clé de voûte est des plus simples : elle est formée par la réunion de quatre feuilles d'acanthe.

Plan des Combles

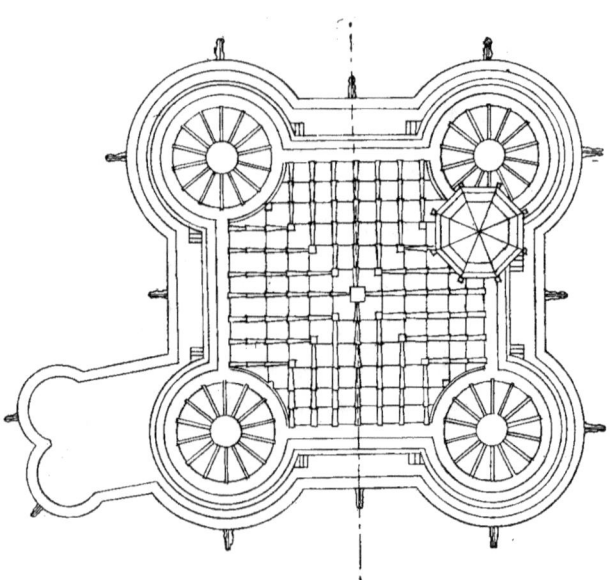

Plan levé par M. P. Vorin, architecte
Archives des Monuments Historiques (Nouvelle acquisition 1908)

Quatre petites fenêtres ou, plutôt, quatre meurtrières éclairent ce local clos par une double porte.

C'est là qu'en 1830, M. de Peyronnet, ancien ministre de Charles X, fut enfermé.

CHAMBRE N° 39.

Prison en 1830 de M. Chantelauze, ministre de Charles X.

Dans l'embrasure de la fenêtre Sud-Est, on relève l'inscription suivante :

DEPUIS 1807 A 1810
GARR et GA DE BLIIS. 1810
JUSQU AU SAMEDI COURENT

CHAMBRES 38 et 39 — 40 et 42.

Rien à signaler dans ces cachots servant de magasins.

CHAMBRE N° 46.

Prison de J. de Polignac, d'abord de 1808 à 1810, sous le premier Empire, puis en 1830 après la chute de Charles X ; cette pièce, actuellement remplie de paniers, ne peut être visitée.

CHAMBRES 43 et 44.

Prison de M. Guernon Ranville, ministre de Charles X, en 1830, et d'Armand de Polignac en 1808.

Cette pièce servait encore tout récemment de pigeonnier.

Les murs sont couverts de restes de fresques paraissant anciennes.

CINQUIÈME ÉTAGE. (Voir p. 191).

CHAMBRES N°ˢ 52, 53, 54, 55.

La grande salle a été partagée en quatre par des cloisons parallèles aux murs et partant du pilier central de la pièce. Les quatre cellules ainsi formées peuvent être chauffées par un poêle en faïence blanche appuyé contre le pilier central. Ce poêle, nous l'avons dit, provient de la prison de Louis XVI au Temple ; il répond exactement à la description de l'inventaire de 1815 cité précédemment.

Deux inscriptions placées dans la chambre n° 54, prouvent que cette cellule a été habitée par des détenus politiques en 1848.

On lit en effet :

F. A. B. Le
1848

Et au-dessous :

J. C. T.
1848

On n'accède pas de la grande salle aux pièces des tourelles. Ces pièces isolées forment corps de garde, et ouvrent sur le chemin de ronde qui règne tout autour du Donjon à hauteur du 5ᵉ étage.

PLATEFORME.

Le Donjon se termine par une plateforme remarquable par son dallage en pierres de taille. Cette plateforme était autrefois surmontée d'une haute guérite de guet, qui a été démolie probablement lors de l'émeute du 28 février 1791. On jouit de là, d'une vue merveilleuse et qui vaut, à elle seule, la montée des 245 marches de l'escalier.

CHAPITRE V.

LE PAVILLON DU ROI.

Le pavillon du Roi date de la minorité de Louis XIV. Il remplaça un château Louis XIII édifié en 1610, sur l'emplacement d'un corps de logis Louis XI (1). Nous ne connaissons le bâtiment du XVᵉ siècle que par une gravure de Boisseau, d'ailleurs peu exacte ; il paraît de dimensions assez restreintes. En longueur, il s'étendait de la tour du Roi jusqu'aux deux tiers de la courtine reliant cette tour à l'enceinte du Donjon. Sa largeur ne pourrait être appréciable sur une vue, mais elle nous est indiquée, à défaut de plan, par un document des archives du génie de la place de Vincennes. Dans un mémoire relatif aux travaux exécutés en 1818 dans le pavillon du Roi, on lit que, lors de la

---

(1) Pour le bâtiment Louis XI, consulter SAUVAL, p. 152, et MILLIN, *Antiquités Nationales, Vincennes*, p. 23.

démolition de la corniche de la chambre à coucher du roi, exécutée cette même année, le mur de façade du château primitif fut découvert (1). Derrière les lambris du XVII° siècle les baies des anciennes fenêtres apparu-

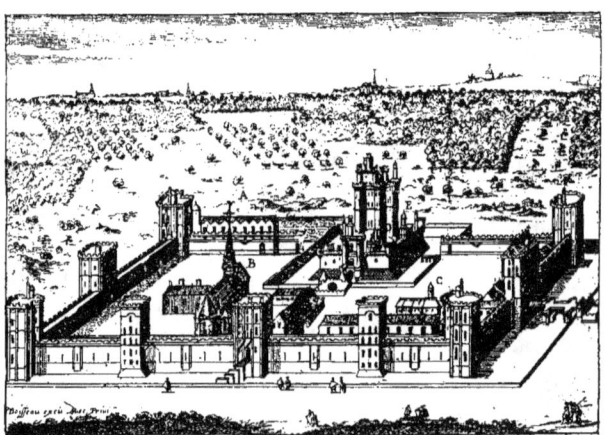

Vue du Château de Vincennes
Gravure de Boisseau
A. Pavillon Louis XI. — B. Sainte-Chapelle. — C. Chapelle Saint-Martin

rent avec leurs sculptures. Celles-ci devaient être conservées ainsi que les différentes peintures retrouvées. Mais cette intention méritoire n'a pas été

(1) Lors de la démolition de la corniche de l'alcôve de la chambre à coucher du roi (chambre n° 2), on découvrit que cette corniche masquait le mur qui coupe en deux le pavillon du Roi dans sa longueur, et sur le derrière duquel on sait que Mansart ajouta un pavillon. Mais ce même mur qui, avant Mansart, formait le mur du fond du Pavillon du Roi, avait dû, très anciennement sans doute, servir de mur de face, car on reconnaît, dans l'intérieur, d'anciennes baies de croisées en pierres de taille, dont tous les détails annoncent une façade. On a respecté ces ornements, comme on tâchera de respecter les anciennes peintures qui, cependant, ont peu de mérite.
Mémoire relatif aux travaux exécutés dans la place de Vincennes en 1818.
Archives du Génie de la place de Vincennes.

respectée : sculptures et peintures ont disparu. Seule, la maçonnerie est restée, parce qu'elle ne pouvait être démolie ; elle constitue, en effet, le gros mur, qui partage en deux, dans sa longueur, le pavillon actuel du Roi. Le château Louis XI, comme le château Louis XIII d'ailleurs, n'avait donc que la moitié de la largeur du bâtiment Louis XIV.

Cour du Château de Vincennes
Gravure d'Israël Silvestre
Dans le fond, à droite, Pavillon Louis XIII et ruines du Pavillon François Ier

Au point de vue architectural, c'était une construction à un seul étage, élevée sur rez-de-chaussée et surmontée d'un toit d'ardoise à pente très raide. Sa façade principale, regardant l'est, semble n'avoir eu d'autres ornements que les encadrements sculptés de ses portes et de ses fenêtres.

L'habitation était déjà délabrée en 1539. Poncet de La Grave nous apprend, en effet, que François Ier, qui avait eu l'intention d'y recevoir Charles-Quint, pendant son voyage d'Espagne en Flandre, fut obligé d'y faire exécuter de grosses réparations (1). L'empereur ne vint pas, mais les

---

(1) Les réparations furent faites tant au donjon qu'aux autres tours et aux bâtiments où logeaient le roi et les officiers. Ces bâtiments étaient situés entre le donjon et la tour du roi, sur le pan où est aujourd'hui l'aile du roi.
PONCET DE LA GRAVE, *Histoire de Vincennes*, t. I, p. 234.

travaux eurent lieu. Ils furent même poursuivis, car en 1543 ils étaient « sous l'inspection et ordonnance de Messires Hérault, capitaine du Bois de Vincennes, et Philippe Kulin, capitaine de la Bastille St-Antoine, à Paris » (1). Puis nous savons par une lettre de Catherine de Médicis qu'en 1552, le Primatice, alors surintendant des bâtiments, fut chargé de terminer l'ornementation du corps de logis (2).

Cependant celui-ci, malgré ses agrandissements et ses embellissements successifs, n'était, à l'époque de Henri IV, ni assez vaste, ni assez confortable pour recevoir la Cour. Sully en proposa la reconstruction. Il ne fut pas question alors, comme le croit l'abbé de Laval (3), d'élever deux ailes symétriques comme celles qui existent, mais seulement de remplacer l'ancien pavillon par un nouveau, en utilisant les murs susceptibles d'être conservés.

Henri IV approuva les plans qui lui furent soumis, mais il n'en vit pas l'exécution : le 14 mai 1610, il tomba sous le couteau de Ravaillac, laissant à la régente Marie de Médicis le soin de réaliser son projet. La pose de la première pierre du nouveau château eut lieu le 17 août 1610, en présence de toute la Cour. Le jeune roi Louis XIII reçut la truelle des mains du duc de Sully, et, prenant du mortier dans une auge d'argent, tenue par un des gentilshommes de sa suite, scella dans l'angle N.-E. du pavillon, une dalle sur laquelle étaient gravées ses armes et celles de la reine-mère, avec l'inscription : « *En l'an I du règne de Louis XIII, roi de France et de Navarre, âgé de neuf ans, et de la régence de la reine Marie de Médicis, sa mère, M D C X* ». — Il prit ensuite un marteau que lui présenta le seigneur de Digoine, et frappa la pierre, à chaque coin de laquelle fut placée une médaille commémorative. Deux de ces médailles étaient en or et deux en vermeil. Toutes portaient une inscription semblable à celle de la pierre.

Ce fut la dernière cérémonie officielle à laquelle assista Sully. Le grand ministre se retira peu après des affaires, cédant la place à Concini,

---

(1) PONCET DE LA GRAVE, *Histoire de Vincennes*, t. I, p. 235.
(2) M. LOUIS DIMIER, article sur le château de Vincennes paru dans l'*Œuvre d'art*. — 1 décembre 1897 — La lettre de Catherine de Médicis, a été publiée par M. de la Ferrière.
(3) Abbé DE LAVAL, *Esq. his. de l'inc.*, p. 149.

qui avait su capter l'esprit de la reine-mère. Louis XIII ne put habiter le pavillon que dans le courant de 1615. Le nom de l'architecte qui dirigea les travaux ne nous est pas connu. Israël Silvestre a laissé une vue de ce bâtiment : celle-ci n'offre que des indications sans grande valeur, mais il existe à la bibliothèque de la ville de Paris, dans les cartons des plans de Vincennes, dits de Colbert, un plan détaillé fort exact, des appartements

Le Pavillon du Roi, vue actuelle

du premier étage. Ce document nous permet de reconstituer l'ensemble du château (1). C'était un édifice long et étroit avec un retour sur la courtine Sud ; il s'étendait de la Tour du Roi au fossé Sud du Donjon. Il avait la même largeur que le pavillon Louis XI, qu'il remplaçait, le mur de façade de ce dernier ayant été conservé. Dans les appartements royaux, les seuls que nous connaissions, toutes les pièces se commandaient. En allant du Donjon vers la Tour du Roi, on trouvait un escalier monumental par lequel

---

(1) Plans et devis du château de Vincennes, dont un grand nombre paraphés par Colbert. — *Bib. de la Vil. de Paris.* — N° 12911.

on accédait, au premier étage, à une vaste salle dite « des gardes, éclairée par huit fenêtres donnant sur le petit parc, et conduisant dans l'antichambre ou salle d'attente. On passait de là dans le grand cabinet du roi ou salle du trône, et on arrivait à la chambre de parade. Cette dernière avait une entrée particulière sur la tour du roi, dans laquelle se trouvaient divers cabinets et les gardes-robes. L'aile en retour contenait une chambre d'hiver, deux cabinets, une chapelle et un autre grand escalier.

Quelle était la décoration de ces appartements ? On l'ignore, et les noms des artistes, qui y ont travaillé, ne nous sont pas parvenus. Nous manquons également de renseignements sur les richesses contenues à cette époque, dans le château.

Lorsque Mazarin, triomphant de ses ennemis, revint pour la seconde fois de l'exil, et devint gouverneur de Vincennes, nous avons dit qu'il chargea Colbert (1), alors simple intendant de sa maison, de la transformation complète de la résidence royale, et que Le Vau (2) obtint l'adjudication des travaux, bien qu'il fut en concurrence (3) avec François Mansart (4), et Le Muet (5).

Quatre plans successifs furent soumis à l'approbation du ministre.

1ᵉʳ PROJET.

Dans le premier projet (voir plan A, p. 201), l'ancien pavillon

(1) Voir t. I, p. 131.
(2) Le Vau, qu'on écrit souvent à tort Levau ou Leveau, né à Paris en 1612, mort en 1673, fit, entre autres choses, les châteaux de Vaux et du Raincy, et, au Louvre, le pavillon de Marsan. — Nous avons orthographié son nom d'après sa signature. — Voir celle-ci sur un plan que nous reproduisons p. 251.
(3) Colbert écrivit à Mazarin qui était en ce moment à Rome : « Il me semble « qu'on ne se peut servir pour cela que du sieur Le Vau, du sieur Mansart, ou du « sieur Lemuet. V. E. me fera savoir, s'il luy plaît, lequel des trois elle désire que « j'emploie. »
Lettre citée dans la note n° 189 de l'ouvrage *Le palais Mazarin* par le comte DE LABORDE. *Bib. de la Vil. de Paris*.
(4) François Mansart, oncle du grand Mansart, né à Paris, en 1598, décédé en 1662. C'est à lui qu'on attribue l'invention des toits brisés connus sous le nom de mansardes. Il fit entr'autres choses l'église de Chaillot, l'hôtel de la Vrillière aujourd'hui Banque de France, et les châteaux de Fresne, Choisy et surtout Maisons qui passe pour son chef-d'œuvre.
(5) Le Muet, né à Dijon en 1591, décédé à Paris, en 1669, est surtout connu par l'achèvement du Val-de-Grâce commencé par François Mansart.

Plan A

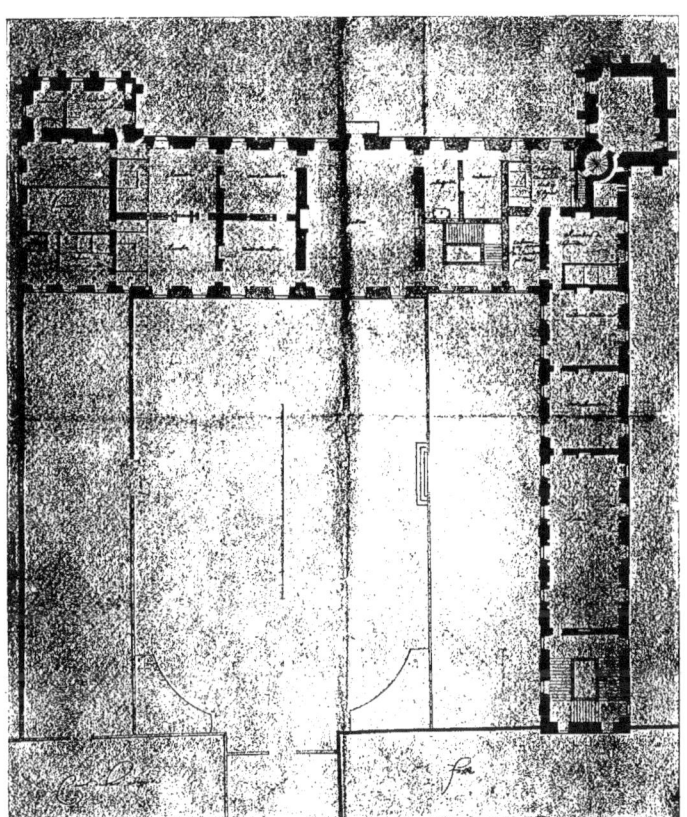

1er Projet d'agrandissement du Château de Vincennes sous Louis XIV

Réduction du plan de Le Vau. Collection des plans dits de Colbert. Bibliothèque de la Ville de Paris

Louis XIII était conservé. Une aile nouvelle, qui devait être le véritable château, aurait été bâtie en équerre, sa façade principale exposée au midi.

2° Projet.

Dans le second projet, le principe de l'aile en équerre était maintenu, mais le château Louis XIII était doublé. (Voir plan B, p. 203).

3° Projet.

Dans le troisième projet (voir plan C, page 208) l'ancien pavillon Louis XIII était doublé, mais il n'était pas construit d'aile sur la courtine Sud. Des portiques rustiques formaient une cour à l'intérieur même de l'enceinte du vieux château. Des jardins devaient occuper l'emplacement du pavillon actuel de la Reine.

4° Projet adopté.

Dans le quatrième projet, qui fut adopté, le pavillon Louis XIII était doublé, comme dans le projet précédent (voir plan C) ; mais le portique rustique, qui devait border à l'Est la cour projetée, était remplacé par un autre pavillon qui devait contenir les appartements de la reine-mère et ceux du cardinal Mazarin.

Les travaux furent d'abord poussés très activement. Le 7 juillet 1654, Colbert écrivait au cardinal : « Le grand bâtiment de Vincennes s'advan-« ce. Les fondations seront bientôt au rez-de-chaussée, et l'on fera toute « diligence pour le rendre logeable au caresme prochain, pourvu que l'ar-« gent ne manque pas. Celui du logement de V. E. va plus vite et j'espère « que dans la fin d'octobre, il sera achevé ».

Mais l'argent fit défaut et les prévisions de l'intendant ne se réalisèrent pas. Si le pavillon de la Reine fut prêt vers 1658, le pavillon du Roi ne fut habitable que dans le courant de 1660. Il fallut même, pour arriver à ce résultat, que la décoration intérieure fut faite dans un délai si court que les contemporains s'en émerveillèrent. « Cet ouvrage », dit Félibien, « s'exécuta avec une diligence et l'on peut dire avec une précipitation inconcevable, car le roi (revenant de la frontière d'Espagne après la conclusion de son mariage), y logea avant même que sa chambre fut achevée : ce qui fut cause qu'on ne put finir plusieurs choses aussi parfaitement que si l'on eut eu tout le temps ».

Plan B

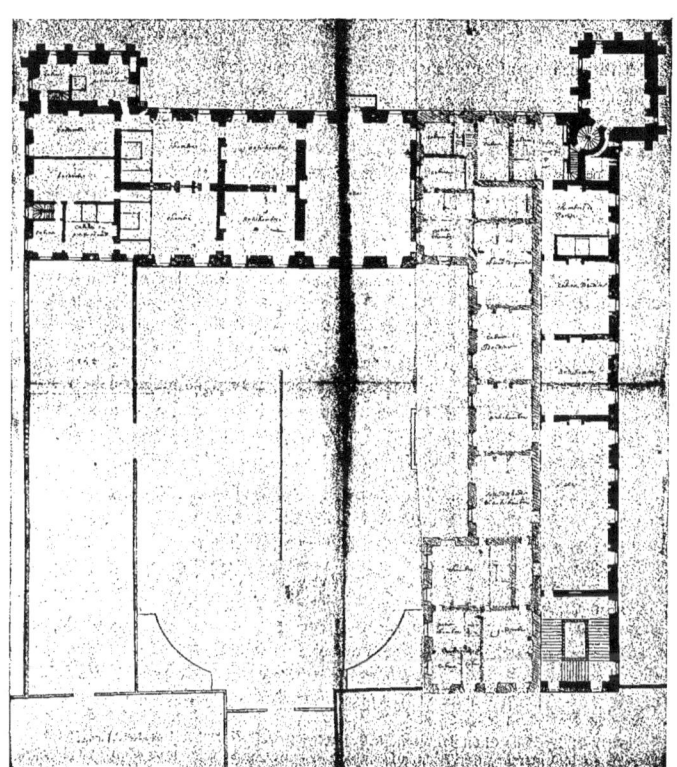

2 · Projet d'agrandissement du Château de Vincennes sous Louis XIV

Réduction du plan de Le Vau. Collection des plans dits de Colbert. Bibliothèque de la Ville de Paris

Les deux bâtiments symétriques de Le Vau ont une façade à peu près identique, n'ayant comme caractéristique qu'un ordre dorique dont l'entablement est surmonté de vases placés entre chaque lucarne. Ils se composent, chacun, d'un corps de logis principal percé de sept fenêtres, et de deux pavillons en saillie, l'un et l'autre, percés de quatre fenêtres. Leurs proportions imposantes ne manquent pas d'harmonie. Si l'extérieur était très simple, rien ne fut négligé pour rendre l'intérieur des plus somptueux. Philippe de Champaigne (1) fut chargé de la direction des travaux de décoration. Il s'adjoignit son neveu J.-B. Champaigne, le flamand Manchole, l'italien Borzone (2), et les français de Sèves, Michel Dorigny (3) et Baptiste. Sous le pinceau de ces différents maîtres, les plafonds et les lambris se couvrirent de peintures et d'ornements de nature à faire présager les splendeurs de Versailles.

Ces appartements somptueux virent Louis XIV dans tout l'éclat de sa jeunesse et de sa gloire, les fêtes grandioses du mariage du roi avec l'infante Marie-Thérèse d'Espagne, une partie de l'intrigue amoureuse du monarque avec la tendre La Vallière ; enfin, les grands conseils au sein desquels furent décidées l'arrestation de Foucquet et la guerre de Succession que devait clore le glorieux traité d'Aix-la-Chapelle.

Quel était l'état des lieux à cette époque brillante ?

Le rez-de-chaussée (Voir plan, p. 205) contenait les différents services de la bouche, les offices et les cuisines, et du côté Nord quelques logements pour des seigneurs de la Cour.

Le premier étage était réservé au roi, à la reine.

Le deuxième étage et les combles renfermaient les logements des seigneurs de la suite, des grands officiers et des gens de service.

(1) Philippe de Champaigne né à Bruxelles en 1602, mort à Paris en 1674 ; fut reçu en 1648 membre de l'Académie de peinture. Ses œuvres les plus connues sont : le vœu de Louis XIII, la réception des chevaliers de Saint-Louis, une Cène, la Madeleine aux pieds de Jésus-Christ, les Religieux.
(2) Marie François Borzone, né à Gênes, en 1625, mort en 1696, fut appelé, en France par Louis XIV et peignit de beaux paysages au Louvre et à Vincennes. Ses tableaux, dont plusieurs ont été gravés par Jacques Coëlmans, rappellent la façon de faire de Claude Lorrain.
(3) Michel Dorigny, né à Saint-Quentin en 1617, mort à Paris en 1663. Il était l'élève et le gendre de Simon Vouet. Il a laissé surtout un grand nombre d'estampes d'après son maître : l'Adoration des mages, Vénus à sa toilette, Mercure et les Grâces, etc.

Pavillon du Roi

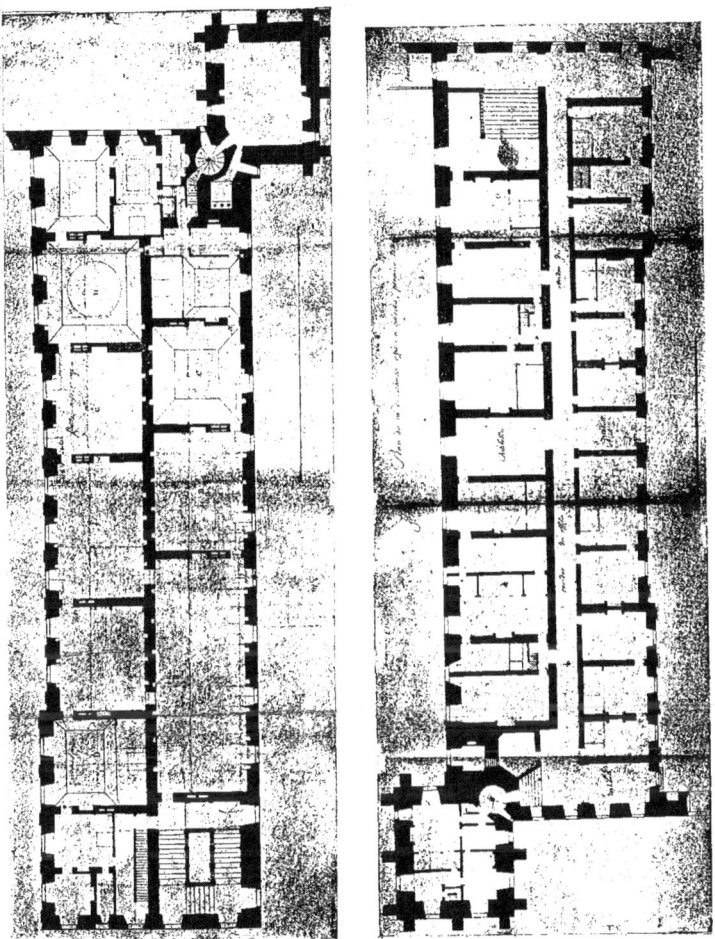

I^r Etage   Rez-de-Chaussée

Réduction des plans de Le Vau. Bibliothèque de la Ville de Paris

Lorsqu'on arrivait au château par la porte du bois et la cour principale, avec ses gazons à la française, il fallait aller jusqu'à l'extrémité Nord-Ouest de cette cour pour trouver l'entrée du pavillon. Une porte, sans perron, donnait accès à l'intérieur. On pénétrait alors dans un grand vestibule éclairé par quatre fenêtres ouvrant sur le fossé Sud du Donjon. Une seconde porte, faisant vis-à-vis à celle d'entrée, permettait de sortir sur le parc, par un pont-levis jeté sur le fossé.

Du vestibule un grand escalier monumental, dont les voussures, la hauteur de la cage et la longueur des marches faisaient l'admiration des contemporains, conduisait aux grands appartements. Ceux du roi se trouvaient du côté du parc, c'est-à-dire à l'Ouest ; ceux de la reine prenaient jour au Sud, sur le bois, et à l'Est, sur la cour.

Louis XIV, en personne, avait indiqué à Philippe de Champaigne et aux artistes qui lui étaient adjoints les motifs des peintures qui devaient orner ces pièces. Elles devaient se rapporter à la paix des Pyrénées et au mariage du roi avec l'infante d'Espagne Marie-Thérèse.

Les appartements proprement dits du roi comprenaient cinq grandes pièces qui se présentaient dans l'ordre suivant, en partant du grand escalier et en allant vers la tour du roi. (Voir plan, p. 205).

Il y avait d'abord une salle de gardes, ou grande galerie. Cette salle, existant dans le pavillon Louis XIII, fut conservée sans modification. Fort vaste, elle était éclairée par quatre fenêtres donnant sur le parc. Sa décoration ne nous est pas connue.

Après la salle des gardes (B) venait la salle à manger (C) ornée de quatre frises peintes par le Manchole et représentant des batailles d'Alexandre.

Dans la salle du trône, indiquée comme salle de compagnie (D) sur le plan annoté par Gabriel au XVIIIe siècle (Voir p. 205) une grande composition allégorique tenait tout le plafond. Au centre, le roi sous la figure de Jupiter ordonnait à la France d'embrasser la Paix ; tous les arts personnifiés lui formaient cortège et semblaient lui promettre de nouvelles gloires. Dans la frise, étaient rappelés les attributs de ces arts, tandis que, dans les angles, des figures de grandeur naturelle soutenaient des cartouches où s'enlaçaient les chiffres du roi et de la reine.

La chambre à coucher du roi (E), attenant à la salle du trône, ressemblait beaucoup à celle que Foucquet fit aménager dans son château de Vaux pour recevoir le monarque. Tout le fond était occupé par une estrade formant comme une seconde pièce dans la première. Un large lit debout occupait le centre de cette sorte de scène de théâtre où, chaque jour, se répétaient les cérémonies du lever et du coucher. Le plafond était orné d'une grande composition allégorique représentant Jupiter et Junon.

De cette pièce, on entrait dans le cabinet (F) orné de groupes d'enfants et d'amours supportant les chiffres du roi et de la reine. Ce cabinet, qui était la dernière grande pièce des appartements du roi, était séparé de la chambre de la reine par tout un ensemble de cabinets de toilette, de garderobes et de couloirs qui constituaient des dépendances fort pratiques, munies de dégagements. Ceci est à noter, car il est rare d'en rencontrer de semblables dans les constructions de cette époque où le luxe semble avoir banni l'idée de confort.

L'appartement de la reine, chapelle non comprise, se composait comme celui du roi, de cinq pièces principales :

La chambre à coucher, qui affectait la même disposition que celle du roi, avait un plafond peint, représentant Vénus et l'Amour. Elle communiquait, d'une part, avec un petit oratoire où, sur les lambris, de Sèves avait représenté, dans des cartouches de fleurs, les principaux événements de la vie de sainte Thérèse ; et, d'autre part, avec un salon désigné par Gabriel sous le nom d'antichambre sur le plan déjà cité.

Cette pièce ne le cédait en rien aux précédentes comme richesse d'ornementation. Tout le centre du plafond était occupé par une grande fresque représentant une allégorie en l'honneur de Marie-Thérèse, femme de Louis XIV. Cette composition, retrouvée presque intacte en 1860 sous une couche de badigeon, a été décrite ainsi par Léon Lagrange (1) : « A gauche, sur un trône de nuages, siège Jupiter. A droite, cinq déesses. Minerve, Diane, Junon, Vénus et Cérès ou telle autre, regardent du haut des nuages le groupe principal, placé plus bas ; et vers le milieu, c'est la reine transportée par Mercure au sein de l'Olympe. » L'auteur ajoutait : « Le dessin général est doux et souple, les déesses ont beaucoup de grâce et les figures du Génie et de Mercure sont d'un mouvement élégant. »

Une feuillure en plâtre entourait le plafond et divers ornements le reliaient aux lambris et à la frise. Cette frise se composait à chaque en-

(1) LÉON LAGRANGE. *Gazette des Beaux-arts.* — Paris 1860 — t. V, p. 55.

coignure de deux figures de femmes accompagnées de petits génies ailés, qui supportaient les chiffres de la reine et du roi. Au point central de chaque face était un médaillon peint en camaïeu, et entre ce médaillon et les angles, une femme assise près d'une corbeille de fleurs où puisaient des amours. Les fleurs auraient été, d'après d'Argenville, de la main de Baptiste Monoyer (1).

Du salon intime de la reine, ou antichambre, on entrait dans une vaste pièce, qui servait en général de salon de compagnie, et a été désignée souvent sous le nom de salle de concert. De l'avis des contemporains rien n'avait été négligé pour rendre cette pièce fort somptueuse. Dans un grand motif, qui occupait le milieu du plafond, on voyait la reine, sous la figure de Vénus, donnant des ordres à Mercure (2). Comme dans la salle précédente, les Grâces avec Iris, les Zéphirs avec Flore constituaient les personnages secondaires de cette allégorie. Dans quatre compartiments attenant au motif principal étaient représentés l'enlèvement d'Europe, Mars et Vénus, Apollon et Daphné, Hercule et Omphale, et ces sujets, au dire de Poncet de la Grave, « semblaient de véritables morceaux de tapisserie attachés au plafond » ; sur la frise, des joueurs d'instruments divers ; aux encoignures, quatre grands motifs en camaïeu complétaient cette ornementation.

(1) Ce plafond, ainsi que les peintures de la frise, avaient été découverts en 1860 sous une couche de badigeon, au cours des travaux d'aménagements intérieurs entrepris par le génie. A cette époque, le plafond peint sur un enduit soutenu par des lattes avait relativement peu souffert. Le visage de la reine avait été abîmé par le scellement d'un anneau dans lequel s'engageait le crochet d'une des tiges de fer destinées à supporter une planche à pain, car la pièce servait de chambrée à des troupiers. Puis, comme le dit Léon Lagrange, « les soldats du peuple le plus spirituel de la terre avaient pris un malin plaisir à crever les yeux de toutes les figures. Sur quelques bouches, la baïonnette avait dessiné des dents. » Mais ces dégâts étaient réparables. La frise et les peintures de Baptiste Monoyer étaient en bon état. — Avis de cette découverte fut donnée par le génie à la direction des Beaux-Arts, qui ne fit rien pour sauver ces épaves du grand siècle. Actuellement, on voit encore quelques traces de cette luxueuse décoration, mais il n'en reste plus que des fragments. La pièce sert de magasin d'habillement au 26e bataillon de chasseurs à pied.

(2) En 1860, M. LÉON LAGRANGE écrivait : La salle de concert n'existe plus, une cage d'escalier l'a remplacée. Une portion seule du plafond a été transportée (dans l'aile gauche, pavillon de la Reine) : C'est un groupe plein de légèreté qui représente Zéphyr et Flore se donnant un baiser fraternel entre Iris et le Temps, figuré par un vieillard à ailes de papillons. — Nous ne croyons pas que cette composition, qui est maintenant à l'Elysée (Voir p. 238), ait jamais occupé cet emplacement.

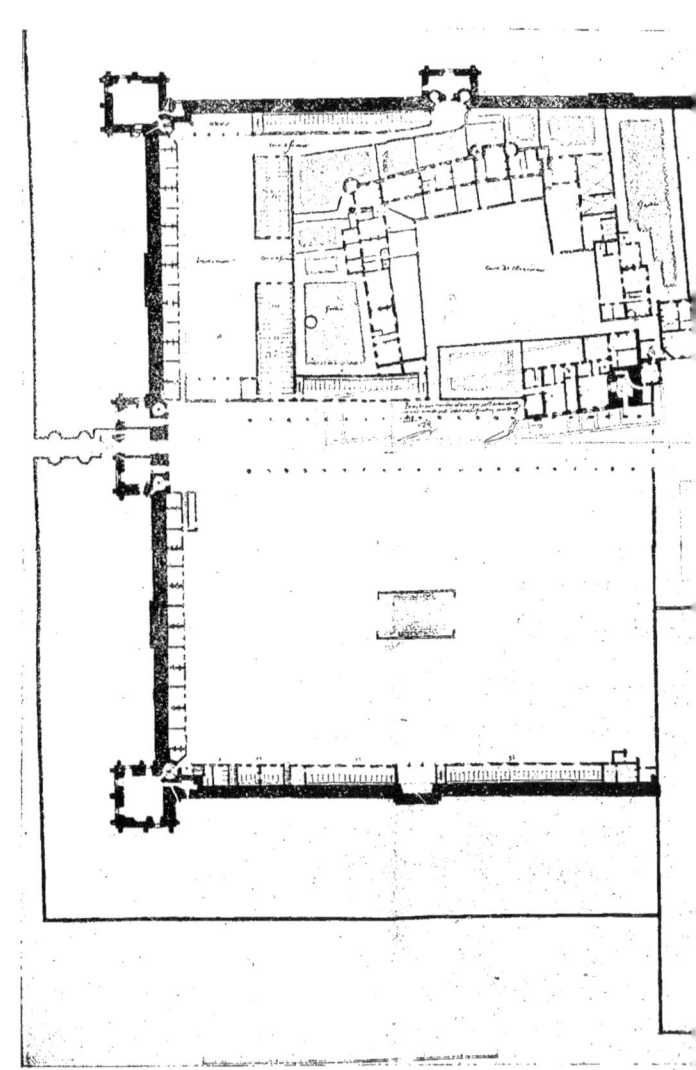

3e Projet d'ag
(Ce projet fut exécuté ave
Collection des Plan

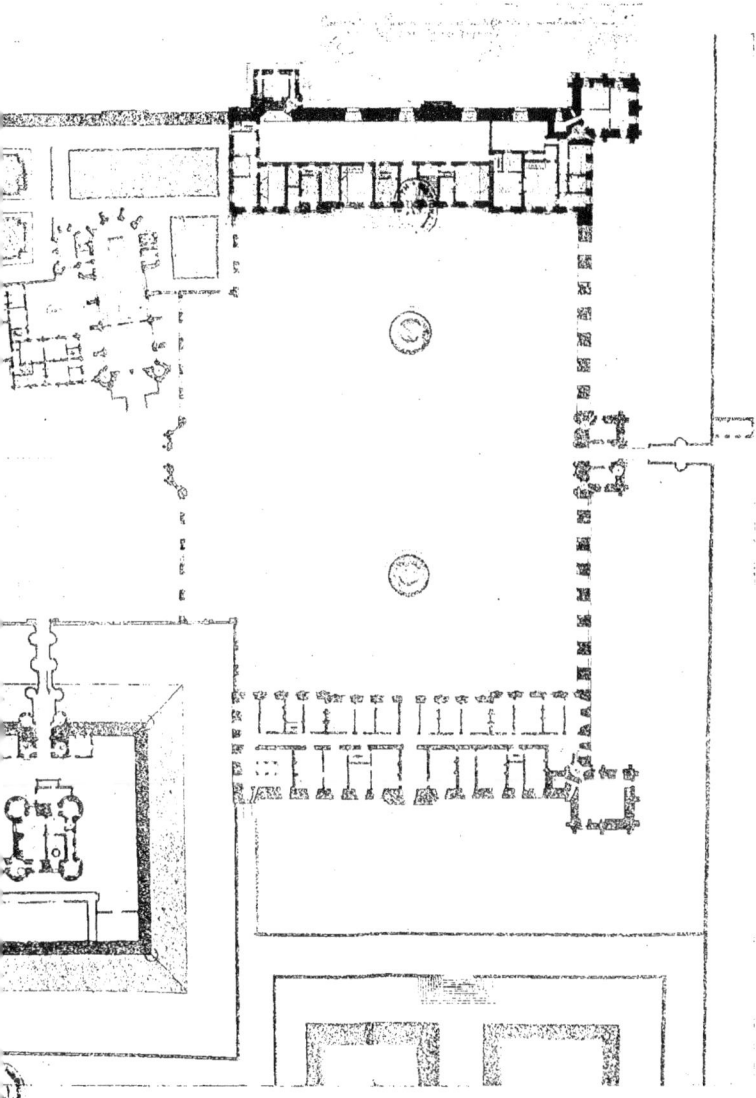

u Château par Le Vau
(u bâtiment indiqué sur le papillon)
Bibliothèque de la Ville de Paris

On lit sur le plan ci-contre la note manuscrite :

Paraphé ne varietur par M. Colbert et les sieurs Dublet et Toisson suivant le marché passé entre-eux devant les notaires soussignés, cejourd'hui vingt-septième jour de may 1658.

Signé : COLBERT, DUBLET, THOISON, JOUYN.

De la salle de concert on pénétrait dans la salle des Dames de la reine, désignée quelquefois sous le nom de salle à manger de la reine. Là se trouvaient, dans la frise, douze paysages et marines du gênois Borzone, c'est-à-dire, sur chaque face une marine placée entre deux paysages. Une décoration modelée en plâtre reliait les trois sujets ; des figures de tritons et des néréïdes soutenaient le cadre de chaque marine (1).

La salle des Pages ou des Gardes de la reine venait ensuite. Elle contenait quatre grands paysages et une marine de Borzone. Ces peintures étaient séparées par des pilastres surmontés de chapiteaux. Au-dessus régnait une décoration en grisaille du goût le plus exquis. Vers le millieu, de chaque côté, était figurée une niche contenant un buste : à droite, Apollon, à gauche, Cérès, dont les têtes se détachaient sur un fond d'azur. La couronne d'épis pour l'une, de lauriers pour l'autre, et les draperies naissantes étaient peintes d'un ocre brillant. Des génies s'appuyaient contre la niche, puis commençait une frise qui faisait tout le tour de la salle par dessus les fenêtres et contenait des guirlandes de fleurs, des fruits, des médaillons, des amours, et, de temps en temps, un petit sujet, tel que des enfants effrayés par un oiseau fantastique. Cette ornementation, dont Lesueur aurait pu revendiquer l'honneur d'avoir donné le dessin, fut exécutée vers 1660 sous la direction de Philippe de Champaigne, aidé de son neveu Jean-Baptiste (2).

De cette pièce on pouvait, soit pénétrer dans les petits appartements, comprenant un salon et deux chambres avec leurs dépendances, soit ressortir dans la grande galerie.

De 1660 à 1671, toutes les illustrations de la France passèrent dans ces appartements. Sous leurs lambris dorés, le matin, Colbert, Louvois et au-

(1) En 1860 une tempête, et deux paysages champêtres étaient conservés en assez bon état. La tempête, au dire de M. Lagrange, était d'un grand caractere et d'un effet rendu plus saisissant par le rembrunissement des tons. Les encadrements n'avaient pas trop souffert. *Gazette des Beaux-Arts* 1860, t. V, p. 55.

(2) A l'époque de la découverte dont il est parlé ci-dessus, l'ancienne salle des Pages était divisée dans sa hauteur par des planchers, et dans sa largeur, par une cloison. On n'apercevait plus que le sommet des paysages de Borzone et les chapiteaux des pilastres qui les séparaient. Mais l'ornementation des frises subsistait. Que sont devenues ces peintures montrant sous une face nouvelle et toute charmante le talent de Philippe et de Jean-Baptiste de Champaigne, révélant un peintre presque inconnu : le Borzone ? Il n'en existe plus rien à Vincennes !

tres grands ministres de cette merveilleuse époque entretenaient le roi des questions les plus sérieuses ; le soir s'ébauchaient, au son des violons, des intrigues d'amour. Auprès de celui qui personnifiait l'Etat, une jeunesse brillante dansait des menuets et donnait des carrousels.

Puis, les cours devinrent désertes. Le modeste « château de cartes » suivant l'expression de St-Simon, qui désignait ainsi le Versailles primitif, prit une telle extension sous la direction de Mansart et de le Nôtre, que le vieux château féodal fut abandonné malgré ses remaniements.

Les portes du pavillon du roi restèrent closes jusqu'en 1715. A cette époque, le jeune roi Louis XV fut conduit à Vincennes pour obéir aux dernières volontés de son aïeul et habita les grands appartements (1). Mais il n'y passa que soixante-douze jours (2). Le Pavillon fut de nouveau démeublé : il ne devait plus recevoir d'hôtes princiers si ce n'est l'infortuné duc d'Enghien.

En 1753, quatre-vingts cadets de noblesse y furent logés en attendant que les bâtiments de l'Ecole militaire, — au Champ de Mars — fussent terminés. Toutes les grandes pièces du premier étage se trouvèrent transformées en dortoir. « On ôta toutes les tentes (tentures) pour les placer à gauche, dans l'appartement de la reine-mère. Après le départ des élèves, en 1757, Mme de Mirepoix ayant obtenu l'autorisation d'occuper ces derniers logements, « les tentes » du roi furent remises en place (3). Mais cet aménagement n'empêcha pas de donner à un certain nombre de particuliers l'autorisation d'occuper les grands appartements qui furent, petit à petit, morcelés au gré des occupants.

(1) Le roi Louis XIV ayant mandé MM. de Mesmes, 1er Président, et d'Aguesseau, procureur général au Parlement leur dit :
« Voici mon testament. Il n'y a qui que ce soit que moi qui sache ce qu'il con-
« tient. Je vous le remets pour le garder au Parlement, à qui je ne puis donner
« un plus grand témoignage de mon estime et de ma confiance que de l'en rendre
« dépositaire. L'exemple des rois mes prédécesseurs et celui du testament du roi,
« mon père, ne me laisse pas ignorer ce que celui-ci pourra devenir. Mais on l'a
« voulu ; on m'a tourmenté ; on ne m'a pas laissé de repos quoi que j'aie pu dire.
« Oh bien donc, j'ai acheté mon repos. Le voilà, emportez-le. Il deviendra ce qu'il
« pourra. Au moins j'aurai patience et n'en entendrai plus parler. »
Saint-Simon, chapitre CCCLXIV. Paris, chez Delloye, 1840, t. 21, p. 50.
(2) Voir t. I, p. 170.
(3) Journal de D. E. F. Barbier, Bibl. Nat. Les travaux de réinstallation furent faits par les tapissiers du roi qui mirent en même temps en état les appartements de Madame de Mirepoix. — Barbier, page 214.

En 1762, Boucher fut chargé d'enlever les anciens plafonds de Philippe de Champaigne (1), afin de les soustraire aux détériorations de ceux qui occupaient les logements.

A l'époque de la Révolution, ce qui restait de l'ancienne ornementation périt ou fut caché sous le badigeon lorsque le bâtiment fut transformé en prison de femmes de mauvaise vie.

Le 24 Frimaire an III, la maison de détention ayant été supprimée par la Commission des administrations civiles de la police et des tribunaux (2), quelques vétérans, chargés de la garde du parc d'artillerie et de la fabrique de cartouches et gargousses établie au donjon, furent logés dans les locaux vacants. Le directeur de l'Enregistrement, Viennot, qui avait la surveillance des bâtiments, signale, à ce moment, leur état lamentable : « Ils ont besoin, écrit-il à son directeur général, le citoyen Gentil, d'immenses réparations. C'est aux architectes à faire cette besogne. Quant à moy je prêche dans le désert. » On lui répondit que la maison de Vincennes ne devait pas être onéreuse à la République. Alors, fatigué d'une lutte inutile, il écrit de nouveau à son chef hiérarchique, lui disant son découragement : « Tu trouveras bon que je garde, désormais, le plus pressant silence, et que je me contente de faire ce que j'ai toujours fait depuis deux ans : indiquer le mal, gémir de n'y point apporter de remède, exposé sans fruit et sans utilité aux plus grands dangers » (3).

Malgré les plaintes du pauvre directeur de l'Enregistrement de l'an III, cette situation ne fit qu'empirer. En l'an XII (1804) le pavillon du roi était presque en ruine quand le duc d'Enghien y fut conduit. On ne commença à le restaurer qu'en 1808, pour l'utiliser comme caserne. Il ne cessa, dès lors, d'avoir cette affectation. En 1819, son premier étage fut divisé par des planchers pour augmenter l'assiette du casernement.

(1) BARBIER, Bibl. Nat.
(2) Voir t. I, p. 195.
(3) Lettre de Viennot, directeur de l'Enregistrement, au citoyen Gentil, directeur à Paris, 2 germinal, an III, Arch. du département de la Seine, Domaine, Vincennes,
On trouve dans la correspondance de Viennot de cette époque que la maison des Minimes devait être mise à la disposition de la commission du Commerce et des Approvisionnements pour y mettre des porcs pour l'approvisionnement de Paris, Viennot fit remarquer qu'il n'y avait pas d'eau, et, d'ailleurs, que tous les locaux avaient été loués à des particuliers.

On y logea ainsi 80 sous-officiers et 1.000 soldats (1). C'est au cours de ces travaux d'aménagement qu'on retrouva l'ancien mur de façade du château Louis XI et du château Louis XIII (2).

En 1820, la coupole de l'ancienne chambre à coucher du roi fut démolie. Celle de la pièce contiguë subit, peu après, le même sort. Puis, le grand escalier d'honneur disparut.

Le Pavillon du Roi, menacé de faire place à des casemates, lors des grands travaux de 1841, ne dut sa conservation qu'à la dépense trop considérable qu'eut entraînée sa démolition. Il sert maintenant de caserne, abritant l'Ecole d'administration, et un bataillon de chasseurs à pied. De son ancienne ornementation, il ne reste, comme nous l'avons dit, que des fragments informes des peintures de Philippe de Champaigne et de Baptiste.

On n'y retrouve aucune trace du passage de ses trois hôtes les plus célèbres : Louis XIV, la duchesse de La Vallière, le duc d'Enghien.

(1) Archives du génie de Vincennes. Mémoires sur les fortifications de 1818.
(2) Voir même chapitre, p. 196.

CHAPITRE VI.
LE PAVILLON DE LA REINE

Le Pavillon de la Reine, qui devrait être appelé pavillon de la Reine-mère, fut commencé en 1654. Achevé en 1659, il était habitable dès l'année précédente. En apparence, il est à peu près identique au bâtiment qui lui fait face. En réalité, il en est fort dissemblable, car il n'a que la moitié de sa profondeur, deux retours masquant une cour intérieure dont le mur de fond, — ancien rempart de Charles V — fut percé à l'époque de Le Vau, de larges baies aujourd'hui rebouchées (1).

---

(1) On voit encore les arcades de ces baies, qui ne sont bouchées que par un mur peu épais.

En consultant les plans de la bibliothèque de la Ville de Paris, on voit que la reine et Mazarin avaient eu, tout d'abord, l'intention de se partager le bâtiment par moitié (1). Mais vers 1659, Monsieur prit l'aile gauche (partie Nord). Le premier ministre vint alors habiter l'aile Sud, dans laquelle Anne d'Autriche ne conserva qu'un petit logement donnant sur le grand parc, avec des offices et des cuisines distincts au rez-de-chaussée. Elle abandonna même sa salle des gardes au cardinal, et ce n'est qu'à la mort de ce dernier qu'elle occupa toute la partie Sud qui devait être aménagée, plus tard, pour le dauphin et la dauphine.

D'une manière générale, à l'époque de son achèvement, le pavillon était coupé en deux par le grand escalier qui subsiste encore avec ses dispositions originelles. Cet escalier d'honneur (II) (2) n'était pas doublé alors par un escalier de service, qui fut ajouté plus tard. On ne pouvait accéder aux étages supérieurs que par les deux extrémités du corps de logis.

Le rez-de-chaussée était occupé par les services de la bouche, distincts pour la reine, Monsieur et le cardinal ; l'entresol, par les gens de la suite ou les officiers ; le premier étage, par les maîtres ; le deuxième étage et les combles, par les gardes, les serviteurs.

En pénétrant dans l'aile droite par le grand escalier, on trouvait au premier étage une salle des gardes, « peinte en fleurs et dorures », dit Poncet de la Grave (3) ; puis une antichambre ou salle à manger (B), dont le plafond était orné d'une grande peinture représentant : « le Temps soutenant un jeune prince et le remettant aux mains de l'Innocence ». Des enfants, sculptés en bas-reliefs, accompagnaient ce tableau.

---

(1) Le cardinal avait pensé tout d'abord à faire sa chambre dans une annexe qui eut été accolée au retour nord et aurait attenu à la tour de la surintendance. Cette pièce aurait eu une belle vue du côté du bois, par dessus le rempart. Ce projet ne fut pas exécuté.

(2) Les lettres qu'on trouvera dans cette description se rapportent au plan de la page 217.

(3) PONCET DE LA GRAVE, hist. de Vinc., t. I, p. 13.

D'après M. LOUIS DIMIER, l'Œuvre d'art, n° du 1er décembre 1897, p. 207, un inventaire, dressé en 1857 par ordre de l'empereur Napoléon III et conservé au Louvre, mentionne que le plafond actuel, représentant Apollon et les Muses, aurait été rapporté de l'aile gauche et restauré en 1856 pour le duc de Montpensier.

La chambre d'apparat, dite aussi chambre du Conseil (c), venait ensuite (1). Une toile de forme ovale occupait le centre du plafond. On ne connait ni l'auteur ni le sujet de cette toile. On sait seulement qu'à l'extrémité des axes de l'ellipse de son cadre, se trouvaient des figures de femme

Le Pavillon de la Reine (1908)

Cliché de M. Arnaud-Jeanti

tenant des serpents et appuyées sur des médaillons surmontés eux-mêmes

(1) En lisant les mémoires de Madame de Motteville et en les rapprochant des plan de Le Vau de la Bib. de la V. de Paris, il semblerait que c'est dans cette chambre qu'est mort Mazarin. Cet auteur nous apprend en effet que « la Reine-mère entendait le cardinal hurler les nuits parce qu'il était logé de l'autre côté de sa chambre, et son mal était de nature qu'il étouffait continuellement. *Mémoires*, t. IV, p. 236. Et plus loin elle écrit : « Comme la reine mère était logée à l'ancien et petit logement, à cause qu'on faisait peindre les grands appartements du nouveau bâtiment (Pavillon du roi), elle quitta sa chambre parce qu'elle était trop proche de celle du mourant et vint coucher dans celle du roi. *Ibidem* p. 242. — La question est cependant loin d'être élucidée, car on lit dans le testament de Mazarin

d'une couronne. Des voussures rondes sur fond carré, occupaient l'espace compris entre l'ovale du tableau et la corniche. Les cadres étaient bleu et or, avec des couronnes et le chiffre d'Anne d'Autriche. Les tableaux d'angles représentaient l'Europe, l'Asie, l'Afrique et l'Amérique. De superbes lambris en bois de chêne doré complétaient la décoration.

Les plafonds et les lambris ont été transportés au Louvre, à l'époque de Louis-Philippe (1) et décorent actuellement le vestibule du Musée des Souverains (2). Dans cette reconstitution on a placé sur une cheminée un grand portrait d'Anne d'Autriche que le catalogue du musée décrit ainsi : « Peinture originale. La reine tient un caducée indiquant que son mariage avec Louis XIII est une garantie de paix pour les deux nations ». Un portrait de Louis XIII attribué à Philippe de Champaigne lui fait vis-à-vis. Mais rien n'indique que ces deux toiles proviennent de Vincennes.

LE CABINET D'ASSEMBLÉE (D).

Une composition allégorique représentant : « un prince soutenu par des génies, dont le plus grand s'avance pour le couronner », occupait le centre du plafond dans un cadre rond, constitué par une couronne de feuillage et laissant, dans les quatre angles, de la place pour des médaillons ornementaux. Une frise avec corniche sculptée et dorée, régnait tout autour de la pièce. Borzone avait peint treize panneaux dans les lambris.

Le cabinet d'assemblée communiquait, d'une part, avec le chemin de ronde de la courtine Sud du château féodal, par lequel on pouvait aller au Pavillon du Roi et, d'autre part, avec la chambre à coucher de la reine (E).

CHAMBRE A COUCHER DE LA REINE-MÈRE.

Cette pièce possédait quatre portes à deux vantaux ; ceux-ci, ainsi que les chambranles, étaient couverts de sculptures d'une finesse remarquable. Michel Dorigny avait peint le plafond, qui représentait les trois vertus

que les notaires se sont transportés dans sa chambre « ayant vue sur la cour du donjon. ». Il faudrait entendre ces mots par « ayant vue sur le donjon ». L'abbé de Laval, qui devait connaître ce titre, a indiqué la chambre du rez-de-chaussée du Pavillon du roi, qui donne sur le fossé du donjon. Or, il y avait à ce niveau, un grand vestibule. Au premier étage de ce même Pavillon, il y avait bien une chambre, mais elle avait une fenêtre ouvrant en face de la courtine du donjon sur les fossés, et une autre sur la grande cour. Pourquoi les notaires n'auraient-ils pas parlé de cette dernière ?

(1) Voir note p. 223.
(2) Le musée des Souverains est dans l'aile du Louvre bâtie par Le Vau, en arrière de la colonnade construite plus tard par Perrault.

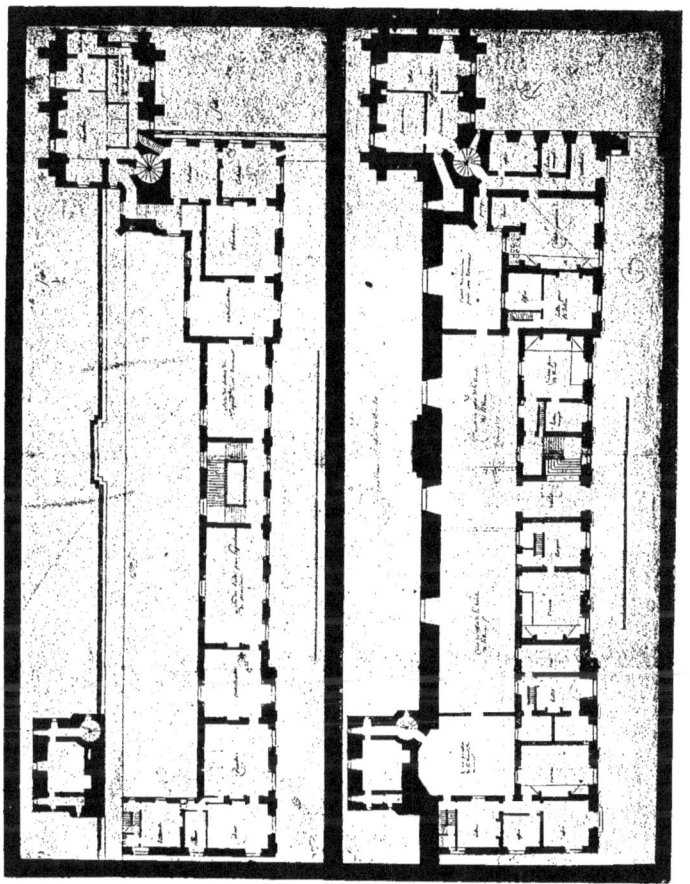

1ᵉʳ Etage   Rez-de-Chaussée

Plans du Rez-de-Chaussée et du 1ᵉʳ Etage du Pavillon de la Reine
Dessinés par Le Vau vers 1654. Collection des plans de Colbert. Bibliothèque de la Ville de Paris

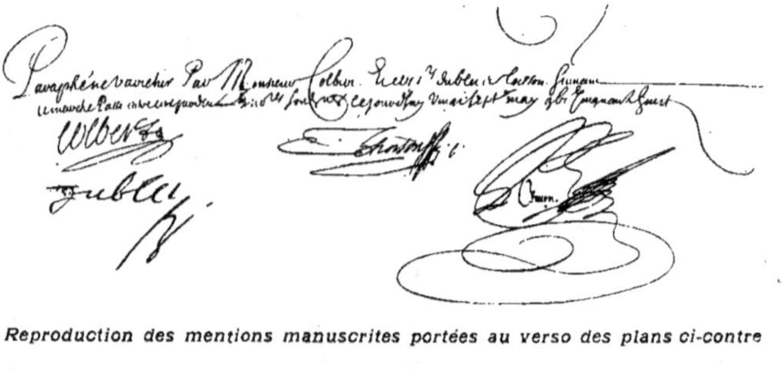

Reproduction des mentions manuscrites portées au verso des plans ci-contre

A. Plan du 1ᵉʳ Étage.
En haut : Paraphé ne varietur par nous Louis de Barry, conseiller du Roi, com⁺ enquesteur et secrétaire en son Châtelet de Paris le deuxième janvier 1871. — Signé de BARRY.
En bas : Paraphé ne varietur par monsieur Colbert et les sieurs Dublet et Coisson, suivant le marché passé entre eux par-devant les notaires sous-signés, cejourd'hui vingt-septième may 1658. — Signé COLBERT, DUBLET, THOISON et L. JOUYN.

B. Plan du Rez-de-Chaussée.
Paraphé ne varietur par monsieur Colbert, et le sieur Dublet et Coisson, suivant le marché passé entre eux par-devant les notaires sous-signés, cejourd'hui, vingt-septième may 1658. — Signé COLBERT, DUBLET, THOISON, JOUYN.

théologales, la Foi, l'Espérance et la Charité unies à la Vérité. Cette belle composition était mise en valeur par un cadre doré, à palmettes, avec génies, oiseaux, cornes d'abondance, et une bordure de roses et de lys sculptés et peints. Les caissons contenaient des paysages de Borzone dont il se trouvait aussi huit sur les lambris.

Dans l'alcôve, dont les frises étaient ornées de chiffres et de couronnes alternant avec des oiseaux, des serpents et des écureuils, deux superbes consoles attiraient l'attention.

Un oratoire minuscule avec vue sur le parc et un boudoir, prenant jour sur la cour, attenaient à la chambre à coucher de la reine. Les boiseries de ces deux pièces étaient entièrement dorées. Le plafond du boudoir était orné d'une peinture sur toile, au-dessus d'une corniche à denticules. Quatre tableaux sur châssis mobiles représentant des sujets ornementaux complétaient la décoration des murs. De ce boudoir, on pouvait ressortir dans l'antichambre, en passant par un couloir longeant la chambre d'apparat.

GRANDS APPARTEMENTS DE L'AILE GAUCHE OU DE MONSIEUR.

En arrivant par l'escalier d'honneur on entrait dans une salle de gardes peinte « à compartiments et à fleurs », puis on parvenait à la salle à manger, ou antichambre, dont les peintures représentaient des sujets d'histoire. Sur toutes les boiseries se trouvaient les chiffres de Monsieur, surmontés d'une couronne.

La chambre d'apparat (L) venait à la suite. Elle était toute dorée, avec un plafond à compartiments dans lesquels on voyait « des nymphes qui folâtrent ». Elle communiquait avec un cabinet, au plafond duquel était représentée une Renommée tenant le portrait de Philippe d'Orléans, avec cette devise : « *Non nisi grandia canto*. — Je ne chante que les grands événements. » — Ce plafond existe encore, mais surbaissé.

Cette enfilade d'appartements se terminait par une grande salle en retour ; c'était le cabinet d'assemblée (N) qui, d'après Poncet de La Grave, « avait été superbement décoré par Philippe de Champaigne. Une grande composition représentant Mars et Bellone ornait le centre du plafond ».

Jusqu'en 1668 le pavillon de la reine fut habité, mais à cette époque, la Cour ayant définitivement abandonné Vincennes pour Versailles, les grands appartements devinrent déserts. Ils furent cependant réouverts un instant, en cette année, pour les ambassadeurs siamois venus en France pour assurer Louis XIV de l'amitié de leur souverain.

Poncet de La Grave relate, à ce sujet, une curieuse anecdote. Le troisième ambasadeur avait été conduit dans une chambre au-dessus de celle assignée au premier (1). M. Storf, gentilhomme ordinaire de la maison du roi chargé par S. M. d'accompagner la mission pendant son séjour en France, s'enquit près du troisième ambassadeur, s'il se trouvait bien logé. Ce dernier répondit que la chambre lui plaisait beaucoup à cause de la vue ; mais, quelques instants après, ayant su que le premier ambassadeur occupait la pièce au-dessous de la sienne, il changea de visage et, ne pouvant déguiser le trouble qui l'agitait, il sortit avec précipitation comme s'il lui était arrivé un malheur extraordinaire. On s'informa de la cause de son émoi ; il répondit que la lettre du roi de Siam pour le roi de France était indubitablement dans la chambre au-dessous, chez le premier ambassadeur, et que, devant être toujours plus bas que la lettre de son souverain, il n'avait garde de coucher au-dessus d'un lieu où il savait bien qu'elle était.

Après 1715, le Pavillon de la Reine, fut négligé comme le reste du château et, finalement, abandonné (2). A la fin du règne de Louis XV, les appartements avaient été concédés à diverses familles. A cet effet, ils avaient été divisés en entresols et coupés par des cloisons ; l'ancienne décoration disparaissait sous des couches de peintures ou des lambris nouveaux.

Cet aménagement, déploré par Poncet de La Grave à la fin du XVIIIe siècle, eût pour conséquence inattendue de protéger cette partie du château ; car, en 1808, l'empereur Napoléon Ier, appréciant qu'il suffisait d'abattre les cloisons pour remettre tout dans l'état primitif, donna l'ordre d'entreprendre ce travail. On retrouva les pièces anciennes qui furent at-

(1) La chambre assignée au premier ambassadeur devait être une de celles du logement d'Anne d'Autriche, donnant sur le grand parc. Celle où fut conduit le troisième ambassadeur devait se trouver au deuxième étage.
(2) Sous Louis XV les cuisines et le rez-de-chaussée du côté de la tour de la surintendance furent transformés en ateliers pour la manufacture de porcelaine des frères Adam, origine de la manufacture de Sèvres. — Voir t. I, p. 172.

Les Ambassadeurs Siamois

tribuées comme logement au colonel de la garde, gouverneur du château, et furent habitées ultérieurement par les deux derniers gouverneurs, Daumesnil et le marquis de Puivert.

Les réparations de 1808 avaient été sommaires. En 1822, tous les locaux étaient de nouveau fort délabrés. Le service du génie ne pouvant obtenir les crédits nécessaires pour les restaurer, demanda leur désaffectation. Cette solution fut approuvée par le ministère, et les anciens appartements d'Anne d'Autriche dépouillés de leurs lambris et de leurs tableaux, servirent d'Ecole aux officiers de l'artillerie de la garde.

En 1832, M. Fontaine, architecte du roi, réclama les bois dorés, portes, sculptures, cadres de plafond et toiles anciennes qui avaient été entassés dans les greniers du Pavillon et les déposa au Louvre (1).

Lors de la désaffectation dont il a été parlé plus haut, le marquis de Puivert, gouverneur de Vincennes, transféra son logement du premier étage dans l'aile Nord qui tombait un peu moins en ruine.

Les commandants successifs de la Place de Vincennes habitèrent cet appartement jusqu'en 1848. Là mourut, en 1832, l'énergique défenseur du château, le général Daumesnil à la jambe de bois ; là enfin, s'installa, en 1842, le jeune duc de Montpensier lorsqu'il fut nommé commandant de l'artillerie de Vincennes. C'est à cette circonstance que le pavillon de la Reine doit de ne pas avoir été démoli. Il avait été en effet question, en 1841, de le raser pour construire sur son emplacement huit casemates à la Haxo, pareilles à celles du front Sud du vieux fort (2). Les prévisions de dépenses jugées trop considérables pour un seul exercice, avaient fait ajourner le projet. L'installation du jeune prince le fit complètement abandonner. Le maréchal Soult, duc de Dalmatie, ministre de la guerre, fut chargé

(1) L'architecte Fontaine reçut les boiseries le 14 septembre 1832 comme l'atteste une lettre de lui, conservée aux archives du génie de la place de Vincennes. (Art. 5 n° 19) et les déposa au Louvre. Un état descriptif des différentes pièces reçues, toiles, lambris, etc., est joint à cette lettre. De tous ces objets, seules les boiseries de la chambre de la reine ont été replacées sous Louis-Philippe dans la deuxième salle du vestibule du musée des souverains et se retrouvent par conséquent dans une construction de Le Vau. La pancarte imprimée du Louvre qui donne des renseignements aux visiteurs sur la réfection de cette salle contient des erreurs que j'ai signalées en 1902. Il y est dit notamment que « ce plafond et les parties anciennes décoraient l'appartement d'Anne d'Autriche dans le château dont la première pierre fut posée en 1610. » C'est 1654 qu'il faudrait lire.

(2) Il avait été aussi question de le transformer en caserne et les projets d'aménagement existent aux archives du génie.

de prendre les dispositions nécessaires pour la remise en état du bâtiment (1). Le dépôt de poudre et de munitions, qui y était installé, fut éloigné. L'architecte du roi, Fontaine, dirigea les travaux de décoration. La liste civile (2) paya les dépenses. Le garde-meuble prêta des glaces, l'administration du Louvre des tableaux, et les différents palais royaux des meubles. Dans cette restauration hâtive, une ornementation en carton-pâte, d'un goût plus que douteux, remplaça les anciennes boiseries. Des peintures dans le genre froid et classique de la mauvaise manière de l'école d'Ingres, masquèrent les vides laissés par l'enlèvement des chaudes et brillantes compositions de Philippe de Champaigne et de Michel Dorigny. Mais les ressources d'un art poncif ne purent dissimuler le manque de confort de ces appartements dont les multiples inconvénients disparaissaient à l'époque du cardinal parce que, alors, on recherchait surtout un effet de grandeur.

Lorsque le duc de Montpensier prit possession de son logement, on entrait, par un petit vestibule, du grand escalier dans la salle dite « des armures ». Les bureaux, puis la chambre à coucher du prince venaient à la suite, donnant sur un corridor, au bout duquel se trouvait une salle servant à la fois de salle de billard et de salle à manger. Par suite de cette double destination, dès qu'un dîner officiel était fini, il fallait desservir en toute hâte pour donner aux invités la jouissance de la salle de billard. On comprend combien était vicieuse cette disposition. Aussi, après le mariage du prince, le service du génie fit-il remarquer que l'aménagement de l'aile droite s'imposait pour les réceptions (3). Les conclusions du rapport fait à cette occasion ayant été approuvées, l'École d'artillerie évacua les locaux qu'elle occupait depuis 1822 et fut transférée au rez-de-chaussée. Les anciens appartements d'Anne d'Autriche — qui étaient dans un état d'autant plus lamentable qu'on en avait enlevé, comme nous l'avons dit, tout ce qui présentait un cachet artistique, — furent de nouveau rendus habitables (4).

(1) Dépêche ministérielle du 19 août 1842, adressée à M. le maréchal de camp, commandant l'École d'artillerie de Vincennes.
(2) Dépêche ministérielle du 2 septembre 1842 n° 108 adressée à M. le maréchal de camp, commandant l'École d'artillerie de Vincennes.
(3) Archives du génie de la place de Vincennes.
(4) Il y restait cependant quelques vestiges de l'ancienne décoration, notamment les frises et le cadre du plafond de la Salle des Gardes.

Ancienne Salle des Gardes de Mazarin, puis d'Anne d'Autriche

Etat actuel (1907) montrant la restauration faite en 1843 pour le duc de Montpensier

La salle des gardes de la Reine-mère, qui avait conservé ses dimensions primitives, fut assez bien restaurée dans ses parties hautes (voir p. 225). Une grande composition de Michel Dorigny y fut rapportée. L'ornementation, due au pinceau de Philippe de Champaigne, fut soigneusement nettoyée, et les dorures de la pièce complètement ravivées. Trois tableaux de Vien, dont deux provenaient de l'ancienne salle à manger du grand Trianon (1), garnirent, avec une toile de Lagrenée, deux des trumeaux des fenêtres et deux panneaux voisins des angles. Enfin, deux grandes cheminées en chêne, surmontées de glaces, furent placées, se faisant face, aux deux extrémités de la pièce.

On obtint un ensemble assez disparate avec ces toiles Louis XV dans un décor Louis XIV, ces cheminées soignées comme sculpture mais faites dans le style 1840 et le papier peint collé contre les murs, aux endroits qui n'étaient pas couverts par les dorures ou des tableaux. Mais cet amalgame prouve que l'on avait cherché moins à restaurer la salle au sens propre du mot qu'à la mettre rapidement en état de servir aux réceptions princières.

L'antichambre d'Anne d'Autriche fut coupée en deux pour former un petit salon doublé par un escalier et dégagé par un couloir ; le petit salon fut orné d'un plafond de Dassy, représentant la « Vigilance », et de dessus de portes avec sujet de fleurs.

La chambre d'apparat de la reine-mère fut surbaissée de plafond et transformée en bibliothèque. Ici, l'ornementation romantique déploya tout son luxe de sculptures prétentieuses. Le carton-pâte simula des boiseries. Le gothique troubadour se plia à toutes les exigences de cette décoration de mauvais goût. Le plafond, divisé en compartiments par des moulures, reçut des « vues » d'un inconnu : Alger, sous deux aspects, Constantinople et le Parthénon d'Athènes. Enfin, les dessus de portes furent ornés de toiles sur lesquelles étaient peints des trophées d'armes. Pour compléter l'appartement, on aménagea encore deux grandes chambres prenant vue sur le parc. Enfin, le grand escalier fut restauré. Des toiles de Meynier, Lancrenon, Dassy, Coutan et Juines furent placées contre les murs. Elles y sont restées.

Le duc de Montpensier ne jouit pas longtemps de son installation. A la

(1) M. LOUIS DIMIER (article sur le château de Vincennes, publié dans le n° du 1er décembre 1897 de l'Art ancien et moderne).

révolution de 1848, privé de son commandement, il quitta l'appartement et prit le chemin de l'exil.

Le général de Cottignies, qui lui succéda, demanda et obtint que les nouvelles pièces au sud du grand escalier fussent réunies à celles de l'entresol pour constituer le logement particulier du général commandant l'artillerie. Il conserva, en plus, la jouissance de l'aile gauche du pavillon. C'est dans cette partie du bâtiment que sont actuellement installés les bureaux de la 19ᵉ brigade d'artillerie. La disposition des lieux et leur appropriation n'ont pas varié depuis 1848 : l'ornementation seule a subi des modifications (1). Nous aurons, plus loin, l'occasion d'en reparler en détail.

Rappelons au sujet du pavillon de la Reine certains faits contemporains qui s'y sont passés et présentent quelque intérêt historique.

C'est dans la salle dite « des Conférences » sise au rez-de-chaussée, à côté de la bibliothèque actuelle des officiers, que siégea, après la Commune, l'un des conseils de guerre institués pour connaître des actes relatifs à l'insurrection. Avant la constitution régulière de ce tribunal militaire, une commission s'y était réunie. Celle-ci, agissant comme cour martiale, avait condamné à mort un certain nombre d'insurgés, presque tous étrangers d'ailleurs, pris les armes à la main par les troupes de Versailles à leur entrée dans le Vieux Fort (2).

Ces exécutions eurent lieu dans le fossé Ouest du château.

Jetons un voile sur ces tristes souvenirs de nos discordes civiles et relatons deux visites de souverains.

En septembre 1898, le roi de Siam Chulalongkorn, hôte de la France, fut, par une étrange coïncidence, reçu solennellement dans le même appartement qui avait été occupé, deux siècles auparavant, par les premiers ambassadeurs extraordinaires envoyés par un de ses ancêtres à Louis XIV. Le souverain, escorté par le général de division de Saint-Germain, délégué par le gouvernement de la République, visita d'abord la Sainte-Chapelle et le Donjon, puis déjeuna, avec sa suite et quelques officiers français,

---

(1) J'avais écrit ces lignes avant que le ministre de la guerre par dépêche du 8 mai 1907 eut prononcé la désaffectation de l'appartement du général. Il est question d'organiser un cercle de garnison dans ces locaux actuellement vacants.

(2) Les 18 condamnés furent fusillés dans le fossé ouest du Fort le 1ᵉʳ juin 1871 à 3 h. ½ du matin. (Archives de la Place de Vincennes).

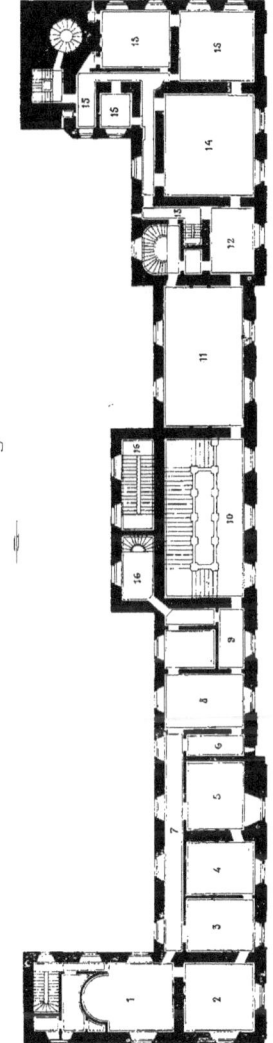

dans la salle précédant le cabinet du directeur de l'Ecole. Cette salle avait été décorée brillamment ; le bureau du directeur de l'école, le cabinet du général commandant l'artillerie, ainsi que les bureaux de son état-major, avaient été, pour la circonstance, aménagés en appartements privés. Le grand escalier avait été fastueusement orné d'armes et de trophées.

Deux ans plus tard, le pavillon de la Reine reçut la visite d'un autre monarque asiatique, le Shah de Perse Mouzaffer ed Din, venu à Paris pendant l'Exposition universelle. Une grande revue fut passée en son honneur au Polygone. Toutes les troupes du Gouvernement militaire de Paris, sous les ordres du gouverneur de Paris, le général Florentin, défilèrent devant le souverain qu'accompagnait le ministre de la guerre, le général André. A l'issue de la revue, un déjeuner de 40 couverts fut offert par le ministre dans les appartements particuliers du général commandant l'artillerie (1). Le shah présidait, ayant en face de lui le ministre. Le déjeuner fut servi dans le salon d'armes et le souverain fut si émerveillé de sa décoration qu'il exprima le désir d'avoir la photographie des trophées, afin d'en faire exécuter de semblables dans l'un de ses palais.

Etat actuel du Pavillon de la Reine

Dans le pavillon de la Reine, comme dans le pavillon du Roi, on ne retrouve presque rien de l'ancienne disposition. A part le grand escalier avec sa rampe de pierre, ses voûtes surbaissées, son plafond à voussures, et, à part aussi la grande salle du premier étage, il n'existe plus que des vestiges de l'ancien état de choses. Lorsqu'on arrive à l'escalier central on voit, sur un faux palier, à gauche en entrant, le modèle en plâtre de la statue en bronze de Daumesnil (2) qui orne le square Marigny, devant la mairie de Vincennes. Ce modèle a été placé là en 1874.

(1) Général Clément.
(2) L'inauguration de la statue de Daumesnil eut lieu en grande pompe à Vincennes le 26 mai 1873. Parmi les assistants se trouvaient le général de Ladmirault, délégué par le Gouvernement pour le représenter à cette solennité, avec son état-major ; le maire de Vincennes avec son conseil municipal, le maire et le conseil municipal de Périgueux, patrie de Daumesnil et tous les généraux et les officiers de la garnison. Les frais du monument avaient été couverts au moyen d'une souscription publique ouverte en 1869. Les événements de 1870 et 1871 avaient retardé de trois ans l'inauguration.

L'ornementation de l'escalier (n° 10 du plan, p. 229) (1) est très sobre jusqu'à la hauteur du 1ᵉʳ étage. Quelques moulures rompent seules la monotonie des grands murs. Des cadres en faux marbres encadrent des peintures faites en 1842 : quatre dessus de portes de Meynier représentant la Force, la Justice, la Puissance et la Paix et quatre grands panneaux ; la Paix de Lancrenon, l'Abondance de Dassy, un Apollon de Coutan et enfin la Guerre de Juine. Nous avons déjà manifesté notre opinion sur la valeur artistique de ces compositions : nous n'insisterons pas.

La grande salle (n° 11) avec son plafond de Michel Dorigny, sa corniche de Philippe de Champaigne, offre des motifs analogues à ceux qu'on retrouve dans les vestiges du plafond de la salle de la Reine, au Pavillon du Roi. (Voir plan de Colbert, page 205). Son élévation, la hauteur de ses fenêtres, sa coupole, donnent, malgré les critiques que nous avons faites, une idée de ce que pouvait être la résidence d'Anne d'Autriche. Les quatre tableaux qui décorent cette grande salle et qui y ont été apportés en 1846, comme nous l'avons dit, représentent Cérès, Vénus et Diane, par J. O. M. Vien, la dernière de ces toiles portant la date de 1773, et Flore, par Lagrenée (1777). Ce sont d'agréables et intéressantes peintures décoratives du XVIIIᵉ siècle, en bon état de conservation.

Les dessus de portes sont depuis 1870 privés de leurs tableaux qui représentaient des natures mortes avec des oiseaux, des fleurs et des fruits. Deux étaient de Ladey et deux de l'école française sans nom d'auteur.

L'antichambre (n° 12) possède encore un plafond par Dassy, œuvre plus que médiocre. Les deux dessus de portes existant sont de Rousseau, deux autres par Canova et représentant une bataille de cavalerie ont été enlevés après 1848 et remplacés par deux toiles de l'école de Boucher, la promenade dans le parc et la bergère espiègle. Ces dernières œuvres ont été, à leur tour, enlevées après 1870, mais, cette fois, nullement remplacées.

Le salon d'armes, ainsi appelé parce qu'il fut décoré sous Napoléon III au moyen de pièces d'armes, a deux grands panneaux ornés de pontets,

---

(1) Les chiffres par lesquels nous mentionnons les pièces sont ceux figurant sur le plan de la page 229. La nomenclature des tableaux a été faite d'après l'inventaire de l'Ecole d'artillerie de 1850 et les catalogues des fresques et objets d'art de 1858 et 1864.

— 233 —

de baguettes, de gardes, de chiens, de ressorts de vieux fusils assemblés

Statue de Daumesnil

avec un véritable art et constituant les dessins les plus variés. Des cuirasses de carabiniers avec leur ton cuivre et leur soleil vieil or, ornées du coq gaulois ou de l'aigle impérial, rompent la monotonie des couleurs brillantes, mais froides des aciers.

Le grand lustre, les candélabres formés de sabres et de pistolets réunis par des gourmettes sont d'une composition heureuse. Des trophées d'épées, de haches, d'armes diverses, disposés sur six consoles surmontées de baldaquins, complètent ce curieux décor et font un peu oublier l'ornementation en carton-pâte dont nous avons parlé.

Des modèles réduits de canons, de caissons, de voitures diverses d'artillerie ayant servi à l'éducation technique du duc de Montpensier, sont restés sur des consoles et rappellent le séjour du Prince en ces lieux (1).

A la suite du salon d'armes, l'appartement privé du général commandant l'artillerie (2) se compose de deux grandes chambres ayant vue sur le polygone (n° 15). Ces pièces sont sans intérêt. Leurs plafonds blancs avec ornements en plâtre doré, évoquent le souvenir de la restauration de 1846. Les tableaux qui y avaient été mis pour le duc de Montpensier et dont certains sont restés en place jusqu'en 1870, ont été enlevés, ainsi que ceux ajoutés sous l'Empire. Dans le nombre, figuraient quatre toiles reprises par l'administration des Beaux-Arts, le portrait de Gribeauval et celui de Vauban, par Franque, ainsi que de bonnes copies des portraits de Napoléon III et de l'impératrice Eugénie, d'après Winterhalter.

Si nous passons dans l'aile gauche, nous trouvons d'abord une antichambre (n° 9) sans décoration, puis une grande salle (n° 8) dite des « armures » sous le duc de Montpensier. Cette salle, longtemps bureau du général inspecteur, sert maintenant de vestibule aux bureaux de l'état-major de la 19° brigade d'artillerie. Le plafond, surchargé d'ornements en plâtre dans le goût du gothique troubadour, possède une composition de l'Ecole de Rubens. Cette toile représente une « Renommée » qui s'est montrée peu reconnaissante envers son auteur puisqu'elle a laissé son nom ignoré. Son silence est d'ailleurs justifié. Ce tableau appartenait en propre au duc de Montpensier qui a jugé bon de ne pas le réclamer, ce que nous comprenons. Les armures qui décoraient cette pièce ont été rendues à la famille d'Orléans après 1848.

(1) Ils y étaient du moins en 1902.
(2) Cette indication d'appartement du général n'est plus exacte puisque cet appartement a été désaffecté comme nous l'avons dit.

Salon d'Armes

Dans le couloir (n°7) qui conduit aux divers bureaux de la brigade d'artillerie, il ne reste plus que sept bas-reliefs. Ils avaient été moulés en plâtre sur les frises même du Parthénon, avant les mutilations que les Anglais ont fait subir à ce monument, et ils ont été rapportés en France par le prince de Joinville.

Les dessus de portes et les cadres du plafond ont été privés de leurs toiles. Les sujets des dessus de porte étaient « La Musique » et la « Poésie », de l'école de Boucher, et deux panneaux de fleurs, l'un de Monoyer et l'autre d'un auteur anonyme de l'école française. Comme toiles du plafond, il y avait « l'Education d'Achille », par Lépicié et trois compositions de Pierre, savoir « Jupiter et Junon » « Vénus et Junon » et « Nymphe poursuivie par une Furie et métamorphosée en arbre. »

Les trois pièces (n°⁸ 3, 4 et 5), qui ouvrent sur la galerie précédente (n° 7), n'ont conservé de leur décoration « Louis-Philippe » que des portes et des plafonds ornés de motifs en plâtre simulant le chêne sculpté.

La pièce du milieu (cabinet du général), possède un plafond en papier avec rosace en plâtre doré et encadrement peint. Les quatre sujets qui l'agrémentent ne valent pas la peine d'une mention.

Dans la pièce suivante (n° 5), les compartiments du plafond étaient ornés du temps du duc de Montpensier de quatre compositions de Lancret « La bergère endormie » ; « La correction dans un couvent de religieuses » ; « la femme infidèle » et un groupe de bergers et bergères. Comme dessus de portes, existaient à la même époque une « Galathée », une « Bacchanale », une « bergère espiègle » de l'école française, plus un « groupe de Junon, Iris et Flore », de Lemonnier. Ces peintures ont été enlevées après 1870.

Le bureau du directeur de l'Ecole (n° 2) est l'ancien salon du duc de Montpensier et l'ancienne chambre à coucher de Monsieur, frère de Louis XIV. Cette pièce ne possède plus comme curiosité que son plafond peint par Michel Dorigny, œuvre dont nous avons déjà eu l'occasion de parler. Les ornements du cadre, les moulures du plafond, sont du temps de Mazarin. Le chiffre du duc de Montpensier a été ajouté en 1842, lors de la restauration de la pièce.

Le vestibule de l'école d'artillerie, ancienne salle de billard du duc de

Montpensier (pièce n° 1) possède un plafond refait avec des boiseries du XVII° siècle, bien ouvragées. Malheureusement, la toile qui en formait le motif central, « Flore et Zéphyr », de Michel Dorigny, a été enlevée et transportée au palais de l'Elysée.

De l'andrinople rouge, mise lors de la visite du roi de Siam pour boucher le vide, remplace mal, comme bien on le pense, la toile absente. Des vues du château à diverses époques ont été peintes et appliquées sur les panneaux. Elles n'ont aucun mérite, ni comme œuvre, ni comme reconstitution historique.

Il n'y a pas d'autres particularités à signaler dans le Pavillon de la Reine. Le reste du bâtiment est occupé par de petits logements, des entresols bas, et des magasins, exception faite cependant pour le rez-de-chaussée où existent deux belles pièces : la salle de conférence et la bibliothèque des officiers d'artillerie, dont la décoration consiste en trophées d'armes prêtés par la direction de l'artillerie (1).

(1) Depuis 1907 les bureaux du génie occupent au 2e étage le logement situé au-dessus de l'ancien appartement du général commandant l'artillerie.

CHAPITRE VII

Tours. — Enceinte. — Souterrains

L'enceinte, terminée par Charles V en 1373, existe encore presque complète. Des constructions parasites ont modifié son aspect ; des fenêtres, des créneaux, ont troué ses murs ; ses tours, à l'exception d'une seule, ont été arasées au niveau des courtines ; mais les grandes lignes des remparts subsistent, document précieux pour l'histoire de la fortification du moyen-âge.

En parlant de la construction de la forteresse, nous avons dit (1) que le château formait un grand parallélogramme couronné de neuf hautes tours, donjon non compris. Ces tours sont connues sous le nom de :

1re Tour de Paris ; (B) (2).

2e Tour du village ou tour principale ; (A)

3° Tour du réservoir ; (C)

4° Tour de Calvin ou du diable ; (D)

5° Tour du gouverneur, du gouvernement ou des salves, actuellement tour de la porte de communication ; (E)

6° Tour de la surintendance ; (F)

7° Tour de la Reine ; (G)

8° Tour du bois, arc de triomphe, ou tour du conseil ; (H)

9° Tour du Roi ; (I)

10° Donjon (K).

Nous allons successivement signaler les particularités de chacune d'elles :

1° TOUR DE PARIS.

En 1819, cette tour fut arasée (3) au niveau des courtines et voûtée à l'épreuve de la bombe. Elle a perdu depuis lors, tout son caractère. Noyée au milieu des casemates modernes, elle n'a conservé aucun vestige intéressant les époques passées.

(1) Voir t. I, p. 76 et suiv.
(2) Pour les lettres indiquant les tours, voir gravure ci-contre, p. 241.
(3) Dans un discours mémorable prononcé le 26 juillet 1847 devant la Chambre des pairs, le comte de Montalembert s'est élevé avec véhémence contre le vandalisme en matière d'art. Passant en revue toutes les mutilations causées aux divers monuments de France par des restaurations malheureuses ou des destructions sans utilité, il cite Vincennes parmi ses nombreux exemples : « Toutes les fois, dit-il, qu'un monument tombe entre les mains du génie militaire, il est immédiatement sacrifié et déshonoré : témoin le château de Vincennes où le génie a arasé ces dix belles tours qui faisaient l'admiration de nos pères. *Annales archéologiques*, t. VII, p. 125.
Le génie n'aurait pas dû être incriminé dans le cas présent, car l'on sait qu'il n'a fait qu'obéir aux ordres de Napoléon I. Un colonel de cette arme répondit d'ailleurs à Montalembert : « Je porte une grande affection aux monuments anciens, mais si l'un de mes chefs m'ordonnait de détruire Notre-Dame de Paris à coups de canon, pour la remplacer par une caserne, un corps de garde ou une manutention, je n'hésiterais pas un moment, tant je respecte l'obéissance aveugle. »
Ibidem, p. 126.

2° TOUR DU VILLAGE.

Cette tour qui constituait jadis une véritable forteresse, était destinée à couvrir la porte principale du château. Millin, dans son ouvrage intitulé « Antiquités Nationales » en a reproduit une vue à la fin du XVIIIe siècle.

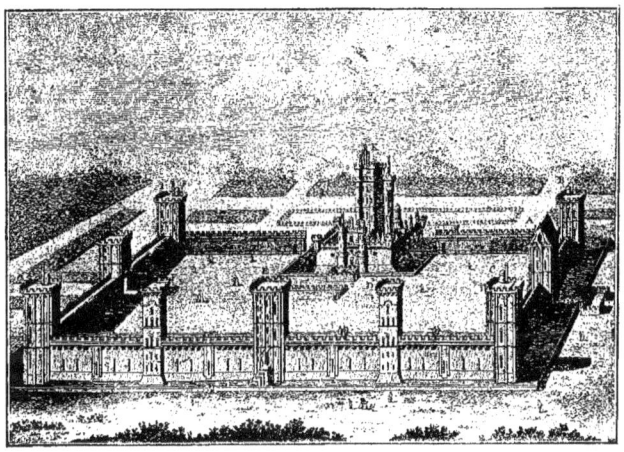

Vue du Château

Dessinée par Ransonnette en 1787

Mais cet auteur l'a désignée à tort par le nom de Tour de Calvin, appellation qui s'applique, depuis le XVIIe siècle tout au moins, à une autre tour de l'enceinte (1).

La tour principale, ou tour du village, mérite une attention particulière, car, bien que son aménagement primitif ait, en grande partie, disparu dans la catastrophe de 1857 (2), elle donne cependant une idée précise

(1) Voir p. 251.
(2) Voir t. I, p. 291.

de ce qu'étaient les points d'appui de la grande enceinte de Charles V. Il y a lieu, toutefois, de remarquer qu'elle ne servait pas uniquement à la défense ; elle était l'habitation du « capitaine » du château. Les témoins archéologiques qui subsistent, les admirables morceaux de sculpture qu'elle contient, ne laissent aucun doute à cet égard.

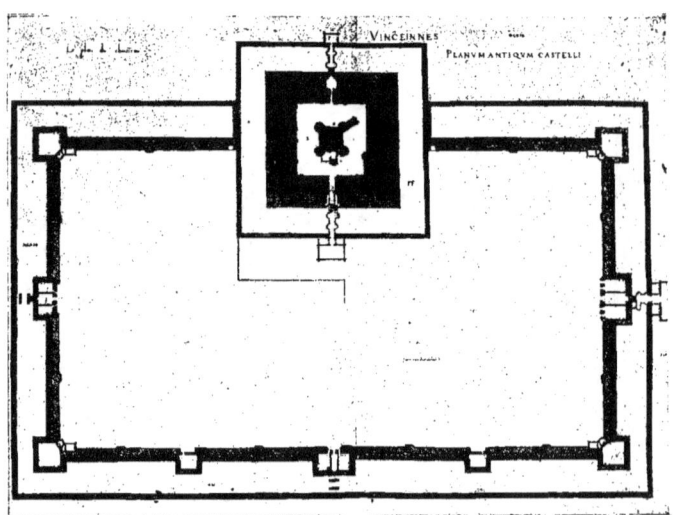

L'Enceinte de Charles V

Plan de Du Cerceau

En examinant sa maçonnerie intérieure, il semble que primitivement elle devait se terminer par une pièce ayant la hauteur des deux derniers étages. On remarque, en effet, dans la pièce qui se trouve au niveau du cordon situé sur la façade du côté de la cour au-dessus de la niche ogivale couvrant la porte du chemin de ronde, des colonnes demi-engagées qui traversent le plancher de l'étage supérieur, et sont terminées par des chapiteaux servant d'assises aux claveaux des arcs d'une voûte actuellement disparue. Il y a tout lieu de croire que cette disposition a été changée au cours même de la construction, et qu'il y a eu, à ce moment, un repentir. Car, d'une part, les fenêtres de la façade, qui n'ont pas été modifiées, montrent qu'il y a toujours eu deux étages supérieurs, et,

Tour de Paris

Gravure d'Israël Silvestre

d'autre part, la cheminée, les sculptures des portes, les moulures des embrasures, qu'on voit dans la pièce supérieure, indiquent qu'il y a eu, dès l'origine, une séparation par un plancher.

Actuellement, le premier étage est également coupé en deux, en sorte que la tour possède quatre étages, le rez-de-chaussée et les entresols non compris.

On accède aux différents appartements par un escalier montant du sol jusqu'à la plateforme. Cet escalier, contenu dans la tourelle accolée à l'angle S.-O. de la tour, est à vis. Son pilier central fait place, à partir du deuxième étage, à un noyau pris dans la marche elle-même.

Tour du Village au XVIIIe Siècle

Gravure extraite des « Antiquités nationales » de Millin

Une autre tourelle, accolée à l'angle S.-E. de la tour, est vide : elle contient un curieux exemple de monte-charge. On retrouve d'ailleurs cette disposition dans les autres tours couvrant les portes.

Au premier étage, on remarque deux cheminées : la première, très belle, avec têtes d'ange et guirlande de feuilles d'artichauts sculptées sur le pourtour de la hotte ; la seconde, plus petite, très simple, de style presque roman.

Une porte basse donne accès de la grande chambre au chemin de

1ᵉʳ Etage

Rez-de-chaussée

Echelle en toises

Echelle en mètres

Coupes de la Tour du Village
Par Le Vau
Collection des Plans de la Bibliothèque de la Ville de Paris

ronde. Cette porte débouche, au milieu de la façade sud, dans un renfoncement formant une niche ogivale avec mâchicoulis à la partie supérieure.

Derrière la grande cheminée, existent des amorces de corridors pris dans l'épaisseur du mur. La destination de ces passages, dont les moulures du plafond sont curieuses, ne nous est pas connue.

Le deuxième étage actuel n'est que la partie haute du premier étage primitif. On y remarque quatre corbeaux ornés de jolies sculptures, ainsi que des restes de corniches intéressants. Les personnages sculptés sur les corbeaux ont été restaurés en 1858.

Au troisième étage, une vaste salle n'a plus d'autre décoration qu'une ancienne cheminée. Quatre gros piliers à moitié noyés dans la muraille devaient supporter les arcs de la voûte sur laquelle reposait primitivement la plateforme. Les chapiteaux de ces colonnes émergent du plancher à l'étage supérieur. Le troisième étage a conservé une chambre de retrait et des latrines. La coupe des pierres de la voûte du corridor, conduisant à ces petites pièces, est intéressante.

Au quatrième étage, une cheminée monumentale, des latrines, et les chapiteaux, dont il a été parlé ci-dessus, méritent seuls une mention.

La plateforme supérieure est moderne. Sous Louis XIII elle avait été couverte d'un toit en bonnet de prêtre, qui a été supprimé lors de la restauration de 1858.

La tour principale n'a échappé à la démolition que parce qu'elle était relativement en bon état en 1808. Elle subit même quelques réparations à cette époque.

Le campanile peu esthétique, qui surmonte sa façade Sud, a été construit en 1818, pour placer la cloche de l'horloge. Celle-ci n'avait alors qu'un cadran du côté de la cour. En 1821, les habitants en réclamèrent un autre, du côté de Vincennes. Le 8 novembre de la même année, le ministre de la guerre fit droit à cette requête, et le cadran qu'on voit sur la façade nord fut posé en 1822 (1).

La cloche qui sonne les heures est curieuse par son antiquité. Elle provient de l'horloge construite au Donjon en 1370 (2) par l'allemand Henri

---

(1) Ce cadran fut remplacé en 1832 par l'horloger Colin.
(2) En 1818 le ministre de la guerre répartit un crédit de 7.000 fr. sur 7 articles, dont six relatifs à des entretiens de fortifications et le dernier pour l'établissement

de Vic, sur l'ordre de Charles V (1). Elle fut retirée de son emplacement primitif et montée sur la tour principale, en 1818. Fondue en 1369, elle pèse 714 kilos 41. Fort belle comme patine, d'un son plein, elle est très simple de forme. Elle a pour tout ornement une inscription circulaire, écrite sur deux lignes parallèles placées l'une au-dessous de l'autre entre le vase et le cerveau.

Cette inscription se lit ainsi : (2).

« CHARLES, PAR LA GRACE DE DIEU, ROY DE FRANCE, FILS DU ROY JEHAN, « ME FIST FAIRE L'AN DE GRACE 1369 » — « JEHAN JOUVENTE M'A ENSONNÉE « POUR HORLOGE. SUIS ORDENNÉE. ENTENDEZ LES HEURES. »

Les anses de la cloche sont ornées de figurines (3).

Un triste souvenir est attaché à la Tour du Village. Les réparations de 1808 avaient été sommaires. Les 12 janvier, 18 février, et 7 mars 1818, des ouragans restés célèbres par leur violence ébranlèrent la vieille construction, arrachant tous les plombs de la toiture, enlevant un quart du faîtage. Les architectes chargés de réparer ces dégâts ne passèrent pas une inspection suffisante du gros œuvre, et établirent, pour supporter une

d'une horloge placée dans la tour principale, dont « l'achat et la mise en état furent évalués à 5.500 fr. environ. »

« Ce travail a fait reconnaître que la cloche placée au donjon et qui vient d'être montée à la tour principale, avait été fondue sous Charles V en 1369 pour l'horloge que ce prince fit établir au donjon. Son poids est de 714 k. 41 ».

Arch. du génie de Vincennes, Mémoires sur les travaux exécutés en 1818 et ceux proposés en 1819. Art. 1, n° 6.

(1) RENAN. *Etat des Beaux-Arts au XIVe siècle*, t. II, p. 180. Le rational de Guillaume, évêque de Mende, nous apprend que Charles V régla, le premier en France, la sonnerie des horloges. « Le pape Savinien, dit Golein, ordena que on sonast les cloches au XII heures du jour par les églises. Et ce. a ordonné le roi Charles premier à Paris, les cloches qui à chascune heure sonent par points, à manière d'horloge ; si comme il apiert en son palais et au boys et à St-Pol. Et a fait venir ouvriers d'estranges païs a grans frès pour ce faire, afin que religieus et autres gens sachent les heures et aient propres manières et dévotion de jour et de nuit pour Dieu servir... On peut dire d'icelui Charles V, roi de France, que *sapiens dominabitur astris* ; car luise le soueil ou non, on scet toujours les heures sans défaillir par icelles cloches atrempées. » *Ibidem*, p. 182.

(2) Cette inscription a été relevée par l'auteur sur un dessin daté du 4 octobre 1818, conservé aux archives du génie de la place de Vincennes. Elle est également mentionnée aux *Inscriptions du Diocèse de Paris* par F. DE GUILHERMY, t. III, p. 24.

(3) Les deux autres cloches du campanile, celles sonnant les quarts et celles sonnant les demies ont été fondues « l'an 1819 par Lepaute, horloger », ainsi qu'en témoignent leurs inscriptions.

nouvelle charpente de la toiture, une voûte surbaissée en briques. Cette

Fossé Nord
Cliché de M. R. Arnaud-Jeanti

voûte, dont les points d'appuis manquaient de solidité s'écroula le 29 novembre 1857, trouant les planchers des étages, faisant dix-huit victimes, comme nous l'avons dit (1). Ce fut un hasard si ce nombre ne fut pas plus élevé. Car, en 1852, on avait établi dans la tour les prisons et les salles de police des militaires des divers corps de la garnison. La pièce du premier étage avait été partagée dans sa hauteur par trois planchers qui supportaient les cellules. Tous ces aménagements furent complètement détruits. Il n'y avait heureusement que quelques hommes punis au moment de la catastrophe, et c'est à cette circonstance qu'on dut de ne pas avoir un plus grand malheur à déplorer. Après cette catastrophe, la restauration de la Tour du Village fut confiée à Viollet-le-Duc, et dura de 1857 à 1864. Presque toutes les sculptures furent refaites ou restaurées à ce moment.

La Tour du Village sert actuellement de magasin à l'artillerie. Un corps de garde est installé au rez-de-chaussée, et sert de poste de police aux troupes occupant le vieux fort.

On voit encore sur les murs des traces de balles paraissant fort anciennes.

3° TOUR DU RÉSERVOIR.

Cette tour est ainsi dénommée parce qu'elle contenait un réservoir en plomb destiné à emmagasiner la provision d'eau de source nécessaire aux habitants du château. Ces eaux, provenant des ruisseaux de Montreuil et de Bagnolet, étaient amenées par un aqueduc au rez-de-chaussée de la tour.

Les habitants de Montreuil avaient donné la concession des sources à Jean II, moyennant l'exemption des droits de prise, c'est-à-dire des droits de gîte et de nourriture précédemment perçus quand la Cour venait au château. Par cette convention (datant de 1360) ils s'étaient engagés « à entretenir, à leurs coûts et dépens, les fontaines de la dite ville de Montreuil, par lesquelles l'eau va en l'hôtel du roy au bois de Vincennes, ainsi que les eaux et égouts de la dite ville, jusqu'au raparé qui va au vivier de la Conciergerie du dit bois pour le gouvernement des bêtes du parc (2). »

Le blocus de 1815, pendant lequel les alliés avaient coupé l'aqueduc pour priver d'eau la garnison, montra la nécessité de recourir à un nouveau

(1) Voir t. I, p. 291.
(2) Ancienne ménagerie du Bel-Air.

système d'alimentation. Toutefois, l'état de choses primitif subsista jusqu'en 1841.

La Tour du Réservoir fut arasée à hauteur des courtines en 1819 et voûtée à l'épreuve de la bombe en même temps que la suivante.

4° TOUR DE CALVIN OU DU DIABLE.

L'origine des dénominations de Calvin ou du Diable est inconnue. Au

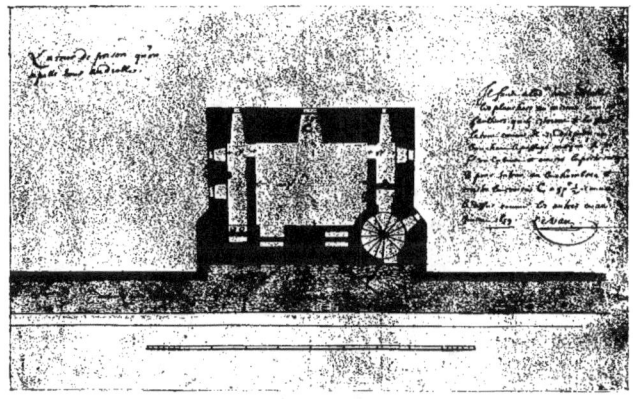

Plan de la Tour du Diable

Dessiné par Le Vau. Bibliothèque de la Ville de Paris

XVIIe siècle, l'architecte Le Vau employait la seconde. Il est probable que des protestants avaient été enfermés dans cette tour au temps de Charles IX ; c'est, en tout cas, depuis cette époque qu'elle est désignée par les noms de Calvin ou du Diable.

Cette tour possédait jusqu'en 1895 le seul escalier par lequel on avait accès dans le fond du fossé (1). C'est par ce passage que descendit, le

---

(1) Cette poterne avait dû être ouverte au XVIIe siècle. Antérieurement, les fossés étaient pleins d'eau.

21 mars 1804, l'infortuné duc d'Enghien pour se rendre au lieu de son exécution.

5° Tour des Salves ou du Gouverneur.

La première de ces appellations est moderne. Elle date de 1808 ; Napo-

Tour des Salves ou Porte de Communication

léon Ier, après avoir ordonné l'arasement de la tour au niveau des remparts, ayant prescrit de placer sur sa plateforme des canons pris à Marengo, pour tirer des *salves d'honneur* (1). Antérieurement elle était appelée Tour du Gouverneur, parce qu'elle attenait au logis du gouverneur. Elle fut le théâtre, en 1654, d'une catastrophe analogue à celle qui se

(1) Arch. du génie de la place de Vincennes. Rapport sur l'état du château en 1815. Art. 4.

produisit, en 1857, à la Tour du Village. Elle était alors fort délabrée. Un concierge et sa famille en habitaient néanmoins le rez-de-chaussée. Le 28 décembre 1654, dans la nuit, la voûte de la plateforme supérieure s'écroula soudainement, entraînant dans sa chute les plafonds des trois étages. Le concierge, sa femme et ses trois enfants furent ensevelis sous

Vue du Fossé Est

les décombres. Louis XIV, prévenu, accourut sur le lieu du sinistre et dirigea en personne les travaux de sauvetage. Mais les secours furent inutiles : les corps des malheureux concierges et de leurs enfants furent retrouvés mutilés sous les ruines.

La « Tour des Salves » est actuellement nommée « Porte de communication », parce qu'elle couvre la porte faisant communiquer le vieux château avec le fort neuf.

6° Tour de la Surintendance.

Cette tour, diminuée de hauteur en 1819, porte son nom depuis Mazarin, parce qu'elle contenait les bureaux de Colbert, intendant du premier ministre. Elle communiquait alors avec le Pavillon de la Reine, dans lequel habitait le cardinal.

7° Tour de la Reine et 9° Tour du Roi.

Ces deux tours avaient été ainsi dénommées parce qu'elles attenaient, l'une au Pavillon de la Reine, l'autre à celui du Roi, et dépendaient respectivement de ces deux bâtiments. Elles furent partiellement démolies en 1810.

En 1895, on a construit dans l'épaisseur du mur Nord de la Tour du Roi, un escalier avec une porte permettant de descendre dans le fossé sans passer par la Tour du Diable.

M. Peyronnet a prétendu qu'il existait, dans la Tour de la Reine, à la fin du XVIII° siècle, quatre cachots de 1^{m}80 c. carrés, munis, chacun, d'un lit en pierre avec un traversin également en pierre. « En dessous, « existait un souterrain ayant l'aspect d'un véritable tombeau. On n'y « pénétrait que par une ouverture circulaire pratiquée dans la voûte (1). » Il n'y a plus de traces de cet aménagement, que l'auteur n'avait d'ailleurs jamais vu ; les étages inférieurs sont actuellement occupés par des casemates à canon.

8° Tour du Bois ou du Conseil, ancien arc de triomphe de Le Vau.

Placée entre les Tours de la Reine et du Roi, la Tour du Bois ou du Conseil (Voir p^s. 255 et 263), fut réduite à sa hauteur actuelle par l'architecte Le Vau qui la transforma en arc de triomphe (1660). Elle constitua, depuis

---

(1) PEYRONNET. Art. sur le château de Vincennes. *Illustration*, 1852.
Ce journaliste a été induit en erreur : les bancs de pierre, qui existaient « 52 ans environ » avant qu'il écrivit son article, étaient ceux de corps de garde situés au rez-de-chaussée. Quant au souterrain *terrifiant*, qui se trouvait au-dessous, ce n'était que la pièce inférieure de la tour, qui servait de poudrière en 1814 et 1815. On y descendait effectivement par une trappe, mais l'escalier principal y aboutissait aussi. La disposition des locaux, malgré quelques changements apportés à leur destination, n'a pas suffisamment modifié l'aspect général, ou altéré le gros œuvre, pour qu'on ne puisse retrouver l'ancien état de choses. Ce n'est pas encore là que les partisans de l'incarcération de Naundorff à Vincennes pourront découvrir la prison de leur prétendant.

Arc de Triomphe de Le Vau

cette époque jusqu'au commencement du XIXᵉ siècle, l'entrée d'honneur du château.

Pour édifier son arc de triomphe, Le Vau s'était contenté de plaquer, sur la face nord du massif de maçonnerie restant, six colonnes d'ordre dorique, réunies par un fronton. Des bas-reliefs en marbre et des statues antiques constituaient l'ornementation de ce « chef-d'œuvre », objet de l'admiration des contemporains et des écrivains du XVIIIᵉ siècle.

« Ce morceau », écrit Poncet de la Grave, « fait un effet merveilleux au « milieu d'une cour spacieuse. Il est réuni aux deux ailes du bâtiment « royal par deux galeries découvertes que soutiennent des arcades rusti- « ques au nombre de quatorze ; et vis-à-vis, du côté du Donjon et de la « Sainte-Chapelle, cette cour se termine par des galeries pareilles à celles « de l'arc de triomphe et soutenues également par des arcades rustiques « fermées de grilles. Les entre-deux forment des niches occupées par une « suite de statues de marbre et dans le centre se trouve une porte élevée « et décorée pour servir d'entrée à la cour de l'ancien manoir royal. »

Les baies des galeries rustiques percées dans le rempart, lors de la construction de l'arc de triomphe, ont été bouchées en 1808. Les galeries et la porte monumentale reliant les Pavillons du Roi et de la Reine, ont été démolies en 1841. L'arc de triomphe de Le Vau a été privé de ses sculptures et noyé dans les maçonneries des casemates à la Haxo élevées de 1831 à 1844 sur le front Sud du Fort. On voit encore, sous la voûte, la base de deux de ses colonnes, et, dans l'intérieur des casemates, les niches et les autres colonnes.

La Tour du Bois est parfois désignée par le nom de « Tour du Conseil » parce que c'est dans une de ses pièces que fut jugé le duc d'Enghien.

En 1793, lorsque le château fut transformé en caserne et remis à l'administration de la guerre, le commandant d'armes fut logé dans un appartement ménagé dans le massif de l'arc de triomphe. Cet appartement, complètement modifié depuis, a été longtemps occupé par le chef de bataillon, directeur du génie de la place de Vincennes. Il contient un salon orné de jolies boiseries de l'époque du consulat. Il sert, depuis 1907, de cercle aux sous-officiers du 26ᵉ bataillon de chasseurs à pied.

ENCEINTE.

L'enceinte de Charles V subsiste encore dans son tracé primitif ; mais les remparts ont subi d'importantes transformations. La courtine Sud-Ouest a disparu, d'abord en partie sous Louis XI, au moment de la construction du pavillon élevé par ordre de ce roi, puis totalement sous le règne de Louis XIII.

En 1660, la courtine Sud avait été percée de larges ouvertures formant des arcades : ces ouvertures ont été bouchées en 1808 par des murs servant maintenant de masque aux voûtes des casemates à la Haxo, commencées en 1831.

La courtine Sud-Est derrière le Pavillon de la Reine avait également été trouée de grandes baies donnant du jour à la cour intérieure de ce pavillon ; ces sortes de fenêtres, visibles encore, ont été murées.

Les fronts Nord-Est, Nord et Nord-Ouest ont conservé extérieurement une partie de leur ancien caractère ; mais intérieurement, leurs murs sont cachés par des casemates à la Haxo établies de 1831 à 1844, ainsi que par divers bâtiments.

Les trouées, faites dans le corps de place par les fossés du Donjon, ont été bouchées en 1841, par des bâtiments reliant l'enceinte du Donjon, d'une part à la courtine Nord-Ouest, d'autre part, au Pavillon du Roi. Ces bâtiments, contenant actuellement des cuisines de troupes, sont voûtés à l'épreuve de la bombe. C'est au moment de leur construction qu'a été comblé le fossé du donjon bordant la grande cour du château.

Les flèches crénelées qui couvrent les deux portes d'entrée au Sud et au Nord ont été construites en 1808.

Les glacis ne datent que de 1841.

FOSSÉS.

Les fossés étaient primitivement remplis d'eau. Poncet de La Grave assure qu'à l'époque de Henri IV ils étaient encore très poissonneux. Ils furent desséchés par ordre de Louis XIII. Leurs eaux provenaient des rus de Montreuil et Bagnolet ; leur trop-plein se déversait dans l'étang de St-Mandé par un canal partant de l'angle Sud-Ouest des fossés.

Ce canal a donné naissance à la légende des « souterrains de Vin-

Statues antiques qui se trouvaient sur les colonnades de l'Arc de Triomphe de Le Vau

Gravure des « Antiquités nationales » de Millin

cennes ». Leur histoire ayant souvent préoccupé l'opinion publique, mérite d'être relatée, remise au point.

SOUTERRAINS.

Tout château du moyen-âge qui se respecte, doit avoir des souterrains, des oubliettes. Généralement les oubliettes avaient une destination bien plus prosaïque que celle que leur assigne l'imagination populaire ; les souterrains étaient presque toujours de vulgaires égouts. Cette explication a le défaut d'être trop simple, je le reconnais, mais elle résulte de nombreuses observations, et l'examen de Vincennes montrera une fois de plus sa justesse.

Il est à remarquer, d'abord, qu'aucun auteur n'a parlé des oubliettes de ce château. Est-ce parce que les prisonniers qui ont été détenus dans les cachots sont connus, et que leur histoire offre par elle-même assez d'intérêt dramatique ? Nous l'ignorons, mais toujours est-il qu'il ne s'est formé de légendes que sur les souterrains de la vieille forteresse. Celles-ci méritent d'autant plus d'être rappelées, qu'elles montrent jusqu'où peut aller la crédulité des gens avides d'émotions romanesques. C'est à cette catégorie de lecteurs que s'adressait probablement Ange Pitou, qui, vers 1816, écrivait dans l'*Urne des Stuart et des Bourbons* : « Lorsque le gouverneur de Vincennes, Daumesnil, résista si longtemps et dit qu'il avait un dépôt qu'il ne voulait remettre qu'à Louis XVIII, beaucoup de personnes du peuple se persuadèrent que c'était Louis XVII renfermé comme otage ».

Poncet de La Grave, à la fin du xviiie siècle (1), est, à notre connaissance, le premier historiographe, qui ait parlé des souterrains. A propos de « l'Hôtel du Séjour » aux carrières de Charenton, maison dans laquelle était morte la reine Jeanne de Navarre (1349) et que possédait, en 1788, M. Dionis du Séjour, doyen de la Cour des aides de Paris, cet auteur écrit : « Il y a dans cet hôtel un souterrein (*sic*), qui, passant sous le bois de Vincennes, vient presque dans l'intérieur du château. Les seigneurs du Séjour l'ont laissé ébouler, et on voit encore l'entrée dans le parterre du Séjour, aux carrières de Charenton ».

Ces quelques lignes excitèrent, par la suite, la curiosité d'un autre historiographe de Vincennes : l'abbé de Laval. Cet aumônier militaire habi-

(1) PONCET DE LA GRAVE. *Histoire de Vincennes*, t. I, p. 118.

tait le vieux fort. Il suivit pendant de longues années toutes les fouilles, tous les travaux effectués dans la place, à l'affût de toutes les découvertes se rapportant à ses études. Il connaissait toutes les légendes, toutes les traditions. Il savait, qu'en 1814, les alliés avaient cru à l'existence de galeries de mines, s'étendant loin du corps de place. Il avait entendu dire que Napoléon, partant pour l'île d'Elbe, avait fait déposer un certain nombre de barils à Vincennes, que ces barils passaient pour contenir de la poudre ; qu'en réalité ils étaient pleins d'or, qu'enfin, ce dépôt précieux repris en 1815 par son légitime possesseur, avait été envoyé à la Monnaie.

Le digne ecclésiastique prêta d'autant plus créance à ces diverses traditions qu'en 1871 l'histoire fantastique des barils de poudre avait été remise en circulation. On sait que, dans toute période troublée, l'imagination populaire est vivement surexcitée. Des souvenirs, qu'on croyait à jamais disparus, réapparaissent. On ne sera donc pas étonné d'apprendre que le gouvernement de la Commune prescrivit de rechercher les fameux souterrains. Les investigations furent naturellement infructueuses. La paix revenue, on perdit de vue ce fait si étrange ; mais, en 1878, un hasard le remit en lumière. On travaillait alors à l'assainissement des fossés du Vieux Fort, en diminuant de deux mètres leur profondeur. Les décharges publiques devaient surélever le sol, et permettre ainsi d'avoir une pente suffisante pour déverser les eaux dans l'égout collecteur de la ville. En construisant le canal de raccordement, les ouvriers rencontrèrent dans l'angle Sud-Ouest un mur oblique. Après l'avoir percé, ils se trouvèrent dans un canal voûté en ogive. L'abbé de Laval, prévenu, s'empressa de descendre dans la fouille. Il consigna ainsi ses observations : « Un homme, même grand, pouvait marcher sous la clé de voûte, mais deux hommes ne pouvaient y marcher de front ». Notons ces indications. « Cette amorce du souterrain, ajouta l'abbé, était obstruée par des racines, et à moins de trois cents mètres de l'entrée, on se trouvait en présence d'un autre vieux mur, qui interceptait le passage, et qu'il aurait fallu percer pour voir ce qu'il y avait ensuite. On ne l'a pas fait, et même, après l'achèvement de l'égout particulier, on a rebouché l'entrée du souterrain, de sorte qu'on ne peut pas reconnaître, dans le mur de contrescarpe, l'endroit où il a été rencontré. Seulement, sur la lisière du glacis occidental, on a établi un regard, qui peut offrir un moyen de descendre dans le souterrain. Le regard, recouvert de remblai, est situé dans le jardin du brigadier forestier de Vincennes ».

L'entrée du souterrain qui reliait Vincennes au château du Séjour, et

Porte du Bois. — (Tour du Conseil)
(Cliché de M. Yvon)

dont parlait Poncet de la Grave était donc découverte (1). La sortie restait

(1) L'abbé de Laval était convaincu qu'il se trouvait en présence d'un souterrain et non d'un aqueduc, parce que l'ouverture du passage se trouvait à plusieurs mètres « au-dessus » (?) du fond du fossé (Esquisse historique, p. 108). Cette interprétation est erronée, car si cette ouverture était au-dessus du fond du fossé c'est qu'elle se trouvait à l'origine d'un canal de décharge pour l'écoulement du trop plein des eaux.

à trouver. Le vieil aumônier dirigea ses recherches du côté de Charenton. Il avoue qu'elles n'aboutirent pas Il attribua d'abord son mécompte aux remaniements importants que le chemin de fer de Lyon avait fait subir au sol dans cette région. Puis il fut pris de doute : « Ce passage n'avait même jamais servi, écrit-il, et n'était peut-être qu'une simple entrée du rameau des carrières, qui, selon la tradition du pays, se prolongeait sous le bois de Vincennes ».

L'abbé de Laval fut-il guéri de sa crédulité par cet échec ? On peut le présumer, car il ne relate aucune autre recherche analogue. Il y avait cependant d'autres traditions qu'il eût pu recueillir. Un vieux document, sans date, sans signature, conservé dans les archives du château, parle de souterrains faisant communiquer Vincennes avec la Bastille, d'une part, et le manoir de Beauté de l'autre. « Le souterrain qui faisait communiquer Vincennes avec la Bastille avait son entrée à peu de distance de la maison de Beaumarchais et partait d'une construction dépendant de la Bastille. Il était assez large pour être parcouru en voiture ».

L'auteur de la note, écrite vers 1815, déclare « n'avoir vu que la place de l'entrée du souterrain, mais il connaissait la propriétaire de la maison où elle se trouvait. Cette dame lui avait raconté qu'à l'âge de dix-huit ans, elle était descendue dans le souterrain avec son père, marchand de meubles, près le licié (*sic*) Charlemagne, avec un nommé Joseph, porte-clés à la Bastille ». Les explorateurs n'étaient pas partis de Paris. « Ils avaient longé les murs du cours bâti par la reine Catherine ou Marie de Médicis (peu leur importait) et, arrivés au chemin en face des quatre chemins de l'avenue du Bel Air, (c'est clair et précis), ils avaient trouvé une porte bâtarde en fer, en face d'un puits existant encore (1815). Ils descendirent par un escalier assez étroit dans un souterrain large, salpêtré, fermé à gauche (du côté de la Bastille), par des planches droites et transversales, à travers lesquelles on apercevait la continuation de la voûte. Le sol était rayé par des roues de voitures. Ils allumèrent un flambeau et ils se dirigèrent vers la tourelle, où ils arrivèrent après dix minutes de trajet. Joseph connaissait à certaines marques de la voûte qu'ils étaient au-dessous de la tourelle, où jadis était attaché le carcan » (textuel).

Nous ne suivrons pas nos excursionnistes dans leur long parcours. Contentons-nous d'enregistrer leurs observations : « Il faisait très froid, les flambeaux brûlaient difficilement, la lueur de la flamme était bleuâtre, enfin on trouvait sur les pierres des notes faites par les prisonniers, qui avaient suivi ce chemin ». Après plusieurs détours, nos gens furent arrêtés par une porte de fer et obligés de revenir sur leurs pas.

L'auteur de la note avoue ingénument qu'ayant voulu ultérieurement contrôler par lui-même ce récit, il lui avait été impossible de retrouver la fameuse porte, en face du puits, par laquelle Mme Crétaine (ainsi s'appelait la fille du marchand de meubles) était descendue dans les souterrains. Il ne se croit pas mystifié et, le plus sérieusement du monde, il se livre à une enquête dans le pays. Il recueille certaines informations qu'il consigne aussitôt : « La sœur Marthe, hospitalière de St-Mandé, écrit-il, assure que son couvent, avant l'acquisition qu'en fit M. Titon pour y établir des religieuses, appartenait à M. Foucquet, surintendant des finances, homme fort riche, qui, disait-on, allait dans une voiture à bras de sa maison à Paris, par un chemin couvert. Les caves du couvent étaient prises dans ce souterrain, ainsi que celles de M. Titon, d'un marchand de vins à côté, et d'un maître de pension, M. Lecomte, propriétaire du prieuré de St-Mandé ».

Là s'arrêtent les renseignements, que nous possédons sur le souterrain de la Bastille à Vincennes. Mais nous n'en avons pas fini avec les issues secrètes de Vincennes. Vers 1815, il était question de l'existence d'un troisième souterrain, celui-ci se dirigeant vers le château de Beauté. Il commençait dans une des maisons de l'ancien cloître des chanoines de la Ste-Chapelle, habitée par un certain Mabille, ayant à son service, comme domestique, une certaine demoiselle Javotte. Javotte était-elle naïve, comme semblerait l'indiquer son nom, ou, quoique native de Nogent-sur-Marne, avait-elle la chaude imagination des filles du Midi ? Il ne nous appartient pas d'élucider ce point délicat. Toujours est-il qu'elle raconta : « Qu'étant jeune, elle était allée par un souterrain contigu à la cave de la maison de son maître jusqu'à la moitié du chemin des Minimes, (actuellement lac de la porte Jaune). Elle ajoutait savoir, que plusieurs personnes de Nogent-sur-Marne étaient entrées dans ce souterrain par le col de Beauté, situé à peu de distance de la porte de Nogent, et déclarait, en outre, qu'elle-même, Javotte, était descendue jusqu'au pied de l'escalier du souterrain, mais n'avait pu y pénétrer, l'entrée en ayant été murée au commencement de la grande révolution. A l'appui de l'existence du souterrain, elle affirmait avoir vu en plusieurs endroits du parc deux rangées de pierre indiquant la partie supérieure d'une voûte.

La rangée de pierres nous est connue. Elle constituait les restes de l'ancien mur de clôture du parc, construit par Philippe Auguste, et que les auteurs contemporains de ce roi, Rigord et Guillaume le Breton, qualifiaient de « murus optimus, murus fortissimus ». A la fin du XVIIIe siècle les paysans appelaient la ligne de tertres constituée par ces ruines, « le dos d'âne ». C'est le seul fait qu'on peut vérifier dans les témoignages de tous ceux qui prétendent avoir vu les souterrains de Vincennes. Aussi, n'en déplaise à Poncet de la Grave, à demoiselle Javotte, au bon Joseph, au brave M. Titon lui-même, il n'existait, à Vincennes, qu'un égoût servant de trop plein à l'eau des fossés. Un rapport du 7 décembre 1815, conservé aux archives du génie de Vincennes (1), nous édifie sur des recherches plus sérieuses :

« L'aqueduc prenait naissance à l'extrémité de l'étang de St-Mandé, près le rond dit Ste-Marie, à l'angle de la clôture du petit parc. Il aboutissait à l'angle Sud-Ouest de la contrescarpe. Il était construit en maçonnerie de moëllons scellés et hourdés de mortier. Sa largeur était d'environ deux pieds six pouces, et sa hauteur de six pieds sous l'intrados. Sa direction était « sur le chemin à côté du rang d'arbres, qui longe le mur du petit parc ». Vers 1800, cet égoût fut en partie détruit et comblé. Le reste fut abandonné dans son état. Son accès dans le fossé fut bouché en 1812.

« C'est cette entrée qui fut retrouvée en 1878. Les dimensions de la galerie concordent avec les indications laissées par l'abbé de Laval.

Jamais d'ailleurs, ni lors de la démolition des maisons du chapitre en 1808, ni dans les investigations de 1815, ni dans les fouilles faites à d'autres époques, on n'a retrouvé trace de caves ou de passages souterrains.

(1) Archives du génie de la Place de Vincennes, article 2, n° 42.

CHAPITRE VIII.

LA SAINTE CHAPELLE.

Historique depuis la fondation en 1379 jusqu'à nos jours. — Chapitre. — Sanctuaire transformé en salle capitulaire de l'Ordre de Saint-Michel. — Désaffectation au commencement du XIXe siècle. — Restauration complète (1848-1883).

La première pierre de la chapelle collégiale ou Ste-Chapelle (1)

---

(1) Quelques archéologues ont contesté à la chapelle de Vincennes la dénomination de Sainte-Chapelle. Ils n'ont sans doute considéré que les termes de l'édit de fondation de 1379 car Charles V n'y emploie que les mots de Capella seu Ecclesia Collegialis (PONCET DE LA GRAVE. *Hist. de Vinc.*, t. I, p. 294), tandis que le même édit appelle la chapelle du palais : sacra Capella (*Ibidem*, p. 284). La chapelle de Vincennes n'était donc primitivement qu'une collégiale, c'est-à-dire une église indépen-

de Vincennes, fut posée en 1379 (1) par Charles V. Les murs de l'élégante construction sortaient à peine de terre, lorsque le roi mourut. Les travaux, suspendus alors, continués un instant sous Charles VI, repris véritablement sous François Ier, ne furent achevés que vers 1552, sous le règne de Henri II (2). Le monument, commencé dans le style rayonnant tel qu'il était pratiqué à la fin du XIVe siècle dans le domaine royal, se trouva donc terminé dans le style Renaissance, avec des transitions si habilement ménagées par les architectes successifs, qu'il faut un œil exercé pour les reconnaître. En tous cas, le manque d'unité ne choque nullement.

Charles V, en ordonnant par lettres patentes du mois de novembre 1379 l'érection de la Ste-Chapelle (3) de Vincennes, avait prescrit que celle-ci serait desservie par quinze chanoines.

Ce chapitre fut immédiatement constitué (4). Les chanoines logés dans les anciens bâtiments du château de saint Louis officièrent, en attendant

dante de la juridiction épiscopale et dont le trésorier portait la mitre. Qu'elle ait usurpé son titre, c'est possible, mais l'usage a consacré son appellation de Sainte Chapelle : les auteurs du XVIIIe siècle et du XIXe siècle ne la désignent qu'ainsi. Voir *Itinéraire de Paris*, par M. L. R., Paris, 1778, nouvelle édition, p. 296 ; PONCET DE LA GRAVE, Edit de fondation de la Sainte-Chapelle, *Hist. de Vinc.*, p. 280 ; RENAN, (qui cite Sauval), *Etat des beaux-arts au XIVe siècle*, p. 180 ; l'abbé de Laval, etc. D'ailleurs Ducange, dans son glossaire, donne l'étymologie du mot chapelle, et définit la Sainte-Chapelle : Capella postmodum appellata ædes, in qua asservata est *Capa* seu *Capella St Martini*, ultra Palatii ambitum inædificata in quam etiam præcipua sanctorum aliorum λειψανα illata, unde ob ejusmodi reliquiarum reverenædiculæ istae *Sanctae Capellae* vulgo appellantur.

On a appelé par la suite « chapelle », le petit édifice bâti dans l'enceinte d'un palais, et destiné à conserver la cape ou capelle de Saint Martin : lorsqu'on apporta dans ces petits édifices des restes insignes d'autres saints, on les appela Saintes-Chapelles par respect pour les reliques.

La chapelle de Vincennes répond à cette définition, et doit donc être appelée Sainte-Chapelle, comme l'usage le veut. Car, en dehors des auteurs cités plus haut, on trouve ce titre dans des documents antérieurs, par exemple : Inventaire des reliques de la Sainte-Chapelle de Vincennes, 1739. Bibl. Nat., N. acq. franç., n° 5.852.

(1) La fondation fut approuvée en 1380 par une bulle du pape d'Avignon, Clément VII.

(2) La première messe fut célébrée le 15 août 1552 en présence de Henri II et de toute la cour.

(3) Il existait en France un grand nombre de Saintes Chapelles : parmi les plus célèbres étaient celles du Palais à Paris, de Saint-Germain-en-Laye, du Vivier-en-Brie, de Riom en Auvergne, de Champigny en Touraine, etc.

(4) La charte d'institution est transcrite en entier dans l'histoire de Vincennes de PONCET DE LA GRAVE, t. II, preuve 10, p. 280.

la fin des travaux, dans l'ancienne chapelle saint Martin (1). Cette chapelle servit de cure pour la maison royale jusqu'à sa démolition vers 1552.

Le chapitre, institué par Charles V sous le nom de « chapelle fixe de plain-chant », eut son organisation copiée sur celle de la « chapelle ambulante » (2) qui suivait la Cour ; il était investi de grands privilèges. A sa tête se trouvait un trésorier qui avait droit à des honneurs spéciaux. Sorte d'évêque du château et de ses dépendances, cet abbé mitré jouissait de toutes les prérogatives de l'épiscopat. Il possédait, au spirituel, une officialité ne relevant que de la Cour de Rome, et, au temporel, un baillage dont la juridiction était du ressort immédiat du Parlement de Paris. Il ne fut jamais suffragant ni de l'évêque, ni ensuite de l'archevêque de Paris. Il était donc totalement indépendant des paroisses de Montreuil, Fontenay et Charenton, sur les territoires desquelles avaient été construits le château et ses annexes.

Cette situation privilégiée, jalousée, ne fut pas acceptée sans contestation par le clergé séculier : elle donna lieu à de nombreux procès ecclésiastiques, qui ne prirent fin qu'à la suppression du chapitre en 1784.

Dès son institution, le trésorier eut à s'occuper de la question de délimitation de la paroisse du château. Lorsque saint Louis avait érigé la chapelle St-Martin en paroisse (1248), les curés de Fontenay et de Charenton, dont dépendait l'habitation royale, se trouvant lésés, avaient réclamé et avaient été indemnisés. L'établissement d'une basse-cour, au lieu dit la Pissotte, dépendance de Montreuil, engendra un nouveau conflit. Le curé de cette paroisse réclama les habitants de cette basse-cour comme ses paroissiens ; le chapelain de St-Martin soutint qu'ils lui appartenaient. Un procès s'ensuivit : il dura plus d'un siècle. Les deux parties semblaient mises d'accord par les sentences arbitrales de 1286 et 1369 ainsi que par l'arrêt du Parlement de 1384, quand une bulle de 1390, réunissant la cure de St-Martin à la Ste-Chapelle, vint raviver la querelle. Le curé de

---

(1) La chapelle Saint Martin avait été bâtie sous Saint Louis et se trouvait dans l'enceinte du manoir primitif. Les premiers Capétiens avaient un culte particulier pour Saint Martin. Ils transportaient avec eux, comme relique, la petite cape que ce saint avait revêtue après avoir donné son manteau à un pauvre. GUILLAUME DURAND, Rational. Liv. II, ch. X, 88.

(2) Le directeur de la chapelle ambulante reçut le nom de grand aumônier sous Charles VII.

Montreuil prétendit que la transaction avec le chapelain de St-Martin n'avait pas de valeur avec le trésorier du nouveau chapitre. Il eut gain de cause et la basse-cour du château lui fut laissée (1).

A la suite de ce jugement, les droits du Trésorier du chapitre de la Sainte-Chapelle ne furent plus contestés jusqu'en 1667. A cette époque Mgr de Péréfixe, archevêque de Paris, érigea « la Pissotte » en paroisse et voulut y rattacher l'habitation royale en prétendant que le baptême de Charles V dans l'église de Montreuil impliquait par le roi la reconnaissance d'une cure dépendant de l'ordinaire comme paroisse du château. Le trésorier attaqua la décision de l'archevêque comme entachée d'abus : le Parlement de Paris lui donna raison par les arrêts de 1730 et de 1731, reconnaissant que « Charles V avait été baptisé en l'église de Montreuil, « uniquement par dévotion à M. saint Pierre et M. saint Paul, patrons de « cette paroisse (2). »

Battu sur ce point, l'archevêque chercha un autre moyen de mettre le chapitre indépendant sous sa juridiction. En 1771, un mandement du trésorier « pour l'usage des œufs en carême », parut lui fournir l'occasion attendue. Le prélat déclara que ce mandement contrevenait aux ordonnances du royaume et aux lois de l'église, puisqu'aux évêques seuls appartenait le droit de donner des instructions pour la police générale et intérieure de l'église. Il interjeta « appel comme d'abus (3) », devant l'assemblée des agents généraux du clergé. Il gagna son procès devant ce tribunal, mais le perdit en cassation devant le Parlement et devant le Conseil du roi.

La suppression du chapitre, en 1784, mit un terme à ces différends qui avaient si souvent nécessité l'intervention du pouvoir laïque. L'institution de Charles V avait duré quatre siècles. Une organisation susceptible de traverser tant d'époques diverses sans changement mérite d'être étudiée en détail.

(1) *Précis pour le trésorier du Chapitre de Vincennes*, en réponse au mémoire de l'archevêque de Paris. (Procès ecclésiastique de 1775). Seguier, avocat général.
(2) *Ibidem*, page 3. L'abbé Lebeuf cite une ordonnance de Charles V qui prouve que non seulement le roi, mais encore sa femme avaient été baptisés à Montreuil, t. II, p. 399.
(3) *Mémoire pour messire Jean-Joseph Bastid de Lavernie*, aumônier du roi, trésorier, seul dignitaire de la sainte Chapelle. (Procès ecclésiastique du XVIIIe siècle, collection de l'auteur).

Le Chapitre créé pour desservir le « grand château du bois de Vincennes (1) », comprenait :
Un trésorier, chef de la confrérie ;
Un chantre ;
Neuf chanoines ;
Quatre vicaires ;
Deux clercs.

Le trésorier, comme il a été dit plus haut, possédait les pouvoirs spirituels et temporels les plus étendus. Il était investi de tous les bénéfices, avait la garde des reliques et du trésor. Il passait l'inventaire de ce trésor à son entrée en fonctions. Un procès-verbal de sa prise en charge était dressé en double expédition dont l'une était déposée à la « Chambre des Comptes » à Paris, l'autre gardée dans les archives du chapitre. Le trésorier détenait le sceau sur lequel étaient gravés « la Sainte-Chapelle et son clocher ». Il était élu par les religieux placés sous sa juridiction. Ceux-ci étaient soumis à une règle des plus sévères. Ils étaient « vêtus simplement, portaient l'aumusse, celle des chanoines distincte de celle des vicaires et des clercs. Ce costume était pareil à celui que saint Louis avait donné au clergé de sa Sainte-Chapelle de Paris ».

Les membres du chapitre devaient tous être pourvus des ordres majeurs. S'ils ne les possédaient pas à leur réception, ils étaient tenus de les acquérir dans le délai d'un an. Ils étaient, en règle absolue, sans dispense, astreints à résider continuellement au château ; toutefois, sur leur demande et moyennant octroi de congé par le chapitre, ils pouvaient être autorisés à s'absenter une ou plusieurs fois, mais, pour un laps de temps n'excédant pas annuellement un total de plus de cinq semaines. Ils pouvaient cumuler avec leur prébende d'autres bénéfices, mais à condition qu'il n'y fut pas joint une cure entraînant résidence. Ils habitaient le vieux manoir de saint Louis, dans lequel des appartements particuliers leur avaient été réservés.

Ils n'étaient pas limités pour le nombre de leurs domestiques, mais ils

---

(1) L'Edit d'institution de 1379 débute ainsi : « In castro nostro magno nemoris Vincennarum », dans notre grande place d'armes du bois de Vincennes.

n'avaient pas le droit d'avoir de femmes à leur service, fussent-elles leurs proches parentes ou eussent-elles atteint l'âge canonique (1).

Ils avaient une hiérarchie absolue, le trésorier étant pris parmi les chanoines, ceux-ci parmi les vicaires et ces derniers parmi les clercs.

Leur traitement se composait de trois parties, savoir :

1° Les gros fruits, ou appointements fixes, s'élevant par an à quinze livres tournois pour le trésorier ; à sept livres dix sols pour le chantre et chacun des chanoines ; à six livres pour les vicaires ; à cinquante sols pour les clercs ;

2° Les distributions journalières, ou casuel, partagées au prorata du rang hiérarchique des bénéficiaires ;

3° Les offrandes particulières.

Pour assurer les deux premières catégories du revenu, le roi avait constitué une rente de quinze-cents livres, à prélever sur les terres de Virey-sous-Bar, de Marolles, de Méry-sur-Seine, de Villarcel, de Champs-sur-Marne, de Montlignon en la paroisse de Tour-sous-Montmorency, tous domaines qu'il avait acquis de ses propres deniers. Il y avait ajouté plusieurs maisons et les hôtels d'Orlis, Mauroi et Laleuf, confisqués sur Guillaume Andresel, reconnu coupable de forfaiture, avec des terres situées en Brie confisquées sur Renaud de Port-Molain convaincu de félonie ; plus, enfin, diverses autres parcelles situées à Villeperot et provenant d'un legs de Michel de Vaires, évêque de Châlons.

Cette forte organisation, cette large prébende, permirent au chapitre de vaincre les difficultés qui l'assaillirent à son début ; car Charles V, nous l'avons vu précédemment, le laissa sans l'église pour laquelle il l'avait institué. Charles VI, pendant ses courts moments de lucidité, essaya bien de réaliser le projet de son prédécesseur. En 1400, Jean Annot, maître des œuvres du roi, fut chargé de reprendre les travaux de la Sainte-Chapelle. Les ouvriers revinrent sur les chantiers, les murs du sanctuaire montèrent jusqu'aux archivoltes des fenêtres, les murs de la façade jusqu'au dessous de la rose ; les deux sacraires et le trésor à deux étages furent terminés ; mais cet effort ne fut pas poursuivi et le chapitre demeura oublié dans la cure de Saint-Martin. Les choses restèrent dans l'état jusqu'au commencement du XVIe siècle.

(1) Cette règle très rigoureuse paraît n'avoir jamais été enfreinte.

A cette époque le chapitre avait pour trésorier l'abbé Dubois, dit Crétin, le Raminagrobis de Rabelais (1). Cet abbé, poète à ses heures, avait cependant l'esprit très positif quand il n'écoutait pas sa muse. Il entreprit de faire achever la Sainte-Chapelle commencée, et poursuivit son idée avec une ténacité remarquable. En 1514, profitant d'un séjour de Louis XII au Bois (2), il fit remarquer au roi que ces amas de pierres à bâtir, ces murs à peine édifiés et déjà en ruines, donnaient à la cour du château un aspect lamentable ; que la nouvelle demeure royale (3) exigeait la reprise des travaux, et qu'enfin, raison encore plus sérieuse, la chapelle Saint-Martin ne tenait plus debout, et était un danger pour ceux qui assistaient aux offices. Mais il ne put convaincre le souverain. Il ne se découragea pourtant pas : il profita de l'avènement au trône de François Ier (4), pour tenter une autre démarche. La prose ne lui ayant pas réussi en premier lieu, il parla, cette fois, en vers, espérant que ce langage attirerait davantage l'attention d'un prince qui se posait en protecteur des Arts et des Belles-Lettres.

RONDEAU DE L'ABBÉ DUBOIS AU ROI FRANÇOIS Ier A SON AVÈNEMENT AU TRONE
EN FAVEUR DE LA SAINTE-CHAPELLE DU BOIS DE VINCENNES

        Puis huyt vingtz ans, cinq roys passans ce cour
        M'ont délaissée au trépas sans secours
        Et sans avoir par nul moyen tendu,
        Que ung seul ouvrier ayt à moy entendu.
        O ! quel honneur à gens de grosses cours !

(1) L'abbé Dubois, connu sous le nom de Crétin, Crestin ou Chrestin, poète et chroniqueur français, vécut sous les règnes de Charles VIII, Louis XII et François Ier. Il mourut en 1525. François Ier le chargea d'écrire l'histoire de France : il la versifia en douze livres. Cette chronique rimée s'étendait, suivant la coutume naïve des vieux historiens, depuis la guerre de Troie jusqu'à la fin de la deuxième race ou des Carolingiens. (Manuscrit de la Bibliothèque Nationale)
On a aussi un recueil de poèmes divers, publication posthume de 1527, sous le titre de « Chants Royaux », surchargés de jeux de mots puérils, d'assonnances, de platitudes et d'équivoques. Ces poésies furent cependant très goûtées des contemporains. Rabelais s'éleva contre ce galimatias prétentieux et mit l'abbé Dubois en scène sous le nom de Raminagrobis.
(2) Il y passa les mois de juin et juillet 1514.
(3) Louis XI avait fait édifier une élégante construction sur l'emplacement occupé de nos jours par le bâtiment dit Pavillon du Roi. (Voir *Pavillon du Roi*. p 195).
(4) 1er janvier 1515.

> Leurs élèves ont en mains plus diverses que ours,
> Faisans deniers à la traverse courts
> Pour me parfaire ; ainsi j'ai attendu
> Puis huyt vingtz ans.
> Remède quel ? suyvant mon erre cours
> Au triomphant Roy François, et recours,
> Espère y prendre à bonne heure et temps deu ;
> Son franc vouloir magnanime entendu,
> Rendra croissant ce qui tombe en décours
> Puis huyt vingtz ans (1).

François Ier, peu désireux de se lancer dans un accroissement de constructions pour un château qu'il n'avait pas l'intention d'habiter, se tira d'affaire assez habilement : il confirma simplement au requérant les privilèges des chapelains et des chanoines (2).

Mais l'abbé revint à la charge et obtint, en 1520, par lettres-patentes datées d'Amboise le 1er août, que « Messire Le Gendre, chevalier, conseiller et trésorier de la couronne, reçut commission et mandement de faire tous achats de pierres, bois, chaux, sable, plâtre, plomb, ardoises et autres matières ; faire marché avec les maçons, tailleurs de pierre, manœuvres, serruriers, carriers et autres ouvriers à la tâche, à la toise, ou à la journée pour achever et parfaire l'œuvre et édifice de la Sainte-Chapelle du bois de Vincennes qui avait été commencée par ses progéniteurs, Rois de France, voulant qu'ils soient très beaux, somptueux et durables à perpétuité (3). »

François Ier rendait cet édit en reconnaissance de ce qu'il « avait plu à Dieu de lui donner un bel fils qui put régner après lui (4). »

Les maçonneries furent terminées en trois années (1521-1523) (5). Les

---

(1) Mémoire de Guillaume Crétin, Paris, chez Antonin Urbain Coustelier, 1723, p. 36. Bibl. Nat., 7323.
(2) Arrêt de la Chambre des comptes du 9 décembre 1517. Lettres-Patentes du mois de novembre 1518. Arrêt de la Cour des aides de Paris, avril 1519.
(3) PONCET DE LA GRAVE, Histoire de Vincennes, pp. 319 et 320 et Preuve n° 16 même ouvrage.
(4) François, dauphin de France, décédé en 1536, et frère aîné de Henri II.
(5) Marché passé avec Pierre Le Gendre à Amboise. Lettres-patentes du 1er avril 1520.

pierres qui avaient été employées à cette construction, avaient été tirées des carrières de Charenton, et amenées toutes taillées à Vincennes. Elles avaient été payées à raison de 105 livres 3 sols, les 76 pierres. Les maçons avaient un salaire de 5 sols par jour, les aides ou garçons, 3 sols (1).

En 1524 il ne restait à faire que la toiture, les boiseries et les vitraux. Mais, faute d'argent, les travaux furent de nouveau arrêtés. Cet abandon mit l'abbé Dubois fort en peine. Il adressa cette nouvelle supplique au roi :

>Au roy François prétend faire ung port,
>L'escript présent, s'il peult venir à port
>De leur accès pour harengue de celle,
>Qui sont besoing par requeste d'escelle
>Y espérant octroy d'heureux apport.
>
>Très humblement requiert, prye et supplye
>Celle où deuil croist et l'espérance plye,
>Comme ainsi soit, que en ce royal sesjour ,
>Vincennes dit, eussiez vouë ce jour
>Où Dieu d'ung filz vous aurait la part faicte,
>Elle serait réparée et parfaicte ;
>En quoy n'appert vostre espérer deçeu
>Car ce même an fust par le monde sçéu
>Ung beau fils nay, aussi lyesse née.
>
>Quand on congneut la partie assignée,
>De voz deniers, pour hyver comme esté
>Y besongner, on a maint homme esté,
>De tel endroit que la veuë assez preuve
>Que bons ouvriers y ont faicts bonne épreuve,

(1) Le colonel Passement a cherché ce que représentait en France le gain des ouvriers à cette époque : son calcul est à citer : « Le sol, dit-il (vingtième de la livre et somme comptée de 12 deniers) était une monnaie de compte variant d'après la valeur nominale des espèces réelles. Exprimés en francs actuels, les valeurs du sol déduites du poids de fin contenu dans les monnaies supérieures courantes au XVIe siècle seraient de 0 fr. 237 c. pour le blanc au soleil de 1497-1513 émis pour 12 deniers ; de 0 fr. 21 c. pour le teston de 1513 valant 10 sols ; de 0 fr. 327 c. si l'on payait en écus d'or au soleil. » En admettant ces chiffres on trouve que le sol de Charles V avait une valeur moyenne de 25 c. 8 de notre monnaie.

   Le tailleur de pierres gagnait donc   1 fr. 65
   Le maçon..............................   1 fr. 29
   Les aides ou garçons.................   0 fr. 77

Et s'il advient qu'on assigne actions
Pour calculer les assignations,
Sans nulle faulte on trouvera la mise
A la recepte en somme égalle admise ;
Et puisques huyt deniers on a filez
Pour rendre oustelz des ouvriers affilez.
Mais guerre las ! ceste chance a tournée,
Tellement qu'est simplement atournée
La suppliante à la pluye et au vent
Sans nul taudis, couverture, et auvent,
Voyre en péril éminent de morfondre
Voyant les bois jusques près Saint-Maur fondre ;
En quoy congnoist tout homme d'esperit,
Que par default de couvrir, déppérit,
Et que fauldra, comme au feu faict la cire,
En peu de temps. Ce considéré, Sire,
Veue mesmement que par divins octroys
D'ung filz requis attente avez à troys,
De tel espoir, ainsi que homme vieil laisse
Armes porter, vos appuys de vieillesse
Fermes seront et défensifz bastons,
Pour ennemys mettre au chantz de bas tons,
Vous plaise donc rendre icelle accomplye,
Affin que Dieu à Messe et à Complie
Y soit servy, et puissiez mériter
Loz éternel qui peut l'âme hériter ;
Ainsi aurez pour bien petites sommes,
Grâce de Dieu et louanges des hommes.
    Mieulx que pis.

Cette poésie manqua son effet. Le roi avait alors trois fils ; rassuré sur le sort de sa couronne, il oublia la gratitude qu'il devait à Dieu. En tous cas, il ne donna pas d'argent, et les chantiers furent fermés.

L'abbé Dubois mourut en 1525 sans avoir eu la satisfaction de voir la Sainte-Chapelle terminée.

En 1537, les travaux de maçonnerie étaient achevés et c'est probablement à cette époque que les vitraux furent commandés. Mais ceux-ci ne purent être livrés que sous Henri II, la toiture n'ayant été mise en place qu'à cette époque. En 1552, le nouveau sanctuaire fut consacré en présence du roi. Diane de Poitiers assista à la cérémonie, qui fut suivie, le 15 août de la même année, de celle de l'installation des chanoines. On commença, peu après, la démolition de la chapelle St-Martin qui avait servi au culte pendant près de trois siècles.

En 1555, Henri II décréta que le chapitre de l'Ordre de St-Michel, serait transféré de l'église du mont St-Michel dans la Sainte Chapelle de Vincennes. Cet Ordre avait été fondé par Louis XI dans le but de lier plus fortement au trône tous les grands vassaux par un nouveau serment de fidélité. Ayant refusé les insignes de la Toison d'Or que lui avait offerts Charles le Téméraire, il avait compris qu'une institution similaire lui serait utile, et par lettres patentes datées du 1er août 1462 à Amboise, il avait créé « la fraternité de chevalerie de St-Michel » — ce sont les expressions de son édit — qui devait comprendre 36 titulaires, avec le roi pour grand maître. Nul ne pouvait recevoir cette distinction, s'il ne renonçait à tous les autres Ordres ; exception était faite à cette règle pour les empereurs, rois et ducs.

La première promotion, toute politique, ne comprit que des princes du sang, des gouverneurs de province, des grands dignitaires de la couronne que cette distinction pouvait flatter : Charles, duc de Guyenne, frère du roi ; Jean, duc de Bourbon ; l'amiral Louis de Bourbon ; les maréchaux André de Laval et Jean d'Armagnac ; le sénéchal du Poitou, Gilbert de Chabannes ; le connétable de St-Pol ; le grand-maître de l'hôtel, Antoine de Chabannes ; le gouverneur du Roussillon et de la Sardaigne, Tanneguy du Chastel, et de grands seigneurs comme Jean, comte de Sancerre, seigneur de Bueil ; Louis de Beaumont, seigneur de la Forêt et du Plessis ; Louis d'Estouville, seigneur de Torcy ; Louis de Laval, seigneur de Chatillon, et Georges de la Trémouille, seigneur de Craon.

Les trente-six places ne furent pas immédiatement comblées. Monarque habile et connaissant à fond le cœur humain, Louis XI savait qu'en ne prodiguant pas cette haute distinction, il en rehaussait la valeur, en la faisant envier et désirer de tous. Cependant le prestige de l'Ordre de St-

Michel ne tarda pas à décliner. Vers le milieu du xvie siècle, il était, pour ainsi dire nul. Le roi qui en était le grand maître, n'avait aucune action sur le chapitre, trop éloigné de la capitale. En rapprochant celui-ci de la Cour, et en le mettant à Vincennes, Henri II espéra redonner de l'éclat à l'institution périclitante. Mais il fallait l'assentiment du Pape pour ce transfert. Les négociations entamées à ce sujet furent longues. Conduites par Odet de Selve, ambassadeur de France auprès du Saint-Siège, assisté du cardinal de Lorraine, chancelier de l'Ordre, elles ne se terminèrent qu'en 1557. Sans attendre la solution, Henri II présida, le 15 août 1555, en la Sainte-Chapelle de Vincennes, une première tenue d'assises de l'Ordre, cérémonie dans laquelle il reçut chevalier, Martin du Bellay, seigneur de Langeais.

Sous François II et Charles IX, les intrigues politiques firent accroître de façon exagérée le nombre des chevaliers. « Les abus et la vénalité jetèrent alors une telle déconsidération sur l'Ordre de St-Michel, qu'on l'appela : « le collier à toutes bêtes » et que les seigneurs n'en voulurent plus »

Pour réagir contre cet état d'esprit, Henri III, en créant l'Ordre du St-Esprit (1578), décréta que nul ne pourrait recevoir le nouvel Ordre, s'il n'était, au préalable, chevalier de St-Michel. Cette mesure redonna quelque prestige à l'insigne dédaigné. Ceux qui furent honorés des deux décorations, portaient le titre de « chevaliers des Ordres du roi ».

En 1665 Louis XIV décida qu'un certain nombre de places de chevaliers de St-Michel seraient réservées à de loyaux serviteurs de la couronne ne pouvant prétendre à recevoir le St-Esprit. Toutefois, les récipiendaires devaient faire preuve de noblesse, et donner état de leurs services militaires.

En 1693, les cadres de l'Ordre de St-Michel furent encore élargis : les gens de lettres, les artistes, les financiers, purent en faire partie, en récompense de leurs mérites et de leurs talents. Mais des lettres de noblesse étaient envoyées aux futurs dignitaires peu de jours avant leur nomination. Hardouin Mansart et André Le Notre furent les premiers chevaliers créés en vertu de cet édit.

Comme signe distinctif, dans la vie habituelle, les dignitaires de l'Ordre, à cette époque, portaient en écharpe, de l'épaule droite au côté gauche, un grand ruban noir moiré, d'où pendait la croix à huit pointes ornée de l'image de saint Michel, terrassant le dragon.

Le roi commettait, chaque année, deux chevaliers de ses ordres, un duc et un gentilhomme, pour présider en son nom, l'un en l'absence de l'autre, aux assises du Chapitre, ou à la réception des nouveaux titulaires. Ces dernières cérémonies avaient lieu le 8 mai et le premier lundi de l'Avent.

En 1728, le Chapitre de l'Ordre de St-Michel fut transféré de la Sainte-Chapelle de Vincennes aux Cordeliers de Paris. Il n'y avait alors que 77 chevaliers, dont 13 admis, mais non encore reçus, par suite de leur séjour en des provinces éloignées ou près des Cours étrangères (1).

Le transfert de l'Ordre de St-Michel du Mont St-Michel à Vincennes avait nécessité un aménagement spécial de la Sainte-Chapelle.

Le vaisseau fut partagé en deux, au moyen d'une cloison élevée à hauteur de la 2ᵉ travée, et séparant complètement le chœur, devenu salle capitulaire, de l'église proprement dite. Trois autels, laissant entre eux deux passages, furent élevés dans la nef, contre la cloison de séparation. Contre la muraille méridionale se trouvait l'autel dédié à saint Martin, qui, après la suppression de la cure primitive était réservé aux cérémonies paroissiales célébrées pour les gens du château. A la muraille septentrionale était adossé un autel dédié à saint Jean, tandis qu'au centre s'élevait un troisième autel placé sous l'invocation de la Sainte Famille.

Les deux passages ménagés entre ces trois autels étaient fermés par des portes grillées. Un maître-autel « digne de l'élégance du bâtiment », devait être placé dans le chœur. Il n'exista jamais qu'à l'état de projet. En attendant son édification, on en établit un provisoire, qui servit jusqu'à la révolution ; Poncet de La Grave nous rapporte qu'il était « à peine acceptable pour une église de village ».

Un trône d'architecture Renaissance faisait face à cet autel. Le grand-maître de l'Ordre de St-Michel prenait place sur ce siège, lors des réceptions et assemblées. Ce petit édicule en pierre fut malheureusement détruit en 1792, en même temps que les boiseries du sanctuaire et les autels.

---

(1) L'Ordre de Saint Michel fut aboli en 1790. Rétabli lors de la rentrée des Bourbons en 1815, il fut supprimé en 1830.

Le pourtour du chœur était garni de trois rangs de stalles destinées aux chevaliers et aux chanoines. En bois de chêne d'un travail superbe, ces stalles étaient ornées de fines sculptures, dont les principaux motifs rappelaient les insignes des chevaliers de St-Michel. Sur chacune d'elles

Armoiries sculptées sur les anciennes Stalles de la Sainte-Chapelle

Gravures extraites des Antiquités nationales de Millin

étaient d'ailleurs apposées les armes des chevaliers titulaires. Chaque nouveau dignitaire était tenu de faire remplacer celles de son prédécesseur ; les écussons des membres décédés étaient enlevés et conservés dans un coffre placé dans le chœur.

Toutes les peintures de la voûte et des murs, ainsi que les vitraux, devaient rappeler la destination de la Sainte-Chapelle. C'est en vertu de ce principe, que les grands maîtres François Ier et Henri II, ainsi que certains dignitaires : comme le cardinal de Lorraine, le connétable de Montmorency et le duc de Guise, furent représentés sur les vitraux dans leur costume d'apparat.

Ce costume comprenait : le manteau de toile d'argent, traînant jusqu'à terre, bordé de coquilles en quinconce et fourré d'hermines ; le chaperon en velours cramoisi orné de longues flammes en broderie d'or ; et autour du cou, l'insigne de l'Ordre : une chaîne d'or chargée de coquilles d'argent, d'où pendait une croix d'or en forme de croix de Malte, dont les huit pointes émaillées de blanc et cantonnées de quatre fleurs de lys d'or chargées

Ornements des anciennes Stalles de la Sainte-Chapelle

Gravures extraites des *Antiquités nationales* de *Millin*

en cœur, entouraient un médaillon représentant saint Michel terrassant le dragon, avec la devise :

Immensi tremor Oceani (1)

Henri II avait espéré que ses successeurs continueraient la série des portraits des membres illustres de l'Ordre. Mais son intention ne fut pas suivie, et la liste s'arrête aux noms cités plus haut.

De tous ces portraits, un seul nous est parvenu, et, par un heureux hasard, c'est celui du restaurateur de la chapelle, François Ier.

(1) D'après la légende, chaque fois que les ennemis de la France s'approchaient du Mont-St-Michel, un archange excitait les flots de la mer. De là l'origine de la devise de l'Ordre. *Dictionnaire du Blason*, 1782.

Un tableau de M. Beauquesne, placé dans le chœur, et donné par l'artiste, en 1888, évoque le souvenir de la translation de l'Ordre en 1555. Les personnages historiques de ce tableau ont été représentés sous les traits de divers officiers de la garnison, ou de membres du clergé de 1885 (1).

Les archives de l'Ordre avaient été déposées dans la grande sacristie. Ce bâtiment, qui forme une annexe sur le côté Nord de la Sainte-Chapelle est divisé en deux étages : le rez-de-chaussée a toujours servi de sacristie, mais, le premier étage contenait la salle des archives ou du Trésor. C'est en raison de cette dernière destination qu'on désigne le charmant petit bâtiment sous le nom de Trésor. Les archives de l'Ordre de St-Michel furent transférées aux Cordeliers en même temps que le Chapitre de l'Ordre lui-même. Le trésor de la Sainte-Chapelle a fini d'être dispersé en 1790. Je dis : fini d'être dispersé, car un certain nombre d'objets précieux qu'il contenait, avaient disparu bien avant sa suppression.

On sait que lorsque saint Louis reçut de Baudouin de Courtenai la Sainte Couronne d'épines, don suivi bientôt de celui d'un morceau de la Vraie Croix, et d'une partie des instruments de la Passion, il détacha une épine de la Sainte Couronne et l'enferma dans un reliquaire d'or qu'il déposa dans la chapelle St-Martin, à Vincennes, avec un fragment de la Vraie Croix. A la démolition de la chapelle St-Martin, ces objets précieux furent transportés dans la Sainte-Chapelle. Puis nous en perdons la trace, et le premier inventaire, que nous connaissions — il date de 1739 — ne mentionne plus comme reliques ou objets de valeur, qu'une croix d'or d'environ 80 centimètres de haut, enrichie d'émeraudes, de pierres précieuses, de perles fines, et contenant un fragment important de la Vraie Croix ; une autre croix d'argent doré, munie d'un christ, renfermant une parcelle de la Vraie Croix (2) trois calices en argent doré, deux grandes burettes en vermeil ; une patène d'argent ; une boîte à hosties ; un soleil d'argent doré ; une châsse en cristal ; le tout aux armes de France. On

---

(1) Parmi les principaux personnages on trouve le cardinal Richard, le général Nismes, le général Debatisse, le général Peigné, le colonel Chatoncy, le lieutenant Courtot, et mesdames Beauquesne, Muntz-Berger, la marquise du Blaisel.
Abbé DE LAVAL, *Esquisse historique sur le château de Vincennes*, p. 128 et 131.
(2) Les reliques de la Vraie Croix mentionnées dans cet inventaire sont maintenant à Notre-Dame de Paris. Abbé DE LAVAL, *Esquisse historique*. p. 66.

Intérieur de la Sainte-Chapelle aménagée pour servir de Salle capitulaire aux dignitaires de l'Ordre de Saint-Michel

(Dans le fond, contre le mur de droite, la tribune du Maréchal de Bellefont)
Gravure extraite des Antiquités nationales de Millin

voit que ce document est muet sur le reliquaire de la Sainte Epine ; sur les « pièces d'argent de Judas », vues par Sauval (1) ; sur les vases sacrés laissés par le cardinal de Retz, en souvenir de sa détention au Donjon ; sur la châsse de St-Gonsalve donnée par le cardinal Chigi en 1664 ; et sur le bassin arabe dit « baptistère de saint Louis » (2). Ce bassin en cuivre rouge (3) n'a, cependant, été enlevé de la Sainte-Chapelle qu'à la Révolution, en même temps que la grande croix d'or. Recueilli par Lenoir, après l'expulsion des chanoines, il est maintenant au Louvre.

Du milieu du XVII° siècle à la fin du XVIII° siècle, un certain nombre de faits mémorables se sont passés dans la Sainte-Chapelle de Vincennes, et doivent être relatés.

En 1656, baptêmes du duc de Penthièvre et du chevalier de Vendôme par le cardinal Antoine, grand aumônier de France, assisté du trésorier du Chapitre, du chantre et d'un grand nombre de prélats et de seigneurs.

En 1658, le 23 avril, baptême du fils du seigneur de Bar, tenu sur les fonts baptismaux par S. E. le cardinal Mazarin.

En 1660, le 20 juillet, réception solennelle, par le Chapitre, de Marie-Thérèse, le lendemain de son arrivée d'Espagne. A l'issue des vêpres, pour faire ses actions de grâce, la nouvelle reine descendit de ses appartements. Le Chapitre assemblé l'attendait sur le perron. Le trésorier, revêtu d'une chape blanche, portait, entre ses mains, les reliques de la vraie Croix : le chantre, dans le même costume, tenait le bâton, insigne de sa dignité ; tous les chanoines et autres membres du Chapitre, en surplis et aumusses, avec la grande croix, étaient rangés sur les marches. La reine s'avança vers eux, s'arrêta et se mit à genoux sur un carreau de velours disposé sur un riche tapis. Le trésorier lui présenta alors la relique insigne. La reine, après l'avoir honorée, se releva, puis, montant les degrés qui donnaient accès à la Sainte-Chapelle, reçut, à l'entrée, l'eau bénite que lui présenta le trésorier du Chapitre. Après une courte harangue du prélat, elle fut con-

(1) SAUVAL, qui parle de ces deniers anciens, doute cependant que ce soient ceux de Judas. « Ces pièces dit-il, frappées à Rhodes, provenaient du temple de Jérusalem. » On en montre de pareilles à St-Jean de Latran. SAUVAL, t. III, L. XIV, p. 35.
(2) Description du bassin dans PONCET DE LA GRAVE, *Historique de Vincennes*, T. I, p. 25, et dans MILLIN, *ant. nat.* 1791, t. I.
(3) SAUVAL l'appelle *les fonts baptismaux de St-Louis*. SAUVAL, t. III, L. XIV, p. I,

duite processionnellement dans le chœur jusqu'à un prie-Dieu préparé à son intention, et ouït le *Te Deum* chanté en son honneur. Puis, elle fut reconduite par le Chapitre jusqu'à son carrosse, avec le même cérémonial qu'à l'arrivée.

Le 11 mars 1661, le chœur de la Sainte-Chapelle servit de chambre ardente pour la dépouille mortelle du cardinal Mazarin, décédé la veille dans le Pavillon de la Reine. Le lendemain, un service solennel fut célébré, pour le repos de l'âme du ministre défunt. Le trésorier du Chapitre officia, en présence d'une assemblée nombreuse comprenant les plus hauts représentants du clergé de France, auxquels s'étaient joints le duc de Mercœur, le comte et la comtesse de Soissons, le duc de Mazarin, grand-maître de l'artillerie, le marquis de Mancini et quantité d'autres seigneurs.

A l'issue de la cérémonie, les entrailles du cardinal furent seules enterrées dans la Sainte-Chapelle (1). Son cœur fut porté le 28 mars aux Théatins par le trésorier accompagné d'une suite imposante. Le cortège quitta le château de Vincennes à 7 heures du soir, « à la clarté d'un nombre infini de flambeaux » (2).

Le corps du cardinal resta provisoirement déposé dans la sacristie de la Sainte-Chapelle, en attendant que le tombeau destiné à le recevoir, fut terminé, dans la chapelle du collège des Quatre Nations.

Le 10 mars 1664, un service anniversaire de la mort du cardinal fut célébré dans la Sainte-Chapelle. L'ancien évêque de Constance officia, en présence de l'archevêque de Sens, des évêques du Puy, de Laon, de Fréjus, de Dax, d'Amiens et de plusieurs autres prélats. Dans l'assistance, on remarquait le comte de Soissons, les ducs de Bouillon, de Grammont, de Navailles et quantité de seigneurs.

Le 5 juillet de la même année, le cardinal Chigi, légat du Pape, venu spécialement en France, pour apporter la bénédiction du Saint-Père à la reine, à l'occasion de ses couches prochaines, visita officiellement la Sainte-Chapelle de Vincennes. Pour remercier le Chapitre de sa réception, il lui

---

(1) Voir pour les détails de cette inhumation : Tombes de la Ste-Chapelle, p. 373.
(2) PONCET DE LA GRAVE, *Histoire de Vincennes*. t. II, p. 126.

envoya, huit jours après, le corps de saint Gonsalve, martyr, dans une châsse de très grand prix.

La vérification et la reconnaissance de cette relique furent faites le 27 octobre 1706, par l'évêque de Clermont. La châsse remise par le pape Alexandre VII, au cardinal Chigi, fut ouverte, et, après examen de son contenu, refermée et scellée du sceau épiscopal. Elle fut alors placée sur le maître-autel où elle a dû rester jusqu'à la Révolution.

En 1670, le roi Casimir de Pologne, visitant Vincennes avec une suite nombreuse, fut reçu dans la Sainte-Chapelle par tout le Chapitre assemblé. Le trésorier lui présenta l'eau bénite et le conduisit dans le château.

En 1672, le 5 juillet, l'abbé de Guémadeuc, évêque de St-Malo, fut sacré en la Sainte-Chapelle par l'archevêque de Paris, assisté des évêques de Nantes et de Dol.

En 1684, le corps du cardinal Mazarin fut transporté de la sacristie de droite de la Sainte-Chapelle, où il était resté depuis 1661, au Collège des Quatre Nations, fondation de ce ministre.

En 1691, le maréchal de Bellefont, gouverneur du château, trop âgé pour descendre à la chapelle, obtient la permission de faire construire une tribune de plain-pied avec son appartement (1). Cette tribune adossée au mur Nord, dans la dernière travée de la nef du côté du portail, figure dans une gravure de Millin (voir p. 283). Elle fut démolie à la grande révolution. On voit encore sur la façade extérieure du monument la trace des marches qui y conduisaient.

En 1694, le Chapitre de la chapelle de Viviers-en-Brie fut réuni à celui de la Sainte-Chapelle. En vertu de la lettre d'union, le Chapitre de Vincennes reçut le droit de conférer des places « d'Hommes ou gentilshommes de corps », pour constituer une garde d'honneur. Ces charges n'étaient remplies que par des personnes de la plus haute naissance.

En 1715, le chapitre de la Sainte-Chapelle vint complimenter le jeune roi Louis XV, à son arrivée à Vincennes. Les chanoines et vicaires, trésorier en tête, se rendirent en manteaux longs à cette cérémonie. Le roi, porté

(1) L'hôtel du gouverneur attenait à la Sainte-Chapelle.

sur les genoux de la duchesse de Ventadour dans une chaise à porteurs, les attendait au bas du grand escalier du Pavillon du Roi ; après avoir reçu leurs hommages, il se fit accompagner dans le Pavillon de la Reine-Mère, où logeait le régent. Là, le trésorier remercia le jeune souverain d'avoir bien voulu exempter de logement le Chapitre, et prit ses ordres pour les services religieux qui devaient être célébrés comme à Versailles.

Pendant le séjour de la Cour, les cérémonies eurent lieu avec une pompe inaccoutumée. Mais cette splendeur ne fut qu'éphémère, car on sait que le jeune roi ne resta que 72 jours à Vincennes. Après son départ, la Sainte-Chapelle fut délaissée.

En 1728 le Chapitre de l'Ordre de Saint-Michel en fut retiré : l'abandon devint complet. Les réparations les plus urgentes ne furent plus exécutées, à tel point qu'en 1786, la porte et son trumeau tombèrent. On ne rétablit qu'une clôture provisoire, en planches, qui occupa toute la baie.

En 1788, lors d'un ouragan, resté célèbre par sa violence, la rose et une partie des verrières furent emportées. Les trous furent simplement bouchés (1).

On trouvait inutile de restaurer un monument dont on avait, en 1784, supprimé le Chapitre par raison d'économie. Le ministère de Brienne avait toutefois décidé que les chanoines en fonctions ne seraient pas renvoyés ; mais ils ne devaient plus être remplacés au fur et à mesure de leur extinction. A leur mort, leur biens, mis sous séquestre, devaient faire retour à la Couronne. Aussi, lorsque le 15 avril 1791, l'Assemblée législative prononça leur suppression définitive, le décret d'expulsion ne frappa-t-il que quelques malheureux prêtres infirmes ou valétudinaires.

Au commencement de la Révolution les iconoclastes non seulement s'acharnèrent contre les sculptures et les vitraux, mais encore brûlèrent le trône royal, les stalles en bois de chêne où s'étaient, pendant près de deux siècles, assis les chevaliers de l'Ordre de Saint-Michel. La cloison et les autels furent détruits. L'édifice fut alors utilisé comme salle de réunion pour les assemblées primaires, puis abandonné, converti en magasin de dépôt. C'est à cette époque que furent enlevés les dalles funéraires et, comme nous le verrons plus loin, le reste des vitraux.

(1) Voir chapitre *Vitraux*, p. 331 et suiv.

En 1808, l'empereur Napoléon Ier vint visiter le vieux château pour s'assurer s'il pouvait être transformé en arsenal. La Sainte-Chapelle le frappa par son aspect de ruines. Il ordonna d'y faire des travaux de première nécessité, afin de l'utiliser comme salle d'armes. Le monument fut alors divisé en deux étages par un plancher en bois.

Quelques années plus tard, ce charmant édifice faillit être démoli par raison de symétrie, car il nuisait à *l'alignement des bâtiments militaires*. On lit, à ce propos, dans le Mémoire du chef de génie de l'an XII, ce passage curieux :

« Quant au pavillon destiné à loger les officiers, on pourrait lui don-
« ner la position suivante, (elle était indiquée sur un plan accolé), dans
« le cas où l'intention de S. M. serait de conserver la Sainte-Chapelle, *mo-*
« *nument d'un assez beau gothique*, commencé sous Charles V *an* 1380 et
« terminé sous Henry 2. Cependant l'on ne pense pas que son *mérite*
« *comme monument* soit de nature à motiver sa conservation qui rom-
« prait d'une manière trop tranchante la régularité et l'harmonie qu'on a
« cherché à établir dans toutes les parties du projet (1). »

Heureusement cet acte de vandalisme ne s'est point accompli, le monument « *d'un assez beau gothique* » resta salle d'armes jusqu'en 1816. Cette même année Louis XVIII décida que la Sainte-Chapelle servirait de tombeau au duc d'Enghien. C'est donc au sombre drame de 1804, qu'est due la préservation de ce charmant morceau d'architecture Renaissance. On s'occupa d'abord des réparations les plus urgentes. On refit la toiture, on enleva les planchers et on boucha les fenêtres avec des vitres ordinaires.

Le 29 mai 1818 (2), le commandant d'artillerie Porel, remit l'édifice au service du génie militaire représenté par le capitaine Lemaitre. L'état des lieux, dressé en présence de l'abbé Rougier, délégué par l'archevêque, nous apprend que les premiers travaux n'avaient porté que sur le gros œuvre, et qu'ils avaient même été très mal faits, car les vitrages « en verre d'Alsace » étaient déjà dans un état pitoyable, et les trous des poutres du plancher de l'ex-salle d'armes étaient encore béants (3).

---

(1) *Archives du Génie de la place de Vincennes*. Mémoire de 1812. Art. I.
(2) *Ibidem*, art. 3, pièce 21.
(3) *Ibidem*, art. 3, pièce 26.

En 1819, l'explosion d'un magasin de cartouches dans la cour du château endommagea si sérieusement le monument qu'il fallut, cette fois, prendre des mesures radicales pour sa conservation. M. Gauthier fut chargé de sa restauration méthodique (1820). Il lui fut d'abord alloué une somme de 30.000 francs, mais les vitraux absorbèrent la presque totalité

Vue de la Sainte-Chapelle vers 1840

du crédit. Néanmoins, Mgr de Périgord put, le 23 octobre de la même année, ouvrir la chapelle au culte et installer comme aumônier l'abbé Rougier. Deux chapelains adjoints furent nommés. L'entretien de la chapelle fut mis au compte de la liste civile.

Cet état de choses subsista jusqu'en 1830. Mais, après la révolution de Juillet, l'édifice fut de nouveau désaffecté et servit de magasin jusqu'en 1842.

La nomination du duc de Montpensier comme commandant de l'artillerie de Vincennes, décida Louis-Philippe à rendre de nouveau la chapelle au culte. Un maître-autel, d'assez piètre effet du reste, fut édifié dans

Vue de la Sainte-Chapelle vers 1850

le sanctuaire qui fut pavé avec de larges dalles alternativement blanches et noires en utilisant quelques fragments anciens.

Le 29 avril 1842, le roi assista à la première messe célébrée par l'abbé Hugon, nouvel aumônier (1). Outre le don de tous les vêtements sacerdotaux, le roi s'était engagé à payer toutes les dépenses du culte. Ces dernières étaient minimes, car elles ne s'élevaient qu'à 300 francs par an.

La charge d'aumônier fut reconnue le 11 septembre 1849 par le président de la République, puis par l'Empereur et la troisième République ; elle exista jusqu'à la mort de l'abbé de Laval (1892), qui a été le dernier aumônier et l'un des historiographes du château.

En 1842, il n'avait été fait à la Sainte-Chapelle que de simples travaux d'aménagement (2). L'édifice aurait eu pourtant besoin de plus sérieuses réparations. Le gâble supérieur de la façade menaçait ruine ; le portail entier ne valait pas mieux. La sécurité du public se rendant aux offices n'était plus assurée. Les pierres de la galerie extérieure ne tenaient plus ensemble, le plomb, qui en formait les joints, ayant en grande partie été enlevé (3). Des morceaux de balustrades tombaient à chaque instant dans la cour, les clochetons présentaient un aspect de délabrement complet. Le service du Génie s'émut de cette situation et demanda, en 1846, un crédit de 15.000 francs sur lequel il n'obtint que 6.000 francs.

De 1846 à 1850, quelques petites sommes furent allouées ; elle ne servirent qu'à parer au plus pressé ; à peine purent-elles permettre de consolider les parties les plus menacées ; on fut obligé, en 1850, d'étayer le portail.

Cependant, la même année, l'architecte Hayon ne s'occupa que des sculptures (4). Comme on le voit, les travaux étaient faits sans direction, sans plan, l'attention ne se portait que sur les détails. En 1851, le commandant Pierre fit confectionner une chaire par la compagnie d'ouvriers ; puis, le 23 août 1853, passa un marché pour des stalles, un confessionnal et des bancs (5). Toutes ces menuiseries devaient être *gothiques !* Pendant

---

(1) *Archives du Génie de la place de Vincennes*, art. 3, dossier 237.
(2) Il n'avait été dépensé que 1800 francs. *Archives du Génie de la Place de Vincennes*, art. 3, dossier 341.
(3) *Archives du Génie de la place de Vincennes*, art. 3, dossier 341.
(4)   *Ibid.*   Art. 9 — 319. Let. min^{le} 631 du 10 mars 1852.
(5)   *Ibid.*   Art. 3. — 1037.

ce temps, le sculpteur Pascal exécutait les deux anges en marbre du maître-autel. Diaz, peintre d'histoire, — ainsi était-il désigné sur la lettre de commande, — devait faire un tableau rappelant « un trait de la vie de la Vierge Marie (1) » ; Cabanel, « pensionnaire de Rome », peindre un saint Louis (2). Que sont devenues ces deux toiles ? Je l'ignore. Furent-elles jamais mises en place ? J'en doute, car je n'ai retrouvé aucune trace de leur livraison.

Tandis que s'exécutaient ces diverses commandes, le monument tombait. En 1853, le comité des fortifications reconnut qu'il faudrait dépenser, pour le consolider, une somme de 120.000 fr., qui pouvait d'ailleurs être répartie sur trois exercices. Mais comme il ne disposait d'aucun crédit, il demanda que la chapelle fut classée monument historique. Le rapport préconisant la cession au ministère de l'intérieur disait, que les vitraux du chœur ne tenaient plus, que leurs baguettes en plomb étaient déchirées par le vent, que dans ces conditions la chute des verrières était imminente, et qu'une dépense de 100.000 francs était nécessaire pour cette seule réparation (3). »

Le 7 janvier 1854, la commission des monuments historiques était saisie du projet ; le rapporteur motivait ainsi la proposition : « Je crois inutile, disait-il, d'entretenir la commission de l'importance au point de vue de l'art de la chapelle du château de Charles V. Cet édifice n'a pas besoin d'éloges et il est incontestablement au nombre de ceux dont la conservation est le plus désirable. Malheureusement, des réparations très considérables et très coûteuses sont nécessaires pour qu'il reprenne son aspect et son caractère primitif. D'ailleurs, aucune difficulté sérieuse pour sa restauration. Partout subsistent des indices sûrs des dispositions et de la décoration originale. Pour les restituer, il ne faut que du temps et de l'argent (4). »

(1) *Arch. du Génie de Vinc.* Art. 3. — Let. 441. — Dép. M. n° 2.402 du 12 nov. 1852.
(2) *Ibid.* Art. 3. — Let. 459 — Dép. M. n° 517 du 16 mars 1852.
(3) *Ibid.* Note sur la chapelle 1037.
(4) Rapport lu à la séance des Monuments Historiques du 7 janvier 1854. Arch. des Monuments Hist. Ec. 708-875.

Viollet-le-Duc fut chargé de la restauration (1), qui devait être exécutée en douze campagnes et qui fut commencée aussitôt. Louis Sauvageot fut nommé inspecteur des travaux, mais il donna sa démission en 1871 et fut remplacé par M. Lecomte (2). A la même époque, M. de Baudot était nommé architecte adjoint pour suppléer Viollet-le-Duc (3). En 1873, M. Zoëgger travailla aux sculptures. En 1880, la grille extérieure, faite sur les dessins d'ensemble de M. de Baudot, fut mise en place. En 1883, les pinacles et clochetons furent remplacés (4), en même temps que la balustrade à fleurs de lys était restaurée (5).

Le monument est actuellement en parfait état d'entretien, mais n'est plus utilisé (6).

(1) Dès le 26 octobre 1853, Viollet-le-Duc s'était entendu avec le com^t Véronique, chef du génie, pour la cession de la chapelle au service civil. Dép. du ministre de la guerre du 26 oct. 1853. Arch. des monuments hist.
(2) Décision ministérielle du 8 nov. 1871. Arch. des monuments hist.
(3) Même décision.
(4) Voir chapitre suivant, p. 309-310.
(5) Il n'a pas été parlé de la restauration des vitraux dans ce chapitre. Cette restauration fait l'objet d'une étude particulière qu'on trouvera plus loin, ch. 10.
(6) La Sainte Chapelle a de nouveau été désaffectée après la loi de séparation et ne sert plus au culte depuis 1907.

Statues antiques qui se trouvaient sur l'Arc de Triomphe de Le Vau situé au milieu de la colonnade reliant la Sainte-Chapelle au Pavillon du Roi

(Gravure extraite des Antiquités Nationales de Millin)

CHAPITRE IX

LA SAINTE-CHAPELLE

(Suite)

Son état actuel. — Considérations archéologiques sur son style et les époques de sa construction

Si l'on passe de l'histoire de la Sainte-Chapelle à l'examen du monument, on constate que les renseignements extraits des documents d'archives sont d'accord avec les indications fournies par les pierres. On retrouve en effet sur celles-ci la trace de reprises caractéristiques correspondant d'abord à trois périodes de grands travaux, dont les dates sont définies par des styles différents — fin du rayonnant, flamboyant, et flamboyant avancé. Puis, on voit apparaître une quatrième période, nettement marquée, — style Renaissance — correspondant à l'achèvement de l'édifice. C'est bien la succession d'efforts, que révèlent les vieux textes.

Le plan général de l'édifice a été conçu très probablement par Raymond du Temple, en tous cas par un des maîtres des œuvres de Charles V. Il n'y a aucune incertitude à cet égard : il suffit, dit le colonel Passement, de regarder « comment les traceurs et les sculpteurs se sont joués dans les parties basses avec les difficultés, lorsqu'il s'agissait de résoudre un problème de pénétration des surfaces. Ils ne les ont jamais esquivées par des raccords plus ou moins adroits. C'est un des caractères typiques des maîtres du xivᵉ et du xvᵉ siècle » (1). L'abbé de Laval a essayé, en vain, de démontrer que l'édifice n'était qu'une copie de la chapelle primitive de St-Louis, mise sous l'invocation de saint Martin. Le seul argument qu'il invoque, à l'appui de sa thèse, est l'analogie des moulures d'un fût de colonne, découvert par le commandant Pierre (2) sur l'emplacement du manoir du xiiiᵉ siècle. Une hypothèse basée sur un témoignage archéologique aussi faible, aussi incertain, n'est pas admissible.

Que l'architecte de Vincennes se soit inspiré de monuments antérieurs, de modèles existants ! c'est logique. En fait, la Sainte-Chapelle de Vincennes présente des analogies avec la Sainte-Chapelle de Paris. Mais ces analogies sont lointaines. Elles ne prouvent nullement que le premier édifice soit le pastiche du second ; elles montrent seulement que les maîtres des œuvres de la fin du xivᵉ siècle étaient les continuateurs de ceux de la fin du xiiiᵉ, et qu'ils en avaient conservé les traditions. On peut donc comparer les deux types de construction pour faire ressortir leurs dissemblances et non pour montrer leur filiation.

A Vincennes, la Sainte-Chapelle, bien qu'elle dut servir à la Cour et au commun, n'a qu'un étage, car, ne communiquant pas directement avec les appartements royaux, elle n'avait pas besoin d'être divisée dans la hauteur comme son homonyme de la cité. C'était d'ailleurs moins l'oratoire royal que l'église collégiale, la paroisse du château (3), ce qui explique encore l'inutilité d'une réparation Elle est soutenue par des contreforts en saillie, conformément aux traditions de l'Ile de France. Mais les intervalles entre ceux-ci ne sont pas tous entièrement dégagés

---

(1) Le colonel d'artillerie Passement a eu l'amabilité de me communiquer une étude inédite fort intéressante sur la Sainte Chapelle de Vincennes. J'aurai souvent recours aux notes de cet officier supérieur qui est doublé d'un archéologue de très grande valeur, et je lui exprime ici ma vive gratitude d'avoir bien voulu me prêter le concours de sa haute expérience.

(2) Cette base de colonne, découverte vers 1860, datait du XIIIᵉ siècle, dit l'abbé de Laval, et cet auteur ajoute : « Voilà la clé pour entrer dans la connaissance de plusieurs faits historiques demeurés obscurs dans un fouillis de compilations, dont les auteurs n'ont jamais fait aucune étude, ni même aucune remarque, sur l'identité d'architecture du donjon et de la chapelle, et sur la différence de leur style avec celui du temps de leur construction respective. » *Esq. hist.*, p. 15.

(3) L'oratoire de Charles V se trouvait dans l'enceinte du donjon.

Sainte-Chapelle de Vincennes
Planche du « Mois littéraire et pittoresque »

comme à la Sainte-Chapelle de Paris : les baies de la demi-travée de raccord entre l'abside et le sanctuaire sont complètement aveugles ; deux oratoires bouchent la cinquième travée (première du chœur) et laissent voir un grand pan de maçonneries, dont l'effet n'est peut-être pas très heureux ; enfin une grande tribune intérieure a nécessité un mur plein dans la moitié inférieure de la première travée.

« L'abside, dit le colonel Passement, n'est pas plantée de même dans les deux Saintes-Chapelles. A Vincennes, la demi-travée, qui raccorde le rond-point avec les côtés parallèles, est couverte par une demi-voûte sexpartite dont la clef sert de point d'appui aux nerfs convergents de la voûte absidiale. Il en résulte que six des huit nerfs de cette voûte sont opposés deux à deux. Par suite de cette disposition, quatre contreforts seulement de la partie tournante sont obliques par rapport aux grands côtés. Ce système est celui qui a été employé à Notre-Dame de Paris. Dans la chapelle de la Cité, au contraire, on adopta une méthode (employée aussi à la cathédrale d'Amiens), qui consiste à faire converger les six contreforts de l'abside vers un point situé à peu près à l'aplomb du milieu de la travée de raccord ».

Deux tourelles polygonales flanquent la façade comme à la Sainte-Chapelle de Paris. Mais à Vincennes, leur sommet arrive en dessous de celui du pignon. Cette disposition est moins harmonieuse. En revanche, les tourelles de Vincennes ne servent pas uniquement à contenir des escaliers. Elles ont une destination précise : elles concourent à la solidité de l'ensemble du monument, en constituant de puissants contreforts (1).

Deux petits oratoires sont accolés aux flancs de la Sainte-Chapelle de Vincennes, à hauteur de la première travée du chœur. Ces édicules appartiennent, sans aucun doute, au plan primitif et ont servi de modèle à l'an-

---

(1) Leurs pans coupés s'intercalent entre les saillies des contreforts en équerre qui contrebutent les angles de l'édifice. Ceux-ci conservent rigoureusement leurs caractères individuels, sans aucun raccord, comme s'ils traversaient la tourelle pour buter les murs. Celui de devant (voir plan p. 303) dont la fonction est d'éteindre la résultante oblique des poussées qui s'exercent non sur le mur de façade, mais sur le contrefort latéral, n'est pas, comme à la Sainte Chapelle de Paris, dans le prolongement du mur gouttereau ; il le déborde de toute son épaisseur et semble épauler le contrefort latéral. En outre l'axe de la tourelle qui, à Paris, est en arrière du parement du pignon coïncide ici avec l'intersection des plans médians des deux contreforts qui sont ainsi rendus solidaires. — Notes inédites du colonel Passement.

nexe similaire que Louis XI a fait ajouter à la Sainte-Chapelle de Paris. A l'oratoire Sud de Vincennes, est accrochée une tourelle latérale dont la destination n'est pas très précise : elle ne joue aucun rôle dans la stabilité du monument, son escalier fait double emploi avec ceux des tourelles de la façade ; elle n'a jamais porté de clocher et n'est pas un clocher. Peut-être doit-on la considérer comme l'emblème de la collégiale (1), la tour noble indiquant une Sainte-Chapelle royale ? La couronne royale, qui entoure la base de sa pyramide de sommet, semblerait justifier cette hypothèse.

A l'oratoire Sud attient un élégant bâtiment à deux étages, appelé le Trésor parce qu'il contenait autrefois la salle du trésor, ou salle capitulaire, dans la partie haute. Au rez-de-chaussée se trouvait la grande sacristie. La Sainte-Chapelle de Paris possédait une annexe analogue, qui a été détruite.

La Sainte-Chapelle est orientée à peu près exactement comme son prototype. Charles V, n'étant pas gêné par la place, n'a fait que se conformer à la tradition liturgique. On ne peut donc tirer aucune indication de cette similitude entre les deux monuments ; mais on peut s'étonner que les matériaux employés à Vincennes soient de qualité bien inférieure à celle des matériaux employés à la Cité. Etait-ce par raison d'économie, comme cela a été le cas pour beaucoup de monuments de la seconde période gothique, ou bien les pierres utilisées furent-elles les rebuts des chantiers du château ? La question est difficile à trancher, on ne peut que constater un fait.

De même que le plan, le soubassement général présente un caractère d'unité incontestable, et remonte à Charles V. L'abside aurait été faite la première : elle semble avoir été montée d'un jet jusqu'aux archivoltes des fenêtres inclusivement. Au commencement du XVe siècle les sacraires, le Trésor jusqu'au premier étage, la façade jusqu'à l'allège de la grande baie de la rose, étaient terminés. A cette époque les contreforts de la nef furent poussés jusqu'à l'arase des piedroits intérieurs et le devant de la tribune jusqu'à la balustrade, y compris ; les Sacraires, le Trésor, sauf le haut de sa tourelle furent alors achevés ainsi que les remplages des fenêtres

(1) La Sainte-Chapelle était désignée dans la charte de fondation par les mots : *Capella seu ecclesia collégiale*, PONCET DE LA GRAVE, t. I, p. 294.

du chœur et peut-être la voûte du rond-point. Suivant certains archéolo-

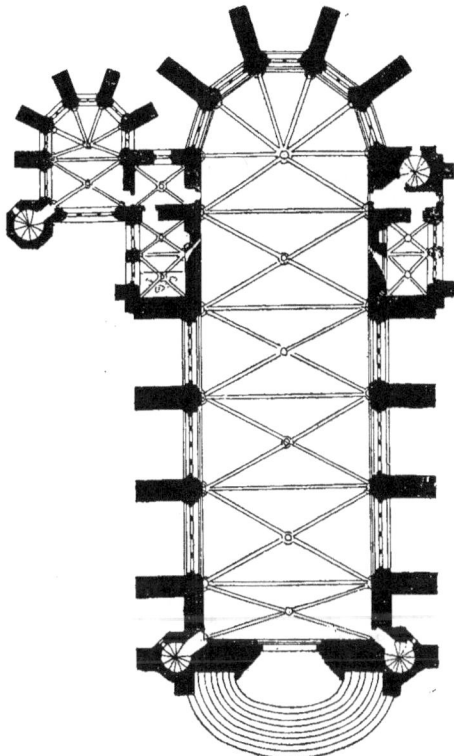

Plan de la Sainte-Chapelle

gues, les remplages des fenêtres de la nef, qui sont d'un beau flamboyant primitif auraient été tracés à la fin de cette seconde période (1). S'il en a été ainsi, il faudrait admettre que leurs pierres moulurées seraient restées sur les chantiers prêtes à être employées, car elles n'ont certainement été mises en place qu'au siècle suivant.

Il semble en effet certain que, pendant près d'un siècle, les travaux furent complètement arrêtés. Nous savons d'ailleurs, qu'en 1461, des ambassadeurs florentins relataient à la suite d'une visite à Vincennes, que l'édifice était en ruines (2). Or ni Louis XI, ni ses deux successeurs immédiats, n'ont pu le continuer. C'est en 1520 seulement que les ouvriers ont reparu : ils ont poursuivi leur tâche jusqu'en 1537 (3), époque à laquelle le gros œuvre fut définitivement achevé.

Les détails architectoniques, les teintes des pierres, la disposition des assises, les trous des boulins, dans les murs gouttereaux, fournissent des indications permettant de préciser les reprises de cette troisième période ; tout l'édifice a été voûté ; le mur à bahut qui porte les combles, le grand pignon à partir du niveau des entraits de la charpente, la partie supérieure des tourelles, les pinacles du pourtour, la pyramide de la tour noble avec sa couronne, ont été faits.

Il y eut une nouvelle interruption des travaux de 1537 à 1551, avant la période d'achèvement, qui dura jusqu'en 1572 environ. Pendant ces

---

(1) Le colonel Passement ne se résignant pas à attribuer ces remplages à François Ier, ni même au dernier quart du XVe siècle, ne croit pas qu'ils aient été exécutés par Jean Annot en 1400. « Ce maître, dit-il, n'employait que les tracés en faveur dans le domaine royal à la fin du XIVe siècle — polygones à côtés curvilignes enveloppant des trèfles et des quatrefeuilles — et son œuvre a été manifestement interrompue avant qu'il ait terminé la grande travée du chœur. » Dans ces conditions le savant critique se demande s'il n'y aurait pas eu intervention des Plantagenets vers 1420, car la rose (arc antérieur de la tribune), et les sculptures de certains chapiteaux ont le caractère de l'art anglais. Aucun document, aucun texte ne signalant des travaux exécutés à Vincennes pendant l'occupation anglaise (1420-1432), il semble difficile de se baser sur une vague analogie de style pour en tirer une conclusion précise.

(2) Questo castello à dentro une chiesa diffita, che le reliquié sono belle, che ancora sono alte insino al tetto. — Ce château fort contient encore une église en ruines dont les restes sont beaux et aussi hauts que la toiture.
Viaggi à Parigi, degli ambasciatori fiorentini nel 1461, par G MILANESI. Archivio storico Italiano 3e série, vol. I, 1864, p. 34. *Bibliothèque nationale*.

(3) PONCET DE LA GRAVE. *Hist. de Vincennes*. T. I, p. 229. L'abbé de LAVAL, signale la date de 1529 gravée sur le chapiteau du pilastre gauche du panneau contenant la porte par laquelle l'escalier de la tourelle débouche sur le chemin de ronde méridional.

Les parties hautes de la Sainte-Chapelle

Cliché de M. Yvon

vingt et une années on acheva les pinacles de l'abside (1) ; on posa le comble ; enfin on aménagea l'intérieur et l'on garnit les fenêtres de verrières.

De ces diverses reprises espacées devaient forcément résulter des différences de style. Mais cette diversité frappe beaucoup moins que l'absence de grandes lignes caractéristiques. La chapelle, dont les détails sont charmants, n'a pas de silhouette se découpant franchement sur le ciel. La grande arête du toit, n'étant plus interrompue par une flèche comme à la Sainte-Chapelle de Paris (2), est monotone. Les tourelles, en ne dépassant pas le pignon, donnent peu de relief à la façade. « L'édifice ressemble un peu à une bâtisse inachevée », dit le colonel Passement, l'un de ses plus grands admirateurs pourtant. Mais ces critiques ressemblent à celles qu'on adresse à la toilette d'une femme : plus celle-ci est jolie, plus on se montre sévère pour celle-là ; et, voulant un ensemble parfait, on relève les moindres fautes d'élégance. Il ne faut voir dans les précédentes appréciations qu'une forme de cette exagération dans le jugement.

En réalité, quand on se rapproche du monument, le charme de l'exécution captive : l'intérêt commence. Ce qu'on remarque d'abord ce sont les grands contreforts, qui constituent en quelque sorte les piliers des voûtes, et donnent à l'édifice l'apparence d'une grande cage vitrée d'une légèreté extrême. Ces contreforts sont divisés dans leur hauteur par quatre cordons entaillés en forme de larmier. Ces cordons, qui ont un profil analogue à ceux du Donjon, ont l'air de se suivre sur tout le pourtour de la chapelle. Ils se retournent même sur les annexes, et partagent toutes les surfaces verticales de l'édifice en zônes horizontales d'un effet décoratif simple, mais heureux. Au-dessus du quatrième cordon, la face antérieure de chaque contrefort présente une niche terminée par un gâble servant d'amortissement au talus du sommet. Ces niches ne paraissent pas avoir jamais contenu de statues.

Le sommet des contreforts est chargé par des pinacles carrés à la base, puis amortis en pointes, grâce à des combinaisons plus ou moins compliquées de frontons et de pyramides. Nous sommes ici en plein gothique-

(1) Les pinacles de l'abside diffèrent de ceux de la nef par leur ornementation, cordons de St-François et coquilles de St-Jacques alternant avec des salamandres sur les faces antérieures.
(2) Il existait primitivement une flèche qui a été détruite au XVIIIe siècle. — Voir gravure, t. I, p. 133.

Renaissance comme l'indiquent les F et les salamandres, qui sont sculptés sur les faces ou les côtés de ces motifs architectoniques.

Il y a lieu de remarquer que les deux pinacles qui surmontent les contreforts symétriques à hauteur de la séparation du chœur et de la nef, conservent jusqu'en haut la forme d'un parallélipipède rectangle : ce sont des souches de cheminées. Sur leurs côtés, l'ornementation tient au style perpendiculaire anglais, tout en étant bien de la Renaissance française (1).

En 1852, tous les anciens pinacles étaient en très mauvais état : ils furent consolidés. Mais, en 1879, malgré cette restauration, ils menaçaient ruine. Ils furent entièrement refaits de 1880 à 1888 par deux artistes, MM. Bariou et Coquereau, sous la direction de M. de Baudot. A titre de témoins archéologiques, deux des clochetons primitifs furent transportés au Musée de Cluny ; les autres, laissés en tas près de la porte de communication, furent cassés peu à peu, et leurs morceaux servirent à empierrer les cours du Vieux Fort. En 1904, quelques fragments avaient cependant échappé à la destruction. Ils furent sauvés par le colonel Passement qui les fit placer sur la pelouse (2) située en avant du Pavillon de la Reine ; ils servent actuellement de motifs décoratifs.

Entre les contreforts s'ouvrent les fenêtres. Du côté de la nef celles-ci sont larges, mais bien remplies par des meneaux n'ayant pas la gracilité de ceux de la Sainte-Chapelle de Paris. Leur remplage flamboyant est d'un joli tracé. Leur archivolte est chargée d'un gâble comprenant deux arbalétriers surmontés de crochets et terminés par un fleuron. Entre ceux-ci, se trouve un remplage aveugle jusqu'à la corniche, laquelle reste apparente, ce qui constitue d'ailleurs une disposition critiquable. A la base des arbalétriers, deux petites gargouilles rejettent vers l'extérieur les eaux de la pluie, qui, sans cette précaution, séjourneraient dans l'angle du gâble et du contrefort.

Les gâbles des fenêtres se soudent à une jolie balustrade (XVe siècle) à fleurs de lys découpées. Celle-ci surmonte la corniche, suit tous les crochets des contreforts, s'accroche aux gâbles des fenêtres et pénètre les pi-

(1) L'analogie est sans doute fortuite, car c'est surtout le grand pignon qui est de style anglais.
(2) Cette pelouse a été créée en 1900, pendant le commandement du général Clément ; elle a remplacé un ancien parc à boulets.

nacles. Ce tracé et cet agencement lui enlèvent toute tendance au renver-

Pinacles de la Sainte-Chapelle
Cliché de M. Yvon

sement en avant qui est toujours à craindre avec les balustrades à tracé droit, en porte à faux sur une corniche saillante et ne s'accrochant à aucun retour.

Chaque contrefort est traversé à la base du pinacle par une conduite d'eau aboutissant à une gargouille, système défectueux risquant de provoquer des infiltrations d'eau dans les maçonneries. La disposition adoptée à la Sainte-Chapelle de Paris est préférable ; là, les eaux sont rejetées par deux gargouilles latérales, qui débouchent directement dans le chêneau. A Vincennes, le chêneau court sur le sommet du mur gouttereau, qui forme passage entre la balustrade et le mur à bahut supportant la toiture. Le bas du toit est donc élevé d'environ 80 centimètres en-dessus de ce passage. Il en résulte un double avantage : au point de vue pratique, les bouts des chevrons sont soustraits à l'humidité ; au point de vue perspectif, la corniche, étant dans le plan du toit, ne paraît pas déborder celui-ci.

Façade.

La façade appartient par son allure générale au style flamboyant. Elle est encadrée de deux tourelles, dont les deux contreforts en équerre sont semblables à ceux du pourtour de l'édifice, car ils en ont tous les caractères individuels : division horizontale par des cordons, niches avec gâble, même pinacle, mais celui-ci demi engagé. « C'est une nouvelle application du principe de l'indépendance des éléments architectoniques qu'on retrouve partout dans la Sainte-Chapelle, et ce principe amène à ce résultat assez singulier que le segment de la galerie compris dans l'angle formé par les contreforts à hauteur de la base des pinacles est inaccessible ».

Au-dessus de la corniche, les tourelles sont composées d'une base octogonale surmontée d'une pyramide. Cette base comprend huit panneaux aveugles, dont deux sont cachés par les contreforts. Tous ces panneaux sont surmontés d'un fronton à contre courbe terminé en pointe fleuronnant, et possèdent sur leurs arêtes des colonnettes portant au-dessus de leur chapiteau un pinacle grêle amorti en pyramide. C'est donc du milieu d'un amas de pointes qu'émerge la flèche trapue, ornée de crochets sur ses arbalétriers, et terminée par un fleuron en forme de fleur de lys à quatre sépales ouverts entourant un gros bouton constitué par quatre

— 311 —

pétales réunis. Il y a là une exagération de détails qui contraste avec la

Porte de la Sainte-Chapelle
Cliché de M. Yvon

simplicité de la base de la tourelle. Cette ornementation est une caractéristique de l'architecture du XV° siècle (1)

(1) La tour St-Jacques offre la même progression de la décoration de bas en haut.

La façade est divisée en trois étages, chacun d'eux en retrait sur le précédent. Dans le bas on retrouve incontestablement la main des artistes qui ont travaillé au château de Charles V, notamment à la porte de Paris et à celle du Donjon. Il y a une telle analogie entre ces divers morceaux qu'on ne peut douter de leur origine commune : ils présentent les mêmes caractères d'architecture du XIVe siècle

Le premier étage comprend la porte. Celle-ci s'ouvre entre deux panneaux dont elle est séparée par de petits contreforts ébrasés ou pilastres, surmontés d'un pinacle élancé se terminant par une pyramide aiguë. Les panneaux sont partagés dans le sens de la hauteur en trois zônes : plinthe, soubassement terminé par une corniche avec larmier, et partie ornementale.

La plinthe est formée par un banc de pierre qui commence au contrefort de la tourelle, et se termine en se retournant dans l'ébrasement de la porte. Actuellement, l'extrémité de ce banc est surélevée du côté de la tourelle, son siège se trouvant à 1 m. 50 au-dessus du sol. Cela tient à ce que la forme du perron (1) est moderne. Il existait primitivement une terrasse tenant toute la largeur du bâtiment (2) et avançant de 5 à 6 mètres. On y accédait par un escalier droit, qui faisait sur la façade une saillie dont l'absence se fait vivement sentir dans la perspective du monument, et qui motivait d'ailleurs la présence du banc. Il est donc regrettable logiquement et esthétiquement que, sans doute par raison d'économie, on n'ait pas rétabli l'ancien état de choses.

Au-dessus du soubassement des panneaux, commence l'ornementation. Celle-ci est constituée par une arcature se retournant à angle droit contre les parois de la tourelle, et formant quatre arceaux, dont le dernier est coupé net en son milieu par le parement latéral du grand contrefort antérieur de la tourelle. Ces arceaux encadrent des niches, vides de leurs statues, mais encore garnies de piédestaux. Chacun d'eux est surmonté d'un gâble aveugle, très allongé, orné de remplages d'un dessin froid dans l'intérieur et de crochets sur ses arbalétriers. Ce gâble est terminé par un fleuron à hauteur de l'appui de l'élégante balustrade ogivale, qui commence au deuxième étage.

(1) Le perron actuel, composé de neuf marches arrondies, a été refait vers 1855.
(2) Voir t. I, plan de Le Vau, t. I, p. 32.

La grande porte a perdu tout son caractère par la disparition de son tympan à bas-reliefs et de son trumeau. Cette modification malheureuse date de 1786. Poncet de la Grave prétend qu'elle eut pour but de rendre l'ouverture plus commode (1). En réalité la question de facilité d'accès ne fut pas déterminante ; ce fut la raison d'économie qui intervint. Les pierres dégradées menaçaient de tomber ; elles furent enlevées, la baie fut dégagée. Dans ce remaniement peu coûteux, une jolie huisserie aux chiffres de Henri II fut remplacée par une simple menuiserie à moulu-

Détails des sculptures de l'archivolte de la porte de la Sainte-Chapelle (2) et (3)
(4) Vierge, des Vitraux. — (5) Saint François, des Vitraux
Relevés par Millin au XVIIIe siècle

res (2), dont le dessin avait été approuvé par le Sr Collet, contrôleur doyen des bâtiments de Louis XVI. Puis, celle-ci fut à son tour remplacée sous la Restauration par les panneaux actuels, dont l'effet est peu en rapport avec le style général du portail. On ne put heureusement modifier l'archivolte encadrant la baie. Cette archivolte prend appui sur les deux pilastres dont j'ai parlé plus haut et a son raccord, avec le mur de façade, masqué par des figures sculptées avec soin. En arrière, dans l'ébrasement de la porte se trouvent quatre rangs de moulures à chacune desquelles correspond une

(1) Poncet de la Grave, *Hist. de Vinc.* T. II, p. 269.
(2) Les anciennes boiseries portaient sur leurs panneaux supérieurs des armes de France et sur ceux du bas la lettre H, initiale du nom de Henri II, qui avait fini la Chapelle. *Ibid.* t. II, p. 262.

colonnette avec chapiteau. L'ensemble manque de relief. De chaque côté une niche, vide de statue, se termine, en haut, par un dais ; en bas, par un piédestal, dais et piédestal couverts de minuscules arcatures avec trèfles et quatrefeuilles d'un joli travail. Au-dessus de ces grandes niches s'en étagent de plus petites, contenant chacune un personnage sculpté. Ces sujets semblent converger vers le sommet de l'arc ogive, sur lequel est représentée la Sainte Trinité : le Père Eternel, coiffé d'une tiare, posant la main droite sur le globe du monde et étreignant, de l'autre, son fils qui tient la croix ; le Saint Esprit, figuré par une colombe posée sur la barbe de Dieu le père. C'est le symbolisme adopté au XVIe siècle, ce qui semble indiquer que ces sculptures ont été faites à l'époque de François Ier. Dans les niches supérieures, on voit des anges qui offrent la particularité d'avoir le corps tout emplumé, à la façon des oiseaux ; les deux du bas sont occupées par des figures de vieillards qu'on dit être des portraits. En dessous de l'archivolte, de même qu'en avant et en arrière des niches, courent des guirlandes de feuilles diverses : feuilles de vigne, de choux frisés, de chicorée, au milieu desquelles rampent des vers, des crapauds, des chenilles, des escargots, le tout traité avec une minutie remarquable.

Un gâble surmonte l'archivolte de la porte, dépasse la balustrade du deuxième étage qu'il pénètre à demi, tout en ayant l'air d'en être absolument dégagé. Ses rédents ajourés, ses arbalétriers à crochets aigus, à pointe fleuronnée et à remplage demi aveugle, ne manquent ni de style, ni d'élégance. Pourtant l'ensemble est assez mièvre et ne fait pas suffisamment opposition avec l'ornementation très riche, et peut-être trop compliquée, de la partie supérieure.

Le deuxième étage comprend un petit passage situé en avant de la grande baie de la rose, la grande baie avec son archivolte et le grand gâble.

On accède au petit passage par une porte située dans la tourelle Nord. Sa balustrade, très simple, est analogue à celle du Trésor.

La grande baie est partagée en cinq compartiments par quatre cloisons, les deux extrêmes, sortes de contreforts de la rose, agencées avec pinacles et pyramides comme les pilastres de l'étage inférieur ; les deux du milieu supportant la rose.

Dans chacune des formes latérales, existe une lancette terminée par une ogive très aiguë, tracée à la mode normande, avec le rayon de l'archivolte. Une moitié de cette lancette est à jour, l'autre aveugle, parce que la baie n'a, en réalité, pas la largeur comprise entre les deux tourelles, et que les contreforts intérieurs restent apparents. Une telle disposition semble indiquer qu'il y a eu un remaniement du plan primitif mal dissimulé sous une livrée archaïque. L'examen attentif de la rose justifie cette hypothèse : il montre que ce curieux morceau d'architecture ne peut être attribué aux premiers maîtres des œuvres, et que sa mise en place au XVIe siècle, lors de la troisième période de travaux, a été la cause de modifications profondes à la façade.

La rose de Vincennes, avec son tracé compliqué (1) est de l'époque de décadence du style flamboyant. Elle a certainement été construite lors de la reprise des travaux sous François Ier. Sa stabilité n'a pu être obtenue que par des assemblages parfaits, une taille irréprochable, des joints en plomb, consolidés par des goujons en fer.

Toutes ces dispositions ingénieuses n'ont pu empêcher de nombreux mouvements de se produire à diverses époques.

L'archivolte de la baie, dont le grand arc est tracé en quinte point, est surmontée par un grand gâble. Celui-ci a son remplage principal constitué par trois roses, à dessins géométriques, inscrites dans les arbalétriers ; ses membrures sont profilées de manière que le boudin seul soit éclairé. Il en résulte qu'on ne voit pas que les rédents sont ornés de feuilles et de fruits sculptés avec une finesse remarquable, détails disparaissant dans l'ombre. Les arbalétriers sont ornés de crochets d'une jolie silhouette, terminés au sommet par un fleuron.

Le grand gâble, après avoir pénétré la corniche, et coupé la balustrade fleurdelisée qui ourle la base du troisième étage, cache en partie le pignon sur lequel elle avance d'environ un mètre. Ce pignon très aigu, a une belle allure, quoique très simple. Il tire tout son effet de la division de son mur

---

(1) La rose a été tracée de la façon suivante : Un hexagone régulier ayant été inscrit dans la circonférence, les sommets de cet hexagone ont été reliés au centre. On a obtenu ainsi 6 triangles équilatéraux. Avec un rayon égal à la hauteur d'un de ces triangles on a décrit en prenant successivement comme centre chaque sommet de l'hexagone, six fragments de cercle qui ont été reliés par des petites courbes dessinant des mouchettes dans lesquelles des rédents ont inscrit des soufflets.

par des moulures verticales, espacées régulièrement, entre lesquelles des arcatures cintrées forment deux chevrons horizontaux. Il est limité par deux rampants décorés de grands crochets représentant des feuilles grasses, retournées en volutes comme des fleurs de lys. Le fleuron qui le couronne rappelle les fleurons du xv° siècle des pyramides des tourelles, mais a été refait à la fin du xix° siècle.

INTÉRIEUR.

Lorsqu'on pénètre dans la Sainte-Chapelle par l'inévitable tambour en bois qui a la prétention, dans toute église, de supprimer les courants d'air, l'impression de légèreté de l'édifice s'accuse davantage.

Les piliers paraissent même trop grêles entre les grandes verrières, qui laissent la lumière pénétrer à flots dans le sanctuaire. La tonalité de la pierre ne tranche pas assez. Des peintures, analogues à celles de la Sainte-Chapelle de la Cité, auraient atténué cet effet. Celles-ci ont dû être prévues par les architectes de l'époque gothique, mais ne furent jamais exécutées. On ne peut, en effet, ranger sous cette dénomination les quelques essais de décorations entreprises au xvi° siècle autour des clés de voûte, et sur ces clés, par Carmoy, artiste appartenant à l'Ecole de Fontainebleau, et consistant en cors de chasse, chiens, croissants et cornes d'abondance, le tout agrémenté de chiffres de Henri II et de Catherine de Médicis, mêlés à des emblèmes de Diane de Poitiers (1).

D'ailleurs, abstraction faite de la peinture, le vaisseau de la Sainte-Chapelle de Vincennes paraît plus nu et plus vide que celui de la Sainte-Chapelle de Paris ; plus nu, parce qu'il ne possède pas dans les parties basses, de lignes rompant la monotonie du soubassement ; plus vide, parce que sa largeur est peut-être trop grande par rapport à sa hauteur.

Tout autour de la chapelle, qui n'a aucune division, — le chœur ne se distingue de la nef que par une surélévation d'une marche —, règne un mur droit, très épais, sans aucune ornementation. Dans le chœur, ce mur est caché par des boiseries modernes dont nous avons parlé. Dans la nef, il est d'un blanc froid, cru. Il est probable qu'il devait être autrefois tendu de tapisseries, ou destiné à être revêtu de lambris. Actuellement sa

---

(1) MILLIN. *Antiquités nationales*, t. II, Art. Vincennes.

Intérieur de la Sainte Chapelle de Vincennes
Planche du « Mois Littéraire et Pittoresque »

décoration ne commence qu'à hauteur du bas des fenêtres : elle consiste en un bandeau à feuillages du XIVe siècle, sur lequel font saillie de beaux culs-de-lampe à personnages multiples : caricatures de membres du clergé, ou portraits de seigneurs et de princes sous la figure de diables, d'apôtres, de prophètes, d'archanges, constituant une iconographie difficile à déchiffrer, dans laquelle cependant l'abbé de Laval a cru reconnaître la religion triomphant de l'erreur. Ces sculptures sont très fines et très intéressantes ; mais comme elles sont dans un même plan horizontal, elles n'accrochent pas suffisamment le regard dans un examen d'ensemble.

Pierre de Montereau avait évité cette sécheresse de lignes dans la Sainte-Chapelle de la Cité en se conformant simplement à l'usage de faire descendre les colonnes jusqu'au ras du sol, et de prolonger la décoration architectonique sur les murs.

Le maître des œuvres de saint Louis avait en outre adopté des proportions plus harmonieuses pour son édifice, 20 m. 50 de hauteur sous clé pour 10 m. 70 de largeur, et 33 m. dans œuvre (1). A Vincennes, la Sainte-Chapelle a 20 m. sous clé pour 12 m. environ de largeur et 40 m. en profondeur. La Sainte-Chapelle de Paris, partie haute, paraît donc et est en réalité beaucoup plus élancée que celle de Vincennes. Mais la surface couverte de cette dernière est de 2/5 plus grande que celle de la première.

Les grandes voûtes faites sous François Ier ont toutes les caractéristiques des voûtes du XVe siècle. Il ne pouvait en être autrement, car à l'époque de leur achèvement le constructeur, trouvant en place les éléments architectoniques correspondant à chacun des arcs, fut obligé de plier sa construction à leur demande. Les naissances des doubleaux et des diagonaux sont à la même hauteur, dans le plan des côtés supérieurs des carrés inscrits entre les murs et le sol de la chapelle ; les doubleaux sont inscrits dans le triange équilatéral ayant pour base le côté supérieur du carré, ce qui fait paraître leurs ogives très aiguës. Le faisceau de colonnes (2) supportant chaque élément des voûtes s'arrête au niveau du seuil

---

(1) Dimensions trouvées par Guilhermy. — de GUILHERMY, *Itinéraire de Paris*, p. 310.

(2) Les colonnes sont des cylindres portant la cote à méplat ce qui est une caractéristique du style du XIVe siècle, et du commencement du XVe. L'architecte qui a terminé les voûtes du XIVe siècle a été obligé de conserver pour les nervures le profil à 3 boudins côtelés du commencement du XVe siècle, en admettant qu'il n'ait pas trouvé sur le chantier une grande quantité de claveaux déjà exécutés. — Col. Passement.

des fenêtres, et se termine par un soubassement reposant sur leur glacis ; ce soubassement a une mouluration dont le profil du XIV⁰ siècle est identique à celui de toutes les bases des colonnes des fenêtres du Donjon ou des portes d'entrée du château. Toutefois, la colonne des doubleaux ne des-

Cul de Lampe de la Sainte-Chapelle

Cliché de M. R. Arnaud-Jeanti

cend pas jusqu'à ce niveau : elle est entaillée à deux mètres environ au-dessus, et forme ainsi une niche qui devait posséder primitivement un dais analogue à ceux des niches du portail, comme l'indiquent des restes de sculpture (1). Viollet-le-Duc prétend que ces niches contenaient des statues

---

(1) L'abbé DE LAVAL prétend que ces niches ont été creusées pendant le séjour de Louis XV au château. — Abbé DE LAVAL, *Esq. hist.*, p. 75. — Il n'y a qu'à regarder les amorces des dais pour voir que cette opinion est erronée.

des Évangélistes (1). L'abbé de Laval aurait vu des débris de ces statues (2). Une gravure assez grossière de Millin montre en effet qu'à la fin du XVIII° siècle le piédestal, actuellement supporté par un cul-de-lampe, était surmonté de figures, mais il est impossible de savoir ce que celles-ci représen-

Cul de Lampe de la Sainte-Chapelle

Cliché de M. R. Arnaud-Jeanti

taient et nous n'en avons retrouvé aucun vestige matériel.

Comme le remplissage des voûtes ne commence, naturellement, qu'à partir du niveau où la courbure des panneaux des arcs s'accentue, ceux-ci paraissent d'une légèreté extrême, surtout dans l'abside.

(1) VIOLLET-LE-DUC. *Dict. d'arch. Ste-Chapelle*, t. II, p. 437.
(2) Il y avait les douze apôtres et les quatre évangélistes. — Abbé DE LAVAL. *Esq. hist. de Vincennes* p. 73.

On a écrit qu'ils avaient une épaisseur « de 9 centimètres seulement, encore moins qu'à la Sainte-Chapelle de Paris ». C'est une erreur. Ils ne descendent jamais au-dessous de 33 centimètres, soit un pied. On a dit aussi que « la hauteur de l'arc doubleau se déduisant ordinairement de celle du cintre tendu sur la diagonale du triangle à voûter, Vincennes faisait exception à la règle, parce qu'ici, l'arc doubleau avait servi de base pour déterminer les autres éléments de la voûte ». Il en résultait que « les arcs diagonaux qui sont en principe des cintres et dont le rayon est dans le cas présent beaucoup plus court que la flèche de l'arc doubleau, ne pouvaient être des cintres parfaits que si leurs naissances étaient à un niveau plus élevé que celles des arcs doubleaux ». En réalité, il n'y a jamais eu de règle ; ou, s'il y en avait, elle a été si souvent violée qu'on ne peut en déduire une théorie (1).

Les croisées d'ogives ont des clés de voûtes très simples, constituées par un plateau saillant, portant des ornements peints à la détrempe qui se présentent dans l'ordre suivant, de la nef vers le chœur :

1° Croissant de Diane de Poitiers ;

2° Chiffre de Henri II et de Catherine de Médicis ;

3° Chiffre de Henri II avec croissants de Diane de Poitiers ;

4° Ecusson de France avec trois fleurs de lys d'or, surmonté de la couronne royale ;

5° et 6° Croissants de Diane de Poitiers.

Ces peintures, d'ailleurs médiocres, sont, avec leur encadrement qui se poursuit sur les voûtes et les grandes verrières, les seuls morceaux de la Renaissance qui existent dans la chapelle, puisque les anciennes stalles, le trône de Henri II, le jubé qui séparait en deux la chapelle, ont disparu (2).

L'art moderne est représenté par un maître-autel en marbre blanc d'un effet décoratif médiocre, une balustrade également en marbre blanc

---

(1) Je ne fais que reproduire ici l'avis de M. Laffillée, l'éminent architecte en chef des monuments historiques, que je tiens d'ailleurs à remercier des indications précieuses qu'il m'a si aimablement données pour cette étude.

(2) L'ancien dallage n'existe plus. On peut toutefois en signaler quelques fragments intéressants dans le sanctuaire : par exemple des fleurs de lys jaune et orange incrustées dans des quatre-feuilles blanches se détachant sur un fond noir ; ces carreaux sont bien dans le goût du XVIe siècle. Ils m'ont été signalés par le colonel Passement.

sans prétention, des boiseries de l'époque Louis-Philippe ; une chaire et quelques tableaux.

Une tradition attribue au ciseau de la princesse Louise d'Orléans, la Vierge en prière placée au-dessus du tabernacle du maître-autel. Nous la rappelons pour mémoire sans avoir pu en découvrir l'origine.

Comme tableaux, il faut mentionner :

1° Un chemin de croix en tapisserie, œuvre de neuf années de patience et de labeur d'un ancien garde national, M. Gotherau ; il a été donné à la Sainte-Chapelle en 1899 par son auteur ;

2° Un grand tableau de M. Beauquesne, ayant comme sujet la translation de l'Ordre de Saint-Michel en la Sainte-Chapelle de Vincennes. Cette toile, donnée à l'Etat par l'artiste, est placée contre le mur du sacraire Nord — première travée du chœur. — Elle offre la particularité de représenter, sous des costumes Henri II, un certain nombre d'officiers de la garnison de Vincennes en 1888, d'amis de l'abbé de Laval, ou de bienfaiteurs des œuvres militaires de cet aumônier (1).

Avant de quitter l'intérieur de la Sainte-Chapelle, il nous reste à parler de la tribune. L'abbé de Laval raconte que l'acoustique de la Sainte-Chapelle étant très défectueuse Louis XIV avait fait construire une sous-tribune pour les musiciens. Nous n'avons pas trouvé trace de cette construction. Nous avons assisté à deux messes de mariage dans lesquelles des chœurs ont été entendus. Nous avons constaté (2) que l'église était parfaite comme sonorité. L'abbé de Laval a dû confondre avec une tribune que le maréchal

(1) Les principaux personnages représentés sont : le cardinal de Lorraine sous les traits de Mgr Richard ; un lieutenant d'armes, le comte de Bastin depuis général de corps d'armée ; un autre hérault d'armes, M. l'intendant Courtot, directeur de l'Ecole d'administration, un chevalier à grande barbe blanche, l'abbé de Laval, derrière lui au 2e plan, un autre chevalier, le général Decharme, au 3e plan les portraits du capitaine Elinger et du capitaine Chatoney (actuellement lieutenant-colonel). Puis, relevant son manteau, le général Nimes, auprès de lui, la main gauche appuyée contre un meuble, le colonel Peigné (depuis général Peigné).

Abbé DE LAVAL, *Esq. hist.* p. 131.

(2) J'ai pu notamment faire cette remarque au mariage de Mademoiselle Lambert, fille du lieutenant-colonel Lambert du 12e d'artillerie avec le lieutenant Hucher, le 12 mai 1896, cérémonie dans laquelle la maîtrise de Saint-Louis d'Antin s'est fait entendre, et au mariage, le 24 octobre 1900, de Mademoiselle Clément, fille de M. le général Clément, avec M. Herscher, pendant la célébration duquel les chanteurs de St-Gervais ont exécuté, avec quelques-uns de leurs plus beaux morceaux, des fragments très remarquables d'un oratorio composé par la mariée.

de Bellefont avait été autorisé à construire dans la 2ᵉ travée, contre la tribune principale, pour communiquer directement de ses appartements avec la chapelle. On voit encore, sur le deuxième contrefort Nord, les traces de l'escalier qui y conduisait. Les traces de marches qu'on distingue sur le mur du fond de la chapelle, au-dessous de la grande tribune, sont celles de l'escalier qui, sous le premier Empire, conduisait au deuxième étage de la salle d'armes.

« La grande tribune, conception très hardie, est portée sur une voûte en croisée d'ogives surbaissée, dont l'arc antérieur, quoique obtus, est très élancé pour la place qu'il occupe (1). » Tous les détails de son ornementation — roses et soufflets des écoinçons en style rayonnant, arcature sur le mur du fond, balustrade — sont de l'époque Charles VI (2). On accède actuellement à la tribune par deux escaliers, contenus, l'un dans la tourelle de droite, l'autre dans la tourelle de gauche de la façade. Ces escaliers ont leur porte dans l'intérieur de l'église : ils conduisent au comble.

Celui-ci offre un bel exemple du système dit à *fermettes* ou à *chevrons portant fermes*, qui prit naissance peu après l'apparition des voûtes en arc d'ogive, c'est-à-dire dans le dernier quart du XIIᵉ siècle et constitua un immense progrès sur les combles à *entraits* des constructions romanes, ou à écharpes emboîtant les voûtes des constructions de transition. Les arbres qui servirent à sa construction, furent fournis par le bois de Vincennes qui contenait des essences actuellement disparues. Aux termes d'un marché passé en 1520, Le Gendre s'était engagé à livrer une charpente « de vingt-et-une toises de long, six toises un pied de large, le tout dans œuvre avec un clocher de douze pieds de large à la base » (3). Il ne devait employer que du noyer, ou, du moins, on ne trouve que cette essence mentionnée dans son contrat. Mais cette clause dut être modifiée, ou le marché

---

(1) Notes du colonel Passement.
(2) Le premier carrelage de la tribune, contemporain de l'achèvement de la Sainte-Chapelle, était composé de petits carreaux en terre cuite que supportaient une charpente en châtaignier disposée à cet effet sur les basses voûtes de la tribune. En 1878, M. de Baudot, architecte du gouvernement, fit remplacer ce pavage par un dallage soutenu par des poutres en fer. (*Esquisse historique du château de Vincennes*, par l'abbé de Laval, p. 72).
(3) Marché de Le Gendre. PONCET DE LA GRAVE, *Hist. de Vincennes*, t. I, preuve 10, pp. 329 et 320.

non conclu car le travail ne fut exécuté qu'en 1551 par les charpentiers Guillaume et Peuple (1), qui employèrent du chêne. C'est leur charpente que nous connaissons ; elle est très bien conservée. Elle forme un comble large à sa chute d'environ 13.20, haut d'environ 15 mètres et ayant une pente d'environ 60°. Ce comble est divisé, dans sa hauteur, par un entrait, et trois rangs de faux entraits. Il a donc, en réalité, quatre étages.

Au-dessus de la deuxième travée de la nef, on voit les quatre étais qui soulageaient les tirants sur lesquels reposaient les arêtiers d'une petite flèche (2). Celle-ci n'avait que deux mètres à la base. Elle était terminée autrefois, par une croix surmontée d'un coq. Endommagée par la foudre au commencement du règne de Louis XVI, elle ne fut pas réparée. Elle menaçait ruine et quand Napoléon Ier ordonna de transformer la chapelle en salle d'armes, elle fut démolie. Aucun document n'indique qu'elle ait été primitivement destinée à contenir des cloches, mais le 11 juillet 1745, elle en reçut six qui furent baptisées par l'abbé Arrault, trésorier du Chapitre, sous le nom de Louise, en l'honneur de Louis XV. Elles eurent comme parrain et marraine le marquis du Châtelet, ancien gouverneur du château, et la marquise de Bellefont qui en avaient été les donateurs. Retirées du clocher lorsque la foudre l'eût ébranlé, elles furent suspendues dans la charpente (3), où elles restèrent jusqu'à la Révolution. L'une d'elles, retrouvée fêlée, dans un coin des caves magasins, près du Donjon, a été placée dans la salle d'armes en 1884.

Après cette digression, si nous reprenons l'examen de la charpente, nous constaterons qu'elle devait posséder autrefois un dispositif permettant de circuler sur les entraits.

Peut-être même, y avait-il un grenier ?

Actuellement, la visite des charpentes et des voûtes est très difficile, car il n'y a plus aucun plancher ni même aucune passerelle. Cette suppression est relativement moderne, car on remarque que les voûtes sont percées de trous garnis de gaines, ce qui indique qu'il y avait, autrefois, des lustres dans la chapelle. Or, la manœuvre de ceux-ci impliquait

---

(1) PONCET DE LA GRAVE, *Hist. de Vinc.*, t. I, p. 236.
(2) La Sainte-Chapelle de Paris n'a eu de flèche que sous Charles VII. VIOLLET-LE-DUC, *Dict. d'Arch.* Sainte-Chapelle.
(3) L'abbé de Laval prétend avoir vu leur cage. *Esq. hist.*, p. 178. Nous ne l'avons pas retrouvée, et elle n'existe plus.

l'existence de passages : on ne pouvait comme maintenant, ou circuler sur la charpente elle-même, au risque de faire des chutes dangereuses, ou passer sur les voûtes, au risque de les dégrader (1).

Le comble est relativement bien éclairé par deux petites fenêtres percées l'une au-dessous de l'autre, dans le pignon de la façade. Il est aéré par des chatières (2) dans le toit. Ce dernier est couvert en ardoises. Il semble n'avoir jamais possédé de crête en plomb ouvragé (3).

Annexes. Oratoires.

De chaque côté du sanctuaire s'ouvre une porte basse dont les moulures de l'archivolte et le petit tympan orné d'écussons modernes, probablement refaits sous Louis-Philippe, ont été peints en couleur bois, pour donner l'illusion de la continuation des boiseries ou des stalles. En prenant la porte Sud, au-dessus de laquelle se trouve l'écusson écartelé de France et de Poitou, supporté par deux anges et surmonté d'une couronne de feuilles de chêne, tenue par un troisième ange aux ailes déployées, on arrive dans un passage joliment voûté — culs de lampe avec figures d'anges, clés de voûte avec écusson royal supporté par un ange — qui conduit : à gauche, à l'escalier de la tourelle latérale et à une sortie extérieure ; à droite, à un oratoire constituant, entre deux contreforts, un petit bâtiment de deux travées carrées avec voûtes sur croisée d'ogives.

Oratoire Sud.

Le style de cette pièce montre qu'elle a été entièrement construite au xive siècle, et qu'elle est contemporaine du soubassement général et de la base du portail. Cependant ses deux fenêtres ont peut-être été descendues après coup. On ne trouve aucune trace d'autel, mais il en existait certainement un, comme le prouve une piscine creusée dans le mur mitoyen du sanctuaire.

On remarque dans ce même lieu une ouverture dont l'axe est dirigé vers le maître-autel de la Sainte-Chapelle. Cette sorte de fenêtre servait à ceux qui voulaient entendre la messe sans être vus du public de la nef.

(1) Les voûtes sont enchapées, c'est-à-dire recouvertes d'un enduit destiné à les protéger contre la pluie, en attendant que la couverture soit finie.
(2) Trois de chaque côté.
(3) Cette couverture a été en partie refaite en 1901 par les soins du commandant Sandier, chef de bataillon, directeur du génie de Vincennes.

L'abbé de Laval prétend que l'oratoire était autrefois, partagé en deux

Porte de la Grande Sacristie
Cliché de M. Yvon

pour servir de tribune [1]. Celle-ci aurait eu des vues sur le chœur par une

---

[1] L'abbé de Laval attribue la construction de cette tribune à Henri II et prétend qu'il y en avait une semblable dans l'annexe septentrionale. Louis XIV aurait

fenêtre ogivale dont le sommet apparaît actuellement au-dessus des boiseries du chœur. Ce dispositif, qui n'avait pas été prévu dans le plan primitif, a-t-il jamais été construit ? Rien ne le prouve, bien que M. Beauquesne ait adopté cette opinion dans son tableau de la translation de l'Ordre de Saint-Michel, à Vincennes.

La pièce semble avoir toujours été utilisée comme chapelle. Le cercueil du cardinal Mazarin y a été déposé de 1662 à 1684, ce qui justifierait notre hypothèse.

Oratoire Nord.

L'oratoire Nord qui contient le tombeau du duc d'Enghien est identique à l'oratoire Sud. Même fente qui permettait autrefois d'apercevoir le maître-autel ; même niche sculptée destinée à recevoir les burettes servant à la célébration de la messe ; même disposition des voûtes et mêmes culs-de-lampe terminant les arêtes de ces dernières. Toutefois, ici, les motifs sculptés ont été complètement restaurés. On accède à l'oratoire Nord non par un couloir, mais par un joli vestibule voûté sur croisée d'ogives. La clé de voûte est constituée par un plateau rond peu saillant portant l'écusson de France supporté par un ange. Les culs-de-lampe à la naissance des quatre arcs sont identiques à ceux du donjon ; ils sont ornés des figures des quatre évangélistes.

La porte conduisant à la grande sacristie est particulièrement intéressante. Le raccord de son archivolte moulurée avec le mur est caché par deux figures d'anges ; sur son tympan est sculpté l'écusson de France aux trois fleurs de lys. Cet écusson est supporté à droite par une sainte Clotilde portant une couronne ornée de trèfles. La sainte est assise, la main droite sur sa poitrine, et l'autre élevée vers une banderole que deux anges tiennent déployée. Le support de gauche est un saint Charlemagne couronné également de trèfles. Il est assis et porte son globe dans une main l'autre main étant levée vers la banderole tenue par les anges. Il n'y a

réservé l'usage de celle du côté de l'épître au maréchal de Bellefont. — Abbé de Laval, *Esq. hist.*, p. 174. — L'auteur fait certainement une erreur. Louis XIV avait autorisé le maréchal à construire une tribune dans la 2e travée de la nef. (Voir gravure p. 283), et c'est de cette tribune que le jeune roi Louis XV entendit le sermon du R. P. Péronot, en 1715.

aucune trace d'inscription sur le phylactère. Toute cette ornementation est de la fin du xive siècle.

GRANDE SACRISTIE. — TRÉSOR.

La grande sacristie est contenue dans le bâtiment dit du Trésor. Ce bâtiment est à deux étages ; le premier contemporain des premiers travaux, le second achevé vers 1400.

Située au rez-de-chaussée la grande sacristie constitue une petite chapelle avec rond-point. Les murs de son soubassement sont nus et devaient être recouverts d'une boiserie ou de tapisseries. Les arcs des voûtes retombent sur des consoles ornées de jolies figures de vieillards et de moines.

Les chapiteaux de tous leurs éléments ont leur naissance au même niveau, ce qui a nécessité l'allongement des branches d'ogive de l'abside. L'analogie de construction avec le donjon est caractéristique. Actuellement le mobilier comprend trois tableaux : Agar dans le désert, composition médiocre ; la Fuite en Egypte, école française du xviiie siècle, également très médiocre ; un sujet religieux à mentionner seulement pour mémoire ; puis une armoire, et un autel portatif, fait avec les marbres provenant du premier monument du duc d'Enghien, détruit en 1852.

On accède au deuxième étage, qui contient une salle dite salle capitulaire, du Chapitre, ou du Trésor, par un escalier à vis, situé dans la tourelle accolée à l'angle N.-O. de l'annexe. Cette pièce, de proportions élancées, très claire, est encore voûtée suivant le même dispositif que la Sainte-Chapelle, mais, contrairement aux règles suivies dans le grand vaisseau : d'abord les supports descendent jusqu'au sol en traversant l'entablement d'une corniche intérieure qui règne au-dessus du soubassement, ce qui donne aux murs un aspect moins nu ; puis les chapiteaux, d'un même faisceau de colonnes, ne sont pas au même niveau. Cette solution, très rationnelle en soi, ne satisfait pas autant l'œil que celle, moins logique mais plus esthétique, adoptée pour le grand vaisseau.

Aux deux étages, les voûtes sont décorées de motifs peints, banderoles, carquois, flèches, croissants, emblèmes de Diane de Poitiers, se mêlant aux chiffres de Henri II, étrange amalgame en pareil lieu. Les clés de voûte sont également peintes. Ces ornements, attribués, comme dans la Sainte-

Chapelle, à Carmoy et faits vers 1552, ont conservé toute leur fraîcheur à l'étage supérieur, mais sont fortement dégradés au rez-de-chaussée.

La salle du premier étage a servi longtemps de bibliothèque à l'abbé de Laval. Depuis la mort de l'aumônier (1892), les objets qui n'ont pas été enlevés par les héritiers, livres sans valeur, vieux journaux, débris de toute sorte, jonchent le sol. Il serait à souhaiter que la salle fut nettoyée, débarrassée et que le public, qui ignore généralement son existence, puisse en avoir l'accès.

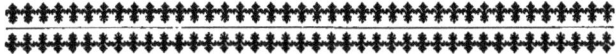

CHAPITRE X

SAINTE - CHAPELLE
(Suite)

LES VITRAUX

§ 1. LEUR HISTOIRE

Il est à peu près certain qu'à la fin du XVIe siècle toutes les fenêtres de la Sainte-Chapelle étaient garnies de vitraux à sujets (1). Actuellement, les baies de la nef et la rose ne sont plus fermées que par des châssis de verres blancs à dispositions géométriques, avec entrelacs de verre bleu. L'abside seule a conservé sa riche ornementation : sept grandes compositions d'un beau flamboiement.

L'ensemble, fort chatoyant, séduit à première vue ; ni la lumière crue, qui emplit le vaisseau, ni la tonalité froide de la pierre ne nuisent à l'harmonie des couleurs et à la pureté du dessin de certains panneaux. Mais un examen de détail provoque un sentiment de trouble. Il y a des morceaux disparates qui choquent, étonnent, et l'on se demande si l'on se trouve en présence d'une œuvre originale. Cela tient d'abord à une restauration trop complète, trop radicale, — nous reviendrons plus loin sur cette restauration qui était malheureusement indispensable, — et ensuite à une recomposition, ou plutôt à une fusion d'anciens vitraux dans un ensemble monostyle nouveau.

(1) Il est incontestable qu'à la fin du XVIIIe siècle, il y avait encore des vitraux peints dans la nef et dans le sanctuaire. Ils avaient été fortement endommagés par la grêle, mais Lenoir et Millin en ont vu les restes en place. « Les plus beaux, dit Lenoir, étaient dans le sanctuaire » et cet auteur cite, parmi « les vitraux de la nef » ceux dans lesquels étaient représentés François Ier et Henri II. — Ambroise, Firmin DIDOT, *Études sur Jean Cousin*. Paris, 1872, p. 86. — Millin avait écrit : « Henri II fit changer les vitraux supérieurs et ceux de *la nef* pour y mêler la devise d'Anne (*sic*) de Poitiers. » MILLIN, *Ant. Nat.*, p. 42.

L'histoire des vitraux de Vincennes est très obscure ; leur attribution même à Jean Cousin, reconnue officiellement pendant tout le XIXᵉ siècle, est fort contestée aujourd'hui. Toutes les preuves matérielles susceptibles de fournir une indication d'origine ont disparu. Les témoignages écrits, qui pourraient suppléer à ce manque d'indications, sont vagues, contradictoires même, et la ressource de la comparaison de ces compositions avec d'autres similaires du même artiste n'est qu'illusoire, car il est des critiques modernes qui ne reconnaissent à Jean Cousin « que la paternité certaine d'un livre d'anatomie, de quatre estampes, et d'un tableau » (1).

En général, les œuvres des maîtres anciens ne portaient pas de signature. Cependant, il n'est pas rare de trouver dans les vitraux du XVIᵉ siècle un nom, une date, dissimulés sur un livre ou placés sur une banderole ; la personnalité de l'auteur se découvre alors facilement. Avant leur dernière restauration (1870) les vitraux de Vincennes avaient la bonne fortune de posséder diverses inscriptions de nature à éclairer le mystère qui plane sur leur origine. L'abbé de Laval avait relevé « la date de 1558 (2) inscrite du pinceau même de Jean Cousin (3), dans le vitrail inférieur de la fenêtre du sanctuaire de la sacristie ». Cette date se trouvait « dans les vêtements de l'un des deux prophètes qui gisent morts au-dessous d'un groupe de juifs ». Le fragment de verre, qui portait cette date, aurait dû être conservé avec d'autant plus de soins, que M. Carot, peintre-verrier, qui travaillait sous la direction d'Oudinot à la restauration des verrières, aurait lu en un autre endroit : « Amen, Amen dico vobis... Jean Cousin ». Cette phrase aurait été peinte sur un livre que tient un saint Jean, dans le premier vitrail du chœur, à gauche. Je n'ai nullement l'intention de mettre en doute le témoignage de M. Carot, encore moins celui d'Oudinot. On doit s'étonner, cependant, qu'une inscription aussi impor-

(1) Louis Dimier. *Les impostures de Lenoir*. Paris, chez Sacquet, p. 37.
(2) Note manuscrite de l'abbé de Laval possédée par l'auteur.
Dans cette note, dont copie avait été adressée au chef du génie de Vincennes, l'abbé de Laval dit : « J'ai vu cette date dans le vitrail, avant la restauration de la verrière par M. Oudinot. Je l'ai revue dans l'atelier de M. Oudinot, rue Campagne-Première, après la restauration de la verrière. M. Oudinot venant de mourir, n'y aurait-il pas lieu de réclamer le fragment de verre portant cette date pour l'encadrer et le conserver dans la chapelle de Vincennes ? » — Il ne fut pas fait droit à cette juste réclamation. Cette pièce a disparu.
(3) Cette appréciation est de l'abbé de Laval, qui ne dit pas qu'il a vu la signature de Jean Cousin.

tante n'ait été ni remplacée, ni copiée, et déplorer d'autant plus sa perte que, comme le fait très judicieusement remarquer M. Louis Dimier (1), si l'on examine la photographie prise avant la dépose du panneau indiqué, « on voit bien un livre aux trois quarts brisé, mais dans cet étroit espace il est impossible de soupçonner la moindre trace d'écriture ».

On est donc en droit de conclure que si Oudinot a bien eu entre les mains un morceau de verre portant le nom de Jean Cousin, il a reconnu lui-même que ce fragment n'appartenait pas aux vitraux de Vincennes, puisqu'il ne l'y a pas remis. D'ailleurs, l'administration des Beaux-Arts, Viollet-le-Duc et M. de Baudot, en surveillaient la restauration et ils n'eussent certainement pas permis la suppression d'un document aussi précieux, s'il avait eu un caractère d'authenticité incontestable.

Puisqu'il n'y a maintenant ni date ni inscription dans les vitraux de Vincennes, il faut demander à l'histoire un complément d'informations. Or, ce n'est qu'au commencement du XVIII° siècle qu'on trouve pour la première fois Jean Cousin mentionné comme l'auteur des verrières. Saugrain est le premier qui parle (2) de cette attribution. Il est suivi par les d'Argenville (3), dont le témoignage est sujet à caution. Millin (4) adopte cette opinion, à laquelle Lenoir donne une consécration officielle (5).

---

(1) Louis DIMIER. *L'œuvre d'art* n° du 1er décembre 1897, p. 209.

(2) SAUGRAIN. *Les curiosités de Paris et de ses environs.* « Les vitres peintes en apprêt sont de Jean Cousin. On n'en voyait guère de plus belles autrefois ». La première édition de Saugrain est de 1716, mais elle était prête dès 1706. La première approbation est du 10 décembre 1706 et la seconde du 16 janvier 1715.

(3) On lit dans d'Argenville : « Les peintures de vitres sont de Jean Cousin. Il y a représenté des sujets de l'Apocalypse et au-dessous des traits tirés de la vie de N.-S. Plus bas, sont les figures de nos rois, habillés suivant le costume (sic) et à genoux sur des prie-Dieu. Aux deux côtés se voient leurs armoiries et des trophées d'armes ». Le temps qui ravage tout a détruit une partie des vitrages : il n'en reste que sept. *Voyages pittoresques aux environs de Paris.* Paris, 1779. La première édition a paru vers 1718.

(4) MILLIN. *Ant. Nat. Vincennes*, t. II, p. 58. L'auteur ajoute en note : Jean Cousin peintre et sculpteur né à Soucy, près de Sens est le plus ancien des artistes français qui se soit fait une réputation. Il peignait beaucoup sur verre selon l'usage de son siècle. Il est mort en 1589 et a laissé quelques écrits sur la géographie. Son dessin était pur et parfait.

(5) LENOIR (Alexandre), mort en 1825, et célèbre comme fondateur du musée de l'Ecole des Beaux-Arts. A l'époque de la Révolution il recueillit les débris des verrières de Vincennes au musée des Monuments français. — *Etude sur Jean Cousin*. Ambroise-Firmin DIDOT, 1872, p. 86.

Il y avait cependant matière à controverse. « Ni de Piles dans sa *Vie des peintres*, ni Félibien, pourtant si soigneux et l'homme le mieux informé de son temps, écrit M. Louis Dimier (1), n'avaient parlé de cette œuvre de Jean Cousin. Piganiol (2) et l'abbé Lebeuf (3) avaient bien cité ce maître, mais comme un simple verrier travaillant sur des cartons de Raphaël. Levieil estimait que Lucas Penni et Claude Baudouin lui avaient fourni les dessins. Au bas d'une gravure du xvii⁰ siècle d'Israël Silvestre (4) comme dans Sauval (5), on trouve Raphaël (6) seul mentionné, tandis que Félibien indique que « Claude Baudouin a fait quelques vitres à Vincennes ».

Lenoir trancha la question : il posa, en principe, que Jean Cousin seul avait dessiné et peint les verrières, et sur ce point il n'admit pas la discussion. « A ceux qui avançaient que Jean Cousin n'avait travaillé que d'après des cartons, il fit cette dédaigneuse réponse : « C'est une erreur accréditée par des gens qui ne savent pas découvrir dans les ouvrages des grands maîtres ces traits fins qui décèlent leur âme ; » et, satisfait de la force de cette première remarque, ce profond historiographe ajouta : « Je suis heureux de combattre un bruit suscité peut-être du temps même de l'auteur, par la jalousie d'artistes, ses contemporains ; erreur que, depuis lors, l'ignorance ou l'indifférence des artistes a laissé se propager jusqu'à nous » (7). Là se borna toute sa réfutation.

Doit-on admettre une affirmation aussi tranchante comme M. Haag, qui écrit (8) : « C'est à la difficulté de bien juger les œuvres d'art que l'on doit attribuer la diversité des jugements qui ont porté sur la manière de Jean Cousin. Les uns ont cru y reconnaître une imitation du Parmesan, d'autres de Raphaël, d'autres, enfin, de Michel-Ange. Mais cette diversité même d'opinions prouve que sa manière était à lui. Telle est la fortune des

---

(1) M. Louis Dimier. *Œuvre d'art*, n° du 1ᵉʳ décembre 1897, p. 289.
(2) Piganiol. *Curiosités de Paris*, P. 1765, t. IX, p. 508.
(3) Abbé Lebeuf. *Histoire de la V. de Paris*, t. II, p. 413. Cet auteur écrit : C'est dommage qu'on ait enlevé la moitié des vitraux pour y suppléer par du verre blanc.
(4) Voir ch. V, p. 197. (La légende n'a pas été reproduite).
(5) Sauval. *Ant. de Paris*. Liv. VII, p. 305.
(6) On comprend d'ailleurs mal, comment Raphaël aurait dessiné des cartons pour Vincennes. Ce grand artiste est mort en 1520 à l'âge de 37 ans. A cette époque la Sainte Chapelle de Vincennes n'était pas encore couverte.
(7) M. Louis Dimier. *Les impostures de Lenoir*, p. 39.
(8) M. Haag. *La France protestante*, p. 104, art. Jean Cousin, cité par Didot, *Etude sur J. Cousin*, p. 86.

hommes de génie : ils se rencontrent sans se chercher ni se connaître ».

Il me semble que dans le cas particulier, qui nous occupe, ces jugements trop enthousiastes peuvent être frappés d'appel.

Une comparaison des verrières de Vincennes avec celles qu'on attribue à Jean Cousin peut, malgré les difficultés que nous avons signalées au début de cette étude, être utile dans cette discussion. Dans les compositions attribuées à ce maître « les personnages se distinguent, dit M. Olivier Merson, par l'excès du geste, la violence de l'attitude : plus d'un, moins soucieux de plaire que d'effrayer, semble exagérer encore l'audace de Buonarotti (1) ». Les groupes de figures présentent dans certains, à Saint-Gervais par exemple (2), un désordre tumultueux qui étonne, impressionne. Le coloris est d'une tonalité douce, souple, qui n'exclue ni la chaleur, ni l'éclat.

On ne retrouve pas ces caractéristiques à Vincennes. Là, le « désordre tumultueux » devient souvent de la diffusion, de l'obscurité. Le dessin passe de la correction la plus absolue à la faute la plus choquante. L'ensemble est tourmenté. Des jaunes violents, des gris noirs, opaques, des bleus lourds et froids, rompent par instant la gamme des tons. Et pourtant il existe des morceaux de tout premier ordre : figures expressives d'un modelé délicieux ou d'une mâle allure, paysage d'un fini achevé, s'enfuyant dans de charmantes perspectives. M. Olivier Merson a essayé d'expliquer ces irrégularités, ces anomalies : « A propos de l'exécution des verrières de Vincennes, très large, très simple, il y a une remarque à faire : elle est relevée par moments d'accents vifs et spirituels, *qu'on peut croire d'une autre main que le reste*. Jean Cousin composait et dessinait les cartons que Levieil attribuait délibérément à Lucas Penni ; des collaborateurs les *lui interprétaient* sur le verre, et sans doute lui-même donnait à l'occasion des touches suprêmes d'un pinceau alerte et décisif (3) ».

Les collaborateurs de Jean Cousin, en dehors d'Oudinot, qui est maintenant le principal, ont été peut-être plus nombreux que ne le pense M. Olivier Merson. Car nous nous trouvons en présence d'une œuvre faite

---

(1) *Les Vitraux* par M. OLIVIER MERSON, p. 199.
(2) Parmi les vitraux de Saint-Gervais, on attribue à Jean Cousin le jugement de Salomon, magnifique composition qui occupe la fenêtre de la seconde chapelle du chœur au midi, et les débris du martyre de saint Laurent, qui se trouvent dans une des hautes fenêtres du chœur du côté de l'Evangile.
(3) M. Olivier MERSON. Les vitraux, p. 198.

de pièces et de morceaux, provenant des verrières de la chapelle Saint-Martin, de vitraux François I*er*, Henri II et Charles IX, le tout enchevêtré dans les tableaux dits de Jean Cousin, bizarre amalgame noyé dans la restauration moderne. Lorsque la Sainte-Chapelle fut inaugurée par Henri II, le 15 août 1552, il est certain que les vitraux que nous connaissons n'étaient pas terminés. Les fenêtres devaient avoir reçu un vitrage provisoire et il est fort probable qu'on avait employé à cet usage les restes des vitraux de la vieille chapelle Saint-Martin qu'on démolissait ou qu'on avait déjà démolie (1). M. de Guilhermy a signalé avant 1870, la présence dans les verrières de la figure d'un chanoine de Tournay, accompagnée d'une inscription qui le proclame donateur d'un vitrail en 1501 (2). Cette adjonction justifie notre hypothèse (3). Si les sept grandes compositions que vit, au commencement du XVIII*e* siècle, Dargenville (4), étaient déjà placées en 1552, elles n'avaient en tous cas pas leur disposition définitive. Millin nous apprend en effet qu'Henri II fit changer les vitraux supérieurs (du chœur) et ceux de la nef pour y mettre la devise d'Anne (*sic*) de Poitiers (5). Il y eut donc un premier remaniement : aux salamandres des morceaux terminés en 1547 s'ajoutèrent des croissants et des H.

Puis, des compositions entières furent intercalées dans les anciennes : à côté du portrait de François I*er*, on voit en effet apparaître ceux de Henri II, du connétable de Montmorency, du duc de Guise, du cardinal de Lorraine, tous en costume de membres de l'Ordre de Saint-Michel, avec la fraise, le collier, et le grand manteau.

Comme le transfert du chapitre de cet Ordre à Vincennes n'eut lieu qu'en 1555, il est certain que ces peintures ont été exécutées postérieurement à cette date. Le portrait de Henri II ressemblait beaucoup à celui de François I*er*, à part des différences dans le manteau qui était ouvert sur le côté et possédait une pèlerine. Le duc de Guise avait un costume identique

---

(1) La date de la démolition de la chapelle Saint Martin est incertaine à quelques années près, comme nous l'avons dit, mais elle peut être placée entre 1550 et 1560.

(2) GUILHERMY, *Inscriptions du V*e *au XII*e *siècle*, t. III, p. 24.

(3) La figure du chanoine signalée par M. de Guilhermy est peut-être celle qui se trouve dans le vitrail du bas de la fenêtre située au centre du chœur. En tous cas, la date de 1501 a disparu.

(4) Dargenville dit qu'il n'en restait plus que 7 à son époque, ce qui prouve qu'il en avait existé d'autres. *Voy. pittoresques aux environs de Paris*.

(5) MILLIN, *Ant. Nat.*, t. II, p. 43.

à celui de François Ier, mais un bouclier chargé de la croix de Lorraine et placé derrière lui, le distinguait du souverain. Anne de Montmorency était

Portraits de François I et de Henri II, d'après Millin

vêtu comme Henri II, mais, comme ornement accessoire, l'artiste avait peint à ses côtés un écu portant ses armes : champ d'or, à la croix de gueule, cantonné de dix-sept alérions d'azur. Le portrait du cardinal de Lorraine ne nous est pas connu : il aurait été supprimé au moment de l'assassinat de ce prélat. Celui de François Ier subsiste seul aujourd'hui (1), les autres ayant été détruits ou ayant disparu, et ne nous ayant été conservés que par des gravures de Millin (2).

Les fragments qui nous restent, ne nous permettent d'ailleurs pas de nous faire une idée de ce que devaient être les verrières à la fin du règne de Henri II ; elles n'étaient en tous cas pas composées comme elles le sont actuellement : un certain nombre de sujets, qui sont maintenant dans le

Portrait de François de Guise
Reproduction d'une gravure des Ant. Nat., de Millin

chœur, étaient autrefois dans la nef, vide aujourd'hui. Lenoir affirme que les figures de François Ier et de Henri II se trouvaient dans cette dernière partie de la chapelle. Poncet de la Grave a vu le Jugement dernier « dans la fenêtre de gauche au milieu de la nef ». « Cette remarque, dit M. Dimier, est faite pour nous désabuser de l'unité spécieuse qui paraît aujourd'hui entre les différentes parties de cet ensemble, débris dépareillés d'une suite plus longue et complète dont la munificence royale avait décoré cette église

---

(1) L'abbé de Laval, reproduisant une erreur d'iconographie de Lenoir, que M. Dimier a signalée à juste raison, dit que ce portrait représente Henri II et explique longuement les raisons qui ont déterminé ce roi à se faire peindre dans le vitrail central. Or, la faute d'attribution est frappante, et ce morceau provient des verrières de la nef, selon le témoignage de Lenoir.

(2) MILLIN, *Ant. Nat.*, t. II, p. 60 et suiv.

d'un bout à l'autre. Il paraît malaisé d'admettre qu'aucun des tableaux du fond provienne des fenêtres de la nef, dont la largeur est double, en même temps que la hauteur moindre, par l'effet des impostes descendant plus bas ; mais rien n'empêche que le présent vis-à-vis du susdit *Purgatoire* s'y soit trouvé comme celui-ci. »

Il n'y a qu'une chose que l'on sache pertinemment, c'est que, de la fin du XVI° siècle à la Révolution, aucune modification ne fut apportée aux ver-

Portrait d'Anne de Montmorency
Reproduction d'une gravure des Ant. Nat., de Millin

rières. On ne prit même pas la peine de les réparer pendant cette période de deux siècles. Aussi, lorsqu'en 1788, un ouragan, resté célèbre par sa violence, s'abattit sur Vincennes, une grande partie de cette riche ornementation fut-elle emportée ; toute la rose fut détruite ; les fenêtres du côté septentrional subirent de forts dommages.

A la Révolution, la chapelle fut transformée en salle d'assemblée, puis en magasin. Avec de telles appropriations, on pense à l'état dans lequel devaient être les verrières. Lenoir s'intéressa à leur sort, obtint du ministre Benezech (1) l'autorisation d'enlever les fragments qui avaient échappé aux injures du temps et à celles des hommes, et transporta ces

(1) Ambroise-Firmin DIDOT. *Etude sur Jean Cousin*, p. 86.

épaves au Musée des Monuments français où s'entassaient tous les objets d'art, statues, tableaux, tapisseries, boiseries, arrachés à la fureur d'iconoclastes ignorants ou imbéciles. Nous devrions être pleins de reconnaissance à l'homme qui préserva de la destruction tant de nos richesses artistiques à une époque où l'on croyait que cette destruction anéantirait jusqu'au souvenir du passé, comme si une seule page de l'histoire d'un peuple pouvait jamais disparaître. Malheureusement, le directeur du Musée des Monuments français ne se borna pas à sauver les chefs-d'œuvre de notre art national, il eut aussi la prétention de les restaurer, et, sous prétexte de restauration, il dénatura ou transforma un grand nombre de pièces qui lui passèrent par les mains (1). Ce fut une erreur dont la critique moderne lui demande compte aujourd'hui. Celle-ci se montre même sévère à son égard, allant jusqu'à le traiter d' « imposteur », ce qui est aussi excessif qu'une admiration sans réserve. Les vitraux de Vincennes furent du nombre des objets reconstitués par Lenoir. Déposés, mis sans ordre dans des caisses, ils restèrent au Musée des Monuments français pendant plusieurs années, puis on se décida à les montrer au public. Il fallait commencer par les remonter. Lenoir choisit alors les deux sujets qui lui parurent les plus intéressants et, comme il manquait des morceaux, il prit une jambe d'un côté, un bras ou une tête de l'autre pour composer ses personnages. Le désordre et la confusion ne firent qu'augmenter.

A la dispersion du Musée des Monuments français, les vitraux reconstitués par Lenoir furent de nouveau démontés et remis dans des caisses. Ils restèrent oubliés jusqu'à la Restauration. En 1816, la chapelle étant rendue au culte, l'architecte Gauthier, chargé des travaux, réclama ces débris et fut assez heureux pour les obtenir : un artiste devait « peindre

(1) Voici à titre d'exemple comment Lenoir raconte lui-même la façon dont il reconstitua le tombeau de Charles V et de sa femme. « Les statues, dit-il, sont posées sur un cénotaphe composé avec les débris d'une boiserie ornée de sculptures très recherchées ; les bas-reliefs, représentant des sujets de la passion du Christ, proviennent de la Sainte Chapelle. L'architecture gothique a été composée à l'aide de débris par moi recueillis de plusieurs monuments de l'époque ». Le comte de Laborde qui rapporte ces faits dans son livre des « Archives de France », Paris, 1867, p. 258, dit à ce propos : « Quand on songe que pour former ces amalgames de monuments, il a fallu rallonger des morceaux par des restaurations, en raccourcir d'autres en les mutilant, et que cette horrible cuisine a duré vingt ans, l'on se prend à oublier les services rendus par ce sauveteur des épaves du grand naufrage, et à lui marchander la reconnaissance ».

L'amertume des eaux. — Dessin de Lenoir
Gravure ancienne. Col^{on} de l'auteur

ce qui manquait » (1). Jean Weiss, maître-verrier patenté, fut chargé de ce soin (20 août 1820) (2). Cette idée de restauration complète n'était pas dans les premières intentions de Gauthier. Il n'avait pensé tout d'abord qu'à faire compléter les ogives des vitraux du chœur par des verres de couleurs « quelconques » (3). Mais, pendant les travaux, une grande partie des anciennes verrières ayant été retrouvée, il fut décidé que, pour rendre la restauration d'un si bel édifice la plus complète possible, on prendrait le dessin de la partie retrouvée comme modèle à suivre pour celle à refaire.

Le 11 novembre 1820, la restauration des verrières était déjà avancée dans l'atelier de Weiss ; des échafaudages (4) étaient dressés pour la mise en place. Le travail fut terminé au printemps suivant. Les fenêtres de la nef, la rose et les baies des sacristies avaient été garnies de verres blancs avec des zônes en verre de couleur (5). Les anciens fragments avaient été réservés pour les baies du chœur et replacés un peu au hasard. Les lacunes existant dans les compositions avaient été comblées avec des morceaux qui ne se raccordaient pas les uns avec les autres. Une photographie conservée aux archives des monuments historiques au ministère des Beaux-Arts, donne une idée de cette restauration grossière qui coûta 30.000 francs.

Si, au point de vue artistique, les réparations de Gauthier et de Weiss furent défectueuses, elles ne laissèrent pas moins à désirer au point de vue de l'exécution même (6). En 1853, les vitraux des fenêtres du chœur ne tenaient plus. Les baguettes de plomb arrachées par le vent tombaient. La chûte des verrières était imminente. On prit quelques mesures de préservation, mais sans modifier les dispositions. Une nouvelle restauration fut

(1) Archives du génie de la place de Vincennes.
(2) Il demeurait à Paris, 21, rue du Faubourg-Saint-Martin.
(3) Archives du génie de la place de Vincennes. Art. 3. Dossier 31.
(4) C'est donc à tort que Firmin Didot a prétendu que l'explosion d'un atelier de cartouches en 1819 avait endommagé les vitraux de la Sainte Chapelle, puisqu'à cette époque ils n'étaient pas encore en place.
(5) Extrait des mémoires du génie de 1820 par le capitaine Lemaitre (Archives du génie de la place de Vincennes).
(6) L'abbé de Laval parle d'une restauration exécutée en 1837. Nous n'en avons pas trouvé trace, et cette date doit être erronée, car la Sainte-Chapelle ayant servi de magasin de 1830 à 1842, il paraît peu probable qu'on se soit livré à des travaux artistiques dans un édifice ayant une pareille affectation.

jugée indispensable (1869). On déposa les parties ayant le plus souffert (1). Mais la guerre franco-allemande survint et arrêta les travaux. Le 22 juillet 1871, l'explosion d'une cartoucherie (2) causa de nouveaux dégâts à ce qui restait en place. La verrière du fond de l'abside eut son panneau inférieur brisé par le milieu, et des éclats assez nombreux se remarquaient dans le panneau supérieur.

« Dans la première fenêtre, à droite, la moitié du panneau inférieur et les trilobes du fenêtrage furent détruits.

« La deuxième fenêtre fut plus gravement atteinte ; une partie des sujets vola en éclats et ce qui subsistait de ce vitrail présentait de nombreuses fractures.

« Le sujet inférieur de la première fenêtre à gauche, fut brisé aux deux tiers ; une partie du centre de l'arcade peinte subit le même sort ; les panneaux au-dessus de cette arcade furent entièrement à refaire.

« La deuxième fenêtre à gauche fut maltraitée. Toute la partie inférieure composée de petits sujets du XVIe siècle, c'est-à-dire la moitié à peu près de la verrière entière, se trouva ruinée ; les lambeaux de panneaux encore en place, maintenus seulement par les clavettes des traverses, menaçaient de tomber. Les méplats de la fenêtre se trouvaient troués et fendus en tous sens. Les meneaux de cette partie de la chapelle ainsi que la grande fenêtre, côté Nord, ne souffrirent pas ; mais du côté du Sud, la pression fut telle que les meneaux en pierre furent chassés vers l'extérieur, se brisant sous l'effort au droit des joints et entre les traverses en fer et les vitraux. Cette pression se produisit jusque dans les parties supé-

---

(1) « Quand je suis allé examiner en mai 1869 et en janvier 1870, dit Firmin Didot, les vitraux de Jean Cousin dans la chapelle de Vincennes, ils étaient en partie démontés pour être réparés. Mais ce que j'en ai vu, particulièrement la scène de l'Apocalypse fort bien reproduite par M. de Lasteyrie, justifie l'éloge qu'on en a faite. Nous espérons qu'à l'aide des fragments tenus en réserve, M. Viollet-le-Duc parviendra à rétablir, du moins en partie, ce qui décorait cette chapelle lorsque l'explosion de la poudrière en 1822 endommagea les vitraux de Jean Cousin. Les soins si éclairés, si consciencieux, qu'apporte M. Viollet-le-Duc à la restauration des anciens monuments, nous font vivement désirer que ce travail ne reste pas plus longtemps suspendu ».

Etude sur Jean Cousin par Ambroise-Firmin Didot, Paris, 1872, p. 36.

Nous avons dit que l'explosion, dont il est parlé dans le passage ci-dessus, était de 1819 et n'avait pas endommagé les vitraux.

(2) Voir t. I, p. 302.

Les âmes des Saints criant vers Dieu

Cartons d'Oudinot. — Arch. des Monuments Historiques

rieures du fenêtrage des ogives, dont les moulures éclatèrent en beaucoup d'endroits ». On lisait dans le rapport au ministre, dont nous venons de donner des extraits, les conclusions suivantes :

« Aucune des grandes fenêtres Sud ainsi bouleversées ne pourra être conservée. Il faudra les déposer toutes, refaire les meneaux, dont une faible partie seule pourra être réemployée, réparer les fenêtrages des ogives, et remplacer les vitraux brisés ou manquants.

« Les vitraux de ces grandes fenêtres n'étaient formés que de pièces en verre blanc, avec entrelacs en verre de couleur, ils seront facilement réparés.

« Au contraire, la restauration des cinq fenêtres de l'abside deviendrait impossible si on ne faisait d'abord un relevé exact de leur état actuel. Le meilleur moyen serait, je pense, de faire photographier de suite ces vitraux : on obtiendrait par là, la trace exacte des cassures et la disposition des sujets, ce qui faciliterait considérablement la restauration.

« La rose de la façade occidentale n'a eu que de vieux panneaux brisés ou pliés en dehors. La pierre n'a pas souffert » (1).

Dès le 22 juillet 1871, St-Edme, photographe, habitant à Paris, avait été chargé de photographier les vitraux épargnés (2). Le 25 juin 1872, Oudinot obtint à l'adjudication la commande de la restauration de la verrière du jugement dernier au-dessus du Sacraire Nord (3), et se mettait aussitôt à l'œuvre. Pendant que la commission des monuments historiques suivait ce travail, elle ne se désintéressait pas de la remise en état des autres verrières. Elle demanda à Oudinot des cartons ; et comme ce maître n'était pas en mesure de les présenter, Viollet-le-Duc

(1) Monuments historiques. Dossier sainte chapelle de Vincennes.
Rapport au ministre du 8 novembre 1871.
(2) Dans un rapport au ministre, du 17 mai 1872, ces photographies furent réparties ainsi :
1 exemplaire à l'administration.
1 exemplaire à M. Viollet-le-Duc.
1 exemplaire à M. de Baudot.
1 exemplaire à M. Lecomte, inspecteur.
1 exemplaire à M. Oudinot, après approbation.
Il n'existe plus aux Monuments Historiques que 2 photographies des vitraux avant leur dépose. Il ne nous a pas été possible de savoir ce qu'étaient devenus les autres qui auraient cependant un grand intérêt au point de vue de l'art.
(3) Soumission d'Oudinot du 25 juin 1872. Arch. des Monuments Historiques, Ch. de Vincennes.

prit sa défense : « L'exécution d'un carton n'est pas indispensable, dit cet éminent architecte. Les conditions dans lesquelles M. Oudinot a présenté son travail en cours à la Commission semble permettre, encore mieux que la présentation d'un carton, de juger l'œuvre de restauration de l'artiste (1).

Oudinot obtint alors l'adjudication de l'ensemble (2). Il déploya dans l'exécution de son travail, un soin méticuleux : « Chaque panneau démonté, nous dit Mme Oudinot, fut revêtu, à son envers, de papier transparent, bien collé, pour que, dans le maniement et dans le transport, aucune pièce ne pût tomber et s'égarer. Puis chacun fut marqué d'un numéro se rapportant à un dessin très exact pris avant la dépose, afin qu'il ne s'introduisît pas d'erreur dans leur assemblage. Pour cette même raison, chaque morceau de verre fut aussi numéroté : il y en avait des myriades.

« Ces verrières étaient en si mauvais état qu'on n'osait y toucher. Il fallut pour les nettoyer, les laver plusieurs fois à la brosse, pour enlever l'épaisse couche de saleté que le temps y avait amassée jusqu'à les rendre complètement opaques » (3).

Malgré le soin extrême qu'Oudinot apporta à son travail, son œuvre a cependant été vivement attaquée, critiquée. M. Louis Dimier a accusé le maître-verrier d'avoir supprimé un certain nombre de parties anciennes qui ne répondaient pas à la conception qu'il avait des vitraux. Le violent réquisitoire prononcé, au nom de l'art, par le savant critique, doit être cité ici :

« Ce sans-gêne a de quoi surprendre de toute manière, et davantage si

(1) Lettre de Viollet-le-Duc au ministre, 1 déc. 1872. Mon. Hist. Dossier sainte chapelle de Vincennes.
(2) *Soumission de M. Oudinot.*
Je soussigné Eugène Oudinot, peintre-verrier, rue de la Grande-Chaumière, 6, à Paris :
Après avoir pris connaissance des vitraux de la chapelle du Fort de Vincennes, déclare soumissionner les travaux de restauration de ces vitraux aux conditions du cahier des charges de l'entreprise et aux conditions de prix suivants :
1º Panneaux entièrement neufs et nécessitant une étude de composition à raison de 350 fr. le mètre carré.
2º Panneaux neufs, mais dont la composition pourrait être retrouvée sur les vitraux brisés, 300 fr. le m. q.
3º Mise en plomb des parties à conserver, 45 fr. le m. q.
Ces prix ne comprennent pas les frais d'échafaudage.
Paris, le 19 mars 1873.
Approuvé par le ministre le 8 avril 1873.
(3) Lettre de Mme Oudinot à l'auteur du 17 février 1902. — Mme Oudinot a assisté à ces différents travaux et se les rappelle fort bien.

« l'on considère la beauté des figures enlevées. Ces fragments ont été
« transportés chez le verrier, dans l'atelier duquel ils ont achevé de périr.
« A la mort d'Oudinot, l'atelier fut vendu et ce qui restait des verrières de
« Vincennes, morceaux de maîtres, qui, depuis quatre siècles, apparte-
« naient à la couronne de France, se vit disperser aux enchères (1). Rien
« n'étonne tant que ces expropriations auxquelles on voit, chez nous, se

Portrait de Diane de Poitiers

Suivant Millin. — Gravure des Antiquités Nationales

« livrer les restaurateurs de tout genre. Qu'on ne croie pas que ce soit ici
« peu de chose. Une part considérable des verrières subsistantes dans
« l'état de 1873 est à présent remplacée par du neuf. On se demande de
« quel droit de pareilles substitutions, qui ne seraient pas souffertes d'un
« particulier, sont reçues par l'Etat, sans contrôle ; comment, du moins,
« des morceaux qu'on déclare incapables de tenir davantage, ne sont pas
« déposés dans les musées publics, à qui on ne peut nier qu'ils appartien-
« nent. Ce qui achève de marquer l'inconséquence, c'est qu'un fragment
« des verrières de Vincennes est, en effet, aujourd'hui au Louvre, à titre
« de « don particulier » : c'est une tête admirable de Vierge qu'on a fort

(1) A la mort d'Oudinot, il ne restait dans son atelier aucun vitrail ancien, à ce que m'a assuré Mme Oudinot.

« vilainement remplacée. Il y a un peu plus que de l'ironie à lire sous ce
« morceau, dont le trésor national a payé il y a plus de trois cents ans, le
« verre, le plomb et la peinture : don de M. Oudinot, 1878 (1). Le nom
« de M. Oudinot n'est point ici en cause, n'ayant fait, à Vincennes que
« ce qui se fait partout et que l'administration tolère. Il n'en convient pas
« moins de relever l'inconvénient d'une pareille tolérance ».

Nous sommes persuadés qu'Oudinot n'a jamais fait *le don* que lui reproche M. Dimier. Tous ceux qui l'ont connu savent à quel point ce maître, passionné de son art, poussait la conscience et l'honnêteté. Il n'était pas homme à se livrer à de telles compromissions. Ce n'est donc effectivement pas lui qu'il faut incriminer : ce sont nos musées nationaux, qui sont faits non pour s'enrichir de pièces que l'on restaure, mais pour préserver celles qu'on ne restaure pas, ou qui pourraient disparaître faute de soins. Le Louvre, en gardant la tête de la Vierge et celle de l'enfant Jésus, des vitraux de Vincennes ; le musée de Cluny, en conservant deux anges supportant un écusson, qui ont tout l'air de leur appartenir aussi, semblent avoir obéi à des motifs d'accaparement qu'on comprend mal. Car une restauration faite avec des copies, n'est pas une restauration : c'est une reconstitution. D'ailleurs, il s'agissait à Vincennes de conserver une œuvre ancienne. Or, si en matière d'architecture, on peut sans inconvénient compléter des parties anciennes de monuments par de nouvelles, en partant de simples indices retrouvés sur des pans de mur, parce que tous les éléments d'une construction s'enchaînent et que la connaissance d'un seul d'entre eux suffit a en déterminer un grand nombre d'autres ; si l'on peut refaire une ornementation détruite, en étant sûr de reproduire sinon exactement du moins d'une façon très rapprochée la pensée de l'architecte primitif, qu'on lit dans l'ordonnance générale de l'édifice, il n'en est pas de même pour une œuvre d'imagination.

La réfection des morceaux disparus, sur lesquels on ne possède aucun renseignement, aucune indication, n'est même plus de la reconstitution :

(1) J'ai vu effectivement cette figure avant 1902 dans la salle du Louvre à côté du musée Dieulafoy (act. salle des dessins). Elle portait la mention « don de M. Oudinot » écrite au crayon. Depuis, le vitrail a été transporté dans la salle 6. (Ancien musée des souverains). La mention écrite au crayon a été effacée. — Le vitrail porte le n° F, 273.

c'est de l'invention. Il ne faut donc pas dire qu'Oudinot a restauré les verrières de Vincennes, mais qu'il en a refait de nouvelles en utilisant des fragments de verrières du XVI° siècle. Le résultat est très heureux dans son ensemble et fait honneur au XIX° siècle en tant que pastiche.

§ 2

ÉTAT ACTUEL DES VITRAUX

Il est bien difficile maintenant de distinguer les parties originales des verrières des réfections modernes. Les tableaux reconstitués ne comprennent d'une manière générale que des sujets tirés de l'Apocalypse de saint Jean (1). Chaque croisée du chœur, à deux lancettes, comporte deux tableaux superposés, encadrés dans des portiques Renaissance, plein cintre en grisaille claire. Toute la partie supérieure est formée de petits édicules modernes également de style Renaissance (2). Les deux fenêtres qui

---

(1) L'abbé de Laval a donné une très longue explication des verrières dans son esquisse historique sur le château de Vincennes, mais il s'est placé à un point de vue purement évangélique. — Esquisse hist., p. 30 à 45.

(2) Cette disposition est due à Oudinot. On ignore quelle était la décoration des vitraux qui garnissaient les soufflets des parties hautes des fenêtres du chœur. On sait seulement par un dessin de la collection Gaignières qu'il n'y avait dans ces parties des fenêtres de la nef que des verres bleus, avec des casques et divers ornements.

se trouvent à l'entrée du sanctuaire, au-dessus des murs des sacraires, contiennent un seul motif réparti en quatre lancettes. Les légendes des scènes représentées sont peintes, au-dessous de chacune d'elles, sur une tablette faisant partie du décor architectural ; quelques-unes sont anciennes, plusieurs ont été complétées, d'autres enfin sont d'invention moderne.

En se plaçant face à l'autel, on trouve dans la première fenêtre du chœur à droite :

En haut (voir p. 353) la première vision de l'Apocalypse : *Les anges marquant au front les serviteurs de Dieu.*

« Veit quatre anges tenant les quatre vents affin qu'ils ne soufflassent sur la terre et leur estait donné puissance de nuyre à la terre et à la mer et incontinent leur estre déffedu de ne faire aucun mal jusqu'à ce que les serviteurs de Dieu fussent signés au front. »

En bas (voir p. 353) la vision *des sept trompettes données aux anges.*

« Veit fut donné sept trompettes à Sept Anges. »

Ces deux compositions ont été faites avec des fragments d'anciens vitraux réunis d'une façon très habile. L'ensemble est chatoyant. La tonalité générale est harmonieuse. Les vêtements de l'ange, qui se trouve placé dans la partie inférieure de gauche du second tableau, sont notamment d'une couleur charmante dans une gamme allant du rose au violacé. Les têtes des serviteurs de Dieu, dans le tableau supérieur, sont aussi fort remarquables. Malheureusement, les deux figures modernes de la Vierge et de saint François d'Assise, qui sont dans le bas de la fenêtre, forment un trop grand contraste avec le reste de la verrière. La réfection moderne est accusée par le fauteuil d'or sur lequel la vierge est assise et qui est trop éclatant ; les auréoles des deux personnages qui manquent un peu de transparence. La vierge du Louvre, remise à sa place, se serait mieux harmonisée avec l'ensemble ; on regrette les tonalités anciennes qui n'ont pu être obtenues parce qu'elles sont le résultat de l'accord d'un procédé de cuisson particulier et du temps.

1º Les Anges marquant au front les Serviteurs de Dieu

2º Les sept trompettes données aux sept Anges

1ʳᵉ Fenêtre

Cartons d'Oudinot. — Monuments Historiques

Deuxième Fenêtre.

La deuxième fenêtre a sa partie supérieure occupée par la troisième vision de l'Apocalypse : *L'incendie des arbres et des plantes*.

« Vint le premier ange et après avoir sôné sa trompette fut faiete gresle et feu avec sang et fut arse la tierce partie des arbres et toute l'herbe de la terre fut bruslée. »

Le tableau inférieur représente la quatrième vision ou *La mer changée en sang*. La tablette porte l'inscription suivante :

« Veit après le second son, une montagne tombée dans la mer et la tierce partie d'icelle devenir sang. La tierce partie des poissons mourir et la tierce partie des vaisseaux périr. »

Ces deux compositions sont loin de valoir les premières, quoique présentant de très beaux fragments anciens, et parmi ces derniers, dans le vitrage inférieur, des têtes de nageurs d'une très grande expression. Malheureusement, dans la partie supérieure, les arbres sont d'un vert trop lourd. Dans le tableau inférieur la mer, qui est d'un bleu transparent jusqu'à la hauteur des nefs, passe brusquement à un bleu criard. On sent ici le raccord. On remarque aussi quelques jaunes trop éclatants.

En dessous de ces deux compositions se trouvent, à la lancette de droite, l'écu fleurdelysé de France supporté par deux anges, « rappelant par leur proportion svelte et leur grâce les figures de Germain Pilon ». Ce motif ne contient que quelques fragments anciens. Nous le verrons reproduit plus loin, mais entièrement neuf, alors que l'original se trouve au Musée de Cluny (1). Dans la lancette de gauche est placé un trophée au-dessous duquel on lit l'inscription : *Nutrisco et extinguo*. « Je m'en nourris et je l'éteins, » se rapportant à une salamandre qui devait appartenir aux vitraux François Ier.

---

(1) Musée de Cluny, salle des Carrosses, n° 19.070.

L'incendie des arbres et des plantes   La mer changée en sang

2ᵉ Fenêtre

Cartons d'Oudinot. — Monuments Historiques.

Troisième Fenêtre, au centre.

La troisième fenêtre, ou fenêtre du centre, contient la septième et la huitième vision de l'Apocalypse ; en haut, la vision dite *des Saulteraulx* :

« Ayant sonné la 5ᵉᵐᵉ trôpet cheust une grande étoile ayant la clef de l'abisme et l'ouvrit ; et la fumée des puits monta meslée de saultereaulx couronés ayant puissance de nuyre comme scorpions à ceux qui n'avaient pas le signe de Dieu sur leurs fronts. »

Ce tableau est recomposé avec des fragments anciens ; le sujet, assez diffus, est d'un dessin lâché, le paysage est traité à la manière de l'école française du XVIᵉ siècle. Les visages diaboliques de Saulteraulx manquent de caractère.

En dessous de ce tableau se trouvent les *anges exterminateurs* :

« Veit aussi les quatre anges déliés affin d'occire suivis de grande multitude d'anges d'armes môtez sur chevaux ayant teste de lions et par iceux fut tuée la tierce partie des hommes. »

Lenoir avait fait graver cette composition qu'il considérait comme un des spécimens les plus curieux de l'œuvre de Jean Cousin, mais on sent qu'il a recomposé cette verrière d'après son dessin et non qu'il a fait son dessin d'après la verrière, car, dans son carton, les personnages se groupent naturellement ; dans le vitrail, au contraire, ils ont des lignes qui ne se suivent pas. Quand on examine actuellement l'homme placé à gauche dans une attitude suppliante, on ne comprend pas le mouvement de ses bras et il est évident que ceux-ci ne lui appartiennent pas, notamment le droit ; l'homme couché dans le bas, présente des fautes de dessin plus choquantes encore : les jambes qui commencent dans la partie gauche du tableau finissent dans la partie droite, sous une draperie bleue, sans se raccorder au tronc ; le bras gauche n'est pas attaché à l'épaule et se soude mal au coude. Que l'on pense d'ailleurs à la hauteur colossale qu'aurait le personnage debout ! Il occuperait toute la hauteur de la lancette. L'auteur des « Vagues dans la mer de sang », des « Saints criant vers Dieu » et des « Anges moissonnant et vendangeant » ne peut avoir commis de telles erreurs de proportion. Il y a lieu de remarquer dans la lancette de droite,

    Les Saulteraulx   Les Anges exterminateurs

3ᵉ Fenêtre

Cartons d'Oudinot. — Monuments Historiques

au milieu du tableau, la figure d'un chanoine avec ses deux bras levés ; cette figure est probablement celle signalée par Guilhermy. En somme, on retrouve partout la main de Lenoir. Pour arriver à l'accouplement bizarre de ces personnages, il a dû jouer avec les morceaux qu'il avait recueillis, comme un enfant avec les cubes d'un jeu de patience. L'architecte Gauthier, en 1820, ne modifia pas cette étrange composition que le peintre-verrier Weiss respecta, et qu'Oudinot conserva en enlevant quelques morceaux parasites, et très probablement la date de 1501, dont nous avons parlé plus haut.

L'abbé de Laval a essayé d'expliquer toutes ces bizarreries.

« L'artiste, dit-il, a mis intentionnellement un peu de désordre dans les positions de ces hommes, massacrés par les anges Exterminateurs ».

« Cette exégèse complaisante ne se trompe qu'à moitié », lui répond M. Louis Dimier. « Le désordre est un effet de l'art, mais de l art du rapetasseur ».

Le mot de rapetasseur est dur ; mais, ne s'applique-t-il pas exactement au travail de Lenoir ?

Le tableau supérieur du vitrail semble avoir conservé toute son originalité ; là, du moins, pas de confusion ; c'est l'œuvre primitive avec son encadrement de l'époque. Une tonalité plus chaude, plus agréable à l'œil que celles d'un bleu plus froid des portiques reconstitués des verrières adjacentes.

En dessous des anges exterminateurs se trouve François Ier en costume de l'Ordre de saint Michel, dont nous avons déjà parlé. On y remarque beaucoup de parties modernes, d'ailleurs très bien restituées.

Quatrième fenêtre.

La quatrième fenêtre comprend, dans le haut la cinquième et dans le bas la sixième vision de l'Apocalypse (v. p. 359). L'inscription de la cinquième vision « *l'Amertume des eaux* » est ainsi conçue :

« Le tiers ange ayant sonné sa trompette vist tomber du ciel une « grande estoile ardente comme ung flambeau et la tierce partie des « fleurs et des fontaines devinrent amer comme absynte par laquelle amer- « tume moururent plusieurs hommes ».

L'amertume des eaux L'obscurcissement des astres

4ᵉ Fenêtre

Cartons d'Oudinot. — Monuments Historiques

Lenoir a fait graver deux fois ce tableau qu'il avait fait remonter au Musée des Grands Augustins. On conçoit peu l'engouement du conservateur des monuments historiques pour cette composition dans laquelle les personnages présentent un assez grand désordre sans arriver, cependant, au fouillis qui caractérise les anges exterminateurs. La grande tache jaune, représentant l'étoile ardente, a une tonalité trop crue. L'ensemble est pourtant composé de fragments anciens.

Le tableau inférieur de la quatrième fenêtre a pour sujet la sixième vision de l'Apocalypse (*l'obscurcissement des astres*). On lit sur sa tablette l'inscription suivante :

« La quarte trompette sonnée fut frappée la tierce partie et de la lune ensemble des étoiles en sorte que le jour ne luysait plus et ouyt la voix d'un aigle volant et criant malheur aux habitants de la terre ».

Cette composition, ancienne comme la précédente, lui est de beaucoup supérieure. L'ange qui sonne de la trompette a une grande allure, le groupe des personnages à gauche, au premier plan, est bien compris et largement peint ; le paysage, traité dans la manière du xvie siècle, offre des lointains charmants.

Dans le bas de la quatrième fenêtre se trouvent des motifs identiques à ceux de la deuxième fenêtre, mais paraissant entièrement neufs, à l'exception de la salamandre et de sa banderole.

Cinquième fenêtre.

La cinquième fenêtre est occupée dans la partie supérieure par la neuvième et dans la partie inférieure par la dixième vision de l'Apocalypse. Le tableau supérieur représente la *venue de l'ange à saint Jean*.

La tablette du carton d'Oudinot porte cette inscription :

« Je prins donc le livre de la main de l'ange et le dévoray et estait doux en ma bouche comme miel ».

Ce texte ne satisfit pas Viollet-le-Duc qui le remplaça par le suivant :

« Lors je vei un ange descendant du ciel environé d'une nuée au chef duquel estait l'arc-en-ciel et ses pieds estaient cône une colonne de feu et mit son pied dextre sur la mer et le senestre sur la terre ».

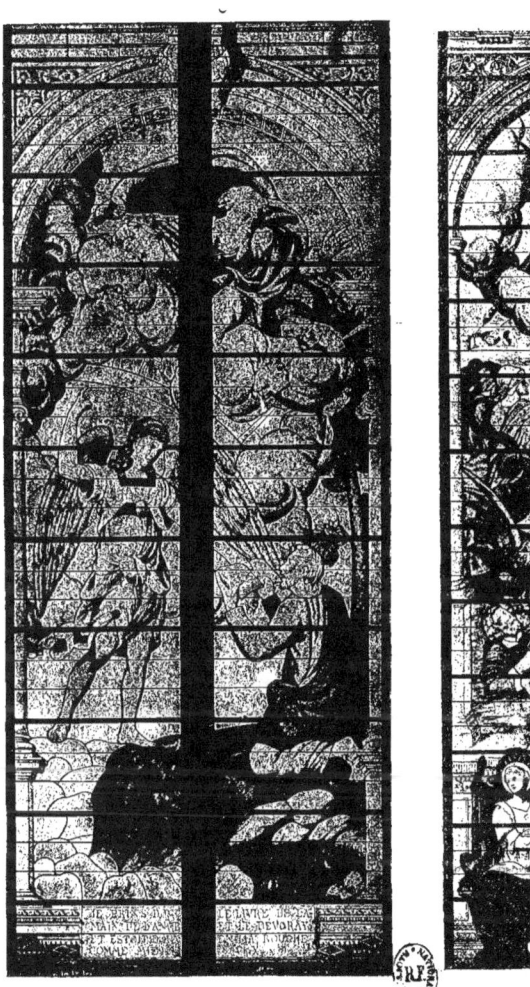 

La venue de l'ange à St-Jean   La vision des deux témoins

5ᵉ Fenêtre
Cartons d'Oudinot. — Monuments Historiques.

Il n'y a d'ancien dans ce tableau que la figure de saint Jean. Lors de la restauration de 1872, elle fut enlevée du tableau inférieur où elle était mêlée à d'autres. En réalité, toute la composition est d'Oudinot, et c'est ce qui explique pourquoi l'abbé de Laval y découvrait une espèce de buée qu'il n'avait pas trouvée ailleurs et qu'il attribuait à un défaut de cuisson.

Au-dessus se trouve la *vision des deux témoins* de l'Apocalypse. Son inscription moderne a été, comme la précédente, modifiée au cours de la restauration. Dans le premier projet, elle se lisait ainsi :

« Et quand ils auront achevé leur tesmoignage, la beste qui monte de l'abisme fera guerre contre eux, les vaincra et les tuera ».

Le texte actuel est :

« Et quand les deux témoins auront achevé leur tesmoignage la beste
« qui monte de l'abisme fera guerre contre eux et les vaincra et les tuera
« et à cette heure-là a esté fait grand tremblement de terre ».

Presque tout ce tableau est ancien ; toutefois, la partie gauche contient une bête qui semble moderne. Cette composition, une des plus curieuses, a une grande allure, les personnages debout sont d'un beau dessin ; l'architecture du temple dans le lointain est très caractéristique. Il faut signaler particulièrement la figure de l'homme couché au premier plan à droite. Enfin, dans le bas du vitrail, à droite, se trouve une tête de femme admirablement modelée. Elle pourrait être signée « Raphaël » et donnerait raison aux écrivains qui ont cité ce maître comme auteur des verrières (1).

La restauration de ce vitrail a peut-être été une des plus habiles d'Oudinot, car ce morceau était un des plus dégradés. Là, le maître-verrier a su tirer un excellent parti des verres anciens en n'enlevant rien à la composition de son caractère primitif. La sainte Anne et le roi Mage, qui sont dans le bas, de cette fenêtre sont entièrement modernes.

Fenêtre au-dessus des sacraires.

Les deux grandes fenêtres au-dessus des oratoires latéraux contiennent les deux grandes compositions de la série. On voit à droite la onzième vision. « *Les anges moissonnant et vendangeant* » (V. p. 363) et à gau-

(1) Cette hypothèse n'est d'ailleurs pas admissible. Raphaël étant mort en 1520 n'a pu travailler à des vitraux qui ne pouvaient être commandés à cette époque.

Les Anges vendangeant et moissonnant
Cartons d'Oudinot. — Monuments Historiques

che, la douzième vision « *Les âmes des saints criant vers Dieu* » que Poncet de la Grave appelle improprement le *Purgatoire* (voir p. 345).

L'inscription, qui expose le sujet de la verrière des anges moissonnant et vendangeant, est ainsi conçue :

« Lors celui qui était assis sur la nuée jeta sa faucille sur la terre qui
« fut moissonnée et vendangée et les raisins remplirent le pressoir. De
« l'ire de Dieu et du pressoir sortit du sang. « Ap. », XIIII, XIX, XX.

Cette légende est moderne comme tout le soubassement du reste. La partie centrale du vitrail est ancienne.

Les archives des monuments historiques possèdent une phofographie de cet'e verrière faite en 1870, avant la restauration.

On voit sur cette photographie qu'il ne restait guère à cette époque que le sujet principal. L'ornementation en grisaille qui faisait l'encadrement avait presque totalement disparu. Oudinot a refait toute la partie haute avec une disposition qu'il a ensuite rappelée dans les ogives du chœur. Il a obtenu, toutefois, pour ses tons de pierre, une couleur moins bleue se mariant mieux avec les parties anciennes.

Le sujet principal est fort beau ; la composition est empreinte de ce calme caractéristique des belles verrières du XVIe siècle. La vigne, au premier plan, les paysages fuyant dans le lointain, le mouvement des anges, tout donne l'impression d'une œuvre maîtresse.

DEUXIÈME GRANDE FENÊTRE DE GAUCHE.

La légende qui explique cette composition est également moderne :
« Et quand il eut ouvert le cinquième sceau, je vis sous l'autel les
« âmes de ceux qui avaient été tuez pour la parole de Dieu et pour le té-
« moignage qu'ils maintenaient ».

A la suite de cette légende se trouve cette mention :
« Verrière de J. Cousin, restaurée par E. Oudinot. A. de Baudot,
« arch. »

Qu'y a-t-il d'ancien dans cette verrière ? Il est difficile de le savoir maintenant. Beaucoup de parties ont dû être entièrement refaites, mais on en connaissait le dessin. C'est dans ce vitrail que se trouve l'énigmatique pêcheresse dont la tradition a fait Diane de Poitiers. Millin décrit ainsi cette figure :

« Elle est nue : elle tient les bras serrés contre la poitrine et semble demander de sortir de ce séjour de douleur, où quelques faiblesses la retiennent, pour entrer dans le séjour des bienheureux où ses vertus doivent la placer. Voilà sans doute ce que le peintre a voulu représenter. Diane de Poitiers a les cheveux attachés avec un ruban. Selon la tradition, cette figure est son image frappante. Ce morceau est admis comme un chef-d'œuvre de l'artiste ».

Cette description n'est-elle pas charmante de naïveté ? Mais l'authenticité du portrait semble assez douteuse (1).

Rose.

Il paraît qu'avant 1870 il existait des fragments de vitraux anciens dans la grande rose du portrait, mais ces vestiges ont disparu (2).

(1) Voir gravure, p. 349.
(2) Dans le rapport au ministre du 8 novembre 1871 (Mon. hist.), cité p. 347, on voit que l'explosion du 22 juillet 1871 avait brisé « de vieux panneaux », et l'abbé de Laval vers 1880 « faisait des vœux pour voir confier prochainement à Oudinot la rénovation de la rosace ». *Esq. sur Vinc.*, p. 45.

CHAPITRE XI

SAINTE-CHAPELLE
(Suite)

Anciennes Sépultures. — Tombeau du duc d'Enghien

§ Ier. — ANCIENNES TOMBES

Jadis nos pères, mus par un sentiment profond d'idéalisme religieux, voulaient reposer « en terre sainte ». Les humbles groupaient leurs tombes autour des églises ; les riches, les puissants, les faisaient creuser dans le sol même des sanctuaires. Aucun de ces hommes aux convictions ardentes n'eut compris les raisons d'hygiène qui ont amené les générations modernes à éloigner leurs nécropoles des centres d'habitation, et à rechercher la disparition la plus rapide possible des restes matériels. La maison de Dieu devait rapprocher dans une communion incessante les vivants et les morts, réunir l'Eglise militante à l'Eglise triomphante, symbole admirable, réconfortant. La prière montait ainsi à chaque instant vers les absents, et le souvenir de ces derniers flottait doux, nébuleux, dans les nuages d'encens de l'autel.

La Sainte-Chapelle de Vincennes fut, comme tous les édifices analogues, un cimetière en même temps qu'un temple ; et lorsqu'Henri II ordonna la démolition de la cure Saint-Martin, son premier soin fut de prescrire l'exhumation « des trépassés qui dormaient dans la paix du Seigneur » et leur transfert dans le nouvel édifice.

Un grand nombre de corps furent ainsi rapportés dans la Sainte-Chapelle dont le sol se couvrit de larges dalles rectangulaires, ornées de portraits gravés, de figures emblématiques, d'inscriptions commémoratives. Puis, les inhumations continuèrent : de nouvelles pierres tombales s'ajoutèrent aux premières, de telle sorte qu'à l'époque de la Révolution presque tout le sol de la nef et du chœur était couvert par ce carrelage funéraire.

A la fin du XVIII° siècle, Millin releva toutes les inscriptions qu'il put lire, et les publia dans ses « antiquités nationales ». Ce fut un travail ardu ; car, sous l'action du temps, les traits étaient presqu'effacés, les caractères à peine apparents, les emblèmes souvent impossibles à distinguer. Les indications laissées par cet auteur sont d'autant plus précieuses, actuellement, qu'elles rappellent seules le souvenir de ceux qui reposent sous le dallage moderne remplaçant les anciennes pierres tombales aux enjolivements artistiques, détruites en 1793.

Ces sépultures ne contenaient d'ailleurs que peu de personnages illustres. Les rois de France ou leurs enfants qui moururent à Vincennes, — Louis X et Jean I, tous deux en 1316, Philippe V en 1322, Charles-le-Bel, en 1328, — furent, comme le dauphin Charles, fils de Charles VI, en 1386, et plus tard, Charles IX en 1574, inhumés à Saint-Denis.

Le roi d'Angleterre Henri V, mort au Donjon en 1422, fut transporté en Angleterre. Enfin les princes et princesses du sang ainsi que les gens de qualité, décédés au château, furent ensevelis dans les monastères dont ils étaient les bienfaiteurs, comme : Jeanne, reine de France et de Navarre, comtesse de Champagne et de Brie († 1304) inhumée aux Cordeliers de Paris ; Louis fils de Philippe VI († 1328) et Blanche (1), fille de Jean II, duc de Bretagne († 1328), inhumés aux Jacobins ; Jean, fils de Louis de France, duc d'Orléans († 3 oct. 1393), inhumé aux Célestins.

Plus tard, les corps de trois grands seigneurs morts au Donjon furent également transportés de Vincennes dans des sépultures particulières : le maréchal d'Ornano († 2 septembre 1626) et le chevalier de Vendôme, fils naturel de Henri IV († 10 février 1629) dans des chapelles de famille ; le duc de Puylaurens dans l'église des Célestins au faubourg Saint-Antoine à Paris.

(1) Elle avait épousé à Vincennes en 1280 Philippe d'Artois, seigneur de Conches.

Parmi les personnages dont les restes furent transférés de la Chapelle Saint-Martin dans la Sainte-Chapelle de Vincennes, on cite :

Jeanne, fille de Blanche de Bourgogne, femme d'Edouard, comte de Savoie († 1344). Le corps de cette princesse fut rapporté dans le sanctuaire, devant l'autel de la Vierge.

Anciennes pierres tombales de la Sainte-Chapelle

Reproduction d'un dessin de Millin

1. Chevalier. — 2. Marguerite de la Touche

Un chevalier dont la tombe fut placée dans la nef. L'inscription de la dalle funéraire, était tellement effacée à la fin du XVIIIe siècle que Millin ne put la lire. Ce chevalier était représenté les mains jointes avec une espèce de « soubreveste », ou cotte d'armes, parsemée d'oiseaux et jetée sur l'armure dont il était entièrement recouvert. Ses gantelets étaient attachés par un anneau à sa cotte d'armes. Une longue épée pendait à son côté gauche. Un chien, à ses pieds, semblait indiquer qu'il occupait un grade dans la vénerie. D'après le costume on reconnaît qu'il vivait anterieurement au XVIe siècle.

Les autres pierres tombales provenant de l'église Saint-Martin, trop effacées, gardaient l'anonymat aux corps sur lesquels elles pesaient.

A partir de la consécration de la Sainte-Chapelle, les inhumations s'y firent régulièrement (1). En 1426, les chanoines avaient obtenu la permission de se faire enterrer dans l'ancienne église « entre les piliers », suivant l'usage adopté par les chanoines de la Sainte-Chapelle de Paris (2) ; ils usèrent de ce même droit dans la nouvelle.

Tombes de la nef

Parmi les sépultures de la nef, on trouvait celles de :

Marguerite de la Touche, petite-fille de Pierre de la Touche, écuyer et lieutenant-capitaine des chasses. La date de l'épitaphe était déjà effacée à la fin du XVIIIe siècle ; mais le titre de lieutenant du château de Vincennes, que portait l'inscription, n'indique pas une haute antiquité. La tombe était probablement du milieu du XVIe siècle.

La dalle funéraire était curieuse, montrant comment les enfants étaient emmaillotés à cette époque. Les bras étaient libres, les épaulettes garnies d'un épais bourrelet.

— Damoiselle Marie Deloustalleaut, fille de Jehan de Loustalleaut (3), écuyer, seigneur de la Garde, sergent du régiment des gardes du Roi, et commandant du château de Vincennes, et de Jeanne Guiton († 7 septembre 1677).

— Vénérable et discrète personne Nicolas Roze, prêtre et chanoine de la Sainte-Chapelle († 24 avril 1687).

— Comte de Kœnigsberg, décédé au donjon le 2 décembre 1711.

— Dame Anne-Elisabeth de Berliche, veuve de Charles Habraham Laisné, seigneur de Boismignon, décédée le 3 décembre 1749, âgée de 84 ans.

(1) PONCET DE LA GRAVE, *Histoire de Vincennes*, t. I, p. 193.
(2) MILLIN, *Vincennes*, p. 42.
(3) MILLIN dit Marie Deloustannéaut, fille de Jéhan de Loustalléaut, p. 49.

— Jean-Pierre de Joly, né à Millau, de son vivant avocat à Paris, et doyen du conseil des princes du sang, traducteur de Marc-Aurèle — († 24 décembre 1774).

— Pierre-Antoine-François, comte de Laurencin-Persanges, ancien commandant et lieutenant-colonel au régiment de Normandie, chevalier de l'Ordre Royal et militaire de Saint-Louis, nommé à la Lieutenance du Roi à Phalsbourg. Il comptait 60 ans de service militaire quand il mourut à Vincennes le 1ᵉʳ janvier 1775. Il avait reçu plusieurs blessures graves à la bataille de Berg-Op-Zoom.

— Demoiselle Catherine Laisné de Boismignon, fille d'Anne Elisabeth de Berliche, décédée le 7 juillet 1782, âgée de 83 ans.

— Messire Charles-Emmanuel Laisné, chanoine de la Sainte-Chapelle depuis 1729, frère de la précédente, mort le 1ᵉʳ janvier 1785, âgé de 82 ans.

— Messire François-Alexis, comte de Laurencin-Persanges, capitaine des grenadiers du régiment de Normandie, commandeur de l'Ordre royal et militaire de Saint-Louis, ancien major de la citadelle de Lille, décédé le 20 novembre 1786, âgé de 56 ans.

Tombes du Chœur

On ne reconnaît que seize des sépultures du sanctuaire ; celles de :

L'abbé Dubois, dit Crétin, à l'instigation duquel, nous l'avons dit, furent continués les travaux de la Sainte-Chapelle de Vincennes à l'époque de François Iᵉʳ. Sa tombe se voyait du côté droit du chœur (1). La dalle qui la recouvrait était une des plus ornées de celles qui existaient dans le lieu saint. L'ancien trésorier y était représenté revêtu de ses habits sacerdotaux et l'inscription suivante y était gravée :

CY GIST
Vénérable et discrète personne messire G. Crétin
En son vivant aumonier du Roi, chantre et chanoine
De la Sainte-Chapelle de Paris, jadis trésorier de céans,
Lequel trépassa le XXXᵉ jour de novembre de l'an
MDXXV

(1) Abbé Lebeuf, II, p. 413. Voir gravure. p. 373.

Au dessous on lisait ces vers latins :

> Quisquis es, o hospes, jacet hac sub mole Cretinus.
> Cretinus, placidam posce dari requiem.
> Quatuor ille olim regum comes ordine honeste
> Vixit, vir meretis et pietate major.
> Historiam a Franco complexus ad usque Capetum
> Hugonem abruptum morte reliquit opus.
> Hocce tui desiderium tenue derelinquis
> Cetera ne vatem sint habitura parem (1).

L'abbé Crétin était né à Paris. Il avait été le chroniqueur des rois Louis XI, Charles VIII, Louis XII et François Ier.

— Vénérable et discrète personne Mathurin Perreau, en son vivant, chantre de céans et de Saint-Nicolas « du Louvre » à Paris. L'année de sa mort ne nous est pas connue, le millésime étant déjà effacé lorsque Millin releva les épitaphes.

— Noble et vertueuse personne messire Gaspard Macéré de Poissy, abbé de Lieu-Restauré en Valois, Conseiller et intendant des finances et affaires de très haute et très illustre princesse Madame Diane de France, duchesse d'Angoulême, qui a honoré sa mémoire d'un tombeau. Il décéda le 24 juin 1607.

Diane de France était très attachée à ce serviteur qui logeait chez elle Elle lui fit faire des funérailles magnifiques.

---

(1) Voici la traduction littérale de cette épitaphe :
> Qui que tu sois, ô étranger, sous ce monument est Crétin.
> Crétin demande qu'il obtienne un tranquille repos.
> Il vécut jadis honorablement, compagnon d'une suite de quatre rois
> Et fut plus grand encore par ses mérites et sa piété.
> Il embrassa l'histoire depuis Francus (a) jusqu'à Hugues Capet
> Et laissa son œuvre interrompue par la mort.
> De toi, tu laisses ce faible regret
> Que le reste ne puisse avoir semblable interprète. (b)

a) Ce Francus, fondateur imaginaire de la nation franque, a fourni à Ronsard le sujet de la Franciade.

b) Ces deux derniers vers sont obscurs, bien que le mot à mot n'en soit pas douteux. Après s'être adressé à l'étranger, l'auteur s'adresse, sans avertir, au mort lui-même. On peut se demander pourquoi il a écrit *tenue*, qui fait le vers faux, alors qu'au lieu d'un *faible regret* on attendrait plutôt un *vif regret*. En général, cette inscription est en latin médiocre et plusieurs vers sont faux.

Le 9 mars 1661, les entrailles du cardinal Mazarin furent enterrées

Ancienne dalle funéraire de l'abbé Crétin

Gravure extraite des Ant. Nat., de Millin

dans le chœur près du maître-autel. Une dalle en marbre blanc (1) les recouvrait, portant l'inscription :

(1) Elle avait la forme d'un cœur, dit MILLIN. *Antiquités nationales*, t. II, p. 46. Cette inscription a été citée également par PONCET DE LA GRAVE. *Hist. de Vinc.*, t. II, p. 127.

> Sous ce marbre sont les entrailles de Jules Mazarin
> Cardinal de la Sainte-Eglise, premier ministre d'Etat
> Lequel décéda au château de Vincennes, le neuvième
> De mars en l'année 1661, âgé de 57 ans.
> Priez Dieu pour le repos de son âme.

†

A côté de cette dalle et lui faisant pendant, se trouvait celle recouvrant le corps de demoiselle Françoise Bonne Gigault de Bellefont, fille de haut et puissant seigneur Bernardin Gigault de Bellefont, premier maréchal de France, commandant des ordres du Roi, et de haute puissante dame Madeleine Foucquet. Elle était morte, le 23 novembre 1692, à l'âge de 17 ans, au château de Vincennes dont le maréchal de Bellefont, son père, était alors le gouverneur.

— Près d'elle repose le corps de son frère, Louis-Christophe Gigault, marquis de Bellefont, capitaine des chasses du château, investi, par avance, en survivance du maréchal, de la charge de premier écuyer de Madame la Dauphine. Colonel du Régiment Royal Comtois, il mourut, le 3 août 1692, des suites des blessures qu'il reçut au combat de Steinkerque, en marchant à la tête de ses hommes. Il avait épousé Olympe de la Porte Mazarin, petite nièce du grand cardinal.

— Une autre dalle dans le chœur recouvrait les restes et portait l'épitaphe de Bernardin Gigault, marquis de Bellefont, seigneur de l'Isle-Marie, premier maître d'hôtel du Roi en 1663, maréchal de France, chevalier des Ordres du Roi, premier écuyer de Madame la Dauphine, ambassadeur en Espagne en 1665 et en Angleterre en 1670, décédé, doyen des maréchaux de France, le 5 décembre 1694, à l'âge de 64 ans, gouverneur du château de Vincennes, depuis 1691 (1).

---

(1) Le maréchal de Bellefont était fils d'Henri Robert Gigault, seigneur de Bellefont et de Marie d'Avoynes. Il se fit en plusieurs occasions importantes remarquer par son courage et son intrépidité. Louis XIV, qui appréciait sa valeur et ses hautes capacités, le nomma en 1668 maréchal de France et, en 1684, général en chef de l'armée de Catalogne où il battit en plusieurs rencontres les espagnols. Le roi, dans les guerres suivantes lui confia d'autres commandements d'armées.

Extrait de l'*Histoire du Donjon*, par L. B. Paris, 1807, chez Lerouge, libraire.

Poncet de la Grave et Millin ont prétendu que le cœur seul du maréchal de Bellefont aurait été déposé sous la dalle portant son épitaphe. C'est le contraire qui est vrai : Le caveau contient la dépouille mortelle du maréchal. Le cœur a été déposé au château de l'Isle-Marie. Cette relique se trouve actuellement possédée par M. le comte d'Aigneaux (1) propriétaire de ce château.

— Sous une autre dalle se trouvaient les restes d'une autre fille du maréchal, Jeanne-Suzanne Gigault de Bellefont, nommé Louise, dans son épitaphe. Elle décéda le 17 mars 1698, à l'âge de 31 ans. Sa dépouille mortelle fut jointe à celle de son mari, Charles-François d'Avi, marquis d'Anfreville, qu'elle avait épousé en 1691 et qui mourut à Vincennes, le 2 novembre 1692, à l'âge de 33 ans, étant alors lieutenant-général des armées navales du Roi.

— La sépulture des Bellefont devait encore s'ouvrir en 1710 pour recevoir le corps de Louis-Charles-Bernardin Gigault, marquis de Bellefont et de la Boulay, mestre de camp d'un régiment de cavalerie portant son nom, gouverneur et capitaine des chasses du château. Il était fils du maréchal, et mourut subitement à Paris à son retour de l'armée de Flandre, le 20 août 1710, n'étant âgé que de 25 ans (2).

D'autres dalles funéraires du chœur recouvrent les caveaux d'un certain nombre de prêtres et chanoines de la Sainte-Chapelle de Vincennes :

— Jean Labbé, décédé mars 1672.

— Nicolas Bernot, neveu du précédent, décédé le 30 août 1761 à l'âge de 87 ans.

— Hyves Maudet, décédé le 17 novembre 1675, âgé de 69 ans.

(1) Je dois ces renseignements à l'obligeance de mon ami le vicomte de Marcé, capitaine d'artillerie, dont la femme, Marguerite-Marie-Athénaïs de Beuverand de la Loyère, descend du maréchal par sa mère, Marie-Elisabeth Gigault de Bellefond, comtesse de Beuverand de la Loyère, et qui a bien voulu me communiquer un certain nombre de ses papiers de famille. En l'assurant de ma vieille et profonde affection, je tiens à lui exprimer publiquement mes remerciements.

(2) Le maréchal de Bellefont avait encore laissé une autre fille, Madame du Châtelet, autrefois attachée à la maison de Madame la Dauphine. Elle vivait très modestement à Vincennes avec sa mère, épargnant et économisant pour permettre à son mari, excellent officier, issu d'une ancienne famille de Lorraine, de pouvoir tenir avec dignité son rang à l'armée. Sa piété, sa douceur et ses nobles vertus, lui valurent d'être nommée Dame du Palais de la duchesse de Bourgogne, sans avoir fait la moindre démarche pour obtenir cette faveur, décernée uniquement à son seul mérite ce qui est un cas fort rare dans les annales des cours.

Extrait de l'*Histoire du Donjon*, par L. B., Paris 1807.

— Antonin Maindestre, décédé le 27 septembre... (illisible), à l'âge de 70 ans.

Comme autres tombes on trouve enfin celles de :

— Haut et puissant seigneur, Charles-Antonin, marquis du Châtelet et comte de Clermont, marquis d'Aubigny, seigneur de la Neuvaine, Morize, Courvilly et autres lieux, lieutenant-général des armées du Roi, gouverneur et capitaine du château de Vincennes, décédé au dit lieu, le 9 septembre 1720, âgé de 58 ans.

— Messire Godefroi de Guillonet, chevalier, seigneur de Coulon et autres lieux, brigadier des armées du Roi, chevalier de l'Ordre Royal et militaire de Saint-Louis, lieutenant pour sa Majesté au château et gouvernement de Vincennes, décédé le 3 octobre 1767, et de dame Françoise de la Houssaye, son épouse, veuve en premières noces de messire René Malinguehem, chevalier, baron de Brétisel, seigneur de Vieil Rouen et autres lieux, conseiller du Roi, lieutenant général civil et criminel de Beauvais, décédée le 12 juin de l'année 1782.

§ II. — LE TOMBEAU DU DUC D'ENGHIEN

De tous les tombeaux de la Sainte-Chapelle, il n'en existe plus qu'un seul ; c'est le dernier en date mais le plus célèbre, celui qui renferme les restes de l'infortuné duc d'Enghien. Son histoire trouve sa place naturelle à la fin de ce chapitre nécrologique.

Le prince, après avoir été fusillé de nuit (1) au fond du fossé sud du vieux fort, dans le rentrant formé par la tour de la Reine, fut jeté, tout habillé, près de l'endroit où il était tombé (2).

---

(1) On lit dans la *Bibliographie des Contemporains* que : La nuit étant très obscure, on lui attacha une lanterne sur le cœur, afin de servir de point de mire aux soldats. Suivant une autre relation, le duc d'Enghien aurait pris lui-même cette lanterne et l'aurait tenue d'une main ferme.
Tous les raports au surplus s'accordent sur ce point qu'il a fallu le secours d'une lanterne pour éclairer cette horrible exécution. La variété des dépositions provient de ce que tous les témoins n'étaient pas également à portée de bien distinguer dans l'obscurité. Citations extraites des *pièces judiciaires et historiques* relatives au procès du duc d'ENGHIEN, imprimées à Bruxelles sans nom d'auteur.
Plaquette attribuée à DUPIN. p. 22.

(2) Voir t. I, p. 215.

Le foisonnement des terres indiqua pendant quelques jours la place de sa sépulture. Puis, l'action du temps nivela le sol. Le lieu où s'était déroulé, dans la nuit du 21 mars 1804, le sombre drame, se recouvrit de hautes herbes et d'épaisses broussailles.

Le silence se fit autour de cette tombe.

Douze années s'écoulèrent ainsi : pour la France, années de triomphes éblouissants suivies d'années de défaites glorieuses mais irréparables. Le prince de Condé et le duc de Bourbon à Londres, la princesse de Condé dans un monastère de Russie, la duchesse de Bourbon en Espagne, la princesse de Rohan en Hongrie, le chevalier Jacques en Angleterre, associaient de loin leurs prières lorsque revenait le triste anniversaire de celui dont ils devaient toujours porter le deuil (1). Ils semblaient être les seuls qui eussent souvenance du tragique événement quand, le colosse impérial devant qui l'Europe entière avait tremblé si longtemps s'écroula, subissant à son tour, par un fatal revirement des choses d'ici-bas, toutes les vicissitudes de la fortune (2). — Le drame de Vincennes sortit alors de l'oubli. S'occuper du duc d'Enghien, n'était-ce pas porter un dernier coup au maître qu'on ne craignait plus ? L'opinion publique réclama le châtiment de tous ceux qui avaient rendu l'inique jugement (3). Louis XVIII s'y refusa noblement, invoquant le respect de la constitution jurée ; mais, dans un sentiment autant de politique que de déférence envers sa famille, il proposa aux Chambres de faire rechercher les restes du dernier des Condé et d'élever un monument à la mémoire du prince. Le 17 janvier 1816, le garde des sceaux Barbé Marbois présenta à la Chambre des députés le projet de résolution du roi, qui fut adopté par assis et levé. La chambre des Pairs confirma ce vote le lendemain 18, à l'unanimité de 113 voix.

(1) M. Henri Welschinger, *Le duc d'Enghien*. p. 438.
(2) La chute fut si lamentable, écrit M. H. Welschinger, que la princesse de « Condé elle-même apprenant la déchéance de l'Empereur ne put s'empêcher de s'é- « crier : « Non ! je n'aurais pas osé demander à Dieu une pareille vengeance ».
(3) Le duc de Bourbon écrivait de Londres au chevalier Jacques en 1816 : « Le « *Times* que j'ai sous les yeux, observe avec raison qu'il est monstrueux que tous « les scélérats qui ont prononcé ce jugement inique existent encore, et que l'on « n'ait pas entendu parler ni de l'arrestation, ni du jugement d'aucun d'en- « tr'eux. Parlez donc de cela, qu'on les recherche, qu'on les mette en poussière ! »..
(Lettre citée par M. Henri Welschinger, ibidem, p. 465.

Le 10 février 1816, le ministre de l'Intérieur promulgua la loi (1). La Sainte-Chapelle de Vincennes était désignée pour recevoir le tombeau érigé aux frais de la nation. L'édifice servait alors de salle d'armes. Il fallut d'abord que le ministre de la guerre le fît dégager en ordonnant de transporter les armes qu'il contenait, dans le pavillon de la Reine (2). D'ailleurs, le bâtiment avait besoin de grosses réparations ; puis il devait être consacré de nouveau. Malgré toute la diligence déployée dans cette circonstance, il ne put être remis à l'abbé Rougier, premier chapelain du roi (3) que le 29 mai 1818. Pendant que ces diverses questions étaient réglées, on recherchait les restes du fusillé de 1804. L'abbé Roger, curé de Vincennes, avait envoyé au ministre de la police, les renseignements qu'il possédait sur l'endroit où se trouvait le corps (4). Louis XVIII lui fit exprimer toute sa satisfaction, mais avant de faire commencer les recherches effectives, il chargea le conseiller d'Etat La

---

(1) Voici le texte du projet :
1° Le 21 janvier il y aura dans tout le royaume un deuil général dont nous fixerons le mode. Ce jour sera férié ;
2° Il sera fait le même jour, etc.... un service solennel dans chaque église de France ;
3° En expiation du crime de ce malheureux jour, il sera élevé au nom et aux frais de la nation, dans tel lieu qu'il nous plaira de désigner, un monument dont le mode sera réglé par nous ;
4° Il sera également élevé un monument au nom et aux frais de la nation, à la mémoire de Louis XVI, de la reine Marie-Antoinette et de Madame Elisabeth.
5° Il sera aussi élevé un monument au nom et frais de la nation, à la mémoire du duc d'Enghien.
(2) Le transfert eut lieu en septembre 1816.
(3) La remise en fut faite par le commandant d'artillerie Porel, au capitaine du génie Lemaître, et par ce dernier à l'abbé Rougier.
(4) « Les mânes augustes de Mgr le duc d'Enghien », écrivait-il, « sont là où le « corps couvert de ses habits a été mis, dans l'encoignure de la Tour à gauche du « pavillon, au sud, en sortant par la porte du parc et en travers, sa tête touchant « la partie du mur à droite, et ses pieds celle du mur à gauche, comme une barre « qui joindrait les deux murs, le milieu du corps faisant face à l'angle. A trois « ou quatre pouces près, je suis sûr de le trouver ».
Il ajoutait dans une autre lettre : « Un de mes paroissiens, nommé Bonnelet, « un de ceux chargés de commencer la fosse et un autre, nommé Godard, qui retira « les instruments restés dans le fossé, ne sont pas d'accord sur le lieu précis. Il « paraît que les gendarmes ont achevé de creuser l'abime commencé par quelques « ouvriers du village »..... « Mais comme il s'agit de s'étendre en creusant sur « douze pieds en carré, il est inutile de s'inquiéter : à quelques pieds ou quelques « pouces près, le résultat doit infailliblement répondre à nos désirs ».
Bibl. Nat. ms fr., 6808. (Lettres citées par M. H. WELSCHINGER, le Duc d'Enghien.

Porte-Lalanne, assisté du vicomte Héricart Ferrand de Thury, maître des requêtes, du chevalier de Contye, aide-de-camp du prince de Condé, et du chevalier Jacques, aide-de-camp du duc de Bourbon, ancien secrétaire du prince, de procéder à une enquête approfondie. Les membres de cette commission, qui avaient pour mission de constater l'identité du corps du duc d'Enghien et de dresser tous actes relatifs à son exhumation, se transportèrent, le 18 mars 1816, à Vincennes. Ils furent reçus dans la forteresse, par le gouverneur, le marquis de Puivert, accompagné de MM. de Rully, de Béthisy et de Vassé.

Dans cette première séance, les commissaires procédèrent aux interrogatoires du brigadier de gendarmerie Blancpain, qui avait assisté à l'exécution ; du manouvrier Bonnelet qui avait creusé la fosse et du canonnier Godard qui avait fourni les pelles et les pioches nécessaires à ce travail.

Blancpain déposa le premier :

« Ayant reçu le 20 mars 1804, du général Savary, à la caserne des Célestins, rue du Petit-Musc, près l'arsenal, l'ordre d'aller à Vincennes, avec la gendarmerie d'élite, il s'y rendit aussitôt.

« Arrivé au château de Vincennes, avec ce détachement, il y fut, sur le champ, établi surveillant d'un prisonnier de haute importance, qu'il a su depuis être le duc d'Enghien, et en sa qualité de surveillant, il fut placé au haut de l'escalier de son logement ».

« Il accompagna le prince, à deux reprises, au Pavillon de la Porte du Bois, dans lequel se tenait le conseil de guerre.

« Après le jugement rendu par le dit conseil de guerre, il fut posté par le général Savary, dans le fossé, sous le pont de la Porte du Bois, à cinquante pas environ du Pavillon de la Reine, au pied duquel s'est fait l'exécution. Il en fut le témoin de la dite place, sans pouvoir distinguer bien précisément ce qui se passait, si ce n'est qu'il entendit, à deux ou trois reprises, le général Savary qui se tenait en haut, sur le bord extérieur du fossé, et vis-à-vis, ordonner à l'adjudant Pelé de commander le feu. Il n'y avait d'autre lumière dans le fossé que celle d'une lanterne.

« Aussitôt après que le prince fut tombé, il vit les gendarmes s'approcher du corps et l'emporter, tout habillé, pour le déposer dans une fosse préparée derrière un mur de cinq à six pieds de hauteur environ et distant de trois pas du lieu de l'exécution qui servait aux décombres. La fosse fut fermée immédiatement. »

Le sieur Bonnelet vint déclarer, à son tour, que :

« Le jour où Mgr le duc d'Enghien était arrivé, on lui avait donné, vers les trois heures de l'après-midi, l'ordre de creuser une fosse pour y enfouir des décombres formés par l'éboulement d'un mur de quatre à cinq pieds de hauteur au bas du Pavillon de la Reine, et qu'il y avait travaillé jusqu'à la fin du jour ;

« Que le lendemain, l'entrée du fossé lui ayant été interdite, ce n'avait été que le surlendemain qu'il avait pu aller voir la fosse qu'il avait faite, qu'il l'avait trouvée comblée et la terre relevée dessus en forme de sépulture ;

« Que pendant un certain temps, mais dont il ne peut déterminer la durée, il y avait eu une sentinelle placée vis-à-vis en haut, sur le bord extérieur du fossé, et qu'elle ne permettait pas d'approcher pour regarder dans le fossé. »

« Enfin que, dès le lendemain, tout le monde disait dans Vincennes que Mgr le duc d'Enghien avait été fusillé et enterré dans les fossés ».

Le troisième témoin, Godard, déposa qu'il avait sur l'ordre du comte Harel, commandant du château, porté trois pelles et trois pioches chez ce commandant.

« Que le lendemain, le commandant lui ayant dit qu'il pouvait aller chercher ses outils dans le fossé, il y était descendu et qu'ayant demandé à un homme qui travaillait, où ils pouvaient être, cet homme lui répondit qu'ils étaient au pied du pavillon de la Reine. »

« Qu'en approchant, au pied d'un petit mur qui existait alors, il aperçut à terre une espèce de calotte de maroquin vert auprès d'un pommier (depuis arraché) et qu'ayant dès le matin, entendu dire que Monseigneur le duc d'Enghien était le prisonnier qu'il avait vu la veille, lequel avait été fusillé pendant la nuit, et enterré dans le fossé, la vue de cette calotte lui causa une émotion qui lui permit à peine d'y arrêter les yeux ».

« Qu'il se pressa d'entrer dans l'enceinte, au pied du pavillon et d'y ramasser ses pelles et ses pioches qui étaient jetées, çà et là, sur une fosse nouvellement faite et présentant une élévation d'un pied au dessus de la terre dans la forme d'une sépulture ».

— 381 —

Les commissaires exactement renseignés sur le lieu de l'exécution décidèrent que les fouilles seraient entreprises le 20 mars, veille de l'anniversaire de la mort du prince. Ce jour-là, ils revinrent au château avec le comte de Pradel, le marquis Aymer de la Chevalerie, le Chevalier de Jaubert, le vicaire général de Jalabert, le comte de Béthisy, M. de Saint-Félix, le vicomte de Geslin, le marquis de Chamfort, le maire de Vincennes, le marquis de Courtemanche, et le colonel Jonville, ancien aide-de-camp du duc d'Enghien. Le docteur Héricart de Montplaisir, le docteur Delacroix, chirurgien ordinaire de S. A. S. Monseigneur le prince de Condé, et le docteur Bonnié, chirurgien de S. A. S. Monseigneur le prince de Condé, étaient chargés des constatations légales.

La commission entendit encore Madame Bon (1) ; puis, vers midi se transporta dans le fossé, où se trouvaient déjà Godard et Bonnelet.

Les fouilles commencèrent aussitôt, dirigées par ces deux témoins. Après une heure et demie de travail, on mit à jour une botte contenant les ossements du pied droit, puis les os de la jambe à laquelle appartenait ce pied. Leur position fit alors préjuger de la situation du squelette et conduisit à sa découverte méthodique. Le corps avait dû être jeté brutalement dans la fosse, car il gisait sur le ventre, les bras croisés sur la poitrine. Les jambes étaient dans une position forcée. Une grosse pierre avait porté sur le crâne qui fut trouvé brisé (2). L'os du bassin présentait une fracture avec une échancrure circulaire caractéristique. Il ne restait d'ailleurs que des ossements complètement privés de leurs parties molles. Ils furent recueillis avec un grand soin, présentés au fur et à mesure aux commissaires du roi, et déposés dans un linceul avec les terres qui les environnaient.

Outre les bottes bien conservées, on retrouva un anneau, une chaîne d'or que le prince portait habituellement au cou, quatre-vingts ducats en

(1) Madame Bon était cette ancienne religieuse qui ramenait les filles de madame Harel quand le prince arriva au château, et se croisa avec lui dans l'escalier de la tour du Bois.
(2) Au moment de son supplice, le prince était vêtu d'un pantalon gris, bottes à la hussarde, cravate blanche. Il avait sur la tête une casquette à double galon d'or. Il portait deux montres dont l'une seulement lui fut enlevée par un gendarme et remise par lui au général Savary.
Déposition de Blancpain. NOUGARÈDE DE FAYET, *Recherches historiques sur le procès et la condamnation du duc d'Enghien*, t. II, p. 302.

or, des débris de casquette et jusqu'à des cheveux. Le chevalier Jacques reconnut tous ces objets comme ayant appartenu au prince dont il avait été l'ami fidèle.

Le linceul contenant les ossements fut déposé dans un cercueil de plomb qui, lui-même, fut mis dans un cercueil de chêne recouvert de velours et orné de fleurs de lys d'argent.

La levée du corps fut ensuite effectuée en présence de tous les assistants et la bière, transportée par huit sapeurs du génie, fut déposée provisoirement dans une pièce située au rez-de-chaussée du pavillon des officiers (1).

Le lendemain il y eut une grande cérémonie expiatoire. Une chapelle ardente avait été installée dans la pièce même où avait été rendu le jugement (2). Ce fut de là que partit le cortège comprenant toutes les notabilités de l'Etat et une foule nombreuse d'amis ou de personnes attachées à la maison de Condé. Toutes les troupes de la garnison rendaient les honneurs, formaient la haie, depuis la porte du Bois jusqu'à la paroisse de Vincennes où fut célébré le service mortuaire. L'évêque de Châlons officia pontificalement ; le curé de Vincennes prononça l'oraison funèbre. Le duc de la Vaughion, M. de Chateaubriand et M. Lynch étaient au banc d'œuvre.

Après la cérémonie, le cercueil fut ramené dans la pièce où il avait été déposé la veille et y resta sous scellés.

Dans le fond du fossé, une colonne en granit rouge reposant sur un socle de marbre noir fut élevée pour marquer le lieu de l'exécution du prince. Elle portait l'inscription HIC CECIDIT (c'est ici qu'il tomba).

Un tertre de gazon surmonté d'un porte-croix en pierre indiqua la place de la fosse dans laquelle le corps avait reposé pendant douze années.

Une lithographie de F. A. Pernot (dessin d'après nature comme l'indique la légende) nous donne une idée assez exacte de l'état des lieux en 1819. Il est à remarquer seulement que l'auteur a représenté un obélis-

---

(1) (Archives de la place). Probablement le Pavillon de la Reine.
(2) Logement situé au-dessus de la porte du Bois, occupé jusqu'en 1907 par le commandant du génie, actuellement cercle des sous-officiers du 26ᵉ bataillon de chasseurs à pied.

que à la place de la colonne monolithe qui existait réellement. Cette colonne, enlevée en 1836 (1) resta longtemps dans la cour puis fut déposée dans une casemate dont la porte est sous la voûte de la porte du Bois, la première à gauche pour une personne sortant du vieux fort (2).

En 1905, le colonel Passement, directeur de l'Ecole d'artillerie de Vincennes, obtint l'autorisation de la faire remettre en place et dirigea les travaux de restauration.

L'exécution du tombeau qui devait être érigé dans la chapelle, avait été confié à Deseine. Le 10 février 1816, M. de Vaublanc avait signifié au sculpteur qu'il avait été choisi pour faire ce travail et qu'il lui était alloué un crédit de 50.000 fr. pour l'ensemble des frais (3).

Louis-Pierre Deseine avait alors 77 ans. Il était né à Paris le 20 juillet 1749 de Louis-André Deseine, maître menuisier, et de Madeleine Potier. Il jouissait d'une réputation méritée. Grand prix de Rome en 1780, il avait été nommé chevalier de l'Ordre de l'Eperon d'or pour quelques ouvrages dont il avait fait hommage au Souverain Pontife. A son retour à Paris, il avait été nommé agréé à l'Académie royale de peinture et de sculpture, le 25 juin 1785, puis, membre de cette Société le 26 mars 1791. Dès 1785 il exposait au Salon. Ayant reçu le titre de sculpteur des

---

(1) Le monument qui marquait l'endroit où tomba le dernier des Condés aurait, suivant Dulaure, disparu depuis la Révolution de juillet (DULAURE. *Environs de Paris* t. V, p. 16).

(2) L'abbé de Laval prétend dans son étude historique (page 57) que la colonne monolithe portait l'inscription suivante en lettres de cuivre ainsi disposées :

ICI
EST LE CORPS
DE TRÈS HAUT, TRÈS PUISSANT
LOUIS-ANTOINE-HENRI DE BOURBON
DUC D'ENGHIEN
PRINCE DU SANG
PAIR DE FRANCE
MORT
A VINCENNES
LE 21 MARS
1804
A L'AGE
DE 31 ANS, 7 MOIS, 18 JOURS

La colonne ne portait en réalité que les deux mots : *hic cecidit* comme on peut le voir sur le monument remis en place.

(3) Archives du Génie de Vincennes, art. 3 pièces 21.

princes de Condé, il était resté fidèle à cette famille pendant la Révolution et s'était occupé secrètement de ses intérêts. En récompense de son dévouement, il avait été fait, en 1816, chevalier de Malte. Il était alors membre des Académies de Rouen et de Berlin. Le choix qui s'était porté sur son nom, était donc tout naturel et très justifié (1).

Désireux de laisser à la postérité une œuvre imposante qui mettrait le comble à sa réputation, et qui « serait digne de la gloire de l'illustre maison des Condé » dont il était l'obligé, Deseine trouva que le crédit alloué était insuffisant et dès le 24 octobre 1816, il écrivit à M. de Mainville, commissaire administrateur général des maisons, domaines et finances du prince de Condé, pour lui faire part de ses craintes.

« Bientôt le petit modèle du monument du duc d'Enghien, disait-il, sera prêt à mettre sous les yeux de Monseigneur, et sera ensuite offert à la curiosité de toutes les personnes qui désireront connaître quelle pensée m'a inspiré un aussi grand sujet.

« Fasse le ciel que je ne sois pas obligé de me rabattre à une idée moins digne, faute de moyen d'exécuter, ce qui ne tardera pas à paraître » (2).

Le 19 novembre 1816, il revenait à la charge.

« Le petit modèle du monument à ériger à la mémoire de S. A. S. M. le duc d'Enghien, écrivait-il de nouveau à M. de Mainville, est entièrement terminé. J'aspire au moment de vous le montrer, Monsieur, ainsi qu'à toutes les personnes pour qui cet événement est une peine réelle.

« J'ai envisagé mon sujet sous une grande et noble pensée, sans penser à la modique somme qui m'est allouée, bien persuadé qu'on viendra à mon secours pour m'éviter la douleur de morceler une aussi belle pensée, ce à quoi je me verrai réduit à mon grand regret, si j'étais trompé dans mes espérances.

« D'ailleurs les paiements de l'excédent ne devant s'effectuer que par

---

(1) Note fournie par M. Le Chatelier (archives de famille) qui m'a d'ailleurs communiqué très aimablement une partie des documents qu'on trouvera dans cette étude.

(2) *Archives du musée de Condé*. A. B. 59. Lettre de Deseine à de Manville 30 novembre 1816.

cinquième, en raison de l'avancement de mon travail, et ce travail, auquel je me livrerai tout entier, devant être l'ouvrage de plusieurs années, cela ne peut occasionner aucune gêne.

« Voilà mes premières réflexions. Il vous suffira, Monsieur, d'examiner le thème que je me suis donné, pour juger combien je suis pénétré de mon sujet et pour vous convaincre, plus que jamais, combien je fais partie de ce petit nombre d'hommes restés fidèles à l'honneur et à l'attachement respectueux qu'inspire la noble maison des Condé.

« Il me sera toujours flatteur, Monsieur, de pouvoir vous compter au nombre de mes protecteurs dans cette affaire qui intéresse la mémoire d'un prince infortuné, que la France regrettera sans cesse et dont le monument, s'il s'exécute tel que je l'ai conçu, peut immortaliser mon nom comme artiste. »

Dans une lettre du 30 novembre suivant Deseine expliquait ainsi sa maquette :

MONUMENT.

La Force de courage soutient le duc d'Enghien jusqu'à son heure dernière ; il marche avec calme à la mort.

Le crime qui se cache l'attend pour le frapper.

La France enchaînée par la tyrannie est accablée de douleur par cet horrible assassinat.

Le bas relief introduit dans cette composition représente l'instant où l'illustre victime montre à ses assassins la place où ils doivent frapper.

ACCESSOIRES EMBLÉMATIQUES.

Sur le sarcophage sont placées deux couronnes de chêne, emblèmes de la force et de la valeur ; elles sont enlacées de deux branches de cyprès consacrées au tombeau.

Le brisement des balances et du glaive de Thémis placés aux pieds de la France, signifie que sous la tyrannie la justice est sans force.

La France tient dans ses mains son sceptre renversé pour commander.

BAS-RELIEF.

Le lys renversé aux pieds du héros annonce qu'il est le dernier rejeton de l'illustre maison des Condé.

M. de Mainville remercia Deseine de cette notice, tout en lui disant qu'après avoir consulté le chevalier de Contye, il ne la communiquerait à personne. Il craignait en effet que l'explication du bas-relief ne procurât au prince de Condé un sentiment de douleur qu'il ne convenait pas d'exciter à son âge (1).

Deseine admit ces raisons, mais il revint sur la question d'argent.

« Quel chagrin infini, écrivait-il le 16 Décembre 1816, ce serait pour moi si, faute de moyens, je me voyais forcé de mutiler ma pensée pour l'enfermer dans la somme qui m'est allouée. Non, la maison de Condé est trop grande et toutes les personnes qui sont honorées de sa confiance sont trop bien pensantes, pour ne pas espérer trouver en elles toute la bienveillance, que j'ose attendre pour m'aider à transmettre à la postérité un monument digne du héros auquel il est consacré.

« J'ose, Monsieur, vous compter au nombre de mes protecteurs dans cette circonstance si intéressante pour moi, comme artiste qui n'a jamais dévié de l'honneur, et qui aspire à s'immortaliser par ses talents (2) ».

Et toujours persuadé que sa volonté aurait raison de tous les obstacles, il exposait le 22 janvier suivant au Palais Bourbon sa maquette telle qu'il l'avait conçue. Voir 1er projet, p. 389 et trophées et accessoires). Le duc de Bourbon et le prince de Condé félicitèrent l'auteur, mais durent s'inquiéter du prix. Deseine ayant tenu bon sur ce point fut mandé le 9 mars dans le cabinet de M. de Mainville, pour recevoir communication des instructions des princes, en présence du baron de St-Jacques, secrétaire des commandements du duc de Bourbon, et de M. de Glatigny, contrôleur général des domaines et finances de la dite Altesse sérénissme, appelés comme témoins de l'entretien ;

M. St-Jacques dit à Deseine :

« Vous avez annoncé, Monsieur, à LL. AA. SS. Messieurs les prince de Condé et duc de Bourbon que le prix de 50.000 francs fixé par le roi pour le monument à la mémoire de Monseigneur le duc d'Enghien ne pouvait suffire à son exécution, d'après le plan que vous en aviez conçu

(1) *Archives du musée de Condé*. A B. 59. Lettre de M. de Mainville à Deseine du 6 décembre 1816.
(2) *Archives du musée de Condé* A B. 59. Lettre de Deseine à M. de Mainville du 16 décembre 1816.

et dont vous aviez soumis le modèle à l'examen public dans les salles du Louvre. Vous aviez exprimé le désir que les princes de la Maison de Condé intervinssent pour une égale somme de cinquante mille francs, afin que le moument fut plus digne de son objet. Déjà, M. de Mainville, de la part de S. A. S. M. le prince de Condé, vous a fait connaître les instructions de ce prince ; il vous a été dit que le roi ayant fixé les dépenses de ce monument et désigné la maison royale où il devait être placé, S. A. S. avait déclaré ne pas pouvoir alors se mêler en rien de ce qui y était relatif, que le roi verrait avec déplaisir les princes de la Maison de Condé ajouter à une somme qu'il avait jugée suffisante pour le monument.

« Vous avez écrit à ce sujet à S. A. S. Monseigneur le duc de Bourbon ; ce prince partage les mêmes sentiments que M. son père et me charge expressément de vous dire qu'il ne peut, ne doit, et ne veut participer en rien à la dépense du monument ; que le roi ayant émis sa volonté, elle doit être suivie entièrement. Il me recommande de vous assurer de ses intentions particulières à cet égard, afin que vous ne puissiez dire un jour, que vous avez agi par un consentement tacite, si votre idée, vous entraînant au-delà du cercle qui vous est tracé, vous jetait dans des dépenses non autorisées, et au paiement desquelles la maison de Condé ne pourrait satisfaire sans blesser toutes les convenances. Le prince me charge également de vous assurer qu'il n'est point ici opposé à vos désirs par la considération d'une dépense de cinquante mille francs, mais bien par la conviction intime où il est, qu'en y consentant, le roi ne pourrait approuver un tel changement à sa volonté prononcée sur cet objet ».

M. Deseine développa toutes les raisons susceptibles de justifier les dépenses du monument, insistant sur la nécessité de lui donner toute la dignité convenable, et d'en faire un sujet d'orgueil national, et il ajouta :

« Qui saurait ce que la maison de Condé aurait pu faire dans cette circonstance ? Les journaux ne parleraient que de la volonté du roi et rien ne serait connu d'une transaction particulière faite avec moi ».

M. de Glatigny tâcha de le ramener à d'autres sentiments. « Les journaux, dit-il, ignoreront sans doute, Monsieur, le prix du monument ; j'admets même qu'ils n'en parleront pas. Mais ce monument ne deviendra-t-il pas l'objet de la curiosité comme de l'admiration publique ? Plein de votre sujet, sûr de l'exécution d'une belle pensée, ne désirez-vous pas que chacun aille voir votre ouvrage ? Pouvez vous croire que les gens de l'art qui l'examineront n'apercevront pas au détail et à l'ensemble de l'exécution de votre plan, que vous n'avez pu l'achever pour cinquante mille francs ? La curiosité se piquera, et toutes les démarches employées pour pénétrer la vérité seront mises en jeu. Ainsi il en résulterait alors plus de mal, que si la maison de Condé avait acquiescé ouvertement à votre demande ».

« Deseine sentit la force de ce raisonnement, renonça à l'idée que la maison de Condé put souscrire à sa demande, mais déclara qu'il courrait les chances dans lesquelles son plan pourrait l'engager, qu'il l'exécuterait comme il l'avait conçu, voulant pour lui et la France militaire un titre de gloire, enfin, qu'il continuerait son monument d'après le modèle qu'il avait exposé au Louvre, dans l'espoir que, le temps amenant des circonstances plus heureuses, le gouvernement ne pourrait se refuser à le satisfaire ».

Le sculpteur se buta si bien dans cette idée qu'il ne produisit aucun projet rectificatif. Cependant ni le ministère ni la famille de Condé ne cédèrent. Il en résulta des discussions interminables qui se traduisirent par un long retard dans l'achèvement du monument ; le modèle définitif ne fut terminé qu'en novembre 1819 (1).

Les blocs de marbre n'arrivèrent à Paris que l'année suivante (2).

Les travaux de la Sainte-Chapelle avaient été poussés d'ailleurs avec une égale lenteur, mais se trouvaient presque achevés à cette même époque. Le tombeau devait être érigé dans le chœur du côté de l'Evangile et être appuyé contre le mur qui sépare l'oratoire Nord, du sanctuaire, en dessous de l'endroit où se trouve actuellement le grand tableau de M. Beauquesne représentant la translation à Vincennes du chapitre de l'Ordre de Saint-Michel.

Par raison de symétrie, on avait décidé d'élever en face du mausolée un autel dédié à la Vierge.

(1) *Moniteur Universel* du 12 novembre 1819.
(2) *Archives Nationales* O —1280 — n° 2. 840.

Sur ces entrefaites, Deseine mourut le 11 ocotbre 1822. Il n'avait terminé que trois statues. Celle qu'il appelait « la Force de courage », n'était

Monument du duc d'Enghien. — 1er projet de Deseine
Dessin de la collection de M. Le Chatelier. — Planche de l'Ami des Monuments

pas commencée. Son neveu, Amédée Durand, sculpteur et graveur en médailles, fut chargé de continuer le monument inachevé.

Pourquoi ne reprit-il pas le projet adopté ? On l'ignore. Il semble qu'on ait voulu profiter du remplacement d'artiste pour réduire la dépense, ce qu'on n'avait pu obtenir de l'entêtement du maître.

Le grand aumônier et le ministre de l'intérieur demandèrent au roi qu'une statue du duc d'Enghien faite quelques années auparavant aux frais de la liste civile, fut utilisée pour le monument (1) Cette requête ne fut pas approuvée. Mais la Force de Courage fut remplacée par une statue de la Religion portant une croix. Si ce changement qu'on peut voir sur le projet 2 ne fut pas heureux, l'exécution de la statue laissa encore plus à désirer. C'était le commencement des transformations.

Pour continuer, une plaque de marbre portant une inscription latine, et dont le texte avait été rédigé par l'Académie des belles lettres (2) en 1819, remplaça le bas relief en bronze qui devait représenter le jeune prince en face du peloton d'exécution (3ᵉ projet).

```
OSSA. HIC. SITA. SVNT
LVD. ANTON. HENRICI BORBONII. CONDAEI. DVCIS. ENGVIANI
QVI DVM. EXVLANTE. LEGITIMO. REGE
APVD. EXTEROS. VLTRA. RHENVM. HOSPITARETVR
INSIDIIS. TYRANNI. SPRETO. IVRE. GENTIVM.] INTERCEPTVS
INTRA. HVJVSCE. CASTELLI. MVNIMENTA
NEFARIE. DAMNATVS. ET. PERCVSSVS. OCCVBVIT
NOCTE. VIGESIMA. PRIMA. MARTII. MDCCCIV
NATVS. ANNOS. XXXI. MENSES. VII. DIES. XIX

LVDOVICVS. XVIII. AVITO. SOLIO. REDDITVS
DESIDERATISSIMI. PRINCIPIS. RELIQVIAS
TVMVLTARIE. TVM. DEFOSSAS. REQVIRI
ATQVE. SACRIS. PIACVLARIBVS. RITE. INSTITVTIS
HOC. MONVMENTO. CONDI. JVSSIT. D. XIV. FEBR. A. MDCCCXVI
```

Plaque de marbre, qui avait remplacé sur le monument Deseine-Durand le bas-relief représentant la scène de l'exécution, qui figurait dans les 1ᵉʳ et 2ᵉ projets de Deseine (3).

(1) Rapport au Roi. Ministère de la maison du Roi, 3ᵉ division. — n° 2647 — *Archives nationales*. 19 juin 1823.
(2) *Moniteur Universel* du 12 novembre 1819.
(3) Voici la traduction littérale du texte de l'inscription :

ICI REPOSENT LES OSSEMENTS
DE LOUIS ANTOINE, HENRI DE BOURBON CONDÉ, DUC D'ENGHIEN —

Le monument Deseine-Durand fut terminé en 1825. Le cercueil était logé dans un petit caveau à section rectangulaire, ménagé dans le soubassement, parallèlement à la grande face de ce dernier. Une porte en bronze, ornée des armes des Condé, fermait cette sorte de niche.

Cet état de choses subsista jusqu'en 1851.

A cette époque le Prince Président vint visiter la Chapelle à laquelle d'importantes restaurations devaient être faites. L'abbé de Laval nous a conservé le souvenir de cet événement. Il n'est pas sans intérêt de montrer comment le vieil aumônier, qui fait trop souvent autorité quand il s'agit de Vincennes, arrangeait l'histoire. Nous reproduisons fidèlement son récit, qui a fait le bonheur de toute une génération de visiteurs, et a été retenu d'autant plus facilement qu'il est inexact (1) :

« Quelques mois après le coup d'Etat de 1852 (2), un phaéton s'arrêtait sur l'avenue de Paris, auprès de la porte principale du Vieux Fort de Vincennes. Deux personnages en descendaient, et laissant les rênes du joli attelage aux mains d'un laquais, pénétraient dans le Fort. Rien n'indiquait qui ils étaient.

« Les visiteurs se dirigèrent vers la chapelle et sans rien examiner d'autre, aussitôt entrés, vinrent examiner le tombeau du duc d'Enghien.

QUI, PENDANT L'EXIL DU ROI LÉGITIME, ALORS QU'IL RECEVAIT L'HOSPITALITÉ SUR LE TERRITOIRE ÉTRANGER AU DELA DU RHIN, — TOMBA DANS LES EMBUCHES DU TYRAN, ET FAIT PRISONNIER AU MÉPRIS DU DROIT DES GENS — FUT, DANS CE CHATEAU, — CRIMINELLEMENT CONDAMNÉ A MORT ET FUSILLÉ — DANS LA NUIT DU VINGT ET UN MARS 1804 — AGÉ DE 31 ANS 7 MOIS 19 JOURS

LOUIS XVIII REMONTÉ SUR LE TRÔNE DE SES AÏEUX — FIT RECHERCHER LES RESTES DE CE PRINCE, OBJET DE TOUS LES REGRETS — QUI AVAIENT ÉTÉ MIS EN TERRE PRÉCIPITAMMENT — ET APRÈS AVOIR PROCÉDÉ SOLENNELLEMENT A UN SERVICE EXPIATOIRE — IL LES FIT DÉPOSER DANS CE MONUMENT LE 14 FÉVRIER 1817.

Cette plaque a été replacée en 1903 dans l'oratoire contenant le tombeau actuel. J'avais signalé depuis longtemps son existence dans les couloirs de la Chefferie du Génie de Vincennes. M. Charles Normand a été assez heureux pour obtenir qu'elle fut rapprochée du tombeau. Elle est actuellement scellée dans le mur vis-à-vis de ce monument, dont elle devait primitivement orner une des faces.

(1) Esquisse historique sur le château de Vincennes, par l'abbé de Laval, p. 46.

(2) L'abbé de Laval commet une erreur de millésime. Le coup d'Etat dont il parle est de 1851 et non de 1852. A l'époque de l'incident, Napoléon III n'était encore que prince-président et non empereur comme la suite du récit le démontre. L'empire ne fut proclamé que le 2 décembre 1852.

Madame Sproel, la gardienne du lieu, s'approcha de ces messieurs, et se mit à leur débiter son petit boniment de cicérone. Il lui avait été confectionné par le bon papa Hugon. On nommait ainsi le vénérable aumô-

Tombeau du duc d'Enghien. — 2º projet
Dessin de la collection de M. Le Chatelier.

nier de l'époque, très militaire, très Français et ma foi ! un peu royaliste. A preuve le petit discours imagé que Madame Sproel, levant successivement la main vers chaque statue du groupe, récitait ainsi :

« Le tombeau du duc d'Enghien — en haut, le prince soutenu par la Religion. C'est son portrait. La Religion est une figure emblématique. — Au-dessous, la France enchaînée, pleure devant le crime. Vous voyez

Monument à la mémoire du duc d'Enghien. — Projet exécuté
Dessin de Amédée Durand. — Collection Le Chatelier.

les chaînes : La France est le portrait de la marquise de Dreux-Brézé, mère de l'Evêque de Moulins ; elle était dame de la Cour en 1818, époque où l'artiste a fait le monument et a donné à la France cette belle tête et cette admirable expression de douleur. En face de la France éplorée, le

Crime armé d'un poignard, de la torche de l'envie et inspiré par un serpent : c'est le portrait de*** (1) (le nom était articulé) principal acteur dans l'enlèvement du prince sur le territoire de Bade et dans le crime de sa mort en 1804. Non seulement ce fut un crime, mais encore ce fut une faute. Le nom de l'artiste : Deseine.

« Alors une belle révérence aux deux messieurs et elle se recule.

« Le monsieur de gauche regarde le monsieur de droite d'un air d'intelligence qui signifie : « Eh bien ! Entendez-vous ». Le monsieur de droite, le visage impassible, porte la main à son gousset et tend une pièce à la gardienne qui s'efface pour livrer passage aux visiteurs : ils ont vu et entendu ce qu'ils voulaient voir et entendre, cela leur suffit, ils s'en vont.

« Madame Sproel soupesant ce qu'on vient de lui donner, se dit : pas riche le monsieur, ce n'est qu'un sou, mais... mais, c'est un louis ! Qu'est-ce donc que ce monsieur là. Et elle les suit au sortir de la Chapelle demandant à ceux qu'elle rencontre : Pouvez-vous me dire qui sont ces messieurs ? Ma foi je ne sais pas dit l'un : je l'ignore dit un autre ; enfin un troisième après avoir bien regardé s'exclame : Mais oui ! je le reconnais, c'est le nouvel Empereur (2) ; il est avec le général Fleury. Ah ! mon Dieu ! s'écrie Madame Sproel, je suis perdue : je viens de lui dire : « Non seulement ce fut un crime, mais encore une faute. » Et la fièvre la prend. On a beau lui dire : « Allons donc ! s'il vous en avait voulu il ne vous aurait pas donné un louis ». Rien n'y fait ; elle en est malade et va se coucher.

« Le lendemain, six messieurs tout de noir habillés, chamarrés de décorations, (les messieurs de la veille n'en avaient pas) pénètrent en équipage dans la cour du château, recevant à leur entrée les honneurs dus à leurs insignes, et descendent au perron du commandant de la place, qui vient les recevoir.

« Le chef de la députation dit alors : « Par ordre de S. M. l'Empereur (3), la Sainte-Chapelle du Fort de Vincennes est classée au nombre

---

(1) Caulaincourt.
(2) Il n'était encore alors que Prince-Président.
(3) Toujours même erreur. La translation du monument s'effectua avant la proclamation de l'empire.

des monuments historiques de France. 50.000 fr. sont alloués annuellement pour les frais de réparations et d'entretien. Les réparations doivent immédiatement commencer et nous allons voir quelles sont les plus urgentes ».

« L'on se rend à la chapelle. On ne regarde pas plus les vitraux ni autre chose que ne l'avaient fait les messieurs de la veille. L'on va droit au tombeau : on chuchotte. On demande quel est ce mausolée ? Celui du duc d'Enghien. Mais ce n'est pas un saint canonisé par l'Eglise. Ce tombeau n'est pas á sa place dans ce sanctuaire ? Certainement, répond en en chœur la commission. Alors, Messieurs, nous commencerons la restautauration par le sanctuaire ? Entendu, Monsieur le président. Et l'on se retire.

« Quelques jours plus tard, le tombeau dégringolait ».

Si l'anecdote ainsi rapportée fourmille d'erreurs, d'inexactitudes, elle a cependant un fond de vérité. Lorsque l'on consulte les archives du génie de la place de Vincennes, on trouve une autre version moins épisodique, mais offrant des détails peut-être plus piquants dans leur style officiel.

On est autorisé à croire que le Prince-Président ne voulait pas qu'un monument trop important rappelât le drame du 21 mars 1804, car, le 9 avril 1852, le général Répond, commandant d'armes de Vincennes, fut chargé d'étudier deux projets relatifs à la translation des restes du duc d'Enghien dans un des sacraires de la Chapelle (1). Quelles étaient les deux solutions en présence ? Nous l'ignorons, mais le nouveau monument ne devait point attirer les regards. C'était la condition explicite ressortant des instructions données au général. Les statues, notamment, devaient être enlevées et transportées à l'île des Cygnes, au dépôt des marbres. Le sieur Moulin, pressenti pour ce transport, demanda 1.200 francs. Ce chiffre parut exagéré ; le ministre fit une enquête pour savoir si les cinq statues (2) ne pourraient pas être déposées, soit dans les magasins du génie, soit dans tout autre local de la forteresse. On devait faire le moins de frais et le moins de bruit possible pour ce déplacement. Mais

---

(1) *Archives du Génie de la place de Vincennes*, art. 9, dossier 441, lettre n° 867.

(2) La cinquième statue était une statue de la Vierge qui décorait l'autel de la Vierge en face du monument du duc d'Enghien.

le Génie ne voulut pas se charger de la garde des marbres et le 10 juillet 1852, leur dépôt à l'île des Cygnes fut effectué sans incident, pour le prix demandé.

La translation des restes du duc d'Enghien avait eu lieu le 1er juillet en présence du général Répond, du colonel Armand, du commandant du génie Dubois-Fresney, du capitaine du génie Alquier et du garde principal Négrier.

Le cercueil avait été retiré du caveau ; trouvé en bon état de conservation, il avait été porté par des soldats du génie au milieu du chœur de la Chapelle.

Là, il avait été recouvert d'un drap mortuaire et entouré de cierges allumés. L'abbé Hugon, aumônier du fort, avait célébré la messe des morts et donné l'absoute : après les prières d'usage, les restes du fusillé avaient été déposés, en présence des témoins que nous avons nommés, dans la sacristie, dans un nouveau mausolée en marbre blanc, très simple, ayant comme seuls ornements les attributs en bronze enlevés au tombeau primitif ; puis les scellés avaient été apposés sur la porte de ce monument.

On espérait en haut lieu que cette translation passerait inaperçue, que les raisons d'esthétique invoquées suffiraient en tous cas, à la légitimer.

Cette attente fut déçue. Si l'opinion en France ne s'émut pas d'abord, il n'en fut pas de même à l'étranger ; toute la presse gallophobe cria à la profanation. Pour calmer les esprits, l'autorité crut devoir donner les motifs de la mesure prise, mais elle le fit en termes très embarrassés, dans une note dont copie existe aux archives du génie de Vincennes.

« La nouvelle de la destruction du monument du duc d'Enghien est fausse », déclare ce document curieux, dans lequel on trouve les jolis détails qui suivent :

« L'ancien monument funéraire formé de pièces massives et surmonté de plusieurs statues, par sa situation en avant du maître-autel, brisait la symétrie des belles lignes architecturales du temple bâti par saint Louis (*sic*) et gênait complètement le service du culte. Son déplacement faisait partie d'un ensemble de réparations dont les plans n'avaient jamais été soumis au gouvernement. Sans qu'il en ait été informé, l'on a décidé de faire disparaître du chœur le tombeau du duc d'Enghien ainsi que l'autel de la Vierge et de les transporter dans deux chapelles

Tombeau du duc d'Enghien. — Etat actuel
Cliché de M. Yvon. — Planche de « l'Ami des monuments »

adjacentes. Le tombeau a été déjà déplacé et rétabli dans la chapelle de gauche. L'autel de la Vierge va être démonté et placé dans la chapelle de droite.

« La translation du cénotaphe du duc d'Enghien a d'ailleurs eu lieu en présence du général commandant à Vincennes et de toutes les autorités du lieu. Cette cérémonie a été accomplie avec tout le respect qu'on doit à la cendre des morts. Un procès-verbal en fait foi (1) ».

Présenté sous ce jour, le déplacement du tombeau pouvait paraître justifié ; mais à la fin de la note, la mauvaise foi apparaissait quand il était dit que : le nouveau monument était en marbre noir et blanc et décoré des mêmes attributs et ornements qu'avant sa translation.

Or, si quelques attributs et ornements avaient été conservés, la plupart des marbres avaient été dispersés. En tous cas, les statues avaient été reléguées à l'île des Cygnes, comme nous l'avons dit. Le général de Saint-Arnaud (2), alors ministre de la guerre, se rendant compte du mauvais effet des explications fournies, changea brusquement d'avis (3) et envoya son chef de cabinet, le commandant Franconnière, à Vincennes, pour étudier comment on pourrait rétablir immédiatement l'ancien monument. Le retour des statues à Vincennes fut ordonné. On avait, trois mois auparavant, trouvé trop élevé le prix de douze cents francs demandé par le sieur Moulin pour leur transport à l'île des Cygnes : cette fois, on lui alloua trois mille francs pour les ramener d'urgence (4).

Un projet sommaire de groupement de ces statues fut élaboré hâtivement par un capitaine du génie ; les quatre figures trouvant leur place dans le nouvel arrangement, le plan fut adopté, exécuté.

(1) *Archives du Génie de Vincennes.* Art. 3, n° 1011.
(2) Elevé quelques mois plus tard, en même temps que le général Magnan, à la dignité de maréchal de France pour « Services exceptionnels », le 2 décembre 1852, jour de la proclamation de l'Empire (1er décret Impérial signé Napoléon III).
(3) Voici la lettre qu'écrivit au général Répond le général Saint-Arnaud :

« Général
« M. le commandant Franconnière, mon chef de cabinet, s'est rendu ce matin à Vincennes pour vous prescrire de faire commencer de suite les travaux déjà ordonnés dans la Sainte-Chapelle où se trouvait le monument du duc d'Enghien. Après réflexion, j'ai changé d'avis, et je crois qu'il serait plus convenable de rétablir dans la Chapelle, où il est maintenant, le monument absolument tel qu'il était auparavant dans la grande Chapelle s'il vous restait des doutes sur la nature dont je veux que les travaux soient dirigés, vous vous entendrez avec moi aujourd'hui à 5 heures. Les statues ont été envoyées à l'Ile des Cygnes, il faut les envoyer chercher.»
Lettre sans date mais probablement de la fin d'août 1852, car elle est suivie du procès-verbal de translation du cercueil de la petite sacristie dans la grande. 1er septembre 1852 — *Archives du Génie de Vincennes.* — Art. III. 1011.
(4) *Archives du Génie de Vincennese.* Notification par le général Répond de la lettre ci-dessus en date du 14 septembre 1852. Art. III. 1011.

On ne se préoccupa ni de l'effet artistique, ni de la dépense. Il fallait un tombeau ayant une certaine importance ! Le reste importait peu. Les travaux furent poussés activement. Le cercueil déposé dans la grande sacristie resta quinze jours sous scellés. Enfin le 13 octobre 1852, les témoins de la première translation se retrouvèrent dans la Sainte-Chapelle pour l'inhumation définitive (1). L'abbé Hugon redit la messe des morts, redonna l'absoute et la porte de bronze du monument restauré se ferma sur les restes du dernier des Condé.

Actuellement le cercueil de chêne vermoulu, tombant en poussière, laisse apercevoir l'enveloppe intérieure de plomb. Le velours qui le recouvrait, les galons et les clous d'argent, les fleurs de lys de même métal qui l'ornaient, ont disparu morceaux par morceaux sous l'action du temps aidé, disons-le, par le vandalisme inconscient des ramasseurs de souvenirs, qui ne reculent pas devant une dégradation pour enrichir une collection.

La porte du caveau n'a qu'une serrure rudimentaire. Profitant de cette facilité, trompant la surveillance du gardien, certains visiteurs ouvraient cette porte, emportaient des parcelles du cercueil.

Cette profanation d'une tombe a cessé : l'autorité militaire a mis les restes du dernier des Condé à l'abri des indiscrétions sacrilèges en plaçant des scellés sur le caveau. Le prince, moissonné à la fleur de l'âge, dort maintenant, caché aux yeux de tous, son dernier sommeil dans cette chapelle où étaient venus s'agenouiller tant de ses ancêtres. Mais le souvenir de sa mort, déplorable et stérile erreur politique que Fouché appela « plus qu'un crime, une faute, » (2) plane sur Vincennes, mettant une ombre noire dans le tableau des pages héroïques et glorieuses du vieux château.

Quant au nom de Deseine que ce monument devait immortaliser, il est à peine prononcé devant les visiteurs. On a raison d'ailleurs de le

---

(1) *Ibid.* Art. III. 1015.
(2) Mémoires du Chancelier Pasquier publiés par le duc d'Audiffret-Pasquier, t. I, p. 200.

taire, puisque, de l'œuvre du maître, il ne subsiste en réalité que bien peu de choses : trois statues, peut-être deux seulement, car celle du duc d'Enghien ne paraît pas être en entier de la main du vieil artiste.

Trophée du tombeau du duc d'Enghien

Dessin de Deseine. — Col⁰⁰ de M. Lechatelier. — Planche de « l'Ami des monuments »

CONCLUSION

Si j'ai donné un tel développement à cette monographie, c'est que j'ai tenu à rassembler le plus grand nombre possible de documents relatifs à un château susceptible d'éveiller toutes les curiosités, quand il sera plus connu. Quelque scrupule que j'aie apporté dans l'analyse et la mise en œuvre des pièces d'archives que j'ai consultées, il est possible, comme je le disais dans l'introduction de cet ouvrage, que certaines de mes conclusions prêtent à discussion, que mes reconstitutions idéales soient taxées d'imagination, que des erreurs de détail se soient glissées dans mon travail de défrichement, mais le lecteur me sera indulgent en raison de la difficulté de ma tâche. Dois-je ajouter que je compte sur ses critiques ? Celles-ci, en se produisant, m'aideront à prouver qu'un monument qui tient une si grande place dans notre histoire nationale, ainsi que dans celle de l'art, mérite plus qu'une étude d'ensemble, une curiosité passagère, une attention passive. Alors, peut-être, l'intérêt incontestable présenté par l'ancienne et fameuse résidence royale se traduira-t-il par des actes ? Le but que je poursuis sera pleinement atteint.

J'ai souvent entendu répéter que le château de Vincennes était mieux partagé que bien d'autres monuments historiques, qu'il était au moins entretenu, puisque habité, occupé. Or le danger réside précisément dans cette occupation, cette habitation. Lorsque l'Etat concède un édifice à une administration publique, c'est pour que celle-ci s'en serve ; or, elle ne peut l adapter à ses exigences qu'en le transformant, et ces transformations sont une cause de ruine. Pierre par pierre, morceau par morceau, de curieux vestiges des siècles passés disparaissent. Les occupants font inconsciemment œuvre de dévastateurs, sans qu'on puisse plus les incriminer que les taxer d'ignorance ou d'insouciance à l'égard de nos richesses artistiques. Les nécessités du moment leur imposent fatalement des modifications. A des mesures d'amélioration ou d'appropriation jugées sans importance, s'en ajoutent sans cesse de nouvelles, qui finissent, au bout d'un certain temps, par altérer complètement la physionomie des lieux, quand elles n'anéantissent pas complètement un ancien état de choses. Tout le monde est d'accord pour regretter un pareil vandalisme quand il est commis ; personne n'en prévient les effets. Vincennes n'échappe pas à la règle générale. Qu'on ne m'accuse pas de partialité, à l'égard de ses vieux murs auxquels j'ai trouvé tant de poésie. Le cri d'alarme, que je pousse à leur sujet, n'a d'autre but que leur préservation. Il n'y a pour s'en convaincre qu'à faire le bilan du XIXe siècle en matière d'entretien.

Au passif nous trouvons.

De 1808 à 1812. — Démolition des tours des Salves, du Roi et de la Reine. Disparition des arcades de Le Vau, sur la courtine Sud.

1818. — Démolition des appartements royaux et du grand escalier dans le pavillon du Roi ; perte des anciennes sculptures de la façade du château Louis XI.

1818 à 1820. — Démolition des tours de Paris, du Réservoir, de Calvin.

1822. — Enlèvement de presque toutes les boiseries et peintures des appartements d'Anne d'Autriche, dans le Pavillon de la Reine.

1839 à 1844. — Disparition de l'arc de triomphe de Le Vau ; des colonnades et de l'Arc de triomphe de la grande cour ; construction des casemates à la Haxo, cachant les remparts de Raymond du Temple ; fossé du donjon bouché du côté de la grande cour, et ses trouées fermées par des casemates dans le prolongement de la courtine Ouest ; pont-levis du Châtelet enterré ; anciens escaliers du Châtelet détruits.

1852. — Démolition du tombeau du duc d'Enghien, et son remplacement par un monument incohérent, dans une des sacristies.

1860. — Disparition des peintures de Borzone et de Philippe de Champaigne retrouvées dans le Pavillon du roi.

1883 à 1904. — Bris des anciennes sculptures Renaissance de la Sainte-Chapelle déposées dans la cour après leur remplacement, et utilisation des fragments pour empierrer les cours.

1870 à nos jours. — Construction de selleries en bois dans les salles du Donjon ; pièces transformées en magasins.

A l'actif nous porterons :

1852 à 1883. — Restauration complète de la Sainte-Chapelle.

1857. — Réédification de la Tour du Village après l'éboulement de ses voûtes.

1883. — Réparations aux murs et réfection du comble du Donjon.

On voit que les travaux effectués ont été importants, qu'ils ont nécessité des dépenses considérables. Mais, à côté, que de dévastations déplorables, la plupart commises par raison d'économie ! Que de dégradations inutiles d'œuvres d'art !

Il faudrait qu'un château comme Vincennes fût à l'abri, désormais, de nouvelles mutilations, qu'il fût même remis partiellement en état. Je dis partiellement, — j'insiste sur ce mot, — parce qu'il serait absurde autant qu'illogique de demander sa reconstitution : absurde, parce qu'il est matériellement impossible de rendre son aspect primitif à un ensemble de constructions ayant subi au cours des siècles des transformations diverses, profondes, radicales ; illogique, parce que le château se compose en réalité de deux châteaux amalgamés l'un dans l'autre, maintenant inséparables, matériellement et historiquement : celui de Charles V et celui de Louis XIV. Mais autre chose serait d'enlever les bâtiments parasites, inesthétiques, cachant de curieux motifs d'architecture ; de rétablir les fossés du Donjon si malencontreusement bouchés ; de débarrasser les salles de la grosse tour du matériel qui les encombre, des objets qui les dégradent. Ces quelques travaux suffiraient pour redonner, sinon à l'ensemble de la vieille résidence royale, du moins à une partie essentielle, un intérêt très considérable. Une désaffectation partielle du château serait seule nécessaire, et permettrait la création d'un musée souhaité par tous ceux qui s'honorent du nom d'amis des Arts.

Cette idée semble d'ailleurs en voie de réalisation. M. Charles Deloncle, député de la Seine, avec l'aide du Conseil municipal de Vincennes et de quelques hommes éclairés, travaille à la faire aboutir. On doit d'autant plus applaudir à ce réveil de l'opinion en faveur du vieux château, que ne pas mieux utiliser un tel monument, c'est, — en reprenant le mot de Fouché, — plus qu'un crime, une faute.

F. de FOSSA.

FIN

Annexes & Tables

ANNEXE A

REGISTRE

MENTIONNANT LES PRISONNIERS DU DONJON
ENTRE 1685 ET 1746.

Bibliothèque Nationale Ms Fs n° 14.061 (1)

NOMS DES PRISONNIERS	PAR ORDRE DE QUI	DATES ENTRÉE	SORTIE	ANNOTATIONS.
Cardel	Le Tellier	9 nov. 1685	24 août 1690	
Des Vallons	id.	id.	12 août 1690	
Demoiselle Lamarre	Colbert	9 may 1686	id.	
Du Puy	id.	10 may 1686	id.	
Chrétien	Le Tellier	7 juill. 168.	id.	
Les deux demoiselles Lutin	id.	id.	29 déc. 1687	
Sainte-Crux	id.	3 août 1687	20 avril 1689	
Valebois dit Lambert	id.	10 août 1687	26 avril 1689	
Schouster	id.	25 août 1687	22 avril 1689	Allemand.
Regnaut	Colbert	8 nov. 1687	18 juil. 1689	Notaire à Dijon.
Femme Baptiste	id.	9 nov. 1687	12 août 1690	
Hémery	id.	1ᵉʳ déc. 1687	3 juin 1689	
Suart	Le Tellier	2 août 1688	25 juin 1689	
La de Lorme	id.	17 août 1688	12 juil. 1689	
Duhamel et Bernard, son valet	La Reynie	20 sept. 1688	29 août 1689	Curé des Lays. Duhamel pour être banni.
Paris et Jean Robert	id.	20 sept. 1688	1ᵉʳ sept. 1689	Transférés à la prison des Tournelles
Lemonnier	Le Tellier	26 nov. 1688	2 août 1689	Curé de la Hie.
Du Chesne	id.	27 nov. 1688	3 sept. 1689	Pendu à sa sortie.
Biset	id.	26 id.	19 sept. 1689	Transféré à la citadelle de Besançon.
Le Prévost	La Reynie	1ᵉʳ janv. 1689	25 juin 1689	Pour être garde auprès de Suart.
Du Mesnil, dit La Bastille	id.	15 janv. 1689	2 août 1689	Pʳ être garde auprès du curé de la Hie.
Baquinet	Le Tellier	17 janv. 1689	12 juil. 1689	
Thomas	id.	17 fév. 1689	8 août 1689	Curé du Plessis-Gateblé.

(1) Ce registre a souvent été désigné sous le nom de Livre d'écrou. C'est une erreur. D'après M. Funck-Brentano, dont la haute compétence en la question est connue, les prisons destinées aux prisonniers par lettre de cachet, sous l'ancien régime, n'avaient pas de livre d'écrou. Il n'y en avait pas à la Bastille, car on ne peut appeler de ce nom le très célèbre registre contenant la mention des entrées et des sorties des prisonniers de cette prison, tenu par le lieutenant du roi, Junca, où se trouvent les fameux documents sur le Masque de fer. Des officiers du château ont pu avoir pour leur usage personnel des livres où ils notaient l'entrée et la sortie des prisonniers : cela n'avait aucun caractère officiel. Que s'ils avaient produit ce registre devant le public ou devant les tribunaux, ils auraient été poursuivis. Le caractère de la lettre de cachet était qu'elle n'entraînait aucune infamie, si minime fût-elle, pour celui qui en était frappé, nulle trace ne devant subsister de sa détention.

— 408 —

NOMS DES PRISONNIERS	PAR ORDRE DE QUI	DATES ENTRÉE	SORTIE	ANNOTATIONS
Estiennette	Le Tellier..	23 fév. 1689	12 juil. 1689	Pour être garde auprès de la Baptiste.
De Solle	id.	17 mars 1689	3 oct. 1689	Transféré à la prison des Tournelles.
Raze	id.	24 mars 1689	12 août 1690	Médecin spagirique.
Jean-Bapt. Glazos	id.	9 may 1689	id.	
Clusel	Colbert	26 may 1689	id.	
Du Coudray	La Reynie...	12 juil. 1689	25 fév. 1690	Pour être garde auprès de Raze.
Saint Vigor	Colbert	16 août 1689	12 août 1690	
Chandelier	Le Tellier...	21 sept. 1689	id.	Médecin.
Le Saulnier et la dame Angélique Morin	id.	25 oct. 1689	id.	
Horquet				
Gérard de Neuilly	Colbert	7 nov. 1689	5 déc. 1689	Boquillon employé comme garde au lieu de Gérard qui est épais d'esprit.
Gérard et le nommé L'Allain				
Le Maire et Le Meusnier	id.	id.	6 mars 1690	Pour être près de Gérard.
Papin	id.	13 nov. 1689	5 déc. 1689	Doyen de Boulogne.
Raoul Foy	id.	22 nov. 1689	12 août 1690	Le Meusnier mis garde près de lui.
Valses et Paradeu	id.	12 janv. 1690	20 mars 1690	
Héron et Dourlens	id.	1" mars 1690	12 août 1690	Complices de Raoul Foy.
Dame Radigue	Le Tellier...	25 mars 1690	id.	Remise à l'exempt Desprès et exilée à 30 lieues de Paris.
Malet	Colbert	17 avril 1690	id.	
L'Etang	id.	id.	23 may 1690	Ministre protestant.

La prison reste vide du 12 août 1690 au 11 mars 1691.

Van Brugh	Pontchartrain.	11 mars 1691	11 fév. 1692	Anglais. Transféré à la Bastille.
Le Sauviard	id.	27 juil. 1691		
Barbe le Noir	Phélipeaux.	12 août 1691	20 août 1693	
Favié	Le Tellier...	18 août 1691		
Le Maire	id.	21 août 1691		
La Bastide, dit Maizard	Phélipeaux..	11 mars 1692	15 mai 1692	Ministre protestant.
Des Portes d'Atronne	id.	9 mai 1692		
Marquise des Portes	id.	id.	15 oct. 1701	Envoyée dans la communauté des Filles de Saint-Chamont.
Chevalier	id.	id.	5 juil. 1695	
Ranson, dit Gébert	id.	id.		
Chabot	id.	id.	1" avril 1695	
De Lorme	id.	id.	8 mars 1695	
La nommée Serpin	id.	13 mai 1692	6 août 1694	Cuisinière de des Portes.
Laquais au service du marquis des Portes	id.	id.	7 août 1694	
Elysée Gérant	id.	id.	27 juin 1694	Ministre protestant.
Gardin	id.	24 mai 1692	id.	id.
Frédéric Lang	id.	31 oct. 1692	1" nov. 1697	Venait de la Bastille. A signé qu'il se retirait en son pays, a reçu 70 livres or.
Roger	id.	20 fév. 1693	29 août 1693	
Savoyard	id.	20 juil. 1693		
Papus	id.	11 oct. 1693	26 oct. 1697	Est allé aux Pères de l'Oratoire de N.-D. des Vertus.
Saint-Vincent	Le Tellier...	22 oct. 1693	1" juil. 1694	
Demoiselle du Mirail	Phélipeaux.	16 mars 1694	20 mai 1694	Remise aux mains du Prévôt de l'hôtel
Bosrus	id.	31 mai 1694	7 fév. 1695	Curé de Monie.
Martinet, curé	id.	1" juin 1694	id.	
Une servante de Martinet	id.	id.	id.	
Conrad	id.	21 juil. 1694	30 sept. 1695	

— 409 —

NOMS DES PRISONNIERS	PAR ORDRE DE QUI	DATES ENTRÉE	DATES SORTIE	ANNOTATIONS
La Bridonnière	Phélipeaux	7 août 1694	28 juin 1695	
Berthe	id.	27 août 1694	17 mai 1695	Femme du sieur Conrad. Elle paye sa nourriture.
Simon Vevet	id.	11 sept. 1694	19 sept. 1694	Remis aux mains du Prévôt.
Du Bois	id.	id.		Pour être garde de Bosrus.
Madeleine	id.	30 sept 1694	3 juil. 1695	Mise auprès de Conrad.
Le Marquis de Guesbriant	id.	27 mars 1695	17 avril 1695	Remis entre les mains de M. de la Pommeraye.
Gardennes	id.	29 mars 1695	14 sept. 1697	P
Crosnier	id.	16 juin 1695	21 oct. 1701	
Dame Prévost	id.	12 avril 1695	20 oct. 1695	
Pierre Witte	id.	15 nov. 1695	26 oct. 1697	A signé déclaration qu'il se retirait en Hollande.
Sangermain	id.	2 déc. 1695	28 juil. 1696	R.
Denis Caffroni	id.	5 déc. 1695	7 août 1696	
Pigou	id.	6 déc. 1695	17 juil. 1696	R.
Catherine Maleuille	id.	11 déc. 1695	24 juil. 1696	R.
Dame Besnard (Mme Guyon)	id.	30 déc. 1695	16 oct. 1696	Avec une de ses femmes sœur Marie.
Sœur Marthe	id.	id.	id.	
Demoiselle Berhavat	id.	id.	id.	Femme de dame Besnard (Guyon).
L'abbé Coutrevier	id.	13 janv. 1696	17 janv. 1696	
Brédevodes	id.	16 janv. 1696	28 juill. 1696	
Pouillou	id.	1er mai 1696	3 juil. 1699	
de Sèvres	id.	id.	2 juil. 1699	
Francion	id.	22 mai 1696	3 juill. 1699	
Augustin Charbonnier	id.	31 juill. 1696	3 juill. 1699	
Pardieu	id.	16 mai 1696	13 avril 1699	
Platrier	id.	3 juin 1697	17 sep. 1697	
Abraham Charton de Noisy	id	3 mars 1698	10 août 1698	
Le Père de la Combe	id.	16 août 1698	30 sept. 1698	
Marie de Vaux	id.	4 juin 1698	24 nov. 1700	Servante de madame Guyon.
Sœur Marthe	id.	id.	4 fév. 1704	Remise aux mains d'un officier qui n'a pas voulu dire son nom
Le Père de la Combe (2e fois)	id.	9 déc. 1698		
de Mauve	id.	19 août 1700	21 mars 1701	
Laval	id.	3 sept. 1700	21 sept. 1702	Mis à la Bastille.
Gaultier	id.	id.	id.	id.
Falourdes	id.	16 oct. 1700	id.	id.
Valtour	id.	21 oct. 1700		
Bourbiton	id.	26 oct. 1700	9 mai 1701	
Beldame	id.	id.	Mort 9 mai 1701	Enterré dans le cimetière de la Ste-Chapelle.
Vidal	id.	12 nov. 1700	21 sept. 1702	Transféré à la Bastille.
Demoiselle Filandrie	id.	id.	id.	id.
Bauzy	id.	25 nov. 1700	id.	Se constitue prisonnier volontairement.
Vavin	id.	21 janv. 1701	id.	Transféré à la Bastille.
Cafarot	id.	23 fév. 1701	24 avril 1701	
de Nesle	id.	24 sept. 1701	19 janv. 1705	
Géraldin	id.	21 oct. 1701		Irlandais.
Crosnier (2e fois)	id.	2 nov. 1701	Mort 17 fév. 1710	
Prince la Riccia	id.	21 mars 1702	26 sept. 1702	Napolitain.

NOMS DES PRISONNIERS	PAR ORDRE DE QUI	DATES ENTRÉE	SORTIE	ANNOTATIONS
Nino	Colbert.	21 mars 1702	27 oct. 1713	Musicien du Prince de la Riccia.
Quentin	id.	id.	20 sept. 1702	Domestique du Prince de la Riccia.
Pierre Bouxain	Colbert.	id.	27 sept. 1702	id.
Comte de Kœnigsberg et de Montroyal	id.	31 janv. 1703	décédé le 2 déc. 1711	Enterré dans la nef de la Sainte-Chapelle.
Comte de Walstein	Phélipeaux..	20 juil. 1703	1ᵉʳ sept. 1703	Ambassadeur de Portugal, avec quatre domestiques. Est conduit à Bourges.
Dom Thierry	Colbert	6 août 1703	20 fév. 1710	
Marquis de Crusol	id.	8 sept. 1704	1ᵉʳ oct. 1706	Conduit à Charenton.
Anselme Brigode, prêtre	Chamillard	28 sept. 1705	Mort 17 fev. 1708	
Marie Lanan		remise le 30 mars 1706		Pour être conduite à la Salpêtrière.
Père Gerbon	Chamillard	6 janv. 1707	25 avril 1710	
Barvely	Phélipeaux..	6 août 1707	1715	
Plantois	id.	28 août 1709	10 oct. 1709	
Marquis des Portes				Mort le 17 février 1710.
Gablot	Phélipeaux..	17 avril 1710	22 may 1710	
Manuel de Mauve	id.	13 nov. 1710	1715	Cordelier.
Adolphe	id.	12 déc. 1710		
Jean du Saul	id.	4 mars 1711		
Pierre Mercier	id.	id.		
Dom Pedro Jesus				
Chevalier et sa fille	Phélipeaux..	22 nov. 1711		Sortis le 13 juin 1711.
Rousseau	Pontchartrain	6 déc. 1711		
Champion	id.	14 juil. 1712		
Jean du Sols	id.	8 sept. 1712		
Parquet	id.	28 oct. 1713		Bachelier de Sorbonne.
Gérald et sa femme	id.	16 déc. 1713		
L'abbé Servien	Phélipeaux..	10 janv. 1714		
Dom Thierry (2 fois)	id.	11 janv. 1714		
Thomas Dowind ou Dovund	id.	9 fév. 1714		Anglais.
Marquis de Bernonville	id.	5 avril 1714		
Comte de Thun	id.	19 avril 1714		

N.-B. — La première partie du livre d'écrou s'arrête ici. En 1715, en effet, le Régent donna la liberté à tous ceux qui avaient été enfermés par ordre du feu Roi.

NOMS DES PRISONNIERS	PAR ORDRE DE QUI	ENTRÉE	SORTIE	ANNOTATIONS
Le comte de Schibon d'Schibon	Phélipeaux..	30 sept. 1718		Un laquais à son service.
M. Martoi	id.		9 avril 1720	
M. de Bonrepos	id.	6 janv. 1719	19 mai 1720	Lieutenant de dragons en réforme.
M. de Laval	Le Blanc	29 janv. 1719	6 avril 1720	
Chevalier de Vassal	id.	id.	1ᵉʳ sept. 1719	Capitaine réformé. Appartenait au Régiment de Touraine (Infanterie).
Remons, domestique de Schibon	id.	id.		Mis en liberté le 1ᵉʳ avril 1719.
Bastide	Le Blanc.	29 mars 1719	29 juin 1719	
M. de Sandraski	id.	30 mars 1719	7 avril 1720	Avec deux laquais.
M. de Frideberg	Louis, contre-signé Le Blanc.	30 mars 1719	2 avril 1720	
M. de Rousse	Le Blanc	6 avril 1719	17 août 1719	Avec son laquais.
de Mohy	Le duc d'Orléans	3 sept. 1720	7 sept. 1720	
Chevalier du Mesnil de Montauban	de Breteuil.	19 fév. 1724	28 juin 1724	

NOMS DES PRISONNIERS	PAR ORDRE DE QUI	DATES ENTRÉE	SORTIE	ANNOTATIONS
M. du Chevcron	Louis, contre-signé Breteuil.	23 mars 1724	28 juill. 1725	Prévôt général de la connétablie.
M. de la Barra	Louis, contre-signé Breteuil.	23 mars 1724	28 juill. 1728	Prévôt général de la connétablie.
M. le Vasseur	id.	id.	25 juin 1725	Commis de la guerre.
M. le Ferron	id.	24 mars 1724	22 mai 1725	
M. Dupré	id.	id.	28 juin 1725	Commis du sieur Fayes.
L'abbé Langlet	id.	25 mars 1724	29 juin 1725	
Dame le Genty, dite la dragonne	id.	26 mars 1724	30 mai 1725	
La Pérelle	Lieutenant de Police.	26 mars 1724	27 mars 1724	
Le sieur de Montléry	id.	28 mars 1724	29 juin 1725	
Godin et sa femme	id.	id.	7 mai 1725	
Madame de Quéroulas	Louis, contre-signé Breteuil.	30 mars 1724	29 juin 1725	
L'abbé Margon	id.	2 avril 1724	1er sept. 1724	Conduit à la Conciergerie.
Madame Armand	id.	8 avril 1724	27 mai 1724	
M. et Mme du Lac	id.	12 avril 1724	29 mai 1724	5 octobre 1724, Mme du Lac sort pour ses couches et est ensuite ramenée.
M. Minque	id.	22 avril 1724	11 août 1724	Envoyé à la Conciergerie.
Madame de Richebourg	id.	29 avril 1724	29 juin 1725	
Mlle Fleury et le sieur Fleury.	id.	2 mai 1724	4 mai 1725	Les noms véritables sont déguisés.
M. Begon	id.	10 mai 1724	10 mai 1725	
La nommé Fortin	Même lettre de cachet pour les cinq, signée Breteuil.		20 mars 1724	
Mlle de Beaurepaire, Lainé, Beauport et Potier		11 mai 1724	27 mai 1724	Lainé sort le 23 mai 1725, Beauport et Potier le 29 juin 1725.
Marquis de Bellaffaire	Breteuil	12 mai 1724	10 juill. 1724	Brigadier des armées du Roi. Pour être jugé au Grand Châtelet.
Madame Ory	id.	17 mai 1724	20 mai 1725	
M. Delambre	id.	id.	29 juin 1725	Capitaine réformé.
Madame Polie	id.	19 mai 1724	24 mai 1724	
Madame Pélissier	id.	23 mai 1724	28 juin 1725	
La mère des nommés Lempereur	id.	24 mai 1724	30 mai 1724	Partie pour la Conciergerie.
Marquaix, dit Digoin	id.	8 juin 1724	14 juin 1724	
M. Boucher de Savonnier	id.	id.	28 juin 1725	
Hubert, sa femme et sa fille	id.	15 juin 1724	31 oct. 1724	
M. Moreau de Séchelle	Phélipeaux	28 juin 1724	7 mai 1725	
Dijon	id.	30 juin 1724	14 juill. 1724	Parti pour la Conciergerie.
Audibert	Breteuil.	2 juill. 1724	27 juin 1725	Capitaine réformé de cavalerie.
Durieux de Miraguet et son valet	id.	7 juill. 1724	14 juill. 1724	Envoyé à la Conciergerie.
Madame de Saint-Chevron	id.	14 juill. 1724	28 juin 1725	
Lépine, cocher	id.	16 juill. 1724	id.	
La France	id.	22 juill. 1724	23 mai 1725	
Languedoc	id.	id.	id.	
Le Brun	id.	23 juill. 1724	1er sept. 1724	Capitaine réformé.
Deshasles	id.	id.	29 juin 1725	Capitaine réformé à la suite de Rocroy.
Croissy	id.	5 août 1724	17 sept. 1725	Transféré au Châtelet.
Mlle de Goualerie le Bogue	id.	26 août 1724	20 sept. 1724	
Chevalier de Villers	id	3 sept. 1724	id.	

NOMS DES PRISONNIERS	PAR ORDRE DE QUI	DATES ENTRÉE	SORTIE	ANNOTATIONS
De la Chapelle Montaudon...	Breteuil.	7 sept. 1724	13 sept. 1724	Capitaine réformé. Chez les Pères la Charité à Charenton.
Le Blanc	id.	24 sept. 1724	7 mai 1725	
Mlle Angély	id.	5 oct. 1724	29 mai 1725	
Les Mestres frères	id.	id.	26 mars 1725	
Dauphine	id.	6 oct. 1724	id.	
L'Empereur	id.	id.	29 juin 1725	
Hucher	id.	id.	id.	
Claret d'Angély	id.	29 nov. 1724	29 juin 1725	
Delaigue, dit Flamand	id.	id.	id.	
De Saint-Simon	id.	26 déc. 1724	15 mars 1725	Ci-devant officier.
M. de Saint-Pierre	id.	10 janv. 1725		Ci-devant commis de la guerre.
M. de Cache	id.	14 janv. 1725	2 juin 1725	Capitaine réformé à la suite de Meuse
M. de Saint-Meslan	id.	16 juin 1725		
M. l'abbé de Lespre	id.	25 juin 1725		
M. Titon	id.	15 mai 1732	même jour	Conseiller au Parlement.
M. Davy de la Saufrière	id.	16 juin 1732	id.	Conseiller au Parlement.
M. Robert	id.	id.	id.	Conseiller au Parlement.
Veuve Guillaume	id.	30 janv. 1734	23 mars 1734	
Geneviève Guillermain	id.	id.	14 mars 1734	
Marie-Barbe Lefèvre	id.	id.	6 oct. 1734	
La nommée Riguier, dite Risette	id.	id.	id.	
Catherine le François, femme Coutelier	id.	id.	8 oct. 1734	
Paul-François Langlade	id.	31 janv. 1734	28 avril 1734	
Sébastien Duris	id.	id.	18 déc. 1734	
Antoine Leguay	id.	id.	23 juin 1734	
François Lacoste	id.	id.	23 nov. 1735	
Madame Loppin	Phélipeaux	23 fév. 1734	4 juin 1734	
La nommée Pélagie, dite Rousseau	id.	11 fév. 1734	2 mars 1737	
La nommée Gallois	id.	6 mars 1734	15 avril 1734	
Robert de la Motte	id.	3 avril 1734	14 avril 1734	
La nommée Bertrand	id.	15 avril 1734	10 nov. 1737	
La nommée Jeannette	id.	21 avril 1734	11 oct. 1737	
La nommée Marie Beaulieu	id.	id.		Placée près de Madame Loppin.
La nommée Marie Coquerel	id.	2 sept. 1734	10 sept. 1737	
S' Fonetti de Flamberment	id.	10 oct. 1734	Décédé le 21 janvier 1735.	
La nommée Gault	id.	16 oct. 1734	27 oct. 1734	
Demoiselle Roussel, dite Sœur de la Croix	id.	26 nov. 1734	16 août 1735	
Crébillon fils	id.	8 déc. 1734	13 déc. 1734	Sur l'ordre de M. Hérault.
Louis Sabinet	id.	22 janv. 1735	23 nov. 1735	
Lestache	id.	6 août 1735	1" sept. 1735	
Madame Chanlatte	id.	10 août 1735	17 août 1735	
Laurent Michel	id.	id.	18 nov. 1735	
Jean Valentin	id.	id.	id.	
Antoine Billot	id.	id.	id.	
Le sieur Rey	id.	id.	25 août 1735	
De Navennes	id.	id.	id.	

NOMS DES PRISONNIERS	PAR ORDRE DE QUI	DATES ENTRÉE	SORTIE	ANNOTATIONS
Lesquime				
Boyer				
Perrin, dit Antonin				
Chanty	Par une seule lettre de cachet pour les dix, signée Phélipeaux	21 août 1735	Libérés fin 1736 et commencement de 1737	
De la Deville				
Royer				
Leclercq				
Femme Marguerite Douyne				
Femme Marie Gruyert				
Houssaye				
Foxil	Herreaux	21 août 1735	3 sept. 1735	
Sauvé	id.	20 oct. 1735	11 oct. 1736	
L'abbé Ducoudrette	id.	26 oct. 1736	3 déc. 1737	
L'abbé Terrasson	id.			Curé de Feigny (probablement Trégny, canton de St-Fargeau).
Fleury de Rouvroy	id.			Curé de Rouche. (Le nom de cet abbé est écrit Fleury, Fleurs ou Fleur. Il était curé de Ronchères, canton de St-Fargeau, Yonne.
Dangély	id.	27 oct. 1735	23 nov. 1735	
L'abbé Tomasseau	id.			
Gouvereau de Blande	id.			
Drouinot des Champs	id.			
Descorsius	id.			
L'abbé Pelletier	id.	30 oct. 1835	23 nov. 1835	
Comte de Brunca de Villeneuve	id.	19 fév. 1736	14 mai 1736	
L'abbé Marc des Essart	id.	6 janv. 1737	23 janv. 1737	
L'abbé Boyer, dit Basile	id.	22 oct. 1739		Prêtre de l'Oratoire.
Peignet	id.	29 sept. 1740	15 déc. 1742	
Marquis de Quérouart	id.	20 avril 1742	4 juill. 1742	
Marquis de Brisset	id.	6 fév. 1743	22 mars 1743	
L'abbé Jourdain de l'Oratoire	id.	19 avril 1743	25 nov. 1743	A fait sa soumission.
Marquis de Saint-Rémy	id.	3 août 1743		
F. Fréron	id.	23 janv. 1746	12 mars 1746	

FIN DU CAHIER

— 414 —

ANNEXE B.

REGISTRE

MENTIONNANT LES PRISONNIERS AYANT ÉTÉ ENFERMÉS
DANS LE DONJON
SOUS LE PREMIER EMPIRE (1)

(Registre conservé à la Préfecture de Police de la Seine)

En tête de ce Registre figure l'ordre suivant :
3 juin 1808. — Ordre signé « FOUCHÉ » au sieur Fauconnier concierge de la maison du Temple :
« Le Sénateur, Ministre de la Police générale de l'Empire, ordonne au concierge de la maison du Temple de remettre les prisonniers confiés à sa garde, à M. Paques, Inspecteur-Général du ministère, qui est chargé de les faire transporter à Vincennes. Après cette remise, il se transportera à Vincennes, pour y recevoir lesdits prisonniers dont il continuera à être chargé dans la même prison. »

REGISTRE D'ÉCROU DE 1808 à 1814

NOTA. — *Les 17 prisonniers dont il est question dans l'ordre ci-dessus sont en tête de la liste.*

Année	Mois et date	NOMS DES PRISONNIERS	QUALITÉS	MOTIFS DE LA DÉTENTION	ANNOTATIONS ET DATE OU MOTIF DE LA SORTIE
1808	3 juin.	David................	Prêtre.	Sûreté de l'État.	19 avril 1809.
»	id.	Boissonet de la Villate	Propriétaire.	id.	8 avril 1809.
»	id.	Garrez de Mézières....	Ancien officier.	id.	Déporté à Batavia (décret des 9 et 10 juin 1811).
»	id.	Bégon de la Rouzières	Propriétaire.	id.	6 avril 1809.
»	id.	Collin, dit Cupidon....	Domestique.	id.	14 juillet 1809.
»	id.	Vaudricourt...........	Rentier.	id.	id.
»	id.	de Rousse de Pulvert.	id.	id.	Avril 1814. Interruption du 8 sept. 1808 au 10 nov. 1812.
»	id.	Polignac (Armand)....	Vivant de son bien.	id.	23 juin 1810.
»	id.	Polignac (Jules).......	id.	id.	id.
»	id.	Bournissac...........	Propriétaire.	id.	7 août 1809.
»	id.	Laneufville...........	Prêtre.	id.	30 juin 1811.
»	id.	Chassuart ou Chassour	Distillateur	id.	
»	id.	Daniaud-Duperrat.....	Négociant.	id.	
»	id.	Conchery.............	Employé.	id.	
»	id.	Auerweck de Flessentelos...............	Cultivateur.	id.	

(1) Ce Cahier est, comme le précédent, désigné souvent sous le nom de Registre d'écrou. Cette appellation, sans être rigoureusement exacte, est plus justifiée, le document paraissant avoir eu un caractère officiel. En tous cas les inscriptions y étaient faites régulièrement.

ENTRÉE Année	Mois et date	NOMS DES PRISONNIERS	QUALITÉS	MOTIF DE LA DÉTENTION	ANNOTATIONS ET DATE OU MOTIF DE LA SORTIE
1808	3 juin.	Montmayeux	Professeur de mathémathiques.	Sûreté de l'Etat.	12 mai 1809.
»	id.	Tilly-Blaru	Propriétaire à Saint-Domingue.	id.	id.
»	19 sept.	Pierre Macanas	Surintendant du Prince des Asturies	Manœuvres contre la sûreté de l'Etat.	3 juin 1809.
»	20 sept.	Fernand Nunez de los Rios	Sécrétaire d'ambassade	id.	9 mai 1809.
»	id.	Général Nunez de los Rios	Général frère du précédent.	id.	id.
»	id.	Laréa	Agent diplomatique de Charles IV.	id.	22 octobre 1808.
»	25 sept.	Carméro	Officier de l'ambassade d'Espagne à Constantinople.	id.	id.
»	27 sept.	Armand Bertillat	Cultivateur.	id.	Au secret jusqu'au 22 oct. 1808, sorti le 11 avril 1809.
»	3 déc.	Devilaines	Chef de bureau au ministère de la Marine.	id.	24 février 1809.
»	id.	Pons	id.	id.	id.
»	4 déc.	Gérard de Raineval	Anc. conseiller d'Etat.	id.	id.
1809	1er avril	Pedro Mendola	Arrêté à Bayonne.	id.	13 décembre 1813 (décret des 9 et 10 juin 1811).
»	22 avril	Général Desnoyers	Transféré de la Force au Donjon.	id.	20 juillet 1811.
»	10 juin.	Sorbi	Sujet italien.	id.	10 août 1811.
»	18 juill.	Verner de Rœder	Major prussien amené de Vienne.	id.	14 avril 1810.
»	26 juill.	Constantin Argenton	Capitaine au 18e de dragons	Trahison.	Extrait le 14 novembre fusillé le 22 déc. 1809.
»	23 août	Cosme Pedicini	Napolitain.	Menées séditieuses.	8 février 1814.
»	8 déc.	Carréga	id.	Manœuvres contre la sûreté de l'Etat.	12 août 1811.
»	id.	Delaunay Boisé-Lucas fils	Rentier.	Délit de droit commun	11 mars 1811.
1810	25 mars	Baron de Kolli (Charles-Léopold)	Ministre, diplomate anglais	Ennemi.	Interné par le décret du 2 juillet 1811.
»	id.	Constant de St-Bonnel	Rentier.	id.	id.
»	6 avril.	Comte d'Epinay Saint-Luc	Emigré, comte allemand, vient de la Force	Violences contre les acquéreurs de ses biens	8 mars 1811.
»	id.	Pivel, dit Boessulan	Venant de la Force.	Manœuvres séditieuses	Maintenu. Sorti 18 décembre 1813.
»	24 avril	Van Alphen	Vicaire général du diocèse de Bois-le-Duc	id.	
»	id.	Moore	Curé de Bois-le-Duc.	id.	4 janvier 1811.
»	9 mai.	Julien Granier	Rentier.	id.	7 février 1814.
»	id.	Concha	Moine Espagnol.	Trahison et espionnage	Transféré à l'Abbaye en 1811. Sorti 1814.
»	25 mai.	Mina (Xavier)	Etudiant.	Prévenu de brigandage	Libéré 1814.
»	6 juin.	Ouvrard (Gabriel)	Ex-munitionnaire général.	Fraudes.	8 janvier 1811.
»	30 juin.	Abad (Antonio)	Chef des bandes rebelles Espagnoles.	Manœuvres séditieuses	Au secret jusqu'en 1814. (Redoutable.)
1810	7 août	Bylandt	Aide-de-Camp du Roi de Hollande.	Manœuvres séditieuses	18 septembre 1810.

ENTRÉE Année / Mois et date	NOMS DES PRISONNIERS	QUALITÉS	MOTIF DE LA DÉTENTION	ANNOTATIONS ET DATE OU MOTIF DE LA SORTIE
1810 19 oct.	Desjardins (Philippe)..	Curé des missions.	id.	Extrait le 24 oct. 1810. Non réintégré.
» 24 déc.	Rivoire (Maurice).....	id.	id.	Extrait le 12 août 1811. Non réintégré.
1811 4 janv.	Dastros (Paul-Thérèze)	Vicaire général, puis Archevêque de Toulouse.	id.	1814
» id.	Lacalprade (Pierre)...	Chanoine honoraire de Notre-Dame.	id.	Extrait le 24 mars 1811. Non réintégré.
» id.	Fontana...............	Prêtre italien.	id.	1814
» 8 janv.	Abbé Perreau.........	Ecclésiastique.	id.	id.
» 22 fév.	Cardinal di Piétro (Michel)................	Préfet de la Propagande.	id.	id.
» id.	Cardinal Gabrielli (Jules)..................	Evêque de Sinigaglia.	id.	id.
» id.	Cardinal Oppizoni.....	Evêque de Bologne.	id.	id.
» id	Grégorio..............	Prélat romain, secrétaire de la Légation du Concile.	id.	id.
» id.	Isabelli (Joachim).....	Prêtre.	id.	id.
» 27 fév.	Sahla.................	id.	Espionnage.	id.
» 8 mars.	Tripier...............	Négociant.	Communication avec l'ennemi.	id.
» 9 mars.	Duclos (Pierre).......	de Bordeaux.	id.	id.
» 2 avril.	Général Lahorie......	Général de Division.	Conspiration	Extrait le 14 juillet 1812 Fusillé en 1813.
» id.	Annuler d'Amélia.....	Employé à la Cour de Sicile.	Manœuvres séditieuses	Extrait le 16 oct. 1811. Ecroué de nouveau le 28 décembre 1811, sorti en 1814.
» 4 avril.	Cumliffe Owen.......	Capitaine anglais.	Ennemi.	Extrait le 12 nov. 1811 Non réintégré.
» 27 avril.	Lannoy (Joseph)......	Administrateur des Vivres.	Malversations.	id.
» 12 juill.	Mgr de Broglie.......	Evêque de Gand.	Manœuvres séditieuses	13 décembre 1811
» id.	Mgr Hirn.............	Evêque de Tournay.	id.	id.
» id.	Abbé Duvivier........	Chanoine de Tournay.	id.	id.
» id.	Mgr de Boulogne.....	Evêque de Troyes et Chapelain de l'Empereur.	Manœuvres séditieuses	Occupait le 1ᵉʳ étage, chambre n° 11. Sorti le 14 déc. 1811. Ecroué de nouveau le 28 novembre 1813 et sorti en 1814. On lit encore les inscriptions qu'il a laissées sur les murs. Elles sont entourées de peintures assez bien faites représentant des tentures, et des arabesques au milieu desquels sont écrits ces mots en lettres capitales : MISERERE MEI DEUS SECUNDUM MAGNAM MISERICORDIAM TUAM. Et en dessous: DOMINE EXAUDI ORATIONEM MEAM, CLAMOR MEUS AD TE VENIAT.
» 25 juill.	Abbé Bertazzoli.......	Aumônier du Pape.	Sans motif.	27 juillet 1811.
» 12 août.	Aymé.................	Chambellan du Roi de Naples.	Sans motif.	23 novembre 1812

— 417 —

ENTRÉE Année, Mois et date	NOMS DES PRISONNIERS	QUALITÉS	MOTIF DE LA DÉTENTION	ANNOTATIONS ET DATE OU MOTIF DE LA SORTIE
1811 21 sept.	Bianchi	Chef de Division de la Préfecture de Montenotte, venant de la Force.	Manœuvres séditieuses	(Pas de date de sortie indiquée).
» 22 sept.	Le Gallois	Chanoine de Seez.	Manœuvres séditieuses	Transféré le 12 juin 1812 dans une maison de santé.
1812 13 fév.	Blacke	Capitaine général espagnol.	Manœuvres contre la sûreté de l'Etat.	1814
» 14 fév.	Esménard	Capitaine d'état-major.	id.	Extrait le 5 août 1813 et non réintégré.
» 26 fév.	Jose Pascal de Zayas.	Général espagnol.	id.	Extrait le 30 septembre 1813 et non réintégré.
» id.	Xavier Landizabal	Général de Division espagnol.	id.	1814
» 14 mars	Carlos O'Donnel	id.	id.	id.
» 23 mars	Beauzon	id.	Prévarication et infidélité.	id.
» 5 mai	Wurtinger	Concierge de la Maison Thelusson, rue Cérutti.	Intrigues.	id.
» 6 juill.	Antonio de la Rocca	Brigadier général espagnol.	Manœuvres séditieuses	id.
» 21 août	de Géramb	Chambellan de l'Empereur d'Autriche.	Intrigues politiques.	id.
» id.	Barron Dudon	Intendant général de l'Armée.	Prévenu de désobéissance.	4 septembre 1813
» 28 oct.	de Heerdt d'Ewesberg.	Grand écuyer du prince d'Orange.	Intrigues politiques.	Extrait le 14 déc. 1812 et non réintégré.
» 20 nov.	Abbé Laneufville	Ecclésisatique.	id.	2 août 1813
» id.	Marquis de Puyvert	Ancien émigré.	Précédemment écroué pour manœuvres.	1814
1813 15 avril	Elzéar de Sabran	Littérateur.	Intelligence avec les ennemis.	6 mai 1813.
» id.	Dusable	id.	id.	id.
» 19 mai.	Comte de Pfaffenhoffen	Comte Germanique, Chevalier de Malte. Vient de Ste-Pélagie.	id.	27 mai 1813.
» 25 mai.	Allais (Nicolas)	Peintre.	Manœuvres séditieuses	1814
» id.	Prévost de Boissy	Ancien militaire.	id.	id.
» 26 mai.	Thomas Jean-Nicolas	Capitaine à la 14ᵉ légion	id.	id.
» 28 juin.	Grangéard	Prêtre insoumis.	id.	id.
» 23 juill.	Clabon Robert	Officier de marine, anglais.	Prisonnier de guerre.	id.
» 31 juill.	Félix Picucci	Prêtre italien.	Correspondance séditieuse.	id.
» 21 août	Marin Brusson	Prêtre venant de Ste-Pélagie.	Manœuvres séditieuses	Extrait le 18 septembre et non réintégré.
» 18 sept.	Van Hemme	Supérieur du séminaire de Gand.	id.	1814
» 20 sept.	Baron de Brinken	Officier Russe.	Prisonnier de guerre.	id.
» 4 oct.	Behr Negendanck	id.	id.	id.
» id.	Boyer	id.	id.	id.
» 28 nov.	Abbé de Boulogne	Evêque de Troyes	Insoumission aux ordres de S. M.	id.

53

Index Alphabétique

DU TOME II

A

Abad, prisonnier..............147 415
Adam (frères).................... 220
Adolphe, prisonnier............. 410
Aguesseau (Henri, François d')
  conseiller au Parlement, puis
  chancelier (1668-1750).......... 210
Aigues-Mortes (ville d')......... 9
Aix-la-Chapelle (traité d')....... 204
Albert, membre du gouvernement provisoire de 1848, prisonnier........................ 149
Albertas (M. d')................. 126
Alboize et Maquet, aut. cit., 117 144, 148 183
Albouis, magistrat............... 159
Alençon (René, duc d')........... 81
Alexandre I, empereur de Russie (1801-1825).................. 64
Alexandre VII (Pape, 1655-1667).. 113
Alger (vue d').................... 227
Allais (Nicolas), prisonnier...... 417
Alquier, capitaine du génie...... 395
Ambassadeurs Florentins........ 304
Ambassadeurs Siamois........220 221
Amélia (Annuler d'), prisonnière 416
Amelot (M.)....................... 53
Amiens (ville d').................. 114
Ancre (maréchal d') (V. Concini).
André (général),.................. 231
Andresil (Guillaume d').......... 272
Angély (Mademoiselle), prisonnière........................ 412
Angers (château d')............... 139
Anne d'Autriche, reine de France 89, 100, 202, 214, 216, 220, 223, 224 227
Annot (Jean), maître des Œuvres de Charles V............... 272 304

Antoine (cardinal)................ 286
Aqueduc......................250 266
Arc de triomphe de Le Vau, 254 255 257
Arcades du rempart............... 213
Argenson (marquis d')...........53 122
Argenton (capitaine), prisonnier 142 415
Argenville (d'), aut. cit.......... 207
Arlincourt (Prévost ou Prévot d') 133
Armagnac (Jean d')............... 277
Armand, colonel................... 395
Armand, prisonier................. 411
Arnauld d'Andilly.............88 113
Arnaud-Jeanty (M. Robert), 215, 249, 321
Arondel (Guillaume), tailleur de pierres........................... 9
Arsenal (chambre de l')......... 107
Artagnan (d'), capit. des gardes 105
Arteveld, brasseur gantois....... 39
Assof (Ivan d') aut. cit. 155
Astronac (marquis des Portes d') 111 408
Atkyns (Mme)..................... 76
Audibert, prisonnier.............. 411
Auerweck de Steilenfels, de Flessentelos....................... 73 76, 147 414
Augsbourg (Ville d')............. 58
Augustins (musée des grands)... 360
Aumale (duc d') 4ᵉ fils de Louis Philippe.....82, 86, 94, 95, 96, 99 100
Aumont (chevalier d')............ 85
Aymé, (Chambellan du roi de Naples)......................146 416
Avoynes (Marie d').............. 375

B

Baguenier Désormeaux (M.), aut. cité............................. 138
Balzac, aut. cit.................... 60

Baptiste (femme)................. 407
Baptiste (Voir Monnoyer)
Baquinet, prisonnier.............. 407

Bar (de), officier général sous Louis XIV......................	99
Barbe Lefebvre, prisonnier.......	412
Barbe-le-Noir, frotteur de Louvois	110 408
Barbé-Marbois, garde des sceaux	377
Barbès...............................	149
Barbey (M. Frédéric)........73, 74	76
Barbier, E. F., aut. cit............	210
Barra (M. de la) prévôt de la connétablie..........................	411
Barras (Paul-Fr.-J.-Nic., comte de) l'un des directeurs de la République française..............64,	75
Barvely, prisonnier................	410
Bastide (la), dit Malzac.......110	410
Bastille (la)......17, 52, 53, 82, 105 107, 109, 110, 112, 121, 125, 138, 139 198, 264,	407
Bastin (comte de), général........	323
Baudot (M. de), architecte...295, 324, 333, 347	365
Baudouin (Claude), peintre......	334
Beauquesne, peintre..282, 323, 328	388
Baudouin de Courtenai...........	282
Beaudouin de Guémadeuc (Voir Guémadeuc).	
Baugy (demoiselle)...............	117
Bayonne (ville de)..............	142
Beauchamps (Pré de)............	13
Beauchesne (M. de) aut. cit...163	191
Beaufort (François de Vendôme, duc de) (1616-1669)..46, 50, 89, 90, 91, 93, 100, 101, 104, 152, 156	157
Beaulieu (Marie), prisonnière....	412
Beaumarchais (maison de)......	264
Beaumont (Louis de)............	277
Beauport, prisonnier............	411
Beauregard (Costa de)...........	58
Beaurepaire-Louvagny (comte de)	64
Beaurepaire, prisonnier..........	411
Beausoleil (baronne de), femme de Jean du Châtelet................	88
Beauté (château de) 15 — (Col de) 265 — Fontaine..................	43
Beauvais (ville de)...............	376
Beauvau (Charles-Just), maréchal de France (1720-1793)......	138
Beauvau Claude-Charles, marquis de)..........................	138
Beauvau (Charles-Louis, marquis de).........................138	139
Beauzon, prisonnier..............	417
Bel-Air (avenue de), 264 — (ménagerie).............................	250
Bégon de la Rouzières, prisonnier	414
Bégon, prisonnier.................	411
Bellaffaire (brigadier des armées du roi), prisonnier.............	411
Bellay (Martin du), seigneur de Langeais........................	278
Bellefont (marquis de)..........	325
Bellefont (demoiselle Françoise Bonne Gigault de).............	374
Bellefont (Bernardin Gigault, marquis de).........................	374
Bellefont (maréchal de)..287, 328	374
Belle-Isle (maréchal de)..........	53
Belleville (bréviaire de)..........	25
Bénédictins (les).................	114
Bénézech, ministre..............	339
Bercy................................	125
Berey (le fils, graveur)..........	155
Berg-Op-Zoom (bataille de)....	371
Berhevat (demoiselle), prisonnière	409
Berloche (Anne-Elisabeth)........	370
Berlin (ville de) 58 ; (Académie de)...............................	384
Bernard (valet de Duhamel), prisonnier............................	407
Bernaville (de), gouv. du donjon	110
Bernonville (marquis de), prisonnier..............................	410
Bernot (Nicolas).................	375
Berryer (M.)......................	53
Bertazzoli, aumônier du Pape.146	416
Berthe, femme du sieur Conrad, prisonnière.......................	409
Bertillat (Armand), prisonnier..	415
Bertrand, porte-clé..............	134
Bertrand, prisonnier.............	412
Besnard (voir Mme Guyon)	
Bernaville, gouverneur du château...............................	106
Béthisy (M. de)................379	381
Bianchi (chef de bataillon) prisonnier............................146	417
Bicêtre.........................122	138
Billot, prisonnier.................	412
Bisêt, prisonnier.................	407
Blacke, prisonnier................	417
Blanqui, prisonnier	149
Blaru, prisonnier................	415
Blancpain (brigadier de gendarmerie)......................... 379	381
Blanche de Bourgogne............	369
Blancménil (conseiller au Parlement)............................	94

— 421 —

Blessis, alchimiste.................. 108
Blois (château de)................. 11
Boccace, aut. cité................. 130
Bochey (sieur)..................... 125
Bois (du) prisonnier............... 409
Boisé-Lucas (Delaunay), prisonnier........................... 415
Boissonnet de la Villatte, prisonnier........................140 414
Boisseau, graveur................36 195
Boismignon Catherine Laisné de) 371
Boistaché (M.) aut. cité.......... 115
Bon (Madame)...................... 381
Bonnaffé, aut. cité................ 23
Bonnardot (Alfred), aut. cité.... 10
Bonne de Luxembourg.......... 7
Bonnelet, manœuvrier........380 381
Bonnefon (M. Paul), aut. cité.... 118
Bonnié, docteur.................... 381
Bonrepos (de), prisonnier........ 410
Bordet (famille), dite Ste-Sophie 137
Borme............................... 149
Borzone, peintre..........209, 216 219
Bosrus, curé de Monie, prisonnier........................111 408
Bossuet (Jacques Bénigne), évêque de Meaux................. 111
Boucard............................. 65
Boucher, peintre..............211 232
Boucher d'Argis, conseiller au Châtelet, né en 1708, mort en 1791.........................130, 133 157
Boucher de Savonnier, prisonnier 411
Boucherat, conseiller au parlem. 107
Bouillon (duc de)................. 286
Boulogne (Monseigneur de)..145 148, 170, 171, 416 417
Bourbiton, prisonnier........117 409
Bourbon (duchesse de) mère du duc d'Enghien................. 377

Bourbon (L. Henri, duc de) (1692-1740)................ 49
Bourbon (Louis-Henri-Joseph) duc de), père du duc d'Enghien, (1756-1830)................377 387
Bourges (ville de).......117 410
Haute Cour....................... 149
Bourienne (mémoires de)........ 69
Bournissac, propriétaire, prisonnier........................... 414
Bourain (Pierre) prisonnier...... 410
Boyer, dit Basile, père de l'Oratoire....................116 413
Boyer, prisonnier................. 413
Boyer, officier, prisonnier........ 417
Braie du donjon.........13, 15, 18
Brancas (comte de).............. 413
Brandebourg....................... 58
Bredevodes, prisonnier.......... 409
Breteuil (L. A. Le Tonnelier, baron de) ministre (1733-1807).... 52 54, 139 411
Brézé (maréchal de)............. 97
Briare (canal de)................. 111
Brienne (de), ministre........... 280
Briges (marquis de).........60, 61 62
Brigode (abbé Anselme de)....114 410
Brillat-Savarin.................... 36
Brinken (baron de), prisonnier.. 417
Brissart, graveur................. 156
Brisset (marquis de), prisonnier.. 413
Broglie (Mgr de), prisonnier..145 416
Broussel, conseiller au Parlement 94
Brunet (Guillaume), argentier de Charles V..................... 16
Brusson (Marius).................. 417
Buonarotti (Voir Michel-Ange)
Bueil (Jean, Seigneur de). Voir Sancerre
Byland (M. de), officier hollandais........................ 144 416

C

Cabanel, peintre................... 295
Cabrineau, abbé.................. 116
Cabris, (Madame de), sœur de Mirabeau......................126 127
Cadelan, banquier...........107 108
Cadenet............................ 85
Cadoudal (Georges).............. 140

Cafarot, prisonnier................ 409
Cambacérès (J. J. Régis de), archi-chancelier de l'empire...... 75
Cambrai (ville de)................ 95
Canova, peintre................... 232
Capet (Huges), roi de France.... 372
Cardel (Jean), prisonnier......109 407

— 422 —

Carméro, officier espagnol, prisonnier..................140 415
Carmoy, peintre.............316 329
Carpentier, geôlier................ 104
Carpentier, gardien................ 46
Carréga, prisonnier............... 415
Carot (M.) peintre verrier........ 332
Casal (ville de).................. 100
Casemates à la Haxo,....240, 257 258
Casimir, roi de Pologne.......... 287
Catherine de Médicis, reine de France............198, 264, 316 322
Caumont (marquis de)........... 126
Cellamare (prince de)............ 118
Célestins (les)................368 379
Cercle des sous-officiers du 26e bataillon de Chasseurs............ 258
Chabrillant (marquis de)........ 125
Chabannes, Sénéchal du Poitou.. 277
Chabannes (Sire de).............. 44
Chabert, colonel.................. 60
Chabon (Robert), prêtre.......... 417
Chabot, amiral................... 82
Chabot, prisonnier............... 408
Chabrillan (vicomte de).......... 126
Chaillot (église de).............. 200
Chamfort (marquis de).......... 381
Chamillard (Michel de) ministre de Louis XIV................... 410
Champaigne (J.-B.) peintre....204 209
Champaigne (Philippe de) peintre....204, 206, 209, 211, 212, 216 219, 224, 227, 232
Champion, prisonnier............ 410
Champigny-en-Touraine.......... 268
Champs-sur-Marne............... 272
Chandelier prisonnier............ 408
Chanlatte (Mme) prisonnière.... 412
Chanoines de la Sainte Chapelle 265, 266 268
Chantelauze (M. de), ministre de Charles X...................... 193
Chantilly (château de).......... 86
Chanty, prisonnier............... 413
Chapelle du donjon.............13 155
Chapelle Saint-Martin..268, 269, 277, 282 298
Charbonnier, prisonnier.......... 409
Charles IV empereur d'Allemagne 15
Charles le Bel, roi de France.... 368
Charles V, roi de France..5, 6, 7, 9, 11, 14, 15, 16, 17, 23, 25, 27, 31, 32 34, 43, 44, 54, 71, 156, 157, 188, 213, 262, 248, 268, 270, 289, 296, 302 340

Charles VI, roi de France....7, 44 272, 324 368
Charles VII, roi de France...... 44
Charles VIII, roi de France, 82, 273 372
Charles IX, roi de France,..45, 82 278
Charles IV, roi d'Espagne........ 140
Charles, duc de Guyenne........ 277
Charles-Quint, empereur d'Allemagne............................ 197
Charlemagne (coupe de) 37 — (lycée)............................264
Charenton..125, 138, 261, 264, 269 410 412
Charenton, carrières.............. 9
Charette, général................ 75
Charton (Abraham), de Choisy prisonnier....................... 409
Charton, conseiller au parlement 94
Chassuart ou Chassour, prisonnier............................. 414
Chastel (Tanneguy du).......... 277
Châteaubriand (M. de)........... 382
Châtelet (marquis du)....50, 325 376
Châtelet (marquise du).......... 375
Châtelet, prisonnier.............. 412
Châtelet du donjon..6, 11, 14, 19, 20 152
Châtillon (Voir Louis de Laval).
Chatoney, lieut.-colonel d'artiller. 323
Chaudebonne..................... 86
Chaudenier (Marquis de)........ 102
Chauffour (château de).......... 138
Chaulnes (duc de)............... 125
Chaupe, com. d'artillerie......160 163
Chavigny (marquis de), gouverneur du château................. 47
Chavigny (comte de)...........93 94
Chevalier (M.)................... 53
Chevalerie (Aymer de)........... 381
Chevalier, prisonnier............. 408
Chevalier et sa fille, prisonniers 410
Cheveron (M. du), prévôt de la connétable, prisonnier........ 410
Chevreuse (duchesse de)........ 89
Chigi, cardinal.................. 286
Choiseul (Etienne-François, duc de) ministre de Louis XV....53 122
Chrétien, prisonnier.............. 407
Christine de Pisan, aut. cit...... 22
Chulalongkorn, roi de Siam.... 228
Cinq-Mars (Henri Coiffier de Ruzé, marquis de)................. 87
Claret d'Angely, prisonnier...... 412
Clément, général...........323 231

Clément (madame Herscher, née) 323
Clément VIII, pape................. 113
Clément XI, pape................. 115
Clermont (évêque de)............ 287
Clermont (comte de) (1717)...... 117
Cloche de la Tour du Village.247 248
Clouet, peintre.................... 157
Cluny (musée de)..........38, 350 354
Clusel, prisonnier................. 408
Colbert (Jean-Baptiste), ministre
   de Louis XIV... 70, 200, 209, 407
   Plans de : 199, 201, 203, 205 217
Collégiale (Ste Chapelle église).. 267
Collin, dit Cupidon, prisonnier 414
Colonnades rustiques (Voir galeries).
Colorédo, prisonnier.............. 87
Combe (père de la), prisonnier 114 409
Comminges (François de)........ 96
Commune (la)................149 262
Commune (membres de la), fusillés à Vincennes................ 228
Compiègne (toile de)............ 31
Concha, moine...............143 415
Conchery, prisonnier............. 409
Conciergerie, à Paris....138, 411 412
   du Bois de Vincennes.......... 250
Concini, maréchal d'Ancre....82 198
Condé (Anne-Geneviève de), duchesse de Longueville....83, 85 86
Condé (Henri II, prince de) 46, 82 85
Condé (Louis II, dit le grand),
   45, 95, 96, 97, 99, 100 102
Conrad, prisonnier................ 408
Constance (Tour d'Aigues-Mortes) 9
Constance (évêque de).......... 286
Constantinople (ville de), 39, 140.
   — (vue de)......... 227
Conti (duc de)..........95, 96, 99 100

Contye (chevalier de)............ 379
Coquerel (Marie), femme de chambre de Mme Lopin, prisonnière 412
Cordeliers (les), à Paris......279 282
Cormier............................ 65
Cornet (Nicolas), docteur en Sorbonne............................ 113
Cossé-Brissac (maréchal de).... 82
Cotignies (général de)........... 228
Cottin (M. Paul), aut. cit........ 137
Cottin, abbé...................... 112
Du Coudray, prisonnier.......... 408
Cour des Comptes de Paris 9, 271 274
Courajod, aut. cit................ 39
Courthot, intendant.............. 323
Coutrevier, abbé, prisonnier..... 409
Cousin Rossignol, prétendu gardien de Louis XVII..........76 79
Cousin (Jean), peintre..332, 333
   334, 335, 336, 344 356
Cousserans (vicomte de)......... 108
Coutan, peintre...............227 232
Coutelier (Catherine), prisonnière 412
Crébillon fils, prisonnier......118 412
Crémille (?) (M. de)............. 53
Creté (Jean), valet de chambre de
   Charles V....................... 16
Crétin (Voir abbé Dubois).
Croissy-Fouquet, (conseiller au
   Parlement)....................... 105
Croissy, prisonnier............... 411
Croizat, exempt, 102 et suivantes.
Crossen, ville d'Allemagne...... 59
Crosnier (Jean), prisonnier...106 409
Crussol (marquis de), prisonnier 410
Cuença (ville de)................ 113
Cygnes (île des)..............395 398

D

Dalenci, médecin du grand Condé 100
Damiens (Robert-François), régic. 125
Dangély, prisonnier..........115 413
Daniaud, dit Duperrat, négociant, prisonnier...............147 414
Dantès (Edmond)................ 58
Dargenville, aut. cit............. 336
Daru (P. Ant. Noël Brunot comte) (1767-1829).................. 147
Dassy, peintre.................... 227
Dastros, abbé...............145 147 416

Daumesnil, général..79, 148, 223
   231, 233 261
Dauphin-Meunier (M.), aut. cit.
   130, 133, 136 137
Dauphine, prisonnière........... 412
Dauvers (M.).................... 137
Dauvers (Julie).........133, 134, 135 136
David, abbé, prisonnier......140 414
Davout, maréchal de France.... 57
Dax (évêque de)................ 286
Davy de la Saufrière, conseiller

au Parlement, prisonnier..115	412
Decharme, général...............	323
Delacroix, chirurgien............	381
De la Deville, prisonnier........	413
Delaigne, dit Flamand..........	412
Delambre capitaine réformé, prisonnier.........................	411
Delaunay (Voir Boissé-Lucas).	
Deloncle (M. Charles), député...	404
De Lorme, prisonnier............	408
Delft (ville de Hollande).........	59
Deloustalleaut (Marie)...........	370
Deloustalleaut (Jean de)........	370
Denis Caffroni, prisonnier......	409
Descorsius, prisonnier........115	413
Deseine, sculpteur..383, 384, 386 387, 388, 389, 391	399
Deservart, concierge du château	52
Deshales, capitaine réformé, prisonnier.........................	411
Deshayes (Catherine) (Voir La Voisin).	
Desjardins (Philippe), prêtre.144	416
Desmarest (Pierre-Marie), chef de division au ministère de la police sous Napoléon Ier.66, 143	147
Desnoyers, général français..162	415
Des Portes (marquise), prisonnière........................	408
Des Portes d'Astronac (Voir d'Astronac).	
Devilaines, chef de bureau au ministère de la marine, prisonnier	415
Diane de France, duchesse d'Angoulême.......................	372
Diane de Poitiers...316, 322, 329 331	349
Diaz, peintre....................	295
Diderot (Denis), philosophe.....	122
Didot (Ambroise-Firmin)..331, 333 343	344
Dieulafoy, docteur...............	350
Dijon, prisonnier............. 129	411
Dimier (M. Louis), aut. cit..198, 214, 227, 332, 333, 334, 338, 348 350	358
Dodée la Sorcière................	109
Dol (évêque de)..................	287
Donjon. — Anagrammes, 189 ; — Appartement du capitaine, 42 ; — Bibliothèque de Charles V, 24, 25 ; — Braie, 13, 15 ; — Cachettes, 179 ; — Chambre blanche, 43 ; — Chambre aux daims, 15 ; — Chambre à la Cage, 40 ; — Chambre de la fausse poterne, 42, 43 ; — Chambre aux Fontaines, 40 ; — Chambre haute, 30 ; — Chambre de l'horloge, 44 ; — Chambre de la Reine, 174 ; — Chambre du Roi, 40 ; — Chapelle, 13, 38, 43 ; — Chapelle de Charles V, 28, 38, 179, 180, 297 ; — Chemin de ronde, 110, 194 ; — Cheminées, 170, 172, 173, 175, 176, 179, 180 ; — Clés de voûtes. 180, 184, 185, 186, 192 ; — Collection de camées, 34 ; — Cuisines, 35, 138, 159, 166 ; — Culs de lampe, 158, 160, 169, 170, 172, 173, 180, 185, 186, 188 ; — Echauguettes, 13 ; — Eperon, 10 ; — Escaliers, 12, 24, 27, 165 166, 174, 182 ; — Fossés, 14, 38, 77 ; — Fosses d'aisance, 158 ; — Galetas, 34 ; — Herse, 18 ; — Inscriptions, 5, 164, 169, 170, 171 179, 180, 183, 184, 185, 188, 193 ; — Jardin, 166 ; — Lambris anciens, 174, 176 ; — Latrines, 179, 186 ; — Musée à créer, 38, 404 ,— Offices, 36 ; — Peintures anciennes, 169, 170, 173, 183, 193 ; Plans, 19, 25, 31, 156, 159, 161, 165, 167, 175, 181, 186, 191, 192 ; — Plateforme, 35, 194 ; — Poële de Louis XVI, 188, 193 ; — Portes, 164, 166, 170, 181, 183 ; — Porte du Temple, 163 ; — Puits, 12, 163 ; — Risberme, 14 ; — Salon d'assemblée, 13, 18, 36 ; — Trésor, 12, 32, 33 et suiv. ; — Voûtes, 151, 158, 169, 172, 179, 187, 191 ; — Vues, 153.	
Dorigny (Michel), peintre..204, 216, 224, 227	238
Donay (demoiselle)..............	129
Douet d'Arc, aut. cité...16, 23, 26	35
Dourlens, chanoine, prisonnier 120	408
Douyne (femme), prisonnière...	413
Dovund ou Dowind..............	410
Dreux (Mme de).................	109
Dreux-Brezé (marquise de).....	393
Drouet (baron de)...............	96
Drouinot des Champs, prisonnier 115	413

— 425 —

Dubois, abbé..........273 371, 372	373
Dubois, charlatan.................	88
Dubois-Fresney, com. du Génie..	395
Dubut de la Paquerette..........	139
Ducange, aut. cit................10	43
Du Chesne, prisonnier............	407
Duclos (Pierre)..............146	416
Ducoudrette, abbé, pris........115	413
Dudon (baron).................148	417
Dufargis...........................	87
Duflos, (Claude), seigneur d'Avanton...................................	102
Duhamel, curé de Lays, pris.....	407
Dulaure, aut. cit...............6	383
Dumas (Alexandre) aut. cit......	94

Du Mesnil, dit la Bastille, pris...	407
Dupont............................	169
Dupré de St-Maur.................	122
Duprés, commis du sieur Fayes..	411
Durand (Amédée), sculpteur.....	389
390, 391	393
Durand, (Guillaume), aut. cit....	269
Durieux de Miraguet, prisonnier..	411
Duris, (Sébastien), prisonnier,....	412
Duroc, grand maréchal du palais de Napoléon 1er.................	67
Dusable, prisonnier...............	417
Duval (femme)...................	137
Duvivier, abbé, prisonnier.......	145
147	416

E

Echauguette du donjon.........	13
Eckerl (Jacob)....................	185
Ecole d'artillerie de Vincennes..	224
Ecole militaire du Champ-de-Mars	210
Eghendorf ou Ekenfort..........	88
Egoût du Château................	266
Elbe (île d').....................	262
Elinger, capitaine................	323
Elisabeth (Madame) sœur de Louis XVI.......................	378
Elisée, prophète..................	116
Elysée (palais de l')............	238
Emeute du 28 février 1791........	6
Enceinte de Charles V.239 plan	242
Enghien (duc d').........63, 64, 65	
72, 73, 211, 212, 290,	329
— Tombeau et suiv.......	276
Epinay St-Luc (comte de)....142	415
Escalier du Châtelet.............	11
— du donjon.........24, 27	30

Escalier d'honneur du donjon..	12
— du pavillon de la reine.	231
Escarmouche (l') geôlier.........	104
Esmenard (capitaine), prisonnier 148	417
Essarts (l'abbé Marc des) prisonnier........................111	413
Saint-Esprit (Ordre du)..........	278
Estiennette, prisonnier..........	408
Estourteville (Louis de).........	277
Etenheim (ville d')...............	64
Eugénie (Portrait de l'impératrice)................................	234
Enthiton (comte d') gouverneur du château....................	40
Ewesber (de Heerd d') prisonnier 148	417
Explosion d'une cartoucherie (1819)..........................	291

F

Falaise (marquise de)...........	125
Falmant (Gabriel)...............	16
Faria, abbé......................	58
Fatourdes prisonnier...........	409
Faucher, architecte..............	108
Fauconnier, concierge du donjon 75, 76, 139	143
Favié, prisonnier.................	408
Félibien, mort en 1695 aut. cité.	334
Fénelon, évêque de Cambrai......	111

Ferdinand VII, roi d'Espagne...	142
Ferrand, président...............	99
Feuillade (duc de la)............	111
Filanderie (demoiselle), prisonnière........................117	409
Flavigny (Brochette de)........	125
Fleurs (bataille de).......178,	186
Fleur, Fleurs ou Fleury de Rouvroy, curé de Ronchères.115	413
Fleury, général..................	394

54

— 426 —

Fleury (mademoiselle), prisonnière................................. 411
Fleury, prisonnier............... 411
Florentin, général.......... 421
Flotte............................ 149
Fonetti de Flamberment, prisonnier................................ 412
Fontainebleau (château de)....34 122
Fontana, prêtre italien, prisonnier.....................147, 165 416
Fontaine, architecte de Louis-Philippe.........................223 234
Fontaine (Etienne de la) argentier de Jean II................. 26
Fontaine, aut. cit...............88 89
Fontelliau (François), chirurgien major au château............. 137
Fontenay-sous-Bois.............17 269
Force (marquis de la).......... 87
Fortin, prisonnier............... 411
Fossés du château, 258, 379 ; — Assainissement, 262 ; — Nord, 249 ; — Est, 251 ; — du donjon, 14, 38, 77, 216, 257.
Foucquet (Madeleine)............ 374

Foucquet, surintendant des finances....105, 106, 204, 206, 265 399
Fouché, ministre de la police 57, 66, 68, 70, 75, 140, 141, 143 399 414
Fouquet, peintre.... 15
Fourangeau..................... 52
Fours (R. Père J.)............... 125
Foxil, prisonnier............... 413
Foy (Raoul), chanoine........110 408
Francion, prisonnier............ 409
François I, roi de France....82 197, 273, 274, 280, 314, 331, 336 337, 338 379
François II, roi de France...... 278
François d'Assises (Saint)...... 352
Franconnière, commandant..... 398
Franque, peintre................ 234
Frédéric-le-Grand, roi de Prusse 125
Fréjus (évêque de).............. 286
Frideberg (M. de), prisonnier.... 410
Fripier, négociant.............. 166
Fréron, prisonnier.............. 413
Fresne (château de)............. 200
Frotté (Charles de)............. 65
Funck-Brentano (M.)....108, 166 407

G

Gabiot, prisonnier............... 410
Gâbles de la Sainte Chapelle 308 et suivantes.
Gabriel, architecte.............. 206
Gabrielli, évêque de Sinégaglia 145 416
De Gaches, capitaine réformé, prisonnier........................ 412
Gaignières (collection).........18 351
Galeries rustiques............257 259
Galigaï (Léonora), femme de Concini........................... 82
Gallois, prisonnier.............. 412
Gand (évêque de)................ 147
Gardennes, prisonnier........... 409
Gardin, prisonnier............... 408
Garez de Mézières, ancien officier, prisonnier................... 414
Garnier (Julien)................. 147
Gatigny (M. de)...............386 387
Giault (Mme), prisonnière....... 412
Gaultier, prisonnier...........117 409
Gauthier, architecte....291, 340 343 358

Glacis........................... 262
Glazos (Jean-Baptiste), prisonnier..........................110 408
Gentil, directeur général de l'enregistrement.................... 211
Gentilly (carrières de).......... 9
Gérald et sa femme, prisonniers........................... 410
Géraldin, prisonnier............ 409
Géramb (de), prisonnier......... 417
Gérant (Elysée), prisonnier..110 408
Gérard, prisonnier.............. 408
Gérard de Neuilly, prisonnier.. 408
Gerberon (dom Gabriel), prisonnier.........................114 410
Geslin (vicomte de)............. 381
Gillet, lieutenant de gendarmerie 56
Gilson (M.)..................... 188
Ginisty (M. P.)................. 138
Godard.....................73, 380 381
Godefroy de Bouillon........... 32
Godin et sa femme, prisonniers 411
Gondi (Paul de) (Voir cardinal de Retz).

— 427 —

Gossen (ville d'Allemagne)	59	phlétaire français, né en 1734 mort en 1817 125, 133, 134	135
Gothereau, garde national	323	Guernon-Ranville, (ministre de Charles X)	193
Gouslerie le Bogue, (Mlle de), prisonnière	411	Guesbriant (marquis de), prisonnier	409
Goupil, inspecteur de police..128	139	Guibourg, abbé 108	109
Goupil (Jean), trésorier de Charles V 8	9	Guilhermy (F. de), aut. cité..248 319, 336	358
Gourville	99	Guillaume-André, bourreau de Paris	108
Gouvereau de Blande, prisonnier 115	413	Guillaume Charpentier	325
Grandgérard, prêtre	417	Guillaume (veuve), prisonnière..	412
Granier (Julien), prisonnier..143	415	Guillaume Le Breton, aut. cit....	266
Grammont (marquis de)	126	Guillermain (Mlle), prisonnière..	412
Grammont (duc de)	286	Guillonet (M. de) 50, 121	376
Grasilier (M. Léonce de) aut. cit. 66	142	Guise (Henri II de Lorraine, duc de), né en 1519, assassiné par Poltrot de Méré en 1562....336	338
Grasse (Parlement de)	52	Guise (Henri II de Lorraine duc de) 89	101
— (Ville de)	127	Guiton (Jean)	370
Grégorio, prélat romain 147	416	Guitry (maréchal de)	85
Gribeauval (général, marquis de) 54	234	Guyon (Mme), prisonnière...111	409
Gruau de la Barre, aut. cit....59	63	Guyonnet (Voir Guillonet).	
Gruyert, prisonnier	413		
Guémadeuc (abbé de), évêque de Saint-Malo	287		
Guémadeuc (Beaudouin de), pam-			

H

Haag (M.), aut. cit	334	Henri III, roi de France....45, 82 198	258
Hagueville (d')	101	Hérault (messire), capitaine du Bois	198
Ham (château de)	149	Héron, chanoine, prisonnier...110	408
Har (Gaspard de) ou de Heu....	82	Herscher (M.)	412
Harcourt (maréchal d') 95	100	Hirn (Mgr), évêque de Tournay 115	416
Harel, commandant, gouverneur de Vincennes 73, 380	381	Hoche, général	75
Hatte (Mme de)	130	Horguet, prisonnier	408
Havre (le)	100	Houssaye (François de la).....376	413
Hazo (casemates à la)....79, 155	223	Hubert, prisonnier	411
Hayon, architecte	293	Hucher, lieutenant d'artillerie....	323
Hécourt (sieur d')	86	Hucher, prisonnier	412
Hémery, prisonnier	407	Hugo (Victor), auteur cité	114
Hennequin du Vivier, valet de chambre de Charles V	32	Hugon, abbé, aumônier 293 392, 395	398
Hennin (collection)..13, 16, 36, 45	155	Hulin Philippe, cap. de la Bastille	198
Henri V, roi d'Angleterre 44	368		
Henri II, roi de France..82, 268 278, 280, 281, 289, 313, 316, 322 327, 329, 331, 336, 337	338		

I

If (Château d')...................... 127
Innocent X, pape.................. 113
Inscriptions du donjon (Voir Donjon).

Isabeau de Bavière (reine de France)......................... 44
Isabelli (Joachim), abbé.145, 147 416
Issy, près Paris.................... 112

J

Jacobins (les)...................... 368
Jacques, chevalier................. 379
Jallier, architecte...............64 160
Jansénistes (affaire des). et suiv. 112
Jaubert, (chevalier de).......... 381
Javotte (demoiselle)......265, 266 368
Jean I, roi de France............. 368
Jean II, de France.........5, 6, 9 17
Jean de France, duc d'Orléans.... 368
Jean-Casimir II, roi de Pologne.. 87
Jean d'Orléans (Jean Grangier), peintre.......................... 18
Jeanne de Bohême, reine de France..............................24 368
Jeannette, prisonnière............ 412

Joinville (prince de).............. 237
Joly (Guy), conseiller du roi au Châtelet......................... 101
Joly (Pierre de).................... 371
Jonville, colonel................... 381
Joseph, porte-clé à la Bastille.... 264
Joséphine, (impératrice)....61, 62 64, 68, 69, 70 75
Jourdain, prêtre de l'Oratoire, prisonnier........................116 413
Joux (château de)..............127 142
Juines, peintre.................... 227
Junca, lieutenant du roi à la Bastille............................. 407

K

Kœnigsberg (comte de) Voir Montroyal

Kolli (baron de) prisonnier.. 142 147 415

L

Labarte, aut. cité..16, 27, 31, 37, 38 188
Labatie (comte de)................ 108
Labbé (Jean)...................... 375
La Bastide, dit Malzar (ministre protestant)....................... 408
Laborde (comte de), aut. cit...200 340
La Bridonnière, prisonnier....... 409
Lacalprade (Pierre), chanoine de Paris............................145 416
La Chalotais (M. de)............... 122
Lacoste (François), prisonnier... 412
Lac (M. et Mme du) prisonniers.. 411
La Coste (château de)............ 138
Ladmirault (général de).......... 231

Lafage, secrétaire de Beaudouin de Guémadeuc..125, 133, 134, 135 136
Laffillée (M.), architecte en chef des monuments historiques.... 322
La Force (prison de) 142, 145, 146 415
La France, prisonnier............. 411
Lagrange (Léon), aut. cit.....207 209
Lagrenée, peintre (1724-1805), surnommé l'Albane français...227 232
Lahorie, général..............146 416
Laisné, (Ch. Emmanuel) chanoine.............................371 411
Laleuf (Hôtel de)................. 272
L'Allain, prisonnier............... 408

Lamarre (Demoiselle) prisonnière 407
Lamballe (M. Th. de Savoie Carignan), princesse de (1749-1793)..135
Lambeau (M.)..................... 68
Lambert (Mlle), Mme Hucher.... 323
Lambert, général................. 323
Lamboy (comte de).............. 88
La Mothe-Langon, aut. cit..67, 68 69
Lamy (Guillaume), clerc du roi ch. VI, p. 40, inventaire 16
Lanan, (Marie), prisonnier...... 410
Lancelot, aut. cit................ 88
Lancrenon, peintre............227 232
Lancret, peintre.................. 237
Landizabal (Xavier), prisonnier.. 417
Landron, général espagnol....... 88
Laneufville, prêtre prisonnier..407 414
Lang (Frédéric), prisonnier..111 408
Langeais (seigneur de) Voir Bellay).
Langlade (Paul-François), prisonnier........................ 412
Langlet, abbé, prisonnier 411
Langoula (Charles de)............ 121
Languedoc, prisonnier........... 411
Lannoy (Joseph),...............146 416
Laon (toile de)................... 31
La Pérelle, prisonnier........... 411
La Porte Lalanne, conseiller d'Etat........................... 379
La Ramée, garde............90, 93 94
Laréa, agent diplomatique....140 415
La Reynie, premier lieutenant général de la police (1625-1709).106 108, 109, 110 407
Large............................. 149
La Roche-Guérault.............. 121
La Rochelle, soldat.............. 184
Las Cases, aut. cité............. 69
La Tour-Gugire.................. 185
Latude, prisonnier...50, 119, 122, 125, 165 166
Laurent, geôlier de Louis XVII.. 75
Lauzun (duc de)................. 106
Laval (abbé de), aut. cité..54, 56, 117, 198, 261, 262, 263, 266, 294, 297, 320, 321, 323, 324, 328, 329, 332, 338, 342, 351, 362, 366 391
Laval (André de), maréchal de France.......................... 277
Laval (de) officier, prisonnier.. 410
Laval (Louis de), seigneur de Châtillon....................... 277

Lavallée (T.), aut. cité....89, 113 114
La Vallière (duchesse de)......204 212
Lavernie (Bastide de la)........ 270
La Vrillière (Louis), Phelipeaux comte de Saint-Florentin duc de la), homme d'Etat (né en 1705, mort en 1777)............. 130
Lebeuf, abbé, aut. cité..45, 81, 278 334
Leblanc, secrétaire d'Etat.118, 410 412
Lebrun, capitaine réformé, prisonnier........................ 411
Lecestre (M. Léon), aut. cité.... 141
Le Châtelier (M.), architecte..384 389, 392 393
Leclerq, prisonnier.............. 413
Lecomte, architecte.............. 296
Lecomte, inspecteur des bâtiments 347
Lecomte, propriétaire du prieuré de Saint-Mandé................. 265
Lecoq............................. 39
Leféron, femme d'un magistrat au Parlement................... 109
Le Ferron, prisonnier........... 411
Le François (Catherine), (Voir Coutelier....................... 412
Le Gallois, chanoine............. 417
Le Gendre (messire), chevalier et trésorier de la couronne sous François Ier................... 274
Legendre, charpentier de François Ier........................ 324
Le Gentil (dite la Dragonne).... 411
Laval, prisonnier................ 409
Le Gentil (M.), aut. cité........64 65
Leguay, prisonnier.............. 412
Lelarge, gardien................. 148
Leloir (M. Georges), aut. cité... 130
Le Maire, prisonnier....108, 109 408
Lemaitre, capitaine d'artillerie 289, 343 378
Lemarchand (M. E.)............. 48
Les Mestres (frères), prisonniers 412
Le Meusnier, prisonnier........ 408
Lemonnier, curé de la Hie, prisonnier........................ 407
Lempereur, prisonnier.......... 412
Lempereur (la mère des nommés) prisonnière.................... 411
Le Muet, architecte............. 200
Lenoir (Jean-Charles-Pierre), lieutenant de police (1732-1807)..53, 130, 134, 139, 331, 333, 338, 339 340, 341 358

— 430 —

Le Nôtre (André), architecte..210 273
Lenôtre, aut. cité.................. 61
Léon (dom Pedro de)............ 88
Lépicié, peintre.................... 237
Lépine, cocher, prisonnier....... 411
Le Prévost, prisonnier........... 407
Le Prévôt de Beaumont..123, 125 155
Lesage, magicien...............108 109
Le Saulnier, prisonnier.......... 408
Le Sauciard, prisonnier......... 408
Lesdiguière (Mme de)............ 101
Le Sénéchal (Eugénie-Placide), marquise de Beauveau........ 138
Lespre (abbé de)................. 412
Lesquines, prisonnier............ 413
Lestache, prisonnier............. 412
L'Etang, prisonnier.............. 408
Letellier, ministre de Louis XIV 99, 407 408
Leuville (marquis de)............ 88
Le Vasseur, commis de la guerre 411
Le Vau, architecte..8, 25, 31, 45, 157, 200, 204, 213, 215 216, 223 251, 254, 255 257
Liancourt (duc de)............... 89
Lieu-Restauré-en-Valois (Gaspard de Poissy seigneur de)........ 372
Limours........................... 100
Loing (canal du)................. 76
Loménie (L. de), aut. cité..126 127, 129 157
Longueville (duc de)....95, 96, 99 100
Longueville (duchesse de)..85, 95 101
Loppin (Mme), prisonnière...... 412
Lorme (de), prisonnier.......... 407
Lorrain (Claude), peintre....... 204
Lorraine (cardinal de), fils de François de Guise, assassiné à Blois le 24 décembre 1588.

Louis IX, roi de France..8, 17, 269, 271 301
Louis XI, roi de France....44, 45, 81, 195, 197, 199, 304, 368 372
 — Chapelle................. 298
 — Pavillon................. 273
Louis XII, roi de France......273 372
Lois XIII, roi de France..46, 82, 155, 156, 195, 197, 198, 199, 212, 216 258
Louis XIV, roi de France..34 107, 112, 113, 117, 136, 169, 195, 197 204, 206, 207, 210, 212, 227, 253 323 327
Louis XV, roi de France..50, 121, 210, 227, 287, 328
Louis XVI, roi de France..52, 53, 58, 60, 62, 76, 138, 325 378
 — Prison (de)............. 193
Louis XVII (le Dauphin)..40, 57, 65, 67, 68, 69, 72, 75 191
Louis XVIII, roi de France..64, 68, 69, 70, 261, 289 378
Louis-Philippe, roi de France..216 223, 237 291
Louise (Mme).................... 133
Louvois, ministre de Louis XIV 110 209
Louvre (le)..15, 22, 23, 34, 82, 96 200, 204, 216 372
 — Musée (du)...........223 349
Lucinière (général comte de Cornulier)......................65, 73 74
Luisible, apothicaire du prince de Condé.......................... 82
Lutin (Mademoiselle)............ 407
Luynes (duc de)..............82 85
Lynch (M.)....................... 382

M

Macanas (Pierre).............148 409
Madeleine, prisonnière.......... 409
Mademoiselle (grande)........... 106
Madrid (ville de)................ 113
Magnon, maréchal de France.. 328
Mahiet-Thoreau................... 82
Moilli (Clémence de)............ 97
Mailly (Mesdemoiselles de)..... 121
Maindestre (Antonin)............ 376

Maisons (château de)..........90 200
Mainville (M. de).........384, 386 387
Malesherbes (marquis de)......53 125
Malet, prisonnier............110 408
Malenille (Catherine)............ 409
Mallet, général.................. 146
Mallet (Gilles)................16 30
Malinguehem (René), seigneur de Vieil Rouen..................... 276

Malmaison (la).................... 64
Malzar (Voir la Bastide).
Manchole (le), peintre........204 206
Manosque........................ 126
Mansart (François), architecte 209 210
Mansart (Hardouin), architecte.. 278
Manuel de Mauve (cordelier).... 210
Manuel (Louis-Pierre), conventionnel........................ 133
Marcel (Etienne), prévôt des marchands de Paris................ 39
Marco de St-Hilaire............. 69
Marcoussis (château de)......... 100
Margon, abbé.................... 411
Marie-Antoinette, reine de France..........................68, 139 378
Marie-Louise, impératrice........ 143
Marie-Thérèse............204, 207 286
Marie de Médicis......82, 85, 264 298
Marignan (M. A.), aut. cit......39 40
Marignanne (marquis de)........ 126
Marignanne (Emilie de) comtesse de Mirabeau................126 136
Mornourt (sieur)................. 125
Marolles......................... 272
Marquaix, dit Digoin............ 411
Marschal (Louis)................. 125
Marthe, sœur hospitalière de St-Mandé......................... 265
Marthe (sœur)...............112 409
Martinet, curé...............111 408
Marengo (pièces de canons prises à)........................ 252
Mariette, abbé...............107 109
Martol, prisonnier............... 410
Marseille (ville de).............. 138
Massa, ministre de la justice.... 147
Mardet (Yves)................... 375
Mauges (pays des)............... 139
Maurot (hôtel de)................ 272
Mauve (de)...................... 409
Mazarin......8, 89, 90, 94, 95, 100 101, 200, 202, 214, 215, 237, 285, 286, 328 374
Melun (château de).............. 34
Mendola (nom sous lequel Palafox a été interné au donjon).. 142 147 415
Merci, général espagnol.......... 88
Mercier (Pierre), prisonnier...... 410
Mercœur (duc de)................ 89

Mercourt (Constant).............. 125
Merson (M. Olivier).............. 335
Méry-sur-Seine................... 272
Mesmes (M. de) président du Parlement........................ 210
Mesnil de Montauban (chevalier du)............................ 410
Meynier, peintre.............227 232
Mézierres (gares de)..........140 147
Mézières (ville de).............. 104
Michel-Ange, peintre, architecte, sculpteur (1474-1563).........334 335
Michel (Laurent), prisonnier..... 412
Michiels (Alf.).............22, 23, 24 26
Michiels (Francisque)............ 26
Millau (ville de)................. 371
Millin, aut. cit......44, 82, 116, 171 177, 179, 195, 241, 244, 285, 287, 321 331, 333, 336, 338, 349, 368, 369, 370 372, 373 375
Mina (Xavier)................147 415
Minimes (les).................211 265
Minque, prisonnier............... 411
Miossens, capitaine des gardes.. 95
Mirabeau (Victor de Riquetti, marquis de), dit l'ami des hommes (1715-1789).........125, 136 137
Mirabeau (Gabriel, Honoré, Riquetti comte de), illustre orateur (1749-1791)......48, 50, 51, 52, 125 130, 131, 134 157
Mirabeau (prison de)......156, 171 183
Mirabeau (Victor), fils du comte de Mirabeau.................... 136
Mirait (demoiselle du) prisonnière 408
Mirepoix (Mademoiselle de)...... 210
Miromesnil (A. T. Hue de) homme d'état (1723-1796).........133 134
Modine (M. de).................82 85
Mohy (de), prisonnier............ 410
Molina, Jésuite.................. 113
Molinistes (les)............112 et suiv.
Montalembert, pair de France.... 240
Montbarey (prince de)........... 53
Moncey (maréchal)............... 67
Monte (curé de)................. 111
Monnier (Marie-Thérèse Richard de Ruffey, marquise de), immortalisée par Mirabeau sous le nom de Sophie (1754-1789).128 136
Monnier (marquis de), ex-président de la Chambre des comp-

tes de Dole)..................129 135
Monoyer (Jean-Baptiste dit Baptiste) peintre de fleurs (1635-1699) 208, 212 287
Montaudon (de la Chapelle), capitaine réformé.................. 411
Montansier (Mlle de) (Voir Mlle de Rambouillet).................. 89
Montcriff (abbé Charles de)..... 125
Montespan (marquise de).106, 107 108
Montlignon, ou Moulignon....... 272
Montléry (le sieur de)............ 411
Montmayeux...................... 415
Montmorency (Marguerite, Charlotte de)........................82 85
Montmorency (connétable, Anne de)........................280, 336 339
Montmorin (comte de)....60, 61, 62 70
Montpensier (duc de)..214, 223, 224, 227, 234 290

Montplaisir (Héricart de)........ 321
Montrésor (comte de)............ 89
Montreuil-sous-Bois...17, 250, 258, 269 270
Montroyal (comte de Kœnigsberg et comte de), prisonnier.117, 370 410
Montvoisin (Marguerite).......... 109
Montvoisin (Antoine)............ 107
Moore, curé, prisonnier........143 415
Morin (la dame), prisonnière.... 408
Moreau de Séchelle, prisonnier... 411
Morel de St-Didier................ 59
Moret (ville de).................. 105
Motte (Robert de la).............. 412
Motteville (Mme de),aut. cit. 90, 93 215
Moulin (sieur), entrepreneur..... 395
Mouzaffer ed Din, Schah de Perse 231
Musée des Souverains au Louvre 216

N

Nantes (évêque de).............. 288
Nantes (édit de).................. 109
Napoléon I...66, 67, 69, 75, 56, 64, 325, 220, 289, 240, 261, 141, 145, 147 170
Napoléon III..........214, 232, 391 394
Navailles (duc de)................ 287
Navarre (roi de).................. 82
Navennes (de), prisonnier........ 412
Naündorff..58, 59, 60, 61, 62, 70, 71, 75 254
Negendanck (Dehr).............. 417
Négrier, garde principal d'artillerie............................ 395

Nesle (de), prisonnier............ 409
Neuilly (curé de).................. 114
Nicole, amoraliste (1625-1695)...... 113
Nîmes (général).................. 323
Nino, prisonnier.................. 409
Noailles (cardinal de)............ 111
Nogent-sur-Marne................ 265
Normand (M. Charles)............ 391
Normandie (duc de).............. 61
Nougarède de Fayet............116 381
Nunez de Los Rios (Fernand), secrétaire d'ambassade........140 415
Nunez de Los Rios, général espagnol........................140 415

O

O Donnel (Carlos), prisonnier... 417
Ogier (maître Philippe)..........7 12
Oise (marquis d')................ 130
Olivier-le-Daim.................. 45
Oppizoni (cardinal).......145, 147 416
Oratoriens (les).................. 114
Orléans (Gaston d')........86, 95 101
Orléans (Philippe d'), le Régent 117
Orléans (Philippe duc d')......214 219
Orlis (hôtel d').................. 272
Ornanvo (maréchal d')..46, 86, 87 368

Ory (Mme), prisonnière.......... 411
Osmond (M.), aut. cité..64, 72, 73 76
Oudinot, peintre verrier..332, 345, 347, 348, 350, 351, 353, 357, 359, 361, 362, 363, 365 366
Oudinot (Mme veuve)............ 348
Ouvrard (Gabriel-Julien), financier (1770-1846)..............143 144
Owen (Cunliffe)..............146 416

P

Pacques, inspecteur de la police
Palafox (Don José), général espagnol (1780-1847).........140, 142 — 414
— prisonnier sous le nom de Mendola........... 415
Papus, prisonnier................. 408
Paradeu, prisonnier............. 408
Pardieu, prisonnier.........110 409
Paris (archevêque de)............ 269
Paris, prisonnier................. 407
Parlement de Paris............269 270
Parmesan (Mazzoli, dit le), peintre italien, né à Parmes en 1503, mort en 1540.................... 334
Parquet, bachelier de Sorbonne, prisonnier...................... 410
Parthénon d'Athènes (vue du).... 227
— (Frise du) 237
Pascal, sculpteur.............113 295
Passement, colonel d'artillerie 275, 298, 304, 322, 324 383
Pasquier, chancelier........66, 67 399
Paulmy (M. de).................... 53
Pavillon Louis XI, 195, 197, 199 212 ; — François I, 197 ; — Louis XIII, 198 et suiv. 202, 212 ; — De la Reine, 70, 149, 202, 213 et suiv. 379, 402, 403 ; —Appartements de Monsieur, 219, 237 ; — Antichambre d'Anne d'Autriche, 227 ; — Boudoir, 219 ; Bureaux du génie, 238 ; — Cabinet du directeur de l'Ecole, 231 ; — Chambre d'apparat, 215 ; — Chambre du conseil, 215 ; — Chambre à coucher d'Anne d'Autriche, 216 ; — Chambre mortuaire de Mazarin, 215, 216 ; — Cheminées, 227 ; — Conseil de guerre, 228 ; — Cuisines, 214, 220 ; — Entresol, 214 ; — Escalier, 214, 227, 231 ; — Habitable, 213 ; — Oratoire, 219 ; — Pelouse, 308 ; — Plans, 217, 229 ; — Salle d'assemblée, 216 ; — Salle de billard du duc de Montpensier, 224, 237 ; — Salle des conférences, 228 ; — Salle des gardes de Mazarin, 223, 225, 227 ; — Salon d'armes, 232 ; — Vue, 215.
Pavillon du Roi, 70, 215, 216, 402, 403; — Appartements de la Reine 207 ; — Chambre du Roi, 195, 206 ; — Escalier, 206 ; — Plafonds, 232 ; — Plans, 201, 203, 205, 208 ; — Porte, 206 ; — Salle de concerts, 209 ; — Salle des gardes, 200 ; — Salle du Trône, 206 ; — Salle à manger, 206 ; — Vestibule, 206 ; — Vue, 199.
Pedicini (Cosme)..............147 415
Peigné, général.................... 323
Peignet, prisonnier.............. 413
Perkins (F. M.).................... 188
Pélagie (dite Rousseau), prisonnière........................... 412
Pelé, adjudant.................... 379
Pélissier (Mme), prisonnière..... 411
Pelletier, abbé................116 413
Penni (Fr. Lucas) dit il Fattore, peintre florentin (1488-1528)..334 335
Penthièvre (duc de)............. 286
Perrault, architecte............. 216
Perreau (Mathurin), chanoine... 372
Perreau, abbé..............145, 148 416
Péréfixe, archevêque de Paris... 270
Périgord (Monseigneur de)...... 291
Périgueux (ville de)............. 231
Péronot (R. P.), prédicateur.... 328
Perrin (dit Antonin)............. 413
Persanges (François-Alexis, comte de Laurencies).............. 371
Persanges (P. Antonin-François, comte de Laurencies).......... 371
Perse (Shah de).................. 231
Petro Jesus, prisonnier......... 410
Peuple, charpentier.............. 325
Peyronnet, aut. cité..176, 179, 187 192 254
Pfaffenhoffen (comte de)....... 417
Phélipeaux (L., comte de St-Florentin), ministre (1705-1777)...53 125
Phélipeaux (Paul, comte de Pontchartrain) (1643-1727)...408, 409 410
Philibert, joueur de flûte........ 109

— 434 —

Philippe-Auguste..............8, 23 266
Philippe V, roi de France....... 368
Philippe VI, roi de France.5, 6, 7, 8, 14, 368
Philippe II, roi d'Espagne....... 130
Philippe d'Orléans, frère de Louis XIV.....................219 237
Pie VI, pape..................... 61
Pierre, commandant..........294 298
Pierre-en-Cize (ville de)......... 138
Pierre, peintre.................... 237
Piganiol de la Force (J. Aymar de), historien et géographe (1673-1753)...................... 334
Pignerol (château de)............ 103
Piyou........................... 409
Piles (Roger), homme de lettres et peintre, né à Clamecy en 1635 mort en 1709, aut. cité........ 334
Pilon (Germain), un des grands sculpteurs français (1515-1590).. 354
Piétro (Gabrielli di)..........147 416
Piétro (Michel di), préfet de la Propagande..................115 416
Pinet (Thomas).................. 142
Pissotte (Bourg de la).....90, 269 270
Pitou (Ange)...............79 261
Pivet, dit Bœssulan..........147 415
Plantagenets (les)................ 304
Planton, prisonnier.............. 416
Platrier, prisonnier.............. 409
Plencel (Félix), prêtre............ 417
Poeffucle (Henri de)............. 169
Poissy (Gaspard Macéré de), abbé 372
Polie (Mme), prisonnière....... 411
Polignac (Jules de)..140, 144, 149, 187, 193 414

Polignac (Armand de)..140, 144, 149, 187 414
Polygone (Rue du)............... 151
Pompadour (marquise de)....121 122
Pompignan de Mirabelle......... 122
Pomponne, ministre............. 114
Poncet de la Grave, aut. cité..6, 8 9, 45, 197, 198, 201, 214, 219, 220 257, 261, 266, 268, 274, 285, 313, 324, 338, 365, 370 373 375
Pons, chef de bureau au ministère de la marine................. 415
Pontartier (ville de).............. 135
Pontchartrain..............53, 408 410
Pont-Levis....................... 80
Porel, commandant d'artillerie 289 378
Parquerie (chevalier de)......... 125
Porterat (chevalier de).......... 136
Portes (des), prisonnier.......... 410
Port-Royal....................... 88
Pottier (Madeleine)............... 383
Potier, prisonnier................ 411
Poyet, chancelier................ 82
Prévost, prisonnier.............. 409
Prévost de Boissoy............... 417
Prieur, abbé..................122 125
Primatice (le), peintre........... 81
Prisonniers (les) (et suiv.)...... 81
Provins (M. Henri)..58, 60, 61, 62 63 67
Puisaye (la)..................... 115
Puisaye (marquis de)............ 75
Puits du Donjon..............12 13
Puivert (marquis de Rousse de) 79, 140, 148, 223 414
Puy (du)......................... 407
Puy (évêque du)................. 286
Puylaurens (duc de)..........87 368

Q

Quentin............................ 149
Quérouart (marquis de).......... 413
Quéroulas (Mme de), prisonnière 411

Quesnel (R. Père)............... 114
Quiétisme (affaire du) (et suiv.) 111

R

Rabel, médecin................... 108
Rabelais, aut. cité................ 273
Radigue (dame), prisonnière.... 408
Raincy (château du)............. 200

Raineval (Gérard de)............ 415
Rambouillet (Mlle de)............ 89
Rambouillet (ville de)........... 100
Rambaud (Mme de).............. 59

Raminagrobis (Voir abbé Dubois)	273	Rios (général Nunez de los)..140	415
Ranson (dit Gébert)	408	Rios (Fernand Nunez de los).. 140	415
Ravaillac, régicide	198	Rivoire (Maurice), prisonnier.144	416
Ransonnette, graveur	241	Rocca (Antonio de la), prisonnier	417
Rantzau (maréchal de)	96	Robert, conseiller au parlement	
Raphaël Sanzio, peintre célèbre		115	412
(1483-1520) 334	362	Robert (Jean), prisonnier	407
Rapin, colonel suisse	125	Robespierre (Maximilien), conventionnel	
Raspail, docteur 149, 181	182		75
Raymond du Temple, maître des		Rochegueraull (chevalier de la)..	122
œuvres de Charles V.....11, 71	297	Ræder (Werner de), prisonnier 142	415
Raze, médecin spagirique	408	Roger, aumônier	378
Réaumur, physicien et naturaliste		Roger, prisonnier	408
(1683-1755)	122	Rohan (princesse de)	377
Regnaut, prisonnier	407	Rome (ville de)	64
Reliques	268	Ronchères, (curé de)	413
Remons, domestique	410	Rosler (Induor) ambassadeur de	
Rémusat (Madame de)	69	Russie	125
Renan (Ernest), philologue et historien (1823-1892)......7, 44, 248,	268	Rouen (Académie de)	384
		Rougemont (M. de), gouverneur	
Renaud de Port-Molain	272	du donjon 45, 50, 51, 53	
Répond, général 395	398	122, 129, 130	134
Retz (P. de Gondi, cardinal de) 46		Rougier, abbé 290	378
89, 90, 94, 101 et suiv. 174,	285	Rousse (M. de), prisonnier	410
Reuilly	17	Rousseau (J.-Jacques), philosophe	
Rey, prisonnier	412	(1712-1778)	122
Riccia (prince de la) prisonnier		Rousseau, peintre	232
117	409	Rousseau, prisonnier	410
Rich, abbé, prisonnier	125	Rouvelle, dite sœur de la Croix,	
Richard (Monseigneur), archevêque de Paris	323	prisonnière	412
		Roussillon (gouverneur du)	277
Richebourg (Madame de) prisonnière	411	Rouvroy (Voir Fleur).	
		Rovigo (Voir Savary).	
Richelieu (Armand Jean du Plessis, cardinal de)....46, 86, 87, 88		Royer, prisonnier	413
89, 94,	97	Roze (Nicolas), chanoine	370
Rigord, aut. cit	266	Ruault, (Mme du) 134	157
Riguier, dite Risetti, prisonnière	412	Rueil (paix de)	101
Riom (ville de)	208	— château	94
		Rully (M. de)	379

S

Sabinet (Louis), prisonnier	412	St-Ange (comte de)	125
Sabran (Elzéar de), prisonnier		St-Antoine, faubourg	56
148	417	St-Augustin	113
Sade (marquis de)	138	St-Arnaud ministre de la guerre	
Sahla, prisonnier 146	416	de Napoléon III	398
Saillant (Car. Elisabeth de Mirabeau, marquise du) (1747-1821)		St-Bonnel (Constant de) 142	415
		St-Chaumont (comunauté des filles de)	
127	136		111
Sangermain, prisonnier	409	Saint Cheveron, prisonnier	411

Saint-Christophe (statue de)...18 152
Saint-Cyran (abbé de)......88, 89 113
Saint-Denis (carmélites de)...... 133
Saint-Edme (photographe)....... 347
Saint-Fargeau (ville de l'Yonne) 115
Saint-Félix (M. de)............... 381
Saint-Florentin (M. de) (Voir Phélipeaux).
Saint-Germain-en-Laye..........34 268
—   Musée...... 38
Saint-Gervais (chanteurs de)..... 323
Saint-Jacques (chevalier de)..... 386
—   Tour................. 312
Saint-Louis (château de)........71 89
Saint-Mandé..................... 258
—   Prieuré............... 265
—   Rond-point........... 266
St-Martin (chapelle)..336, 367, 369, 370 (Voir aussi le mot chapelle)
— autel dédié à................ 280
St-Michel (Ordre de) 277 et suiv. 328, 358 388
St-Paul (hôtel)..............15, 17 248
St Pétersbourg 122
St-Pierre (de) commis à la guerre, prisonnier................... 412
St-Rémy (marquis de), prisonnier 413
St-Sauveur (Mme de), prisonnière 125 413
— (Canton de)............ 115
St-Simon (de), ancien officier, prisonnier...................... 412
St-Vigor, prisonnier...........110 408
St-Vincent, prisonnier............ 408
Ste-Chapelle de Paris...298, 301, 302, 308, 310, 316, 319 322
Ste-Chapelle de Vincennes, 86, 117, 228, 267 ; — Abside, 301 ; — Charpente, 325 326 ; — Cloches, 325 ; — Combles, 324 ; — Culs de lampe, 320, 321, 326, 328 ; — Contreforts, 307, 308, 310 ; — Corniche, 310 ; — Façade, 307 ; — Flèche, 307, 325 ; — Gables, 308 ; — Iconographie, 319 ; — Inhumation de prisonnier, 410 ; — Intérieur, 316 et suiv. ; — Monument historique, 394 ; — Oratoires, 301, 326, 328 ; — Ornements, laissés par le cardinal de Retz, 102 ; — Perron, 312 ; — Pignon, 304 ; — Pinacles, 307 309, 310 ; — Plan, 303 ; Portail

(vue du), 299 ; — Portes, 311, 312 313, 314, 327, 328 ; — Reliques, 283 ; — Rose, 314, 315 ; — Sacristie, 327, 328, 329 ; — Sépultures, 367 et suiv. ; — Tour noble, 302 ; Tourelles, 301 ; — Trésor, 302, 314, 329 ; — Tribune, 326 ; — Verrières, 288, 307, 331 et suivantes ; — Voûtes, 301, 319, 325, 329.
Sainte-Crux, prisonnier............ 407
Ste-Elisabeth, cimetière.......... 68
Ste-Marguerite, cimetière......... 68
Salpêtrière (la).................... 410
Sancerre (Jean, comte de)........ 277
Sandier, commandant du génie.. 326
Sandraski (M. de), prisonnier... 410
Santerre, commandant la garde nationale de Paris en 1793..... 56
Sardaigne (gouverneur de la).... 277
Sartines (M. de).................. 53
Saugrain, aut. cité................ 333
Saul (Jean du), prisonnier....... 410
Saumur (ville de)................. 138
Sauvageot, architecte............. 298
Sauval, aut. cité......82, 195, 285 334
Sauvé, prisonnier.................. 413
Savary, duc de Rovigo...65 66 68, 146, 147, 379 387
Savinien, pape.................... 248
Savoisy (Philippe de)............. 16
Savoyaud, prisonnier.............. 408
Schibon (comte de), prisonnier.. 410
Schœnbrunn (ville de)........... 143
Schouster, prisonnier.............. 407
Scribe, auteur dramatique....... 74
Sceaux (ville de)................. 56
Second (Jean).................... 130
Seguier (Pierre), chancelier (1588-1672)............................ 94
Seguier (Ant. L.), avocat général (1726-1791)....................... 270
Séjour (seigneur du)............. 261
Séjour (Hôtel du)............261 263
Sens (archevêque de)............. 286
Sens (Ville de).................... 333
Serpin, cuisinier de la marquise des Portes, prisonnier........ 408
Servien, ministre de Louis XIV.. 99
Servien, abbé, prisonnier........ 410
Sèves (de), peintre............... 204
Sèvres (de), prisonnier........... 409
Sèvres (manufacture de)......... 220
Siam (ambassadeurs de).....220 221

— 437 —

Siam (Roi de)..........220, 228 238
Sicottère (M. de la), aut. cité.... 58
Silvestre (Israël), graveur...137, 199, 243 334
Simon (veuve), gardienne de Louis XVII...................... 75
Sluter (Claux), ouvrier d'entailleure du duc de Bourgogne.... 39
Sobrier............................ 149
Soissons (comte de).............. 286
Solages (comte de).............. 139
Solle (de), prisonnier............ 408
Sots (Jean de), prisonnier........ 410
Sorbi, prisonnier................. 415

Sorel (Agnès)..................... 44
Soucy (village du)................ 333
Soult, maréchal de France....... 223
Souterrains du château........79 261
Sparre (Mme de).............134 157
Sproël (Mme)..................392 394
Strasbourg (ville de)............. 65
Statues antiques..............259 296
Storf, gentilhomme ord. du roi.. 220
Stuart (Robert).................... 82
Stuart (Charles-Edouard)........ 121
Stuart, prisonnier................. 407
Sully (duc de).................... 198

T

Taff, docteur..................... 125
Tantais........................... 135
Temple (prison du)..56, 60, 65, 68 79, 188, 191, 193 414
Terrasson (Gaspard), curé de Treigny.....................115 413
Terron du Clausel, avocat au Parlement............................ 108
Thémines, capit. des gardes...... 82
Thiers (Adolphe) (1797-1877)...... 185
Thierry (Dom), prisonnier........ 410
Thimory (Loiret)................. 76
Thorin............................ 125
Thomas, curé du Plessis-Gateblé, prisonnier....................... 407
Thomas (Jean-Nicolas), prisonnier............................. 417
Thomistes (les).................... 113
Thün (comte de), prisonnier..... 410
Thury (Héricart Ferrand de).... 379
Tiercelin (comte de la Roche-Dumaine)............................ 122
Tibulle............................ 130

Titon, conseiller au Parlement 115 412
Titon, habitant de St-Mandé..265 266
Tilly, prisonnier.................. 415
Tomasseau, abbé..............115 413
Torcy (Louis de) (Voir Estourteville).
Touche (Marguerite de la)....... 369
Tours du bois ou du conseil, 252 : de Calvin ou du Diable 251 ; — Plan, 251 ; — Noms, 240 ; — de Paris, 240 ; — Du Réservoir, 250 ; — du Roi, 199 ; — Des Salves ou du Gouvernement, 252 ; — De la Surintendance, 252, 254 ; Du Village, 241, 245.
Tournay (chanoine de).......... 336
— diocèse................. 114
— évêque................. 147
Treigny....................115, 116 413
Trémoille (Georges de la)........ 277
Trianon (tableau rapporté de)... 227
Tripier, négociant................ 416
Tronson, supérieur de St-Sulpice 111

U

Urgande (d') Voir princesse de Lamballe

V

Vacherot, médecin................ 102
Vaillant, abbé.................... 116

Vaires (Michel de), évêque de Châlons............................. 272

— 438 —

Val de Grâce (hôtel du).......... 200
Valentin (Jean), prisonnier...... 412
Valebois, dit Lambert........... 407
Vallière (Louise de la).......... 108
Vallons (des), prisonnier....... 407
Valse, prisonnier............... 408
Valtour, prisonnier............. 409
Van-Alphen..................143 415
Van-Brugh, prisonnier.......110 408
Tanens (Louis), prisonnier...... 108
Van-Henume, prêtre, prisonnier.. 417
Van-der Meulen, peintre......... 155
Van-der-Velde................... 147
Vassal (de), lieutenant de dragons, prisonnier..................... 410
Vassé (M. de)................... 379
Vauban, maréchal de France.... 234
Vaubrecay (Jean de)............. 10
Vaudetar (Jean de).............. 16
Vaudeterre (Henri de, baron de Persan)........................ 85
Vaudricourt (de)............147 414
Vaughion (duc de la)............ 386
Vaugrimaud, gardien du duc de Beaufort.......................90 93
Vaux (château de)...........200 206
Vaux (Marie de)................. 409
Vavin, prisonnier...........117 409
Vence (Mme de)................. 126
Vendée (la)....................60 64
Vendôme (L. J. de).............. 118
Vendôme (duc de)..............87 89
Vendôme (chevalier de).......285 368
Ventadour (duchesse de)........ 288
Véril, prisonnier................ 125
Venac (baron de)............122 125
Vernet, beau-frère du duc de Luynes........................... 85
Verrat (du), capitaine de Charles VI............................. 40
Versailles (château de).34, 204, 210 219
Vevet (Simon), prisonnier....... 409
Viaixnes (Dom Thierry de)...... 114
Vidal, prisonnier...........117 409
Vien, peintre, (1716-1809)....227 232
Viennot, directeur de l'enregistrement........................... 211
Viguier, prisonnier.............. 111
Villarcel........................ 272
Villedieu (Mme de).............. 109
Villeneuve-Mouans (marquis de) 127
Villenouve (R. I ère de)......... 125
Villeperot....................... 272
Villequier (M. de), capitaine des gardes......................... 101
Villers (chevalier de) prisonnier 411
Viollet-le-Duc, architecte.159. 250
  295, 320, 321, 333, 334, 344, 347 360
Virey-sous-Bar.................. 272
Vissec (baron de)............... 122
Vivier-en-Brie................... 268
  — château du).......... . 15
Voisin (la)...................... 107
Vouet (Simon), peintre.......... 204
Vorin (M. P.), architecte......159
  161, 165, 167, 175, 181, 186, 191 192
Vrillière (duc de la)............. 53
  — hôtel de............... 200

W

Walstein (comte de).........117 410
Weiss (Jean) maître verrier...... 343
Welschinger (M. Henri)....65, 377 378
Wert (Jean de).................. 88

Wicliffe......................... 39
Winterhalter, peintre........... 234
Witte (Pierre) prisonnier........ 409
Wurtinger, prisonnier........... 417

Y

Yvon (M.) photographe......263
  299, 305, 311 397

Z

Zayas (Pascal de), prisonnier.... 417
Zeller, aut. cit................15 22

Zoëgger (M.) sculpteur.......... 295

TABLE DES GRAVURES

TOME II

En-tête : Dessin de l'auteur, d'après une miniature du manuscrit de l'inventaire du mobilier de Charles V	5
Plan du premier étage, du châtelet et du pont-levis du donjon, dessiné d'après un plan de Le Vau	19
Plan du deuxième étage du donjon, dessiné par l'auteur d'après un plan de Le Vau	25
Plan du troisième étage du donjon, dessiné par l'auteur, d'après un plan de Le Vau	31
Fac simile d'un état de dépense des prisonniers	49
Affaire du 28 février 1791	54
Etat du donjon au commencement du premier Empire	71
Coupes montrant le pont-levis, le fossé et la contrescarpe du donjon, tels qu'ils étaient avant leur suppression en 1841	77
Anne Geneviève de Bourbon	83
François de Vendôme, duc de Beaufort	91
Louis de Bourbon, prince de Condé	97
Arrestation de Latude	119
Le Prévot de Beaumont	123
Mirabeau	131
Le donjon vu de la rue du polygone	153
Plan du donjon, indiquant l'emplacement d'anciennes constructions disparues	156
Plan du rez-de-chaussée du donjon, par M. Vorin	159
Coupe du Donjon	161
Anciennes inscriptions	164
Plan du 1er étage du donjon par M. P. Vorin	165
Coupe du donjon, par M. P. Vorin	167
Ancienne inscription	169
Ancienne inscription	170
Ancienne inscription	171
Cellule de Mirabeau d'après Millin	172
— d'après Peyronnet	173

Plan du 2e étage du donjon par M. P. Vorin...	175
Salle des cardinaux d'après Peyronnet...	176
Salle du conseil, d'après Millin...	177
Anciennes inscriptions...	179
Ancienne inscription...	180
Plan du 3e étage du donjon par M. P. Vorin...	181
Cheminée de la chambre 28, dessin de l'auteur...	182
Clés de voûte de la salle 29...	184
Le donjon vu de la cour (hors texte)...	184
Plan du 4e étage du donjon par M. P. Vorin...	186
Cellule du prince de Polignac, d'après Peyronnet...	187
Anagrammes relevés par l'auteur sur les murs de la chambre 36...	189
Plan du 5e étage du donjon par M. P. Vorin...	191
Plan des combles par M. P. Vorin...	192
En-tête du chapitre V...	195
Vue du château de Vincennes par Boisseau...	196
Cour du château de Vincennes par Israël Silvestre...	197
Pavillon du roi, état actuel...	199
1e Projet d'agrandissement du château de Vincennes sous Louis XIV, par Le Vau...	201
2e Projet d'agrandissement du château...	203
Plan du 1er étage et du 2e étage du Pavillon du roi par Le Vau...	205
3e Projet d'agrandissement et plan exécuté (Hors texte)...	208
En-tête du chapitre VI...	213
Le pavillon de la reine, état actuel...	215
Plans du rez-de-chaussée et du 1er étage du pavillon de la Reine par Le Vau..	217
Les ambassadeurs Siamois...	221
Ancienne salle des gardes de Mazarin...	225
Plan du 1er étage du pavillon de la Reine en 1908...	229
Statue de Daumesnil...	233
Salon d'armes...	235
En-tête du chapitre VII : Vue de la porte du village, dessin de l'auteur...	239
Vue du château par Ransonnette...	241
Enceinte de Charles V par Du Cerceau...	242
Tour de Paris par Israël Silvestre...	243
Tour du village au XVIIIe siècle, d'après Millin...	244
Coupes de la Tour du village par Le Vau...	245
Vue du fossé nord...	249
Plan de la tour du Diable...	251
Tour des Salves, ou porte de communication...	252

Vue du Fossé Est	253
Arc de triomphe de Le Vau	255
Statues antiques qui ornaient l'arc de triomphe de Le Vau, d'après Millin	256
Porte du Bois	263
En-tête du chapitre VIII	267
Armoiries sculptées sur les anciennes stalles de la Sainte-Chapelle	280
Ornements des anciennes stalles de la Sainte-Chapelle	281
Intérieur de la Sainte-Chapelle aménagée pour servir de salle capitulaire aux dignitaires de l'ordre de St-Michel, d'après Millin	283
Vue de la Sainte-Chapelle vers 1840	290
Vue de la Sainte-Chapelle vers 1850	291
Statues antiques	296
Sainte-Chapelle	299
Plan de la Sainte-Chapelle	303
Les parties hautes de la Sainte-Chapelle	305
Pinacles de la Sainte-Chapelle	309
Porte de la Sainte-Chapelle	311
Détails des sculptures de l'archivolte de la porte de la Sainte-Chapelle, d'après Millin	313
Intérieur de la Sainte-Chapelle	317
Cul de lampe de la Sainte-Chapelle	320
Cul de lampe de la Sainte-Chapelle	321
Porte de la grande sacristie	327
Portraits de François I et de Henri II, d'après Millin	337
Portrait de François de Guise, d'après Millin	338
Portrait d'Anne de Montmorency, d'après Millin	339
L'amertume des eaux. Dessin de Lenoir	341
Les âmes des saints criant vers Dieu (Vitrail)	345
Portrait de Diane de Poitiers	349
Les anges marquant au front les serviteurs de Dieu	353
Les sept trompettes données aux sept anges	353
L'incendie des arbres et des plantes	355
La mer changée en sang	355
Les Saulteraux	357
Les anges exterminateurs	357
L'amertume des eaux	359
L'obscurcissement des astres	359
La venue de l'ange à Saint Jean	361
La vision des deux témoins	361
Les anges vendangeant et moissonnant	363

— 442 —

Anciennes pierres tombales de la Sainte-Chapelle	309
Anciennes dalles funéraires de l'abbé Crétin	373
Monument du duc d'Enghien, 1er projet de Deseine	389
Monument du duc d'Enghien. — Inscription	390
Monument du duc d'Enghien, 2e projet	392
Monument du duc d'Enghien, projet exécuté	393
Monument du duc d'Enghien, état actuel	397
Trophées du tombeau du duc d'Enghien	400

TABLE DES MATIÈRES

TOME II

Chapitre I. — Le donjon. — Sa construction. — Son rôle dans la défense du château. — Son état primitif. — Reconstitution de son aménagement et de son ameublement à l'époque de Charles V..................... 5

Chapitre II. — Le donjon (suite). — Son état en 1420. — Ses transformations. — Son utilisation comme prison d'Etat. — Régime des prisonniers au XVIIIe siècle. — Désaffectation 1784. — Conséquences de l'émeute du 28 février 1791. — Cession à l'administration de la guerre, 1793 ; au département de la police, 1808-1814. — Le nom de Louis XVII introduit à tort dans l'histoire de Vincennes. — La vieille tour rendue à l'aministration de la guerre, 1814.. 40

Chapitre III. — Le donjon (suite). — Les prisonniers..................... 81

Chapitre IV. — Le donjon (suite). — Son état actuel..................... 151

Chapitre V. — Le pavillon du roi..................... 195

Chapitre VI. — Le pavillon de la reine..................... 213

Chapitre VII. — Tours, enceinte, souterrains..................... 239

Chapitre VIII. — La Sainte-Chapelle. — Historique depuis la fondation en 1379 jusqu'à nos jours. — Chapitre. — Sanctuaire transformé en salle capitulaire de l'ordre de Saint Michel. — Désaffectation au commencement du XIXe siècle. — Restauration complète (1848-1883)..................... 267

Chapitre IX. — La Sainte-Chapelle (suite). — Son état actuel. — Considérations archéologiques sur son style et les époques de sa construction..................... 297

Chapitre X. — La Sainte-Chapelle (suite) — Les vitraux. — Leur histoire. — Leur état actuel..................... 331

Chapitre XI. — La Sainte-Chapelle (suite). — Les tombes anciennes. — Le tombeau du duc d'Enghien..................... 367

Conclusion..................... 401

Annexes. — A. Le livre des prisonniers de l'ancienne prison d'Etat..................... 407

— B. Registre d'écrou des prisonniers de 1808 à 1814..................... 414

Table des gravures..................... 439

Limoges, Imprimerie Commerciale PERRETTE

G. MARFISI, 65, Rue Marcadet, Paris (X')

ontent.com/pod-product-compliance
arce LLC
rg PA
46230426
300014B/1834